U0908842

新世纪土木工程系列规划教材

隧道工程

主　编　岳　强
副主编　赵志刚　路桂华
参　编　茅晓辉　史　红　赵　曼

机械工业出版社

本书根据我国最新颁布的隧道工程相关技术标准和规范，并吸收近几年来取得的科技成果编写而成。全书共12章，包括绪论，隧道工程勘测设计，隧道结构构造，围岩分级及围岩压力，隧道支护结构设计计算，隧道施工，隧道特殊地质地段施工，隧道掘进机施工，隧道施工辅助作业，隧道防水、排水设计与施工，隧道的管理与养护维修以及高速铁路的隧道工程等内容。本书重视理论联系实际，并力求做到叙述简明、文字简练。

本书可作为高等院校土木工程类（交通土建工程方向），道路桥梁与渡河工程，道路与交通工程，公路与城市道路工程，市政工程，机场、港口及航道工程等专业本科生的教材，也可作为成人教育有关专业的教材，还可供从事隧道与地下工程的设计、施工和科学研究的工程技术人员学习参考。

图书在版编目(CIP)数据

隧道工程/岳强主编．—北京：机械工业出版社，2012.7
新世纪土木工程系列规划教材
ISBN 978-7-111-38303-1

Ⅰ．①隧…　Ⅱ．①岳　Ⅲ．①隧道工程—高等学校—教材
Ⅳ．①U45

中国版本图书馆CIP数据核字(2012)第091750号

机械工业出版社(北京市百万庄大街22号　邮政编码100037)
责任编辑：马军平　版式编辑：马军平　臧程程　任正一
版式设计：刘怡丹　责任校对：于新华
封面设计：张　静　责任印制：张　楠
北京诚信伟业印刷有限公司印刷
2012年8月第1版第1次印刷
169mm×239mm·21.75印张·433千字
标准书号：ISBN 978-7-111-38303-1
定价:39.00元

凡购本书，如有缺页、倒页、脱页，由本社发行部调换

电话服务
社服务中心：(010)88361066
销售一部：(010)68326294
销售二部：(010)88379649
读者购书热线：(010)88379203

网络服务
门户网：http://www.cmpbook.com
教材网：http://www.cmpedu.com
封面无防伪标均为盗版

前言

隧道具有缩短线路长度，提高道路的可靠性和安全性，以及在国防意义上存在的隐蔽性等优点。我国是一个多山地带国家，隧道工程一直比较发达，至今隧道总长度居世界第一。我国当前正在进行大规模的基础建设，可以预见在未来的几十年内中国必将修建大量的铁路、公路和市政交通隧道。

我国的隧道建设正面临着一个新的发展时期，近年来，随着公路、高速铁路和城市市政工程建设的发展，特别是大量高等级公路和铁路的修建，促进了隧道工程技术的发展。我国在隧道工程的设计理论及方法、建筑材料和施工工艺、养护技术与管理等方面都开展了大量的研究工作，取得了许多新的科技成果，积累了丰富的工程实践经验。

本书力求反映本领域最新的科学技术成就，吸收国内外成功的经验和先进的理论与方法，并且以我国最新出版的相关工程技术标准、规范为依据，叙述隧道工程中的关键技术，以达到理论联系实际的目的。内容着眼于使读者掌握隧道工程的基本概念、基本理论和施工方法，希望通过课程学习和工程实践，使读者掌握隧道工程的特点及技术要领，了解其发展趋势和融入这一领域内的新技术、新理论和新进展，使读者能逐步应用所学知识，参考及运用有关规范，顺利地从事隧道工程方面的技术工作，分析和解决隧道工程中的问题。

本课程是一门理论与实践并重、工程性较强的课程，讲授本课程除了系统的课堂教学之外，应配合实地参观、试验操作、课程设计、施工实习等教学环节，以提高学生的感性认识和系统接受能力。

全书共12章，第1、6、8章由山东农业大学岳强编写；第4、5、9章由山东科技大学赵志刚编写；第2、3、10章由山东农业大学路桂华编写；第7章由中煤科工集团重庆研究院茅晓辉编写；第11章由石家庄铁道大学赵曼编写；第12章由山东交通学院史红编写，茅晓辉为本书编写提供了大量工程实例，全书由岳强完成统稿和修改工作。

限于编者水平，本书如有不妥之处，敬请读者批评指正。

编　者

目录

第1章 绪 论

1.1 隧道工程的概念及种类

隧道是构筑在离地面一定深度的岩层或土层中用做通道的工程建筑物，是人类利用地下空间的一种形式。1970年国际经济合作与发展组织召开的隧道会议综合了各种因素，将隧道定义为“以任何方式修建，最终使用于地表以下的条形建筑物，其空洞内部净空断面大于$2m^2$的洞室”。

隧道工程的泛指有两方面的含义：一方面是指从事研究和建造各种隧道工程的规划、勘测、设计、施工和养护的一门应用科学和工程技术，是土木工程的一个分支；另一方面也指在岩体或土层中修建的通道和各种类型的地下建筑物。

在山岭地区，隧道可用于克服地形或高程障碍、改善线形、提高车速、缩短里程、节约燃料、节省时间、减少对植被的破坏、保护生态环境，还可用于防止落石、坍方、雪崩、崩塌等危害。在城市，隧道可减少用地，构成立体交叉，解决交叉路口的拥挤阻塞和疏导交通。在江河、海峡、港湾地区，隧道可不影响水路通航。修建隧道能使路线平顺、行车安全、节省费用，能提高行车舒适性，战时能增加隐蔽性和提高防护能力，并且不受气候影响。

隧道的种类繁多，从不同角度区分，可得出不同的隧道分类。如按地层分，可分为岩石隧道（软岩、硬岩）、土质隧道；按所处位置分，可分为山岭隧道、城市隧道、水底隧道；按施工方法分，可分为矿山法、明挖法，盾构法、沉埋法、掘进机法等；按埋置深度分，可分为浅埋和深埋隧道；按断面形式分，可分为圆形、马蹄形、矩形隧道等；按国际隧道协会（ITA）定义的断面数值划分标准分，可分为特大断面（$100m^2$以上）、大断面（$50\sim100m^2$）、中等断面（$10\sim50m^2$）、小断面（$3\sim10m^2$）、极小断面（$3m^2$以下）；按车道数分，可分为单车道隧道、双车道隧道、多车道隧道。2010年交通运输部颁布的JTG/T D70—2010《公路隧道设计细则》中，按照隧道的长度分为特长隧道（大于3000m）、长隧道（大于1000m并小于等于3000m）、中长隧道（大于500m并小于等于1000m）和短隧道（小于等于500m）。一般认为按隧道的用途分类比较明确，介绍如下：

1. 交通隧道

交通隧道是应用最广泛的一种隧道，其作用是提供交通运输和人行的通道，以满足交通线路畅通的要求，一般包括以下几种：

(1) 公路隧道 专供汽车运输行驶的通道。过去，在山区修建公路为节省工程造价，常常选择盘山绕行，宁愿延长距离而节省修建隧道昂贵的费用。随着社会经济和生产的发展，高速公路的大量出现，对道路的修建技术提出了较高的标准，要求线路顺直、坡度平缓、路面宽敞等，因此在道路穿越山区时，出现了大量的隧道方案。隧道的修建在改善公路技术状况、缩短运行距离、提高运输能力、减少事故等方面起到重要的作用。我国2007年竣工的秦岭终南山隧道长18.1km，它的建成将翻越秦岭的道路缩短约60km，时间减少2个多小时。

(2) 铁路隧道 专供火车运输行驶的通道。铁路穿越山岭地区时，需要克服高程障碍，由于铁路限坡平缓，山岭地区限于地形，无法绕行，常常不能通过展线获得所需的高程。开挖隧道穿越山岭是一种合理选择，其作用是可以使线路缩短，减小坡度，改善运营条件，提高牵引定数。如宝成线宝鸡至秦岭段线路密集地设有48座隧道，占线路总长的37.75%。

(3) 水底隧道 修建于江、河、湖、海下，供汽车和火车运输行驶的通道。当交通线路通过江、河、湖、海时，可以选择的方案有架桥、轮渡和隧道。架桥受净空的限制，轮渡限制通行量，如果这些矛盾得不到有效的解决，水底隧道是一种很好的方案，其优点是不受气候影响，不影响通航，引道占地少，战时不暴露交通设施目标等，越来越受到人们青睐。在我国上海跨越黄浦江、广州穿越珠江都修建跨江的水底隧道缺点是造价较高。

(4) 地下铁道 修建于城市地层中，为解决城市交通问题的火车运输的通道。地下铁道是在大城市中解决交通拥挤、车辆堵塞的有效途径之一，可以大量、快速、安全、准时地输送乘客，成为大城市解决交通矛盾的有力手段。我国北京、上海、广州等城市已经建成的地下轨道交通系统，对改善城市的交通状况，减少交通事故起到了重要的作用。目前，我国已有36个城市上报了城市轨道交通建设规划，其中33个城市正规划建设地铁，已经得到国家批复的有28个。

(5) 航运隧道 专供轮船运输行驶而修建的通道。当运河需要跨越分水岭时，克服高程障碍的有力手段是修建运河隧道，其优点是缩短航程，减少运营费用，河道顺直，航运条件大大改善。

(6) 人行隧道 专供行人通过的通道。一般修建于城市闹区穿越街道或铁路、高速公路等行人众多，往来交错，车辆密集，偶有不慎便会发生交通事故的场合。人行隧道的作用是缓解地面交通压力，减少交通事故，方便行人。

2. 水工隧道

水工隧道是水利工程和水力发电枢纽的一个重要组成部分。水工隧道包括以下几种：

(1) 引水隧道 将水引入水电站的发电机组或为水资源的调动而修建的孔道。引水隧道引入的水是水电站的发电机组的动力资源，引水隧道作为引水的建筑工程，一般是要求内壁承压，但有时只是部分过水，内壁受大气压力而水压较小，甚至无水压，故分为有压隧道和无压隧道两种类型。

（2）尾水隧道　用于将水电站发电机组排出的废水送出去而修建的隧道。

（3）导流隧道或泄洪隧道　为水利工程中疏导水流并补充溢洪道流量超限后的泄洪而修建的隧道，是水利工程的一个重要建筑，其作用主要是泄洪。

（4）排沙隧道　用来冲刷水库中淤积的泥沙而修建的隧道。是水库建筑物的一个组成部分，其作用是利用排沙隧道把泥沙裹带送出水库。同时也用来检查或修理时，放空水库里的水。

3. 市政隧道

在城市的建设和规划中，为充分利用地下空间，将各种不同市政设施安置在地下而修建的地下孔道，称为市政隧道。市政隧道与城市中人们的生活、工作和生产的关系十分密切，对保障城市的正常运转起着重要的作用。其类型主要有：

（1）给水隧道　为城市自来水管网敷设系统修建的隧道。在城市中，有序、合理规划和布置与人们生活和生产息息相关的给水管路，是城市市政基础设施的重要任务，要求不破坏市容景观，不占用地面，避免遭受人为的损坏。因此，修建地下孔道来容纳安置这些管道是一种合理选择。

（2）污水隧道　为城市污水排送系统修建的隧道。城市的污水，除部分对环境造成污染的要进行净化返用或排放外，大部分的污水需要排放到城市以外的河流中去，因此需要有地下的排污隧道。

（3）管路隧道　为城市能源供给（煤气、暖气、热水等）系统修建的隧道。城市中的管路隧道是把输送能源的管路放置在修建的地下的孔道中。经过防漏及保温措施处理，能源就能安全地输送到生产和居家的目的地。

（4）线路隧道　为电力和通信系统修建的隧道。在城市中，为了保证电力电缆和通信电缆不被人们的活动所损伤或破坏，避免悬挂高空影响市容景观，可以修建专门的地下孔道安置电缆。

（5）人防隧道　为战时的防空目的而修建的防空避难隧道。城市中建造人防工程，是为了满足预防战争空袭的需要。人防工程是在紧急情况下，人们避难所用的，因此，在修建时应考虑人对生活环境的一般要求，除应设有排水、通风、照明和通信设备以外，还应考虑贮备饮水、粮食和必要救护设备，在洞口处还需设置防爆、防冲击波装置等。

在现代化的城市中，将给水隧道、污水隧道、管路隧道和线路隧道这四种具有共性的市政隧道，按城市的布局和规划，建成一个共用隧道，称为“共同管沟”。共同管沟是现代城市基础设施科学管理和规划的标志，也是合理利用城市地下空间的科学手段，是城市市政隧道规划与修建发展的方向。

4. 矿山隧道

在矿山开采中，为了能从山体以外通向矿床和将开采到的矿石运输出来，通过修建隧道来实现，矿山隧道的作用主要是为采矿服务，有下列几种：

（1）运输巷道　向山体开凿隧道通到矿床，并逐步开辟巷道，通往各个开采面。前者称为主巷道，为地下矿区的主要出入口和主要的运输干道。后者分布如树枝状，分向各个采掘面。

（2）给水隧道　送入清洁水为采掘机械使用，并将废水及积水抽排出洞外。

（3）通风隧道　矿山地下巷道穿过的地层，一般都有地下有害气体涌出，采掘机械排出的废气，工作人员呼出的气体，使得巷道内空气变得污浊。如果地层中的气体含有瓦斯，将会危及人身安全。因此，净化巷道的空气，创造良好的工作环境，必须设置通风巷道，把有害气体排除，补充新鲜空气。

1.2 世界隧道工程的发展简况

人类很早以前就利用自然洞穴作为住处。当社会发展到能够制造挖掘工具时，就出现了人工挖掘的隧道。我国最早有文字记载的地下人工建筑物，出现在东周初期（约公元前七百年），《左传》中有“掘地及泉，随而相见”的记载。最早用于交通的隧道为“石门”隧道，位于今陕西省汉中市褒谷口内，建于公元66年。用做地下通道的还有安徽亳州城内的古地下坑道，建于宋末元初（约十三世纪），是我国最早的城市地下通道。

在其他古代文明地区也有很多著名的古隧道，如公元前2180至公元前2160年，在古巴比伦城幼发拉底河下面修筑的人行隧道，是迄今已知的最早用于交通的隧道，为砖砌构造物。那不勒斯与普佐利（今意大利境内）之间的婆西里勃隧道，完成于公元前36年，至今仍可使用。它是在凝灰岩中凿成的垂直边墙无衬砌隧道。

约于公元7世纪，我国隋末唐初时的孙思邈在《丹经》一书中记载了黑火药的制法，公元1225年以后传入伊斯兰国家，13世纪后期传到欧洲，17世纪初奥地利的工业家首先用于开矿。1866年瑞典人诺贝尔发明黄色炸药，为开凿坚硬岩石提供了条件。

近代隧道兴起于运河时代，从17世纪起，欧洲陆续修建了许多运河隧道。法国的兰葵达克运河隧道，建于1666~1681年，长157m，它可能是最早用火药开凿的隧道。1830年前后，铁路成为新的运输手段。随着铁路运输事业的发展，隧道也越来越多。1895~1906年已出现了长19.73 km穿越阿尔卑斯山脉的最大铁路隧道。目前最长的铁路隧道已达57km。最早出现的较为完善的水底道路隧道建于1927年，位于纽约哈德逊河底。

我国的公路隧道建设起步较晚，在全国解放时，我国公路隧道数量仅有30多座，其总长约为2.5km，其平均长度不足百米。从1978年改革开放起，我国基础设施建设十分迅速，隧道建设的数量和规模不断扩张，20世纪80年代，首先在我国经济较为发达的东南沿海地区修建了长度超过1000m的隧道，如深圳的梧桐山隧道长度超过2000m，并首次在国内采用全横向通风。20世纪90年代，公路的迅速发展对公路隧道提出了越来越高的要求，隧道建设的意义也越来越多地为人们所认识和重视，公路隧道工程遍布全国各地，同时，施工和管理难度也不断加大，我国早期建成的长度为3160m的成渝高速公路中梁山隧道，施工过程中遇到了大量涌水和瓦斯等不良地质问题；长度超过4000m的川藏公路二郎山隧道，位于高海拔严寒地区，开挖遇到了高地应力和岩爆等问题；2007年建成的秦岭终南山隧道，长度超过18km，建设过程中几乎遇到了所有的不良地质类型，在通风和运行环境方面处理起来都很有难度。近20年来隧道建设年增长速度不断刷新，修建的国内特长隧道见表1-1。

表1-1 我国修建的部分特长公路隧道

序号	隧道名称	长度/m	位置	车道数	通风方式
1	秦岭终南山隧道	18020	陕西	2×2	3竖井分段纵向式
2	大坪里隧道	12290	甘肃	2×2	2竖井分段纵向式
3	包家山隧道	11500	陕西	2×2	3斜井分段纵向式
4	宝塔山隧道	10391	山西	2×2	竖斜井送排式纵向通风
5	泥巴山隧道	9985	四川	2×2	斜井+竖井分段纵向式
6	麻崖子隧道	9000	甘肃	2×2	斜竖井送排+射流风机纵向式
7	龙潭隧道	8700	湖北	2×2	立坑送排+射流风机纵向式
8	米溪梁隧道	7923	陕西	2×2	左（右）洞单井送排式通风
9	括苍山隧道	7930	浙江	2×2	纵向式+半横流式（排烟）
10	方斗山隧道	7581	重庆	2×2	2座斜井送排式纵向通风

随着我国城市化速度的不断推进，特别是山区城市建设的快速扩张，与宽阔的城市主干道对应的隧道必然是大跨度隧道，随着隧道跨度的增加，建设难度和工程造价大为提高，我国修建的部分大跨度公路隧道见表1-2。

表1-2 我国修建的部分大跨度公路隧道

序号	隧道名称	长度/m	位置	车道数×隧道洞数
1	白鹤嘴隧道	1240	重庆	4×2
2	龙头山隧道	1020	广东	4×2
3	万石山隧道	1170	福建	最宽处25.89m的地下立交
4	大阁山隧道	496	贵州	4×1

（续）

序 号	隧道名称	长度/m	位 置	车道数×隧道洞数
5	金州隧道	521	辽宁	4×1
6	雅宝隧道	260	广东	4×2
7	金鸡山隧道	200	福建	4×2（连拱）
8	罗汉山隧道	300	福建	4×2（连拱）
9	魁岐隧道	1596	福建	最宽处27.42m的地下立交

从20世纪90年代开始，随着隧道工程施工技术的提高，采用水下隧道连接江河两岸的路线已经常见，如上海延安东路隧道、广州珠江隧道、南京玄武湖隧道、宁波常洪隧道及厦门海底隧道等水下隧道。采用隧道下穿江河的方案有较多优点，既不影响地面景观，又不影响航运，还与两岸道路接线方便。1993年在广州珠江建成了我国第一条江底沉管隧道，1995年又在宁波甬江建成了我国第二条江底沉管隧道，这两条沉管隧道的建成为我国后来进一步在长江、黄河以及海峡修建水底沉管隧道积累了丰富经验。我国香港穿越维多利亚海湾连接九龙半岛与香港的5条通道中，全部为水底隧道，而没有采用桥梁方案。表1-3列出了我国建设的部分水下公路隧道。

表1-3 我国修建的部分水下公路隧道

序 号	隧道名称	长度/m	位 置	车 道 数	通风方式
1	胶州湾海底隧道（钻爆）	7800	山东	3×2	纵向式
2	厦门海底隧道（钻爆）	5960	福建	3×2	纵向式
3	上海长江隧道（盾构）	8955	上海	3×2	横向式
4	南京长江隧道（盾构）	3825	江苏	3×2	纵向式
5	武汉长江隧道（盾构）	3630	湖北	2×2	横向式
6	上中路隧道（盾构）	2800	上海	2×2	横向式（双层双向）
7	复兴东路隧道（盾构）	2785	上海	3×2	横向式（双层双向）
8	南京玄武湖隧道（盾构）	2660	江苏	3×2	纵向式
9	大连路隧道（盾构）	2566	上海	2×2	横向式
10	外环越江隧道（沉管）	2882	上海	4×2	纵向式
11	珠江隧道（沉管）	1238	广东	3+3	纵向式（道路、铁道并用）
12	宁波常洪隧道（沉管）	1053	浙江	2×1	纵向式

目前世界上已建成公路隧道，最长的是挪威修建的拉尔达公路隧道，长度达24.5km。世界上长公路隧道的概况列于表1-4。其中通过阿尔卑斯山最高峰下连接法国和意大利的勃朗峰隧道，全长11.6km，道路宽7.0m，从顶板到路面高6m，断面呈马蹄形，衬砌厚80cm，法国侧入口标高为1274m，意大利侧标高为1381m，

最大埋深约2500m，双车道相向运行，最高限速为80 km/h。1959年开工，1965年开始运营。

表1-4 世界各国已建成的部分长度大于10km的公路隧道

隧道名称	国家	长度/m
勃朗峰（Mt. Blance）	法国、意大利	11600
弗雷儒斯（Frejus）	法国、意大利	12901
圣哥达（St. Gothard）	瑞士	16918
秦岭终南山隧道	中国	18020
大坪里隧道	中国	12290
包家山隧道	中国	11500
宝塔山隧道	中国	10391
阿尔贝格（Arlberg）	奥地利	13927
格兰萨索（Gran Sasso）	意大利	10173
关越Ⅰ（Kan-Etsu）	日本	10920
关越Ⅱ（Kan-Etsu）	日本	11010
居德旺恩（Gudvanga）	挪威	11400
Folgefonn	挪威	11100
Aurland Laerdal	挪威	24500
坪林（Pinglin）	中国	12900
Hida	日本	10750

现代隧道建设的发展与以下因素有关：① 人类科学技术的进步，尤其是计算机技术和信息技术的快速发展，使得能够详细计算和分析隧道开挖过程的受力，计算和施工控制方法完全与隧道实际施工过程吻合；② 隧道掘进的机械设备不断完善并且智能化，可以最大限度保护围岩整体性；③ 人类对生态环境保护要求的提高；④“以人为本”建设理念的深入。

现代隧道建设发展的特点包括下面几点：

1. 隧道越修越长

随着道路等级标准的逐渐提高，隧道设计理论和施工技术的不断改进，公路隧道的修筑长度由20世纪的2~3km发展到现在的数十千米。特长隧道的成功修建，除了公路等级标准要求的提高外，新的施工工艺、现代通风监测技术以及许多成功工程起着决定性的作用。

2. 曲线隧道多

在新的隧道设计理论和施工技术推动下，特别是在总结公路隧道运营管理的实践经验后，现代公路隧道的选线已经完全打破了过去的“宁直勿弯”的规则，曲线隧道逐渐增多，目前国外更为多见。如奥地利巴拉斯基复线隧道，结合地形和环境条件设计了一段长 1.2km 的曲线隧道。曲线隧道逐渐增多的原因主要有：① 避开不良地质区域，提高隧道结构安全性；② 限制行车速度，充分保证行车安全；③ 有效控制加速出洞而引起眩光现象，对避免发生交通事故很有帮助，体现“以人为本”的设计理念。

3. 纵向式通风方式占主导地位

20 个世纪，国外建成的近 400 座长度超过 3km 的公路隧道中，多数为全横向式通风或半横向式通风，以瑞士、奥地利和意大利为代表。近年来，随着纵向通风方式在长大公路隧道的实践，公路隧道的通风方式基本上分为两个派别，以欧洲为代表的横向式通风或半横向式通风，和以亚洲日本为代表的纵向式通风。随着汽车排污限制标准的提高，控制公路隧道通风量的因素已经从 CO 逐渐过渡为烟雾浓度，加之双洞方案逐渐取代单洞方案，所以分段的纵向通风方式已经占主导地位。日本研究者认为：加静电除尘器的分段纵向通风方式可以适应任何交通形式和任何长度的公路隧道。欧洲各国也逐渐转变传统观念，在许多新建或者增加修建的复线长大公路隧道中，用分段纵向通风方式取代过去的横向通风方式。我国修建的若干座长大公路隧道基本上是采用纵向式通风方式或分段纵向通风方式。

4. 双洞取代单洞

单洞双向交通隧道不能充分利用车辆交通通风，并且要求通风设备装机容量增加，特别是单洞双向交通的事故率远远高于双洞单向交通，因而近年来双洞单向交通隧道逐渐取代单洞双向交通隧道。据不完全统计，国外正将早期建设的 100 多座单洞双向交通隧道改变为双洞单向交通隧道，这对于降低通风难度，节约能量，减少交通事故都很有帮助，此外，双洞交通可以大大提高交通量，满足防灾救灾和战备要求。我国建设的高速公路隧道全部为双洞单向交通隧道，二级公路及其二级以下公路隧道基本上都是单洞双向交通隧道。一些二级公路的单洞双向交通隧道，随着交通量的增大，也逐步改为双洞单向交通隧道。

5. 隧道功能多样化

特长公路隧道、建设难度大的隧道以及造价很高的隧道会引起人们的关注和好奇心，因此，旅游观光成为长大公路隧道的另一明显特点，突出例子有英吉利海峡隧道、东京湾隧道和上海延安东路隧道等，这些有特点的隧道不仅可作为观光场所，同时也是及其重要的交通通道。在我国秦岭终南山隧道建设前，陕西省政府曾提出了将隧道的通行功能和隧道区域自然环境与旅游观光融为一体的设想，在已经建成的秦岭终南山隧道内专门建设了若干景观带，有效地与通风设施和交通工程结合。此外，隧道常常还作为各种管道的通道，如水电气管道、通信管道以及其他特殊管道等，这些管道在隧道建设前都要做专门设计和布置。

1.3 我国隧道建设中应注意的问题

目前，世界科技发展正在开拓着两个引人注目的领域，一个是宇宙空间，另一个是地下空间。随着能源问题的矛盾日益尖锐，隧道会越来越受欢迎，因其在节能方面的作用，隧道工程将会起着越来越重要的作用。

近年来我国公路建设发展快速，到 2020 年，将基本建成国家高速公路网络——“7918”高速公路网，以满足人们出行需要和经济发展。由于高速公路线形的技术指标高，当高速公路进入山区或重丘区时，不可避免地需要采用隧道来穿越山岭。因此，在我国中西部山区修建高速公路，通常桥梁和隧道长度的比例都较高，大约占总长的40%~80%，而且建设难度较大。

隧道技术的发展表明今后隧道技术的研究方向为：非爆破的机械化施工、合理规划与环境保护、设计可靠合理、使用安全等方面。我国是人口众多的发展中国家，进入 21 世纪后随着基础设施建设的快速推进和不断完善，经济增长速度快，经济实力不断增强，隧道和桥梁的数量已经跃居世界第一。但是，在施工设备及其自动化方面还有待提高，在隧道施工技术开发研究方面，应在引进国外先进技术的同时，立足于国内技术开发力量，提高我国的隧道施工机械装备水平，做到在隧道建设过程中尽量少损伤围岩，以提高隧道使用的安全度。

在隧道建设和维护技术方面，尚有以下若干急需解决的技术问题：

1）进一步完善隧道工程设计施工的法规和技术规程建设，做到有法可依。树立科学发展观，实现工程建设、经济与自然环境的协调发展。

2）加强设计、施工、验收、运营各阶段管理制度建设。实现隧道工程建设的科学管理，使管理体制同国际接轨。

3）进一步通过科学试验和计算，完善在动静荷载作用下地下结构与围岩介质的共同作用理论，明确隧道和地下工程各阶段荷载分布，使结构内力分析、断面设计方法更符合实际。

4）隧道地质勘察技术，隧道地质超前预报技术，地质类别评判技术等。

5）隧道施工工艺，隧道围岩变形自动检测预警技术，机械自动喷射混凝土技术，现场衬砌拼装技术，防水、排水技术，长竖井施工技术，深水施工技术，富水和软岩隧道的人工冻结施工技术等。

6）先进施工机械的研制，先进的各类施工工法和专家系统的提出，如隧道凿岩机、各种盾构机和微型自动导航地下施工机械等。

7）运营监控技术，高效节能照明技术，最佳自动风机调控技术，静电除尘技术等。

8）隧道安全标准，隧道内交通标志设置技术，隧道灾害检测技术，隧道防渗漏技术，隧道降噪防光污染技术，隧道防火救援救灾逃生技术，隧道灾害处理技术等。

9）隧道废气处理技术，废水回收处理技术，隧道区域环境及生态保护技术等。

10）促进施工队伍技术素质的提高，加强经济技术管理，降低工程造价。

11）加强环境保护意识，注意隧道和地下工程施工运营中不产生对环境不利的影响和公害或采取适当措施将影响减到可以接受的程度。应逐步建立、健全大型隧道及地下工程施工监测监控、环境病害预测防治系统。

隧道工程应用到许多领域，已经成为国家建设、人民生活和生产的重要组成内容。近年来我国隧道工程的建设取得了很大的成就，隧道技术有了相当大的发展，但是还存在许多问题和有待研究提高的地方，如到目前为止，我们对围岩的性质还只能从定性的角度去衡量，工程应用中偏离较大；计算模型的选用和计算理论还不完全符合实际；施工技术水平和管理方法还较落后等，所有这些都有待于隧道工作者去研究解决。我们相信：通过我们不懈的努力，勇于实践，不停地探索，我国的隧道建设技术一定会达到世界水平。

第2章　隧道工程勘测设计

隧道规划和设计应遵循充分发挥隧道功能和安全、经济建设隧道的基本原则，有完整的勘测和调查资料，综合考虑地形、地质、水文、气象、地震和交通量及其构成，以及营运和施工条件，进行多方案的技术、经济和环保比较，使隧道设计符合安全实用、质量可靠、经济合理、技术先进的要求。

公路隧道工程勘测设计的一般规定包括以下几点：

1）根据不同设计阶段的任务、目的和要求，针对公路等级、隧道的特点和规模，确定所要搜集、调查的资料的内容和范围，并认真进行调查、测绘、勘探和试验，调查的资料应齐全、准确，满足设计要求。

2）调查应分施工前调查和施工中调查两个阶段。施工前各阶段的调查内容、范围、精度等应符合相应设计阶段的要求；施工中的调查应及时进行，预报和解决施工中遇到的地质问题，为验证或修改设计、施工提供依据。

3）根据隧道所通过地区的地形、地质条件，并综合考虑调查的阶段、方法和范围等，编制相应的调查计划。在调查过程中，如发现实际地质情况与预计的情况不符，应及时修正调查计划。

4）围岩分级应采用定性划分和定量评级相结合的综合评判方法。

2.1　隧道工程勘测

2.1.1　隧道工程勘测阶段

隧道是道路的组成部分，隧道的勘测与道路勘测相适应。道路勘测分三个阶段：可行性研究勘察阶段、初测阶段、定测阶段。隧道工程在公路可行性研究通过的基础上，分初测与定测两阶段。对于特长或控制路线方案的隧道和地形、地质条件复杂的隧道应当采取两阶段勘测；对于地形、地质相对比较简单的隧道可以采取一阶段勘测，称作一次定测。

1. 隧道的初测

初测是在批准的工程可行性研究报告推荐建设方案的基础上，在初步选定的路线内进行勘察，其任务是满足初步设计对资料要求。根据工程地质条件，优选路线方案。在路线基本走向范围内，对可能作为隧道线位的区间进行初勘，重点勘察不良地质地段，以明确隧道能否通过或如何通过，提供编制初步设计所需全部工程地质资料。初勘工作可按收集资料、根据工程地质选定隧道线位、工程地质调绘、勘探、试验、资料整理等顺序进行。

(1) 收集资料　收集已有资料，包括可行性研究报告，取得隧道所在位置的初步总平面布置地形图及有关工程性质及规模的文件等。

(2) 根据工程地质选定隧道线位　初测工作的任务是选择经济合理、技术可行的最优隧道位置方案。当测区内的工程地质条件比较复杂（如区域地质的稳定条件差，有不良地质现象）时，尤其应注意工程地质选线工作。应先从工程地质观点来选定隧道线位的概略位置，然后充分研究并掌握沿线的工程地质条件，尽可能提出有比较价值的方案进行比较，将隧道选定在地质情况比较好的区间内，以避免在详测时因工程地质问题发生大的方案变动。

(3) 初测资料整理　工程地质勘察的原始资料包括调查、测绘、勘探、试验等资料，按有关规定填写，并进行复核与检查。提交的资料包括图件、文字等，要求清晰正确，并符合有关规定和设计文件编制办法的规定。

2. 隧道的定测

定测是根据已批准的初步设计文件中所确定的修建原则、设计方案、技术指标等设计资料，通过详细的工程地质勘测，为线位布设和编制施工图设计提供完整的工程地质资料。定测的任务是在初测的基础上，进行补充校对，进一步查明沿线的工程地质条件，以及重点工程与不良地质区段的工程地质特征，并取得必需的工程地质的数据。定测工作可按准备工作、沿线工程地质调绘勘探、试验、资料整理等顺序进行。由于定测工作需在初测的基础上进一步查明隧道中线两侧的工程地质条件和不良地质区段的主要工程地质问题，因此，较初测工作更为详细深入，最后提交的资料深度应满足施工图设计的需要。

2.1.2　隧道工程勘测的主要内容

隧道勘测的目的是为隧道规划、设计、施工提供所需的勘测资料，并对存在的岩土工程问题、环境问题进行分析评价，提出合理的设计方案和施工措施，从而使隧道工程经济合理和安全可靠。主要内容包括：资料搜集、地形与地质调查、气象调查、工程环境调查等。

1. 资料搜集

应全面搜集隧道所在地区的下列既有资料：

1）地形地貌资料、图件，以及有关的遥感与遥测资料。

2）工程地质、水文地质，特别是自然地质灾害的种类、性质、规模、危害程度等资料，并分析各种灾害与隧道工程的关系。

3）地质测绘、勘探资料和各类图件，并对资料的准确性和可能存在的问题进行分析，同时提出调查计划。

4）隧道地区的气温、降水、风速和风向等气象资料。

5）地震历史、地震动峰值加速度系数等资料。

6）沿线地区交通量及其车辆构成情况、矿产资源等。

7）有关的法令、法规。

8）社会环境、施工条件和邻近既有工程等资料。

2. 地形和地质调查

踏勘阶段应在大于路线可能方案的范围内，搜集和分析既有资料并沿路线进行地面踏勘，为路线走向比选提供区域地形、地质和环境等基本资料。

初测阶段在大于比选方案的范围内，搜集分析既有资料，现场踏勘、测绘和进行必要的勘探工作，获取路线所需的地形、地质、环境等基本资料。定测阶段沿隧道路线两侧及周围地区，特长隧道、长隧道和岩溶隧道范围应适当扩大，详细进行地形、地质和环境等调查，按要求进行钻探、物探、测试等，以获取技术设计、施工计划、预算等所需的地质、环境等资料。

地形与地质调查的内容应包括自然地理概况以及工程地质和水文地质等，并按阶段要求重点调查和分析以下内容：

1）地层、岩性及地质构造变动的性质、类型和规模。

2）断层、节理、软弱结构面特征及其与隧道的组合关系，围岩的基本物理力学性质。

3）地下水类型及地下水位、含水层的分布范围及相应的渗透系数、水量及其补给关系、水质及其对混凝土的侵蚀性、有无异常涌水、突水。

4）崩塌、错落、岩堆、滑坡、岩溶、自然或人工坑洞、采空区、泥石流、流沙、湿陷性黄土、盐渍土、盐岩、地热、多年冻土、冰川等不良地质和特殊地质现象，及其发生、发展的原因、类型、规模和发展趋势，分析其对隧道洞口和洞身稳定的影响程度。

5）隧道通过含有害气体或有害矿体的地层时，应查明此类地层的分布范围、有害成分和含量，并预测和评价其对施工、营运的影响，提出防治措施。

6）按《中国地震动参数区划图》的规定或经地震部门鉴定，确定隧道所处地区的地震动峰值加速度系数。

3. 气象调查

气象调查的内容包括隧道地区的气温、气压、风速、风向、降雨量、积雪量、降雾程度和天数、冻结深度等，其中气温、风速、降雨、积雪应调查其极端值。必要时在隧址处设立气象观测点（站）进行观测，持续搜集当地气象资料。

4. 工程环境调查

通过对施工场地、生态环境的调查，评价隧道修建和营运交通对周围环境的影响程度，提出必要的环境保护措施。工程环境调查的内容包括：

1）对隧道场区及邻近地区相关地表水系、地下水露头、涌泉、温泉、沼泽、天然和人工湖泊、植被、矿产资源以及动植物生态等自然环境状况进行调查。

2）对场区内土地使用情况、农田、水利设施、建筑物、地下管线情况等进行调查。若场区内有公园、保护林、文化遗址、纪念建筑等需要保护的重要地物时，除调查它们的现状外，还应提出隧道建设对其环境影响的评价和保护措施。

3）对生产生活用水、交通状况、施工和营运噪声、振动、污水及废气排放等对生态环境的影响进行调查，对施工和营运中地下水大量流失可能造成地表沉降、塌陷、地面建筑物破坏、民众生产生活用水枯竭等环境问题的影响程度进行调查和预测。

4）施工条件调查应包括：施工便道，施工场地，拆迁、弃渣场地，供水、供电和通信条件，建筑材料的来源、品质、数量及其他可能影响施工的因素。

2.2 隧道及洞门位置选择

2.2.1 隧道位置选择

铁路、公路隧道是山区线路穿越山岭时用来克服高程障碍的一种建筑物，是整条线路的组成部分。同迂回绕线的方法相比，可以缩短线路长度，改善线路的平纵断面以及运营条件，但它相对路基建筑物而言，造价比较高，施工难度大，施工进度也比较慢。

隧道的位置与线路是互为相关的。在一般情况下，一段线路的方案比选一旦确定，区段上隧道的位置就只能依从于线路的位置大体决定，最多是在上、下、左、右很小幅度内作些小的移动。但是如果隧道很长，工程规模很大，技术上也有一定困难，属于本区段的重点控制工程，那么这一区段的线路就得依从于隧道所选定的最优位置，然后线路以相应的引线过渡到隧道的位置上来。所以，隧道位置的选定与线路的选定是同时考虑，不可分开的。

1. 隧道位置方案比选

在工程可行性研究阶段，隧道位置根据路线总体规划、交通运输条件及周边环境和地形地质条件在地形图上初步选择，对于长大隧道地段使用大比例尺地形图，宏观判断隧道地质状况，在选线区域内寻找相对较好的地质地段。隧道定位一般考虑多个方案，进行比选，选择最佳方案，比选的内容主要包括以下几点：

（1）线形指标　包括平面、纵断面及横断面，尽量做到平面顺适、纵坡均衡、横断面合理。

（2）地形、地质及水文条件　隧道位置应选择在岩性好、结构稳定的地层中。当条件限制无法绕避不良地质区时，隧道应尽量缩短其通过长度，并采取可靠的工程处理措施。

(3) 用地及环境 尽量做到合理用地，对环境的破坏少，并与当地环境、景观相协调。在村镇附近或在自然保护区及其附近，需要研究噪声和排出的大气污染物的影响。

(4) 施工条件 尽量选择施工难度小，便于就地取材的施工方案。

(5) 建设投资、运营与养护费用 隧道的建设费用相对较高，在不降低质量的前提下力求节约。长大隧道的通风、照明及养护运行管理费较高，但其社会效益相对较好，要客观地全面权衡，既考虑现实也考虑发展，作出符合实际的选择。

(6) 隧道两端引线 隧道的长度和两端引线往往是一对矛盾，引线应满足隧道设计车速需要，不因“高度损失”降低对引线标准的要求，尽量选择最佳隧道标高，保证隧道内外线形顺畅、协调一致。

2. 越岭线隧道位置选择

当交通路线需要从一个水系过渡到另一个水系时，必须跨越高程很大的分水岭，这段线路称之为越岭线。从地形上考虑，隧道宜选在山体比较狭窄的鞍部（垭口）附近的底部通过，因为垭口处的山体相对较薄，从垭口穿越，隧道的长度较短，有利于降低工程投资。

选择越岭隧道的位置时，应在附近较大范围内，对各个垭口进行全面调查，弄清各个垭口的高程和垭口处的地质与水文地质条件，还要对垭口两侧的沟谷地势、山体厚薄、山坡台地的分布情况，作出详细的调查。然后，选择一个最恰当的垭口和确定把隧道定在哪一个高程上最为适宜。为此，选择越岭隧道的位置主要以选择垭口和确定隧道高程两大因素为依据。

(1) 垭口选择 优先选择隧道穿越地带工程地质和水文地质条件良好的垭口。隧道选址贯彻“早进晚出”“穿硬避软”“穿梁避沟”“正穿避斜”的原则，尽可能选择在地质构造简单、节理裂隙不发育、岩性较好、稳定的地层中通过。注意避开岩层软弱结构面、断层，必须通过时，应使隧道的通过长度最小。当隧道穿越两种岩性迥然不同的岩层接触带时，应避免与接触带平行和接近平行，尽可能垂直或接近垂直方向穿越接触带。

当隧道通过单斜构造时，隧道中线以垂直岩层走向穿越最为有利。当隧道中线与非水平岩层走向一致或斜交角很小时，应力求将隧道置于岩性较好、强度较高的层内。如岩层倾角较大，又有粘着力较差的软弱夹层时，应注意有产生顺层滑动的可能。当隧道通过褶曲构造时，隧道位置选择在褶曲构造一翼或背斜褶皱中轴处通过较为有利。不宜将隧道置于向斜轴部通过。在偏离线路总方向不远的条件下，优先选择隧道两端引线技术指标较高、展线相对比较简单的垭口。

(2) 高程选择 分水岭的山体一般是上部比较陡峭下部比较平缓，隧道位置定得越高，山体越薄，隧道越短，工程可以小一些，但是两端的引线却要迂回盘绕以过渡必要的高程，使得线路坡陡弯多，技术条件恶化。反之，隧道位置定得越低，隧道将越长，工程规模要大一些，但是它无需太多的引线，线路顺直平缓，技术条件好，对今后运行有利。在选定隧道高程时，务必全面衡量，从技术和经济两方面，尤其在今后长远运营条件上，做出综合的比较，决定取舍。

隧道标高选择通常以“临界标高”作为比选的基础，所谓临界标高是指隧道造价与路线造价总和最小的过岭标高，实际隧道标高应尽量接近临界标高。选择高程要尽可能把隧道设置在条件较好的地层中。隧道标高应设在常年冰冻线和常年积雪线以下，以保证行车的安全。在不过多增加工程造价的情况下，要适当考虑远景的发展，尽可能把隧道标高降低一些，以满足线形标准提高时对隧道标高的要求。

3. 河谷线隧道位置选择

线路沿河傍山时称为河谷线。河谷地段往往山坡险峻，岩体风化破碎，河道蜿蜒，线路势必随之弯转。走行在凹岸时，更有可能受到河水的冲刷，必须设置防护建筑物，并且常伴随着地质不良现象。设计线路位置时，如果稍偏河流一侧，线路位置落在山体的风化表层内，极易引起坍方落石；如果稍偏靠山一侧，形成浅埋，洞顶覆盖太薄，将受到山体的偏侧压力，对施工和结构的受力状态十分不利，有时会导致施工困难和结构的不安全。

河谷线隧道位置选择受河谷地形限制，比选方案时，线路移动幅度不大，隧道经常是沿河的浅埋隧道和隧道群，洞身覆盖里侧厚外侧薄，易产生不对称的偏压状态。隧道位置宜向山体侧内移，增加隧道覆盖层厚度。实践总结出表 2-1 所列各类围岩地质情况下隧道拱肩最小覆盖层厚度可供设计时参考。

表 2-1 隧道拱肩最小覆盖层厚度

围岩类别	最小覆盖层厚度/m	
	单 线	双 线
Ⅲ	4 ~ 6	7 ~ 9
Ⅳ	7 ~ 10	10 ~ 15
Ⅴ	11 ~ 20	16 ~ 30

在陡坡地段，应对内移靠山作长隧道方案与外移作路基或旱桥方案进行比较，沿河傍山隧道群方案应与截弯取直的长隧道方案进行比较。在河岸存在冲刷现象或河道水流急、冲刷力强的地段，要考虑河岸冲刷对山体和洞身稳定的影响，隧道位置宜往山体内侧靠一些，设在稳定的岩层中。

傍山隧道位置应考虑施工便道设置和既有公路的位置，注意既有公路边坡的可能坍塌和施工便道对洞身稳定的影响。注意山体的整体稳定性，避开严重的滑坡、崩塌、错落、岩堆等不良地质。对于隧道洞顶覆盖层薄而难以用钻爆法修建隧道的地段，受落石、泥石流或雪灾等威胁的洞口地段，公路、铁路、沟渠等必须通过隧道上方又不宜做暗洞或立交桥的地段，宜设置明洞或棚洞。

2.2.2　洞门位置选择

洞门是隧道进出的咽喉，其位置选择是否得当直接影响到隧道的稳定、施工、造价、工期和运营安全。洞门是隧道建筑中唯一暴露的部分，也是隧道的薄弱环节。洞门部位的地质地形及环境条件常常比较复杂，位置选择不当可能造成隧道塌方、无法进洞及地质灾害等不良后果。

根据我国多年实践经验，总结出“早进晚出”的原则，即在决定隧道洞口位置时，为了确保施工、运营的安全，宁可早一点进洞，晚一点出洞，虽然隧道修长了一些，却较安全可靠。当然，“早进晚出”并不意味着进洞越早越好，出洞越晚越好，而是应当从安全等多方面比较确定。理想的洞口位置尽量选择在地质条件良好、地势开阔、施工方便、技术经济合理之处。在选择隧道洞门时应注意地形条件、地质条件和周围环境条件。

1. 地形条件

隧道洞口的中线宜与地形等高线接近垂直，条件困难时，宜以大角度斜角进洞，避免与等高线平行进洞。在松软地层中，不宜采用斜交洞口。当围岩为Ⅲ级及其以上质量较好的围岩时，可采用斜交进洞，但其洞门端墙与路线中线交角不应小于45°。低等级公路隧道，当洞口岩石坚硬完整、不易风化时，可随天然地势进洞。岩层破碎、整体性差、斜交角度小的地段，宜延长隧道，修建明洞式洞口。

位于悬岩陡壁下的洞口不宜切削原山坡。当坡面与岩顶稳定，无落石或坍塌可能时可贴壁进洞。应避免在不稳定的岩石陡壁下进洞，宜延伸洞口接长明洞，其长度宜延伸到塌落可能影响的范围以外3~5m，或采取其他保证运营安全的措施。在慢坡地段选择洞口位置时，应根据洞外路基填挖方情况、排水条件和有利快速施工等因素，结合节省农田、填方利用等要求，综合分析确定。沟谷和山凹处，往往是地表水和地下水的汇集之处，地质构造大多较为软弱破碎。当路线沿沟谷、山凹时，洞口位置应避开沟谷和山凹的中心，尽量在凸出的山坡附近进洞。当沟底高程较高或上跨其他构造物时，应对地表径流作妥善处置，并加强洞口段的防水和排水措施。

傍山隧道洞口靠山侧边坡较高时，应防范塌方和落石等病害发生。对洞外路堑或洞口浅埋段的自然坡体的稳定性要认真调查、分析论证，必要时可采取相应的加固措施。洞口地形平坦时，一般洞口位置选择余地较大，应结合洞外路堑、填方、弃渣场地、工期等具体情况确定。如果洞口位于堆积层上，为避免引起坍塌、滑坡及为保持山体稳定，一般不宜大量清刷。需要时可接长明洞，以确保施工和运营安全。当洞口开挖不可避免时，应确保隧道洞口边坡及仰坡的稳定。洞口边坡、仰坡的设计控制高度可采用表2-2的规定。

表 2-2 洞口边坡、仰坡的设计控制高度

围岩类别	边坡、仰坡坡度	控制高度/m
Ⅱ	贴壁	15
	1∶0.3	20
	1∶0.5	25
Ⅲ	1∶0.5	20
	1∶0.75	25
Ⅳ	1∶0.75	15
	1∶1	18
Ⅳ	1∶1.25	20
Ⅴ	1∶1.25	15
	1∶1.5	18

2. 地质条件

隧道洞口应选在山坡稳定、地质条件较好处，不应设置在偏压大或不良地质地段，应避开排水困难的沟谷低洼处。层面不稳定的岩层，开挖后易引起顺层滑动或坍塌的地段，宜提早进洞，否则应采取有效的防治地质病害的工程措施。当隧道避开堆积层进洞有困难时，不宜采用清方的办法缩短洞口，应维护山体的稳定和洞口施工的安全，采取接长明洞或采用洞口大管棚及洞口地表注浆加固等工程措施。

黄土地区隧道洞口不应设在冲沟陷穴附近，以免引起洞口坡面产生冲蚀或塌陷等病害。在无地下水、密实稳定的老黄土地层中，除洞外有填方要求可适当挖深进洞外不宜深挖进洞。

严寒地区（包括多年冻土和积雪地区）的隧道洞口应避开易产生热融滑坍、冰锥、冰丘第四纪覆盖层及地下水发育的不良地质地段。

地震区的隧道洞口宜选择在抗震有利的地貌、地质地段处，不应设在受震后易于产生崩塌、滑坡、错落等不良地质处。

当洞口为软岩或软硬岩互层时，应防范开挖后在自然风化和地下水作用下，软岩风化掉块，危及洞口安全。在这类地层中选定隧道洞口位置时，应降低边仰坡高度，减少风化暴露面，对坡面宜作适当防护。根据隧道洞口地形、地质条件及排水等要求，需要修建明洞（或棚洞）接长时，洞口应设在山坡无病害的地方，不宜设在滑坡、岩堆、泥石流等地段内。

3. 周围环境条件

洞口附近有居民点时，考虑提前进洞，尽可能减少附近地上构筑物、地下埋设物与隧道的相互影响，以及减少对农业、交通和居民生活的影响。当位于有可能被淹没的河滩、水库回水影响范围以内或山洪地区时，洞口的路肩设计标高应

位于设计洪水位（包括浪高）以上0.5m，以免洪水浸入隧道。预先考虑运营后通风设备排出的废气和噪声对周围环境的影响程度和解决办法。分析雪崩、阵风、风吹雪等对安全行驶的影响，考虑设置防雪工程、防风工程和防路面冻害工程的必要性。

2.3 隧道平、纵断面设计

隧道内线路设计时，首先应满足整体线路规定的各种技术指标。而隧道内的环境条件比较差，无论是车辆运行，还是维修养护，都处于不利的条件下。所以在设计隧道内线路时，还要附加适应隧道特点的一些技术要求。

2.3.1 隧道平面设计

隧道平面是指隧道中心线在水平面上的投影，隧道是线路的一个组成部分，隧道的平面线形应满足JTG B01—2003《公路工程技术标准》，另外还应根据地质、地形、路线走向、通风等因素确定隧道的平曲线线形。

1. 平曲线

隧道的平面线形可以采用直线或曲线。曲线段施工难度相对较大，测量比较麻烦，浇筑衬砌时模板台车在曲线段施工困难，有超高时则更难，而直线段施工则相对简单得多，所以尽量采用直线。必须设曲线时，宜采用不设超高并不设加宽的平曲线半径，另外还需满足视距要求。隧道不设超高的圆曲线最小半径应符合表2-3的规定。当由于特殊条件限制隧道平面线形设计，需设超高的曲线时，其超高值不宜大于4.0%，并且技术指标应符合JTG D20—2006《公路路线设计规范》的有关规定。隧道的停车视距与会车视距应符合表2-4的规定。间隔100m以内的短隧道群，应整体考虑其平、纵线形技术指标。

表2-3 不设超高的圆曲线最小半径 （单位：m）

设计速度/(km/h)		120	100	80	60	40	30	20
不设超高圆曲线最小半径/m	路拱≤2%	5 500	4 000	2 500	1 500	600	350	150
	路拱>2%	7 500	5 250	3 350	1 900	800	450	200

表2-4 公路停车视距与会车视距

公路等级	高速公路、一级公路				二、三、四级公路				
设计速度/(km/h)	120	100	80	60	80	60	40	30	20
停车视距/m	210	160	110	75	110	75	40	30	20
会车视距/m	—	—	—	—	220	150	80	60	40

2. 隧道两端引线

隧道洞外连接线应与隧道线形相协调，隧道洞口内外各3s设计速度行程长度范围的平面和纵断面线形应一致，有条件时宜取5s设计速度行程。当隧道建筑限界宽度大于所在公路的建筑限界宽度时，两端连接线应有不短于50m同隧道等宽的路基加宽段；当隧道限界宽度小于所在公路建筑限界宽度时，两端连接线的路基宽度仍按公路标准设计，其建筑限界宽度应设有4s设计速度行程的过渡段与隧道洞门衔接，以保持隧道洞口内外横断面顺适过渡。长、特长的双洞隧道宜在洞口外合适位置设置联络通道，以利于车辆掉头。

3. 分离式隧道

高速公路、一级公路的隧道应设计为上、下行分离的独立双洞隧道。分离式独立双洞的最小净距，按对两洞结构彼此不产生有害影响的原则，结合隧道平面线形、围岩地质条件、断面形状和尺寸、施工方法等因素确定，一般情况可按表2-5取值。一座分离式双洞隧道，可按其围岩代表级别确定两洞最小净距。在桥隧相连、隧道相连、地形条件限制等特殊地段，隧道净距不能满足表2-5的要求时，可采取小净距隧道或连拱隧道形式，但应作出充分的技术论证和比较研究，并制定可靠的技术保障措施，确保工程质量。

表2-5 分离式独立双洞间的最小净距

围岩类别	Ⅰ	Ⅱ	Ⅲ	Ⅳ	Ⅴ	Ⅵ
最小净距/m	1.0B	1.5B	2.0B	2.5B	3.5B	4.0B

注：B为隧道开挖断面的宽度。

2.3.2 隧道纵断面设计

隧道纵断面是沿隧道中心线的剖面在垂直面上的投影。隧道内纵断面线形应考虑行车安全性、营运、通风规模、施工作业效率和排水等要求。

1. 最小纵坡和最大纵坡

隧道纵坡不应小于0.3%，以利于排水。控制隧道最大纵坡的主要因素之一是通风问题，一般把纵坡控制在2%以下为好。超过2%时，汽车排出的有害物质迅速增加，所以从公路隧道通过车辆尽量少排出有害气体的观点出发，最大纵坡不得大于3%。受地形等条件限制时，高速公路、一级公路的中、短隧道可适当加大，但不宜大于4%。短于100m的隧道纵坡可与该公路隧道外路线的指标相同。当采用较大纵坡时，必须将其对行车安全性、通风设备和营运费用、施工效率的影响等作充分的技术经济综合论证。

2. 竖曲线

隧道内的纵坡形式，一般宜采用单向坡。地下水发育的长隧道、特长隧道可采用双向坡。单向纵坡有利于通风，而双向坡隧道从两个洞口开挖隧道时，施工涌水容易排出，但通风条件稍差。纵坡变更的竖曲线最小半径和最小长度应符合表2-6的规定。隧道内纵坡的变换不宜过大、过频，以保证行车安全视距和舒适性。

表2-6　竖曲线最小半径和最小长度　（单位：m）

设计速度/(km/h)		120	100	80	60	40	30	20
凸形竖曲线最小半径/m	一般值	17000	10000	4500	2000	700	400	200
	极限值	11000	6500	3000	1400	450	250	100
凹形竖曲线最小半径/m	一般值	6000	4500	3000	1500	700	400	200
	极限值	4000	3000	2000	1000	450	250	100
竖曲线长度/m	—	100	85	70	50	35	25	20

2.4　隧道横断面设计

隧道横断面设计主要是隧道净空设计。隧道净空是指隧道衬砌的内轮廓线所包围的空间，如图2-1所示，包括隧道建筑限界、通风及其他所需的断面积。

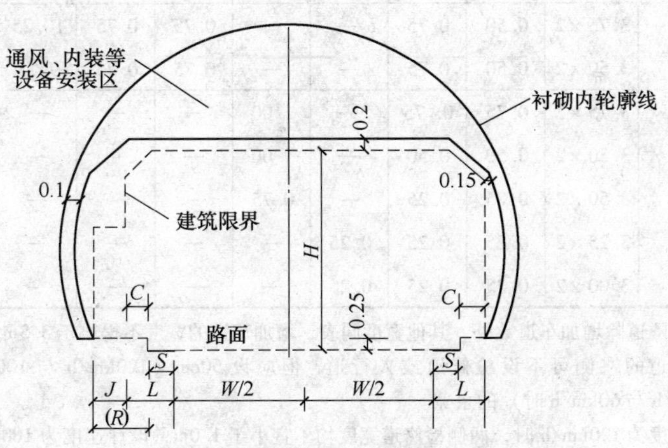

图2-1　公路隧道横断面示意图

1. 隧道建筑限界

隧道建筑限界是为保证隧道内各种交通的正常运行与安全，而规定在一定宽度和高度范围内不得有任何障碍物（包括隧道本身的通风、照明、安全、监控及内装等附属设施）的空间限界。各级公路隧道建筑限界如图2-2所示。公路隧道建筑限界各部分最小宽度参照表2-7。

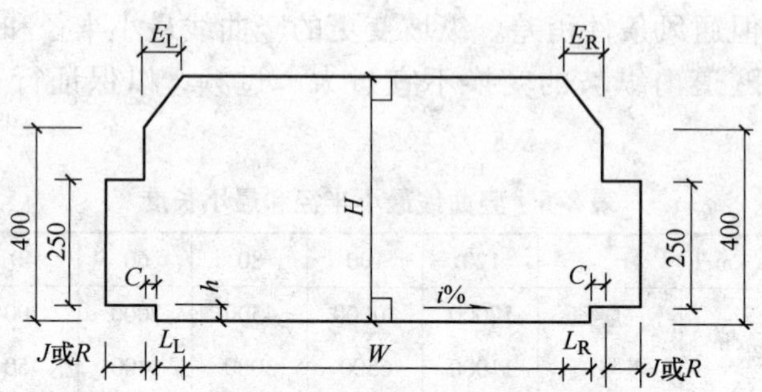

图 2-2 公路隧道建筑限界图（单位：cm）

H—建筑限界高度 W—行车道宽度 L_L—左侧向宽度 L_R—右侧向宽度 C—余宽 J—检修道宽度 R—人行道宽度 h—检修道或人行道高度 E_L—建筑限界左顶角宽度 E_R—建筑限界右顶角宽度

表 2-7 公路隧道建筑限界各部分最小宽度 （单位：m）

公路等级	设计速度/(km/h)	车道宽度 W	侧向宽度 L		余宽 C	人行道 R	检修道 J		隧道建筑限界净宽		
			左侧 L_L	右侧 L_R			左侧	右侧	设检修道	设人行道	不设检修道、人行道
高速公路	120	3.75×2	0.75	1.25	—	—	0.75	0.75	11.00	—	—
	100	3.75×2	0.50	1.00	—	—	0.75	0.75	10.50	—	—
一级公路	80	3.75×2	0.50	0.75	—	—	0.75	0.75	10.25	—	—
	60	3.50×2	0.50	0.75	—	—	0.75	0.75	9.75	—	—
二级公路 三级公路 四级公路	80	3.75×2	0.75	0.75	—	1.00	—	—	—	11.00	—
	60	3.50×2	0.50	0.50	—	1.00	—	—	—	10.00	—
	40	3.50×2	0.25	0.25	—	0.75	—	—	—	9.00	—
	30	3.25×2	0.25	0.25	0.25	—	—	—	—	—	7.50
	20	3.00×2	0.25	0.25	0.25	—	—	—	—	—	7.00

注：1. 三车道隧道除增加车道数外，其他宽度同表，增加车道的宽度不得小于3.5m。

2. 连拱隧道的左侧可不设检修道或人行道，但应设50cm（120km/h与100km/h时）或25cm（80km/h与60km/h时）的余宽。

3. 设计速度为120km/h时，两侧检修道宽度均不宜小于1.0m；设计速度为100km/h时，右侧检修道宽度不宜小于1.0m。

建筑限界高度，高速公路、一级公路、二级公路取5.0m；三级公路、四级公路取4.5m。当设置检修道或人行道时，不设余宽；当不设置检修道或人行道时，应设不小于25cm的余宽。高速公路和一级公路隧道内应设置检修道，其他等级公路隧道，应根据隧道所在地区的行人密度、隧道长度、交通量及交通安全等因素确定人行道的设置。检修道或人行道宜双侧设置。检修道或人行道的宽度可按20～

80cm 取值，并综合考虑检修人员步行时的安全，驾乘人员拿取消防设备方便，满足其下放置电缆、给水管等的空间尺寸要求。

隧道为单向交通时，隧道路面横坡应取单面坡；当隧道为双向交通时，可取双面坡。坡度应根据隧道长度、平纵面线形等因素综合分析确定，一般可采用 1.5%~2.0%。当路面采用单面坡时，建筑限界底边线与路面重合；当采用双面坡时，建筑限界底边线应水平置于路面最高处。

隧道内路侧边沟应结合检修道、侧向宽度、余宽等布置，其宽度应小于侧向宽度，并布置于车道两侧。长、特长隧道应在行车方向的右侧设置紧急停车带。双向行车隧道紧急停车带应双侧交错设置。紧急停车带的宽度，包含右侧向宽度应取 3.5m，长度应取 40m，其中有效长度不得小于 30m。紧急停车带的设置间距不宜大于 750m，停车带的路面横坡，长隧道可取水平，特长隧道可取 0.5%~1.0% 或水平。紧急停车带建筑限界的构成如图 2-3 所示，具体尺寸按一般公路建筑限界尺寸执行。不设检修道、人行道的隧道，可不设紧急停车带，但需按 500m 间距交错设置行人避车洞。

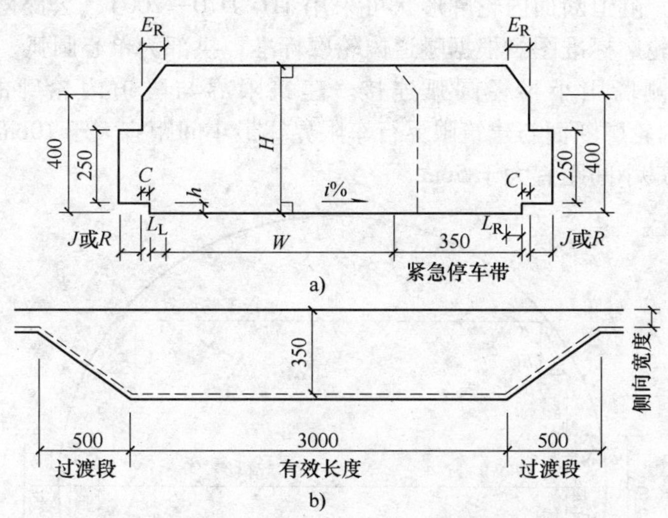

图 2-3 紧急停车带的建筑限界、宽度和长度（单位：cm）
a）宽度构成及建筑限界 b）长度

上、下行分离式独立双洞的公路隧道之间应设置横通道，横通道的断面建筑限界一般规定如图 2-4 所示。人行横通道的设置间距可取 250m，并不得大于 500m；车行横通道的设置间距可取 750m，并不得大于 1000m。长 1000~1500m 的隧道宜设一处，中、短隧道可不设。

2. 衬砌内轮廓线

衬砌内轮廓设计除应符合隧道建筑限界的规定外，还应满足洞内路面、排水设

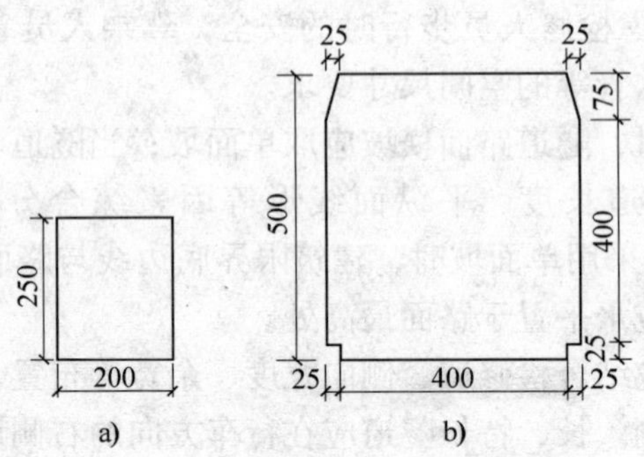

图 2-4 横通道的断面建筑限界（单位：cm）

a）人行横通道 b）车行横通道

施、装饰的需要，并为通风、照明、消防、监控、营运管理等设施提供安装空间，同时考虑围岩变形、施工方法影响的预留富余量，使确定的断面形式及尺寸符合安全、经济、合理的原则。公路等级和设计速度相同的一条公路上的隧道断面宜采用相同的内轮廓。隧道断面内轮廓形状可采用 JTG D70—2004《公路隧道设计规范》规定的隧道内轮廓标准图。根据隧道内轮廓标准，拱部为单心圆弧，侧墙为大半径圆弧，仰拱与侧墙用小半径圆弧连接。建筑限界与隧道内轮廓的关系应符合图 2-5。隧道内轮廓断面与建筑限界行车限界线最小间距宜大于 10cm，与人行道或检修道限界线最小间距宜大于 5cm。

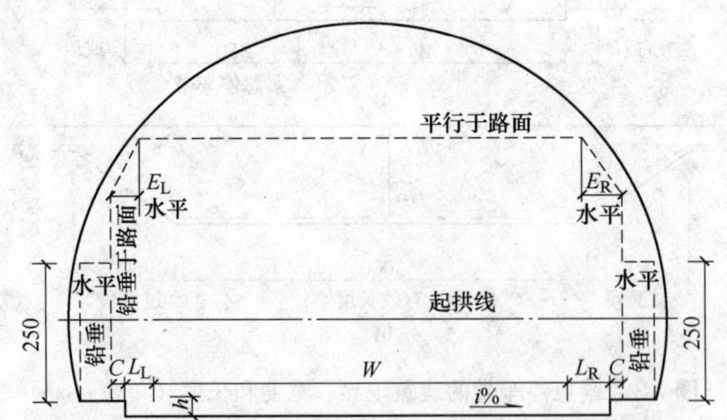

图 2-5 建筑限界与隧道内轮廓的关系（单位：cm）

W—行车道宽度 L_L—左侧向宽度 L_R—右侧向宽度 C—余宽 h—检修道或人行道高度

E_L—建筑限界左顶角宽度 E_R—建筑限界右顶角宽度

隧道位于超高平曲线段时，应根据超高横坡度设置路面横坡。隧道路面横坡不宜大于 5.0%。

隧道平面线形设计应以避免视距不足为原则，若隧道内轮廓断面不满足视距要求，应予以加宽。车行横通道内轮廓断面可采用直墙式或曲墙式两种形式，在Ⅴ～Ⅵ级围岩中，车行横通道宜采用曲墙式断面，如图2-6所示。人行横通道内轮廓断面一般采用直墙形式，如图2-7所示。

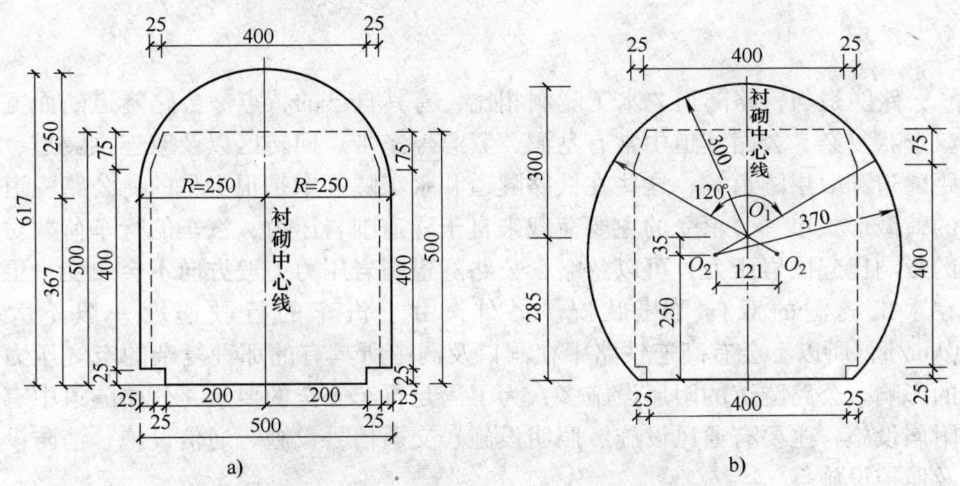

图2-6　车行横通道内轮廓断面设计图（单位：cm）

a）车行横通道直边墙内轮廓断面　b）车行横通道曲边墙内轮廓断面

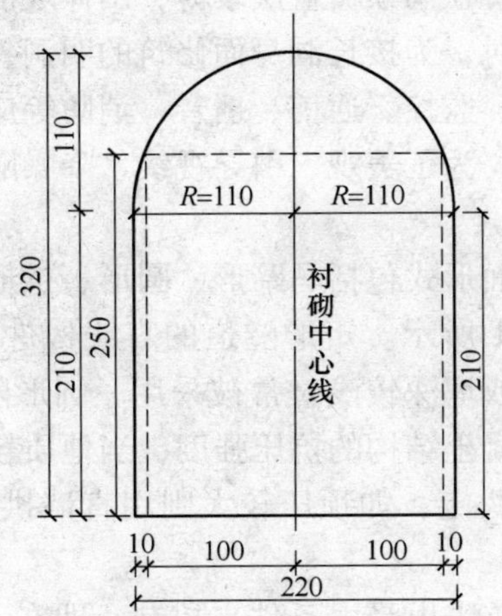

图2-7　人行横通道内轮廓断面设计图（单位：cm）

第 3 章　隧道结构构造

公路隧道与铁路隧道、水工隧洞相比，有其自己的特点。公路隧道断面宽而扁，形状复杂，公路隧道中常有岔洞、紧急停车带、回转区以及双连拱隧道、小间距隧道和双层隧道等，这些在铁路隧道和水工隧洞中是很少见的。公路隧道承受的荷载形式单一，承受的主要荷载来自于隧道围岩压力，汽车的行车荷载对隧道的影响比起围岩压力，可以忽略，公路隧道围岩压力一般方向不会改变，更不存在水工隧洞的双向受压状况。另外，由于汽车的行驶速度一般不大于120km/h，所以不会有高速铁路中在洞口及洞中所具有的那种复杂的空气压力变化的影响。公路隧道的附属设施多，为了满足行车安全的要求，公路隧道中有许多附属设施，主要有通风设施、照明设施、交通信号设施、通信设施、消防设施以及监控设施等。

公路隧道结构构造由主体构造物和附属构造物两大类组成。主体构造物是为了保持岩体的稳定和行车安全而修建的人工永久建筑物，通常指洞身衬砌和洞门构造物。附属构造物主要包括：在洞顶覆盖层较薄，山体坡面有发生崩塌、落石、泥石流或雪崩等自然灾害可能时，为接长洞身而修筑的明洞；为确保交通安全和顺适而设置的通风、照明、安全、监控、通信、播音、消防等应急设施以及公用设施，通常统称为隧道的附属设施；为了美观、引导视线、降噪隔声对隧道内部进行的装饰和敷设的顶棚等设施。

常见的公路隧道的断面形式包括马蹄形、圆形、拱形、矩形、单跨双层和单层多跨拱形截面等，如图 3-1 所示。矩形隧道的直线构件不利于抗弯，故在荷载较小、地质较好、跨度较小或埋深较浅时常被采用。圆形隧道受到均匀径向压力时，弯矩为零，可充分发挥混凝土结构的抗压强度，当地质较差时应优先采用。其余四种形式按具体荷载和尺寸决定，如顶压较大则用直墙拱形，大跨度结构可用落地拱，底板常做成仰拱式。

公路隧道的结构形式首先由受力条件来控制，即在一定地质条件的围岩压力、水压力和爆炸与地震等动力作用下求出最合理的结构形式。其次从满足功能和经济两个方面去考虑，功能方面要求除作为行车道之外，人行道、通风、照明、防灾、通信、信控等附属设施的需求空间也必须保证；经济方面的要求是在保证安全条件下，求得一个最经济的断面结构形状和最佳的支护方式。

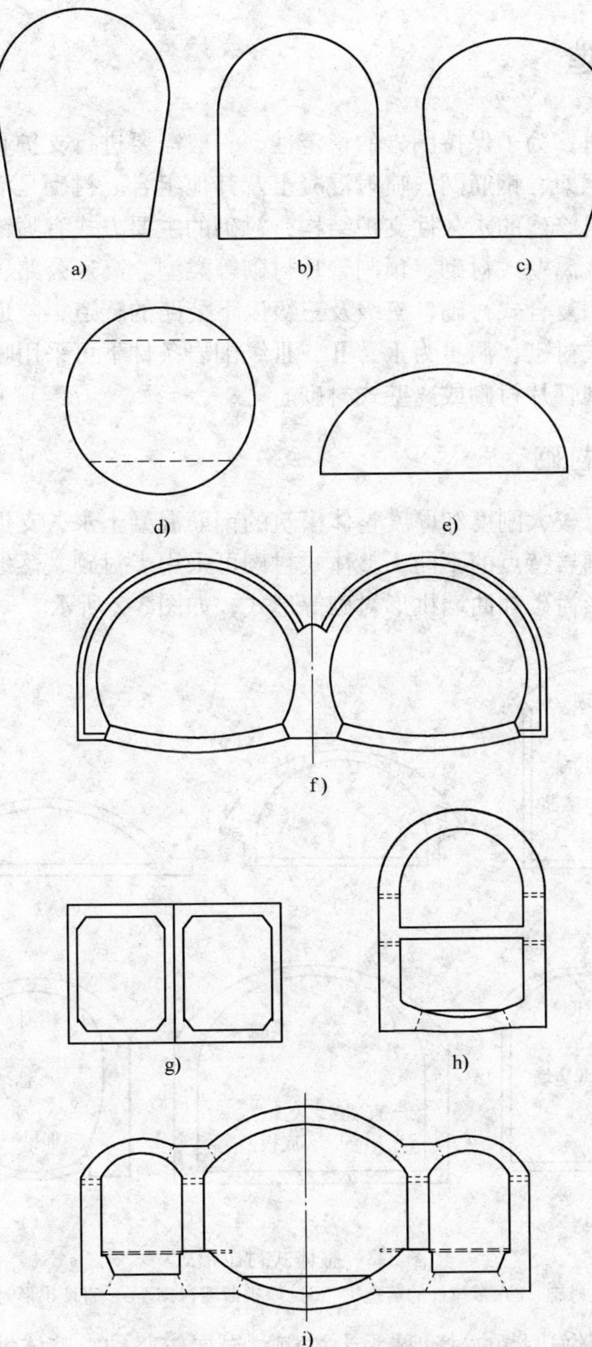

图3-1 常见的公路隧道的断面形式

a)、b)、c) 马蹄形隧道 d) 圆形隧道 e) 拱形隧道 f) 双连拱形隧道 g) 矩形隧道 h) 单跨双层隧道 i) 单层多跨拱形隧道

3.1 衬砌构造

开挖后的隧道，为了保持围岩的稳定性，一般需要进行支护和衬砌。支护的主要方式有锚杆、钢架、钢筋网、喷射混凝土及其他组合。衬砌是沿隧道洞身周边用钢筋混凝土等材料修建的永久性支护结构，衬砌的主要方式有喷锚衬砌、整体式衬砌、复合式衬砌、离壁式衬砌、预制管片衬砌等类型。高速公路、一级公路、二级公路的隧道宜采用复合式衬砌，三级及三级以下公路的隧道，隧道洞口段宜采用复合式衬砌或整体式衬砌，洞身为Ⅰ、Ⅱ、Ⅲ级围岩条件下可采用喷锚式衬砌，特殊情况下可采用预制管片衬砌或离壁式衬砌。

3.1.1 整体式衬砌

隧道开挖后以较大刚度和厚度整体模筑的钢筋混凝土永久支护结构称为整体式衬砌。根据隧道围岩特点的不同，整体式衬砌可采用半衬砌、落地拱衬砌、厚拱薄墙衬砌、直墙拱形衬砌和曲墙拱形衬砌等形式，如图 3-2 所示。

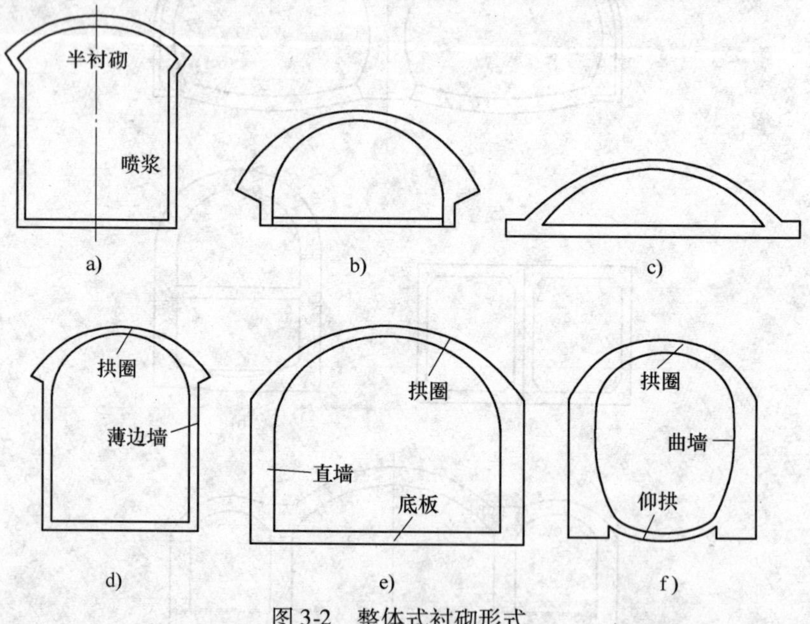

图 3-2 整体式衬砌形式

a）半衬砌 b）落地拱衬砌 c）带拉杆的落地拱 d）厚拱薄墙衬砌 e）直墙拱形衬砌 f）曲墙拱形衬砌

只做拱圈，不做边墙的衬砌称为半衬砌，岩层较坚硬、整体性较好时，可采用半衬砌；侧压力大的软岩层或土层，可采用落地拱衬砌；拱脚较厚、边墙较薄的衬砌称为厚拱薄墙衬砌，水平压力较小的洞室可采用厚拱薄墙衬砌；直墙拱形衬砌是最为普遍采用的一种结构形式，由拱圈、竖直边墙和底板（或仰拱）组成，竖向压力较大、水平侧压力不大时，可采用直墙拱形衬砌；曲墙拱形衬砌由拱圈、曲墙和底板（或仰拱）组成，地质条件差，岩石破碎、松散和易于坍塌的地段，围岩具有较大的垂直压力和水平压力时，应采用曲墙拱形衬砌；遇洞室底部地层软弱或为膨胀性地层时，应采用底部结构为仰拱的曲墙拱形衬砌，将整个衬砌围成封闭形式，以加大结构的整体刚度。整体性衬砌与围岩间的空隙应密实回填，使衬砌与围岩能整体受力。

整体式衬砌可设计为等截面或变截面，当衬砌承受偏压荷载或承受较大竖向荷载时，宜采用变截面形式。设置仰拱的整体式衬砌，不应急剧弯曲或出现棱角，边墙衬砌与仰拱宜采用小半径曲线连接，仰拱厚度宜与边墙厚度相同。

明洞衬砌与洞内衬砌交界处以及洞口段衬砌，应在距洞口10~15m的位置设置沉降缝，在洞内软硬地层明显分界处宜设沉降缝。温差大的地区、月平均最低温度低于-15℃的寒冷地区，洞口100~200m范围应设伸缩缝。沉降缝、伸缩缝应垂直于隧道轴线设置，沉降缝、伸缩缝可兼作施工缝，沉降缝、伸缩缝及施工缝应统筹设置。所有沉降缝、施工缝和伸缩缝均应有防水措施。

不设仰拱的地段，衬砌边墙的基底应置于稳固的地基上，在洞门墙厚度范围内边墙基础底面高程应与洞门墙基础底面高程相同。明显偏压地段应采用抗偏压衬砌，抗偏压衬砌宜采用钢筋混凝土结构；隧道横洞与主洞的交叉口段的衬砌宜采用钢筋混凝土结构；地震动峰值加速度大于0.2g的地区，洞口段及软弱围岩段的衬砌应采用钢筋混凝土结构。当衬砌采用钢筋混凝土结构时，混凝土强度等级不应小于C25，钢筋的保护层厚度不应小于40mm。

公路隧道整体式衬砌支护参数可采用工程类比法或数值计算法确定，衬砌厚度可参考表3-1取值。

表3-1 整体式衬砌厚度

围岩级别	设计参数	
	单车道隧道	双车道隧道
Ⅳ	边墙、拱部：35~40cm 混凝土 仰拱：35~40cm 混凝土	边墙、拱部：40~50cm 钢筋混凝土 仰拱：40~50cm 混凝土
Ⅴ	边墙、拱部：40~45cm 钢筋混凝土 仰拱：40~45cm 混凝土	边墙、拱部：50~60cm 钢筋混凝土 仰拱：50~60cm 钢筋混凝土
Ⅵ	边墙、拱部：45~50cm 钢筋混凝土 仰拱：45~50cm 钢筋混凝土	边墙、拱部：60~80cm 钢筋混凝土 仰拱：60~80cm 钢筋混凝土

3.1.2 喷锚衬砌

喷锚衬砌指的是借高压喷射的水泥混凝土和打入岩层中的金属锚杆的联合作用

（根据地质情况也可分别单独采用）加固岩层，分为临时性衬砌结构和永久性衬砌结构。喷锚衬砌形式有喷射混凝土、钢筋网喷射混凝土、钢架喷射混凝土、锚杆喷射混凝土或锚杆钢筋网喷射混凝土、钢纤维喷射混凝土等。喷锚衬砌是一种柔性结构，有效地利用围岩的承载能力维护洞室稳定，其受力性能一般优于整体式衬砌。

公路隧道喷射混凝土的设计强度等级不应低于 C20；喷射混凝土的厚度不应小于 50mm，不宜大于 300mm，在含水较丰富的地层中喷射混凝土厚度不应低于 80mm，且抗渗等级不应低于 P8。

喷射混凝土宜采用普通硅酸盐水泥配制，水泥强度等级不得低于 32.5 级；有特殊设计需要时，可采用特种水泥配制。细集料可采用中砂或粗砂，细度模数宜大于 2.5，粗集料可采用砾石或碎石，粒径不应大 15mm。

钢筋网喷射混凝土厚度不宜大于 300mm，单层钢筋网喷射混凝土厚度不得小于 80mm，双层钢筋网喷射混凝土厚度不得小于 150mm。钢筋网材料宜采用 HPB300，钢筋直径宜为 6 ~ 12mm。钢筋网网格应按矩形布置，钢筋间距宜为150 ~ 300mm。钢筋网钢筋的搭接长度应不小于一个网格间距或 $30d$（d 为钢筋直径）。钢筋网的保护层厚度应不小于 20mm。当采用双层钢筋网时，两层钢筋网的间距应不小于 60mm。钢筋网宜配合锚杆一起使用，钢筋网应与锚杆绑扎连接或焊接。

钢纤维喷射混凝土的设计强度等级不应低于 C25，其抗拉强度标准值不应低于 2MPa，抗弯强度标准值不应低于 6MPa。普通碳素钢纤维的抗拉强度不得低于 380MPa，且不应有油渍和明显的锈蚀。钢纤维的直径宜为 0.3 ~ 0.5mm。钢纤维的长度宜为 20 ~ 25mm，不得大于 25mm。钢纤维掺量宜为干混合料质量的 1.5% ~ 4.0%。钢纤维的体积率宜为 0.5% ~ 2.0%，长径比为 40 ~ 100。为了提高喷射混凝土的抗裂性能，喷射混凝土也可添加合成纤维，合成纤维喷射混凝土的设计强度等级不应低于 C20，根据试验资料确定合成纤维掺量。

喷锚衬砌参数可采用工程类比法或数值计算法确定，在施工过程中应结合现场监控量测资料进行设计。衬砌厚度可按照表 3-2 的规定取值。

表 3-2 喷锚衬砌设计参数

围岩级别	设计参数		
	单车道隧道（车行横洞）	双车道隧道	三车道隧道（紧急停车带）
Ⅰ	喷射混凝土厚 5cm	喷射混凝土厚 5 ~ 8cm	喷射混凝土厚 8 ~ 10cm，拱部局部设置锚杆或钢筋网
Ⅱ	喷射混凝土厚 5cm，拱部局部设置锚杆	喷射混凝土厚 8 ~ 12cm，锚杆长 $L = 2.0 \sim 2.5$m，局部设置钢筋网	喷射混凝土厚 12 ~ 15cm，锚杆长 $L = 3.0 \sim 3.5$m，设置钢筋网
Ⅲ	喷射混凝土厚 6 ~ 10cm，锚杆长 $L = 2.0 \sim 2.5$m，拱部设置钢筋网	喷射混凝土厚 10 ~ 15cm，锚杆长 $L = 2.5 \sim 3.0$m，设置钢筋网	喷射混凝土厚 15 ~ 20cm，锚杆长 $L = 3.0 \sim 4.0$m，设置钢筋网

喷锚衬砌设计时，根据隧道围岩条件、隧道断面尺寸、作用部位、施工条件等合理选择锚杆设计参数。锚杆可选用全长粘结型锚杆、端头锚固型锚杆、摩擦型锚杆和预应力锚杆等。永久衬砌的锚杆应为全长粘结型锚杆或预应力注浆锚杆，锚孔内须注满水泥砂浆或树脂。锚杆露头均应设置托板，托板可用Q235钢，厚度不宜小于6mm，尺寸不宜小于150mm×150mm。

地质条件较差地段或地面沉降有严格限制时，应在初期衬砌内增设钢架。常用的钢架有钢筋格栅钢架、工字钢钢架和H型钢钢架等，宜优先选用钢筋格栅钢架。钢架衬砌必须有足够的刚度和强度，能承受隧道可能出现的荷载。刚性钢架宜采用由钢筋焊接成的钢筋格栅钢架，钢架间距宜为0.5~1.5m，采用钢架衬砌的地段，连续使用钢架的数量不应小于3榀，相邻两榀钢架衬砌之间必须采用直径18~22mm的钢筋连接；连接钢筋的环向间距不应大于1.0m，并在钢架衬砌内缘、外缘交错布置；钢架与围岩之间的喷射混凝土保护层厚度不应小于40mm，临空一侧的混凝土保护层厚度不应小于20mm；钢筋格栅钢架的截面高度宜为120~200mm，可根据设计要求选取；格栅主钢筋直径宜为18~25mm；连系钢筋直径可采用10~14mm。

3.1.3 复合式衬砌

分两次修筑，中间加设薄膜防水层的衬砌称为复合式衬砌，复合式衬砌的外层常为锚喷衬砌，内层常为混凝土整体式衬砌，如图3-3所示。

隧道复合式衬砌应考虑包括围岩在内的支护结构、断面形状、开挖方法、施工工序和断面的闭合时间等综合因素，充分利用围岩所具有的自承能力。初期衬砌宜采用喷锚衬砌，锚杆衬砌宜采用全长粘结型锚杆。二次衬砌宜采用模筑混凝土或钢筋混凝土结构，衬砌截面宜采用连接圆顺的等厚度衬砌断面，仰拱厚度与拱墙厚度相同。

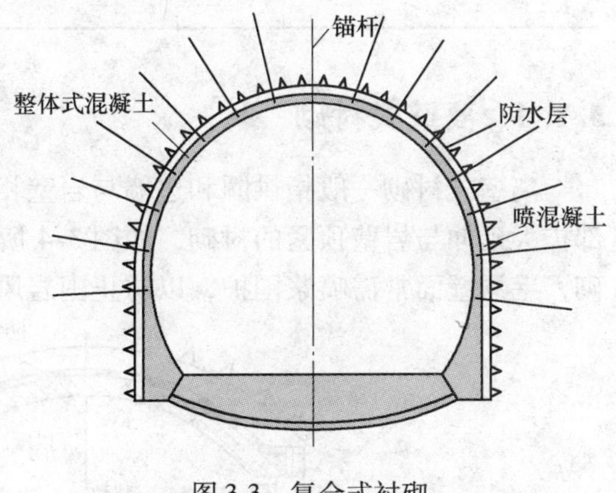

图3-3 复合式衬砌

各级围岩中所确定的开挖断面，除应满足隧道净空和结构尺寸外，还应考虑围岩及初期衬砌的变形，并预留适当的变形量。预留变形量的大小可根据围岩级别、断面大小、埋置深度、施工方法和衬砌情况等，采用工程类比法进行预测，并根据现场监控量测结果进行调整。

隧道复合式衬砌可采用工程类比法进行设计，并通过计算分析进行验算。

Ⅴ级、浅埋Ⅳ级围岩地段的衬砌宜以结构内力计算与强度分析为主，洞身Ⅳ级、Ⅲ级围岩地段的衬砌宜以围岩稳定性分析为主。设计中应特别注意洞口浅埋段、地形偏压段、Ⅴ级及其以下围岩地段及高地应力地段的结构强度分析。

一般地质条件下，双车道隧道初期衬砌及二次衬砌设计参数可参照表3-3的规定选用，并根据现场围岩监控量测反馈的信息，对设计参数进行必要的调整。

表3-3　双车道隧道复合式衬砌设计参数

围岩级别	初期衬砌							二次衬砌	
	喷射混凝土厚度/cm		锚杆			钢筋网/cm	钢架间距/cm	现浇混凝土厚度/cm	
	拱、墙	仰拱	位置	长度/m	纵向间距/m			拱、墙	仰拱
Ⅴ	通过试验计算确定								
Ⅵ$_2$	20～25	15～20	拱、墙	3.0～3.5	0.6～0.8	20×20	60～80	45（钢筋混凝土）	
Ⅵ$_1$	20～25	5～10	拱、墙	3.0～3.5	0.8～1.0	20×20	80～100	45	
Ⅳ$_3$	20～22	—	拱、墙	2.5～3.0	0.8～1.0	20×20	100～120	40	
Ⅳ$_2$	18～20	—	拱、墙	2.5～3.0	1.0～1.2	20×20	120～150	40	
Ⅳ$_1$	15～18	—	拱、墙	2.5～3.0	1.0～1.2	25×25	局部	35	—
Ⅲ$_2$	10～12	—	拱、墙	2.5～3.0	1.0～1.2	25×25	—	35	—
Ⅲ$_1$	8～10	—	拱、墙	2.5～3.0	1.2～1.5	25×25	—	35	—
Ⅱ	5～8	—	局部	2.0～2.5	—	局部	—	30	—
Ⅰ	5	—	—	—	—	—	—	30	—

3.1.4　离壁式衬砌

离壁式衬砌一般指拱圈和边墙与岩壁相隔离，其间空隙不做回填，仅拱脚处局部扩大延伸与岩壁顶紧的衬砌，如图3-4所示。当围岩基本稳定时可采用离壁式衬砌，毛洞壁面常需喷浆围护，以防止围岩风化剥落。

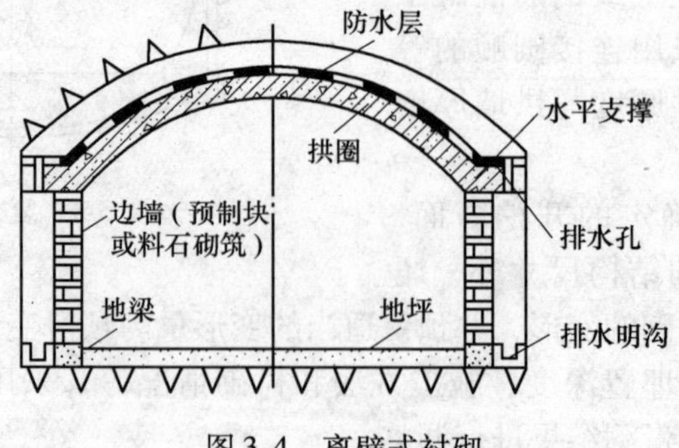

图3-4　离壁式衬砌

与贴壁式衬砌比较，离壁式衬砌能通过它与岩壁间的空隙，顺利排除围岩中的渗水，保持洞内干燥，离壁式衬砌的主要作用不是承受围岩压力，而是防水和隔潮，并可防范个别落石的危险。因此，离壁式衬砌一般适用于围岩完整性好、节理裂隙较少、石质坚硬稳定或基本稳定的情况。岩壁表面一般应喷射水泥砂浆，以免风化剥落。对石质较差或跨度较大的地下洞室，如用喷锚衬砌加固后，围岩能维持稳定，也可采用离壁式衬砌。

离壁式衬砌的拱圈一般为等截面混凝土结构，其最小厚度按抗冲切要求确定。拱脚处需设置与岩壁抵紧的水平支撑，边墙一般采用与拱圈同强度等级的混凝土砌块（或料石）砌筑，衬砌与岩壁间的空隙尺寸，由施工和检修的空间要求确定。

离壁式衬砌的拱圈与边墙在构造上常不连续，拱圈和边墙的内力可分别计算。拱圈一般视为无铰拱或两铰拱，边墙一般视为两端铰接的受压构件。拱圈和边墙在构造上连接较好时也可按整体结构计算内力，墙底可视为铰接，水平支撑应视为弹性支撑。

离壁式衬砌与岩壁间的距离，拱顶上部宜为600~800mm，侧墙处不应小于500mm。离壁式衬砌一般敷设外贴防水层，水平支撑上沿洞室轴线方向须设排水孔，边墙与岩壁间须设外排水沟，并使其与洞内排水沟连通，将集水排向洞外。衬砌拱部宜做卷材、塑料防水板、水泥砂浆等防水层。拱肩应设置排水沟，沟底预埋排水管或设排水孔，直径宜为50~100mm，间距不宜大于6m。在侧墙和拱肩处应设检查孔，如图3-5所示。侧墙外排水沟应做明沟，其纵向坡度不应小于0.5%。

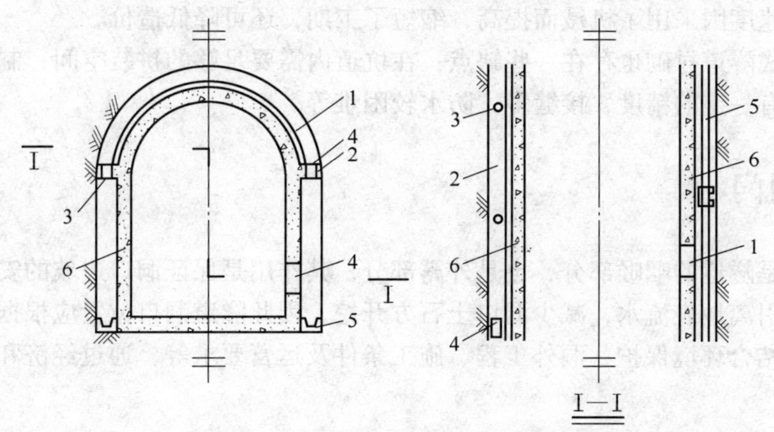

图3-5　离壁式衬砌排水示意图

1—防水层　2—拱肩排水沟　3—排水孔　4—检查孔　5—外排水沟　6—内衬混凝土

3.1.5 装配式衬砌

由预制构件在洞内拼装而成的衬砌称为装配式衬砌，如图3-6所示。采用装配式衬砌可加快施工速度，提高工程质量。

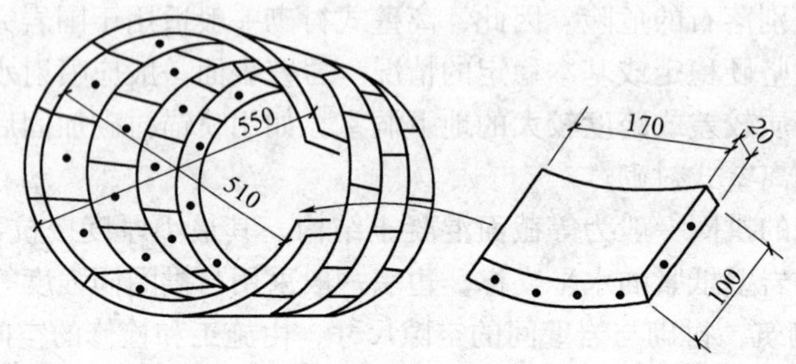

图3-6 装配式衬砌（单位：cm）

整体式现浇混凝土衬砌虽然在我国被广泛地采用，但是它在灌注以后不能立即承受荷载，必须经过一个养护的过程，因而施工进度受到一定的限制。随着社会不断地向工业化和机械化发展，隧道施工也提出向工业化和机械化改进，于是随着隧道施工机械化的发展，出现了装配式隧道衬砌。这种衬砌是将若干在工厂或现场预制的构件运入坑道内，用机械拼装而成，一经装配，即可承受围岩压力。

装配式隧道衬砌一经装配成环，不需养护时间，即可承受围岩压力；大量构件可以在工厂成批生产，在洞内进行机械化拼装，从而改善了劳动条件，节省了劳动力；拼装时，不需要临时支护如拱架、模板等，从而节省了大量的支撑材料及劳动力；拼装速度因采用了机械而提高，缩短了工期，还可降低造价。

装配式隧道衬砌也存在一些缺点：在坑道内需要足够的拼装空间，制备构件的尺寸要求有一定的精度，接缝多，防水较困难等。

3.2 洞门

洞门是隧道的咽喉部分，也是外露部分，其作用是保证洞口边坡的安全和仰坡的稳定，引离地表流水，减少洞口土石方开挖，因此隧道洞口位置应根据地形和地质条件，结合环境保护、洞外工程、施工条件及运营要求等，通过经济和技术比较后确定。

3.2.1 洞门形式

公路隧道洞门可根据所处的地形地质条件、自然环境和人文特点，设计为墙式洞门或明洞式洞门。墙式洞门可采用端墙、翼墙和柱式三种基本形式，或由其变化的台阶式、城墙式、单圆弧形和多圆弧形等形式；明洞式洞门可采用削竹式、喇叭式、棚洞式三种基本形式，或由其变化的环框式及倒削竹式等形式。

1. 墙式洞门

（1）端墙式　端墙式洞门是最常见的一种洞门，它适用于地形开阔、石质较稳定的Ⅳ类以上围岩地区，由端墙、洞门衬砌及排水系统组成，如图3-7～图3-10所示。

（2）翼墙式　翼墙式洞门适用于地质较差的Ⅲ类以下围岩，以及需要开挖路堑的隧道。翼墙式洞门由端墙和翼墙组成，翼墙是为了增加端墙的稳定性而设置的，同时对路堑边坡也起支撑作用。其顶面通常与仰坡坡面一致，顶面上一般均设置水沟，将端墙背面排水沟汇集的地表水排至路堑边沟内，如图3-11～图3-14所示。

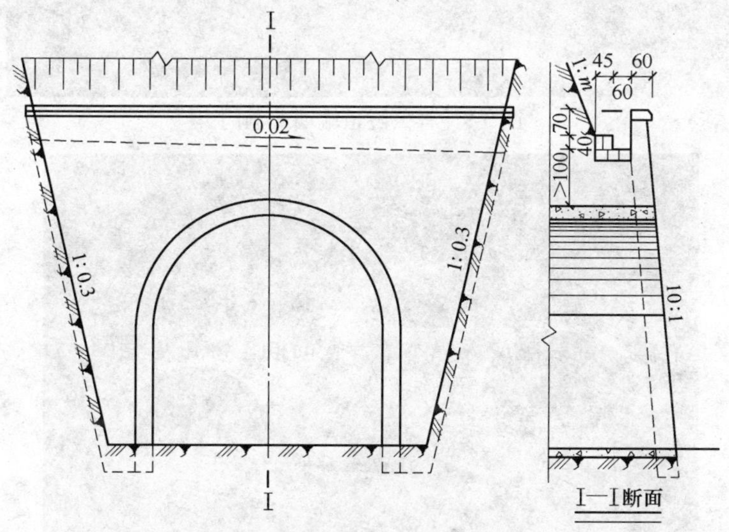

图3-7　端墙式洞门（单位：cm）

图3-8　秦岭隧道端墙式洞门

图 3-9　祥云隧道端墙式洞门

图 3-10　台阶式端墙式洞门

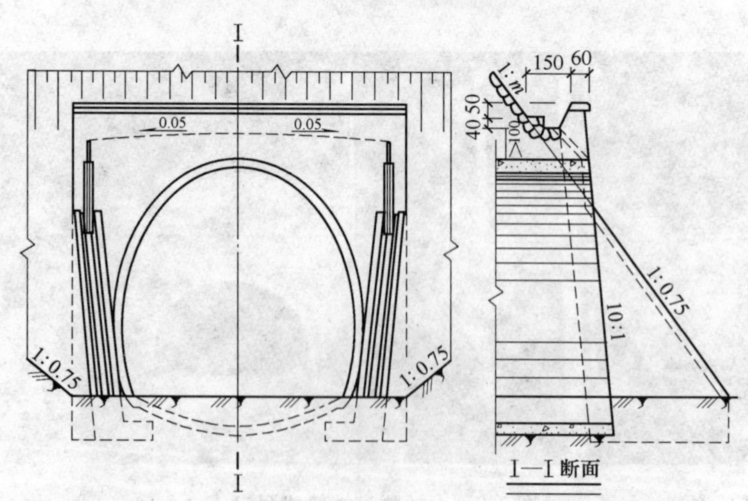

图 3-11　翼墙式洞门（单位：cm）

图3-12　新七道梁隧道翼墙式洞门

图3-13　桐子林隧道翼墙式洞门

图3-14　大巴沟隧道翼墙式洞门

（3）柱式　当地形较陡，地质条件较差，设置翼墙式洞门又受地形条件限制时，可在端墙中设置柱墩，以增加端墙的稳定性，这种洞门称为柱式洞门。柱式洞门比较美观，适用于城郊、风景区或长大隧道的洞口，如图 3-15、图 3-16 所示。

图 3-15　大梁子隧道柱式洞门

图 3-16　新滩二号隧道柱式洞门

2. 明洞式洞门

明洞式洞门适用于地形平缓、山体稳定或单侧边坡较高等地形条件下的洞口。明洞式洞门包括削竹式洞门（图 3-17）、喇叭式洞门（图 3-18）和棚洞式洞门

(图 3-19)。削竹式洞门或喇叭式洞门可采用明洞衬砌，衬砌坡面的坡度宜采用 1 : 0.75 ~ 1 : 1.0；回填坡面的坡度宜采用 1 : 1.25 ~ 1 : 1.5，尽量使其与自然坡面同坡度，坡面宜采用植草或三维植物网等防护措施。当洞口位于冲沟侧或冲沟底时，不宜采用削竹式洞门或喇叭式洞门形式。棚洞式洞门（图 3-19）为设置于棚洞端部的洞门结构形式，适用于无落石危险的地段，宜采用与棚洞连为一体的现浇钢筋混凝土结构。棚洞式洞门的结构形式可分为拱形、框架式、组合式等。

a)　b)　c)　d)　e)

图 3-17　削竹式洞门

图 3-18 喇叭式洞门

a)

b)

图 3-19 棚洞式洞门

3.2.2 洞门构造要求

洞口仰坡坡脚至洞门墙背的水平距离不宜小于 1.5m，洞门与仰坡之间的排水沟底部至衬砌外缘的高度应不小于1.0m，洞门墙顶高出仰坡应不小于0.5m。洞门与仰坡之间的排水沟宜设置于洞门墙体上；当设置于回填土上时，回填土应夯填密实（压实度要求不小于90%）或用强度等级较低的混凝土、砌体筑填，并在沟底设置防渗层。洞门墙结构应保证足够的强度、稳定性和抗震性。

洞门墙背作防排水设计，在洞门墙背与回填土体之间宜设置砂粒透水层或纵横透水管，并在墙身底部（路面以上约30cm高度处）设置一泄水孔，在多雨地区可设多排泄水孔。泄水孔间距宜为2m×2m，泄水孔径宜为10cm。墙背泄水孔底部应设隔水层，不允许积水渗入墙基底部。

根据实际需要，洞门墙可设置伸缩缝、沉降缝、泄水孔。伸缩缝的宽度宜为2cm，缝内沿墙的内、外、顶三边需填塞沥青麻絮，填塞深度不小于20cm。洞门设计中宜设置维修阶梯，维修阶梯可与截水沟（或急流槽）结合设置或单独设置。

端墙式洞门宜设计为仰斜式或衡重式墙身，墙面坡度宜取为1∶0.05～1∶0.25。仰斜式洞门墙的最小厚度宜符合表3-4的规定。无端墙的洞门，宜设置利于排水及防仰坡碎落的门檐（挡块），门檐设置宜与洞门建筑及洞口景观相协调。墙式洞门的墙身嵌入路堑边坡的深度，硬质岩层不宜小于0.3m，软岩或土层不宜小于0.5m。

表3-4 仰斜式洞门墙的最小厚度

建筑材料	最小厚度/cm	建筑材料	最小厚度/cm
钢筋混凝土、混凝土	30	浆砌粗料石、混凝土预制块	80
片石混凝土	50	浆砌片、块石	80

3.3 明洞

当山区隧道的上方或侧边距离地表很近时，若用暗挖法修建，常使山体坍塌，难以施工，若修成路堑，其边坡又难于保持稳定，不利运营。这时可以先按较陡的临时边坡挖成路堑或半路堑，在其中修筑衬砌结构，然后在衬砌外表面回填土石，这种结构通常称作明洞。明洞主要用于遭受坍方、落石或流石、流泥危害的隧道洞口或路堑地段，有时也作为整治路堑出现落石滑坡等病害的有效手段，但明洞造价一般较隧道为高，应当经过慎重比较后选用。

3.3.1 明洞的形式

明洞的结构类型，根据地形、地质、回填土状况而定，通常由顶部结构和边墙组成。当底部地层可能挤入洞内时，须设置仰拱。当顶部结构作成拱形时，称为拱式明洞，按其受力情况又分为对称式和不对称式。若顶部结构为梁板，则称为棚洞，当陡崖或靠河一侧明洞边墙的基础无法设置时，可将顶部作为悬臂式结构而称为悬臂式棚洞。明洞边墙厚度较大时，只要受力允许，可以隔一定距离开设窗洞，以节省材料。

边坡一次塌方量大、落石较多且基底地质条件较好时，或需保护洞口自然环境或防范洞口边、仰坡滚石时，宜采用拱式明洞。拱式明洞整体性好，能承受较大的垂直压力和侧压，根据明洞两侧压力分布情况可分为偏压型（图 3-20）和路堑型（图 3-21）。

图 3-20　偏压型拱式明洞

图 3-21　路堑型拱式明洞

建筑高度受到限制或地基较为软弱时，或路基外侧地形狭窄、内外侧墙基底地质构造明显不同，外侧基础工程量较大或洞顶荷载较小时，可采用棚洞。

棚式明洞顶板常为梁式结构。内侧边墙一般采用重力式挡墙，当岩层完整、山体坡面较陡采用重力式挡墙开挖量较大时，也可采用钢筋混凝土锚杆挡墙，但在地下水发育地段不宜采用。棚式明洞的类型主要取决于外侧边墙的结构形式。通常有墙式、刚架式、悬臂式和柱式等，如图3-22所示。

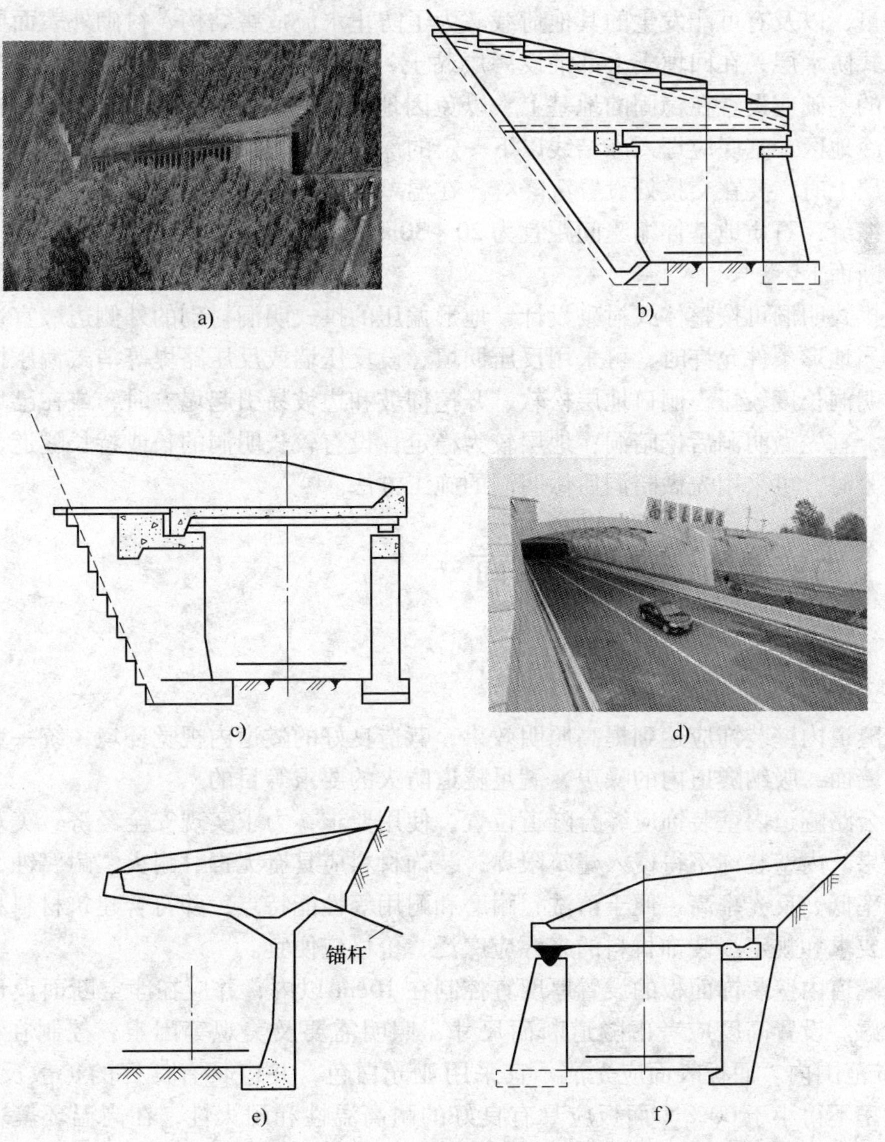

图3-22　棚式明洞

a)、b）墙式棚洞　c)、d）刚架式棚洞　e）悬臂式棚洞　f）柱式棚洞

3.3.2 明洞构造

明洞衬砌材料一般都用混凝土或钢筋混凝土，边墙亦可采用浆砌片石，当衬砌边墙侧压较大、地层松软或有抗震要求时，宜设仰拱。明洞洞顶应回填一定厚度的土石，一般在1m以上，作为其上方落石的缓冲层。明洞衬砌则承受上方回填土石的重量，以及有可能发生的其他荷载。为了防止水流危害结构，衬砌外表面要铺设外贴式防水层，在回填土上部铺设一层黏土，作为隔水层，再在顶部修建排水沟。边墙的基础应设置在稳固的地基上，以免因地基不均匀下沉而造成衬砌结构开裂。在寒冷地区，基底应埋入冻结线以下一定的深度。当明洞前后地段处于软硬不均匀的地层上时，要在交接处设置沉降缝。在温差较大地区，应结合地基的地质情况设置伸缩缝，石质地基伸缩缝间距宜为20～30m。沉降缝、施工缝或伸缩缝应设于同一横断面上。

拱式明洞可按整体式衬砌设计，地形偏压的拱式明洞衬砌的外侧边墙宜适当加厚。当地形条件允许时，可采用反压回填、设反压墙或反压路堤等消减偏压措施。

明洞长度较短、洞口地层松软、开挖仰坡和边坡易引起塌方时，或在已塌方的地段，宜先做明洞后挖暗洞；地层较为稳定，设有较长明洞的长或特长隧道，在工期较紧时，可采用先做暗洞后做明洞的施工方法。

3.4 内壁装饰、顶棚及路面

3.4.1 内壁装饰

隧道内壁装饰应达到提高照明效果，营造良好的隧道内视觉环境，统一和美化隧道墙面，吸纳隧道内的噪声，满足隧道防火的要求等目的。

公路隧道内壁装饰应综合隧道位置、使用要求，力求实现安全经济、美观实用的效果。内壁装饰不得侵入建筑限界，装饰材料应具有无毒、耐火、耐腐蚀、吸水膨胀率低、反光率高、便于清洗、耐磨和耐用等性能特点，并符合建筑材料相关规范的要求和规定。装饰材料的来源应广泛，价格应便宜。

隧道内壁装饰面板的设置厚度宜控制在10cm以内，并应在净空断面设计时予以考虑。设置高度应考虑隧道断面尺寸、照明需要及美观等因素，控制在2.0～3.5m范围内。面板表面应光洁，宜采用亚光白色，并应具有良好的扩散反射率，反射率不得小于60%。面板应具有良好的耐高温性和耐火性，在高温环境下，不应产生大量烟雾或有害气体，另外还要具备足够的温度强度，能抵抗施工荷载和冲击荷载。常用的隧道内壁装饰材料及其特点见表3-5。

表 3-5　常用的隧道内壁装饰材料及其特点

材　料	特　点	
	优　点	缺　点
块状混凝土	衬砌表面不需特殊处理	表面粗糙、易污染、不易清洗、光线反射效果差
饰面板、镶板等致密材料	不易污染、清洗效果好、板后空间有利于吸收噪声、光线反射效果好	要求衬砌平整
瓷砖	表面光滑易清洗、光线反射效果好	没有吸声降噪作用，要求衬砌平整
油漆	比混凝土易清洗	对衬砌表面要求很高，需压光、平整、侵蚀的油漆损坏很快，没有吸声降噪作用
防火涂料	具有较好的耐高温性和耐火性	表明粗糙、易污染、不易清洗、光线反射效果差

3.4.2　顶棚

顶棚是视觉背景的一部分，特别是在有坡度处和变坡点附近对识别障碍物和察觉隧道内异常现象颇有帮助。顶棚的反射率对提高照明效果有利，经过顶棚的反射光使路面产生二次反射，能明显地增加路面亮度。顶棚用漫反射材料可以避免产生眩光，其颜色的明亮程度直接影响到路面亮度，因此顶棚应该是浅色的，但是又应有别于墙面，在色调和饱和度上可以有所不同。

顶棚可以美化隧道，特别是与整齐排列的灯具相互衬托，更可以起到美化的效果，并有明显的诱导作用。

根据实际需要可以把顶棚做成平顶或者拱顶。在自然通风或诱导通风时，可以用拱顶；在半横向或横向通风时可以用平顶。顶棚以上可以作为通风道和供管理人员使用的通道。

3.4.3　路面

1. 路面组成和类型

不设仰供的隧道路面结构组成宜设整平层、基层和面层；设仰拱的隧道路面可只设基层和面层。常用的路面面层类型及其适用条件可采用表 3-6 的规定。

表 3-6　常用的路面面层类型及其适用条件

水泥混凝土路面	复合式路面	适 用 条 件
横缝设传力杆的普通混凝土 连续配筋混凝土 钢纤维混凝土	沥青混合料上面层 + 连续配筋混凝土 沥青混合料上面层 + 横缝设传力杆的普通混凝土	高速公路、一级公路

（续）

水泥混凝土路面	复合式路面	适用条件
钢纤维混凝土 连续配筋混凝土	沥青混合料上面层＋连续配筋混凝土 沥青混合料上面层＋横缝设传力杆的普通混凝土	特重交通的高速公路
普通混凝土 碾压混凝土	沥青混合料上面层＋普通混凝土 沥青混合料上面层＋碾压混凝土	二级及二级以下公路

各级公路隧道采用水泥混凝土路面，应采取措施提高其抗滑和降噪性能。当设计速度大于80km/h时，宜采用沥青混合料上面层与水泥混凝土下面层组成的复合式路面。复合式路面要消减沥青路面在隧道着火情况下，参与燃烧和排放浓烟对营运安全和救援工作的不利影响，其面层应采用加入阻燃剂的复合改性沥青。沥青阻燃剂应具有良好的热稳定性及耐久性，且不应影响沥青及其混合料的使用性能，应重视采用沥青路面面层降低隧道内整体亮度的特点。在隧道路面设计中，应提高路面的反射率，选择隧道路面类型时，宜选用光反射率较大的材料及结构。

（1）隧道整平层　岩石路基开挖过程中，超挖或欠挖部分应采用素混凝土进行整平。整平层应具有符合设计要求的刚度和抗冲刷能力。整平层的厚度宜为100～150mm，其抗压强度不低于20MPa，弯拉强度不低于1.8MPa，整平层与基层材料相同时可与基层一起浇筑。

（2）基层　基层应具有符合设计要求的刚度、抗冲刷能力和耐久性。当隧道基岩的强度较高时，宜采用能减小路面厚度、增加隧道内净空的高强度基层材料，如半刚性基层或素混凝土基层等，基层的材料选择，除应考虑基岩的强度条件外还应按交通等级的荷载需要进行确定。碾压混凝土基层应设置与混凝土面层相对应的接缝。当素混凝土基层弯拉强度超过1.8MPa时，应设置与混凝土面层相对应的横向缩缝，一次摊铺宽度大于7.5m时应设纵向缩缝。基层的类型、交通等级、厚度范围见表3-7。

表3-7　基层的类型、交通等级、厚度范围

交通等级	基层的类型	厚度范围/mm
特重交通	素混凝土、碾压混凝土	120～200
重交通	水泥稳定碎石	150～200
中等或轻交通	半刚性稳定材料或级配碎石	150～200

（3）水泥混凝土面层　二、三、四级公路的隧道路面宜采用设接缝的普通水泥混凝土面层；高速公路、一级公路的隧道路面宜选用连续配筋混凝土面层或钢纤维混凝土面层。连续配筋混凝土路面沿纵向连续配置足够数量的钢筋，能消除或减少面板纵向收缩产生的裂缝，除构造所需的极少胀缝外可不设任何接缝，可提高路

面平整度和行车舒适性，减少维修成本；钢纤维混凝土可大幅度提高抗拉、抗弯、抗冲击、耐疲劳及韧性指标，具有良好的阻裂抗缩能力和抗冻耐磨性能，能实现减小路面厚度，加大缩缝间距，延长使用寿命等良好的功能效果。

普通混凝土、钢筋混凝土、碾压混凝土或连续配筋混凝土面层所需的厚度，可参照表3-8的规定采用。

表3-8 水泥混凝土面层厚度的参考值

<table>
<tr><th>交通等级</th><th>公路等级</th><th>变异系数等级</th><th>面层厚度/mm</th></tr>
<tr><td rowspan="4">特重</td><td>高速</td><td>低</td><td>≥260</td></tr>
<tr><td rowspan="2">一级</td><td>中</td><td>≥250</td></tr>
<tr><td>低</td><td rowspan="2">≥240</td></tr>
<tr><td>二级</td><td>中</td></tr>
<tr><td rowspan="4">重</td><td>高速</td><td>低</td><td>270～240</td></tr>
<tr><td rowspan="2">一级</td><td>中</td><td>260～230</td></tr>
<tr><td>低</td><td rowspan="2">250～220</td></tr>
<tr><td>二级</td><td>中</td></tr>
<tr><td rowspan="4">中等</td><td rowspan="2">二级</td><td>高</td><td>240～210</td></tr>
<tr><td>中</td><td rowspan="2">230～200</td></tr>
<tr><td>三、四级</td><td>高</td></tr>
<tr><td>三、四级</td><td>中</td><td>220～200</td></tr>
<tr><td rowspan="2">轻</td><td>三、四级</td><td>高</td><td>≤230</td></tr>
<tr><td>三、四级</td><td>中</td><td>≤220</td></tr>
</table>

（4）隧道复合式路面面层　沥青上面层应由沥青面层和粘结层组成，沥青面层厚度宜为8～10cm。粘结层是使沥青面层、防水层与混凝土面板联结成整体的结构层，应保证沥青上面层与水泥混凝土下面层之间有足够的抗剪切强度。沥青混合料上面层宜采用双层式沥青面层，表面层应具有平整密实、抗滑耐磨、稳定耐久、阻燃性和反光特性等良好的性能，沥青下面层应具有与混凝土面板粘结牢固、防渗抗滑耐磨、低温抗开裂、高温抗车辙和抗剥离等性能。

沥青混合料上面层材料应具有较高的抗滑耐久性，以抵抗行车荷载的磨耗，应具有较高的抗拉疲劳强度，以抵抗在垂直荷载与水平荷载综合作用下对表层的拉应力，并且能够抵抗接缝处表面的拉应力作用。表面层材料宜优先选用具有较高沥青含量的SMA沥青面层，也可采用表面抗滑性能较好的OGFC沥青混合料。沥青表面层的厚度、混合料类型宜与洞外路段相同，以方便铺装施工。沥青复合式路面结构的示例如图3-23所示。

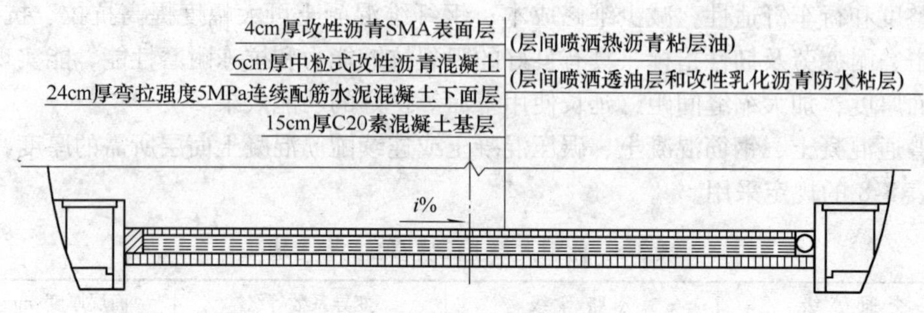

图 3-23　沥青复合式路面

当洞内采用水泥混凝土路面而洞外采用沥青路面时，高速公路和一级公路的长隧道、特长隧道洞内一段路面应与洞外路段保持一致，其长度不小于 JTJ 026.1—1999《公路隧道通风照明设计规范》对隧道照明引入段、适应段和过渡段的长度规定且不小于 300m。各级公路的中、短隧道的洞内路面宜与洞外路段保持一致，其长度不小于 3s 的设计速度行程距离，且不小于 50m。

在水泥混凝土路面与沥青混凝土路面交界处，沥青混凝土路面基层应与水泥混凝土路面基层一致并设置长度约 5.0m 的刚性基层过渡板，减少因错台等原因而给车辆平顺行驶造成的不利影响。

2. 接缝和面层配筋

普通混凝土、钢筋混凝土、碾压混凝土和钢纤维混凝土应设置垂直相交的纵向和横向接缝，纵缝两侧的横缝不得相互错位。各类接缝的位置布设及接缝构造应达到很高接缝传荷能力的目标。根据接缝设置的位置和作用，可将接缝分为纵向缩缝、纵向施工缝、横向胀缝、横向缩缝和横向施工缝五种类型。

隧道内的施工缝或缩缝，均应在缝内设置拉杆，并做成设拉杆平缝型的接缝。拉杆可采用直径为 16mm、长度为 800mm 的 HRB335 钢筋制作。

路面宽度变化的路段内，纵缝的横向位置不宜随路面宽度一起变化。应将变宽路段作为向外接出的路面进行纵缝布置，变宽段加宽板在起终点处的宽度不应小于 1.0m。连续配筋混凝土面的纵缝拉杆，可由板内横向钢筋延伸穿过接缝起拉杆功能。隧道内的普通混凝土面层板的横向缩缝应垂直于路中线等间距布置。

隧道内可不设置横向胀缝。隧道洞口段的横缝应设置为一端带活动传力杆的胀缝，并应在基层上设置钢筋支架予以固定。隧道内车行道与人行横通道、车行横通道相交叉时应保持车行道的接缝位置和形式全线连贯。车行横洞、人行横洞内的横缝位置，可按次要道路的纵缝间距作相应的调整。车行横洞与主行车道相交的弯道段，每板块的短边长度应不小于 1.0m，板角应小于 90°。并布设单层或双层钢筋网补强。

隧道洞口端横向胀缝、承受特重交通施工缝的面层角隅、紧急停车带以及车行横洞等路面面层的锐角角隅处，宜配置角隅钢筋。可选用2根直径为12~16mm的HRB335钢筋，置于面层上部，距顶面不宜小于50mm，距边缘宜为100mm。

隧道内混凝土路面与沥青路面相接时，其间应设置至少3m长的过渡段。过渡段的路面可采用两种路面层呈阶梯状叠合布置，其下面铺设的变厚度混凝土过渡板的厚度不得小于200mm。过渡板与混凝土面层相接处的接缝内，应设置直径25mm、长700mm、间距400mm的拉杆。混凝土面层毗邻该接缝的1~2条横向接缝应设置为胀缝。

3.5 隧道的通风构造物及其他附属设施

3.5.1 隧道通风构造物

当隧道需采用分段送排风等特殊通风方式时应设置竖井、斜井、横洞、联络风道、风机房等通风构造物。通风构造物也可兼作逃生通道或作为施工期间增加开挖面的辅助通道。为加快隧道施工进度或因工程特殊要求时，特长隧道或洞口施工条件受限制的隧道，可设置仅供施工用的斜井、竖井、平行导洞、施工横洞等辅助通道。通风构造物及施工辅助通道的设置方式及布设位置应根据隧道长度、地形条件、地质条件、工期，结合通风救灾、排水弃渣等方面的需要通过技术经济比较后合理选得。

通风构造物及施工辅助通道的洞口位置的选择和设计，应保证不受洪水或不良地质的威胁，有利于施工场地的布置，注意环境保护，重视弃渣场和施工便道的设计，严禁弃渣堵塞河道、沟渠或道路交通，并应减少由于便道及构造物的修建对农田、水利设施和生产生活用水的影响。

通风构造物应按永久构造物设计，达到规定的设计强度、稳定性及耐久性，不宜仅采用喷锚支护。风道内壁应保证表面平滑，交叉口等风道变形处应平顺过渡、减小沿程摩阻损失和风道变形引起的局部损失。

施工辅助通道在地质条件允许的情况下可采用喷锚衬砌，应根据其使用期限、确保施工期间的安全等因素，选择衬砌的支护参数。辅助通道的洞（井）口软弱圈岩段及与正洞连接段的衬砌应适当加强。施工完成后应对其进行封堵处理。

1. 竖井

竖井应设置在隧道埋深较浅且地质较好地段，避免穿过滑坡及大的断层破碎带等不良地质地段，以降低施工难度，节约工程造价，减少后期的通风运营费用。竖井井口应尽量选择开阔平坦的地形区域，以利于施工场地和竖井建筑物的布置和受污染空气的排放。竖井井口严禁设在可能被洪水淹没处，井口应高出洪水频率1/100的水位以上至少0.5m，如设在低洼处，必须设有确保安全的防洪措施。

竖井平面位置宜设置在隧道中线的一侧，尽量靠近主隧道。当采用地面风机房方案时，井底与隧道净距宜控制在20m左右，特殊情况下，竖井可直接设于隧道顶；当采用地下风机房时，井底与地下风机房的净距宜为15～20m。竖井施工需采用复杂的垂直提升设备，施工进度较慢，因此竖井施工深度一般不超过200m，用于通风的竖井深度不宜超过400m，竖井深度大于400m时，应作充分的技术经济比较和论证。

通风竖井面积大小应根据隧道送排风的需要确定，按风道内设计风速控制在13～18m/s的范围内选定。井内风速高低的取值与通风井的长度有关（即考虑井内摩阻力变化对送排风机功率的影响）。当通风井偏长时应取较低的风速；当通风井偏短时，可取较高的风速。当竖井采用送排式通风方案时，竖井中应设置15～20cm厚的钢筋混凝土中隔墙。

竖井结构包括锁口圈、马头门及井身三部分。锁口圈设置于竖井口部，宜采用钢筋混凝土结构，主要承受地表土层的侧向土压力、井口建筑物及设备的重力。竖井锁口圈构造如图3-24所示，锁口圈高度 H 应根据地质地形情况而定，其基础宜置于较好的基岩上。为避免施工期间地表水的流入及异物坠入，锁口圈应高出地面1.0m。锁口圈底部宜采用扩大的钢筋混凝土基础，锁口圈厚度宜为0.4～0.7m，钢筋混凝土扩大基础宜加宽至1.5～2.0m，四周采用浆砌片石等回填压实，防止施工期间锁口圈移位。内部二次衬砌顶部宜搁置于锁口圈顶部，使锁口圈能承受上部结构的自重荷载。

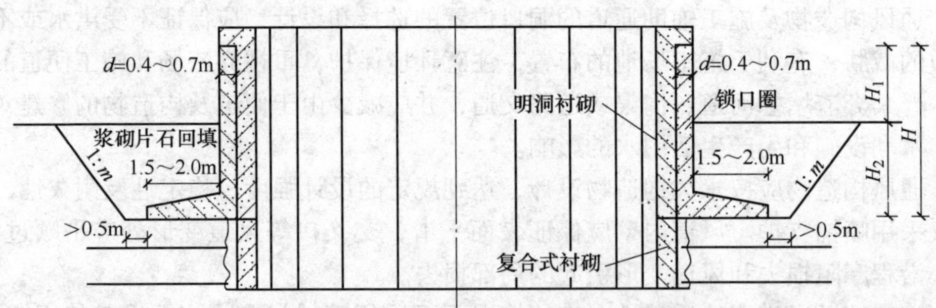

图3-24 竖井锁口圈构造图

井底马头门为井身与联络通道交叉处的结构，形状特殊，受力复杂，并承受井身二次衬砌传来的荷载，应作加强处理。马头门的断面尺寸应能满足施工所用材料、设备的运输及运营期间导流叶片的安装需要。马头门与联络风道连接处宜采用似矩形断面，以利于竖井与联络风道在直墙上连接，并方便设计与施工。为竖井井身与井底风道的连接圆顺以及方便导流叶片的布置，竖井底部可设置长度不小于5m的圆截面变为方截面的过渡段。过渡段结构如图3-25所示。

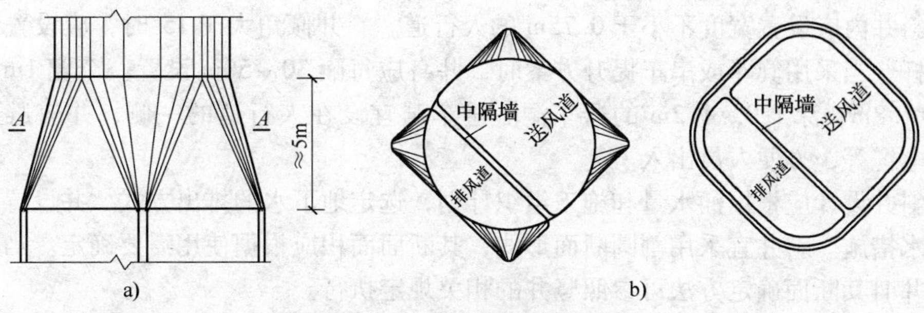

图 3-25　马头门过渡段的构造图

a）过渡段立面　b）过渡段平面

井身是竖井的主要组成部分，上接锁口圈，下接马头门。竖井应采用复合式衬砌结构。为施工安全，二次衬砌宜在竖井施工完成后再进行，初期支护应适当加强。竖井底部马头门周边围岩受力状态复杂，应对初期支护与二次衬砌进行加强处理。

竖井井口段地质一般较差，可采用敞口开挖，修筑明洞结构形式。对于土质地层地区，应优先采用地表处理措施，如钻孔咬合桩、地下连续墙、钢板桩、高压旋喷桩、水泥搅拌桩等基坑加固措施。当竖井较深或井身需要承受上方较大荷载时应设置壁座。壁座可设置于井口段、地质条件较差的井身段及马头门的上方。壁座可采用单锥或双锥形状，单锥形壁座适用于坚硬、半坚硬土及岩层地质，双锥形壁座适用于黏土及砂土层中，如图 3-26 所示。

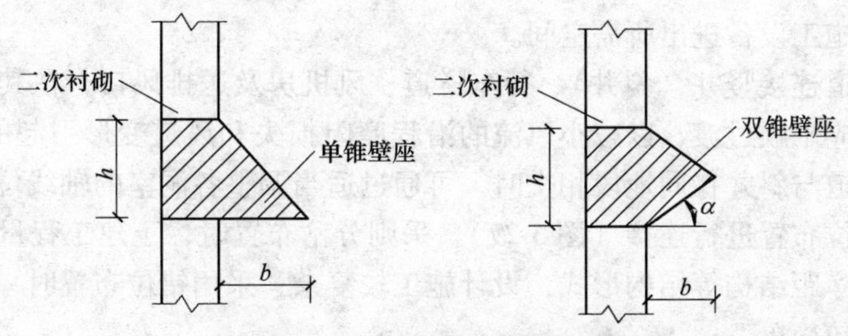

图 3-26　单锥或双锥壁座构造图

2. 斜井

斜井应设置在地质较好地段，避免设于滑坡附近或穿越大的断层破碎带等不良地质地段。斜井口宜设置在井轴线与地形等高线正交处。井口严禁设在可能被洪水淹没处。井口应高出洪水频率 1/100 的水位以上至少 0.5m，如设在低洼地形处必须有确保安全的防护措施。

斜井井底与主隧道之间的横向净距离，应考虑风机房的设置及通风方案的影响。当采用送排式通风方案时，对于地面风机房，井底与主隧道的净距宜控制在 20m 左右；对于地下风机房，井底与主隧道的净距不宜小于 40m。当采用单排式通风方案时，井底应尽量靠近主隧道布置。

斜井内应设置宽度不小于0.75m的人行道。斜井倾角大于15°时，应设置台阶及栏杆。当采用箕斗或串车提升方案时，井身应每隔30～50m设置一个宽1m、高1.6～1.8m、深1.0～1.2m的避车洞。避车洞宜设在人行道的一侧，并应避开管路、电缆等，方便人员出入。

斜井设计应根据涌水量和施工组织计划，选定地下水的排出方式，并设置相应的排水措施。斜井宜采用割圆断面形式，其断面面积应根据使用需要确定。当为通风斜井时其断面确定方法可参照竖井的相关规定执行。

斜井与隧道中线连续处的平面交角在满足施工运营要求的前提下，宜采用大角度，以保证通风顺畅且结构受力合理。井身纵断面不宜变坡，井口和井底变坡点应设置竖曲线。竖曲线半径宜采用12～20m。应防止洞外地表水流入井内，井口场地宜设计为向洞外呈3%的下坡。斜井断面净空尺寸的确定，除满足营运通风需要外，还应根据施工提升容器的外形尺寸、载人车尺寸、管路布置、人行道宽度、施工机具的运行、设备之间的安全空间以及施工通风等因素综合确定。

3. 联络风道与送排风口

通风联络风道分为送风联络风道和排风联络风道，适用于埋层较深、地质条件相对较好处，可便于与竖井（斜井）或行车隧道的连接及节约工程量，其断面宜采用直墙割圆断面形式。联络风道断面面积的大小应根据通风需要而确定。风道内设计风速宜在13～18m/s。但若其需作为斜井或竖井的施工通道时，其断面选择还应考虑大型施工设备进出所需空间。

联络风道连接竖井（斜井）、行车隧道、风机房及送排风口，在其分岔合流及断面变化处应平顺过渡，以减小风流的沿程摩阻损失和风道变形引起的局部损失。多个联络风道与斜井在同地段相交时，可通过适当调整各洞室的轴线位置，采用分岔布置或错位布置进行连接（图3-27）。采则分岔布置时，土建工程量小需采用连拱结构、小净距结构等结构形式，设计施工较复杂；采用错位布置时，土建工程量较大，结构较简单。

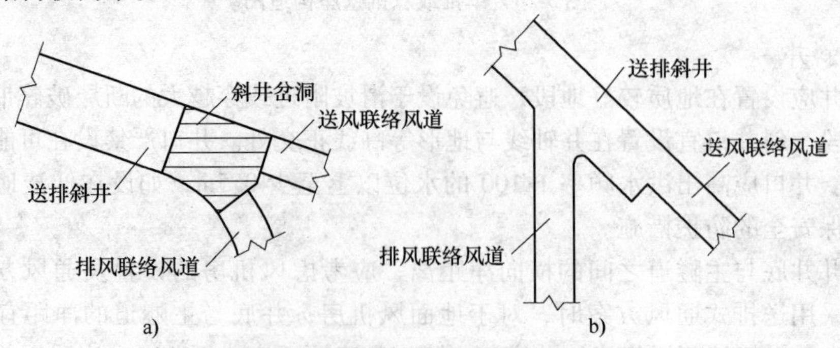

图3-27 联络风道与斜井相交示意图

a）分岔布置 b）错位布置

当联络风道与行车隧道在拱顶正交时，受主隧道拱顶断面的限制，相交结构宜采用两种方式（图3-28）。一种是送风联络风道采用渐变方式，降低其高度，加大宽度以实现在主隧道顶部平顺相交。另一种是送风联络风道断面不变，而将主隧道断面加高，以满足相交处断面尺寸的要求。

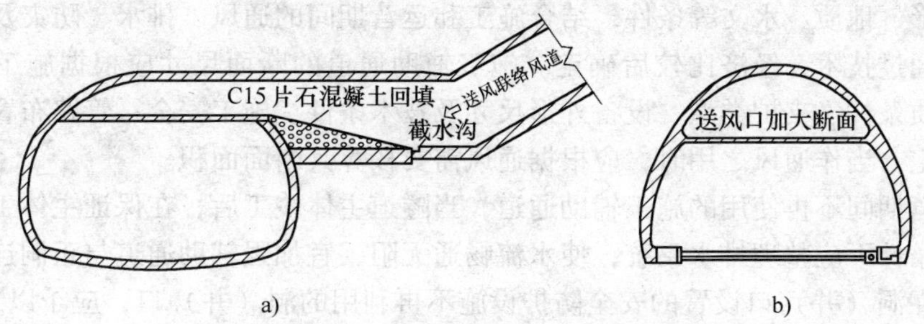

图3-28 送风联络风道与主洞相交示意图

a）送风联络风道渐变断面 b）主隧道加大断面

4. 风机房与通风塔

风机房可采用地面风机房或地下风机房，其类型选择应按功能要求、地形地质条件、外观协调、环境保护、养护维修及运营管理等因素综合考虑。风机房的布置不仅要考虑大型轴流风机和相应电器的操作、维护人员在洞内的空间位置，而且还应考虑设备运输、安装、运营、维护等各方面对风机房的特殊要求。

地下围岩相对较差，地面场地开阔，交通便利，宜设置为地面风机房。对于斜井可采用轴流风机为卧式的地面风机房；对于竖井可采用轴流风机为立式的地面风机房。当地面风机房处于城镇附近时，应结合当地自然及人文景观进行美化设计。

当受地面地形条件、竖（斜）井建设、供配电条件、通风设备管理维护条件限制时，宜采用地下风机房。地下风机房宜靠近行车隧道布置，方便设备及工作人员进出，缩短风道长度，其空间应能布置轴流风机、电气设备、控制设备和其他辅助机电设备，应设有风机房内部的通风、防火排烟、防潮、防尘、降噪及温度调节等设施，以及设备进出通道、工作人员进出通道、紧急疏散通道，与隧道相通的洞口应设置甲级防火门，应采取严格的防水、排水措施，严禁渗漏水。

地面风机房当采用洞口集中送入（或排出）式通风方式时，应结合洞口周围地形条件、两洞口轴向间距等因素，将风机房设于洞口附近，并注意与环境的协调。当采用竖井（斜井）分段送排式通风方式时，应结合竖（斜）井口周围地形条件，将风机房设于井口附近。城镇附近的隧道应考虑风机房设置对附近居民及城市设施的影响。

通风塔应设置在空气扩散效果良好的地带，通风塔的排风口应高于避风口5m，位于侧面的进风口和排风口应避免设置在相同方向，排风口应与常年风向相一致。

应考虑排风对周围大气环境的影响，地处城镇附近的隧道，必要时应作专门调查并采取防范措施。

5. 施工辅助通道

选择横洞、斜井、竖井或平行导坑作为施工辅助通道时，应根据隧道长度、工期、地形、地质、水文等条件，结合施工和运营期间的通风、排水、防灾及弃渣的需要，通过技术、经济比较后确定。施工辅助通道的断面尺寸应根据施工运输要求、地质条件、支护类型、设备外形尺寸及技术条件、施工安全、管路布置等因素综合确定，当作通风之用时，应根据通风需要核算其断面面积。

运营期间不再使用的施工辅助通道，当隧道主体竣工后，在保证主体工程永久安全的条件下应整理排水系统，使水流畅通无阻，宜加强辅助通道与正洞连接段的衬砌。在洞（井）口设置的安全防护设施不再利用的洞（井）口，应予以封闭。

傍山沿河隧道需设辅助通道时，宜采用横洞。横洞位置应考虑施工场地布置、施工运输和施工主方向的需要，与隧道中线连接处的平面交角宜为40°~50°，并应有向洞外不小于0.3% 的下坡。

长度在3000m以上或确有特殊需要的隧道，当不宜采用其他类型辅助通道时，可采用平行导坑。瓦斯隧道宜优先采用平行导坑。平行导坑宜设置在地下水来源的一侧，与隧道的净距应按地质条件、施工方法等因素确定，宜采用15~20m，当将来有可能扩建为第二线隧道时，应考虑后期扩建的影响。坑底高程宜低于隧道底面高程0.2~0.6m。平行导坑应设置水沟，其过水断面、沟底坡度等，应根据导坑排水需要和主洞排水等，统一考虑。平行导坑宜采用单车道断面，间隔200m左右应设置一处错车道。错车道的有效长度宜为1.5倍施工车辆的长度。

连接平行导坑与行车隧道的横通道的设置，应符合以下规定：横通道的设置间距应根据施工需要和工程进度确定，不宜小于120m，其位置可综合隧道避车洞位置确定，应避免设置在断层破碎带等不良地质地段。与隧道中线的交角宜为40°。

将平行导坑用于运营期间的防灾救援时，横通道的设置应满足人行横洞的布置要求。当特长隧道需增加开挖面时，可在洞身埋置不深且地质条件较好地段设置施工斜井或竖井。其设计可按照通风竖井及斜井的相关规定执行。

3.5.2 隧道内附属构造物

1. 车行横通道

车行横通道的设置间距宜采用750m，不应大于1000m。长度1000~1500m的隧道宜设1处车行横通道，中、短隧道可不设。车行横通道应与紧急停车带紧邻布置，即车行横通道两端与主洞连接处设置紧急停车带，以利于紧急情况下的交通疏散。

车行横通道宜设置于地质条件极好的地段，并设置一定的纵坡以利于排水，但纵坡不宜大于8%。衬砌应具有完善的排水措施。两端洞口应设置防火防护门，且便于开启和关闭。

车行横通道的支护结构可采用直边墙式，但在Ⅴ~Ⅳ级软弱围岩地段宜按曲墙式进行设计。车行横通道与主洞宜采用垂直连接，以利于救援车辆的双向出入。车行横通道与主洞连接处的结构应进行加强设计。

2. 人行横通道

人行横通道的设置间距宜采用250m，不应大于500m。短隧道可不设，长度500~750m的隧道宜设置1处，长度750~1000m的隧道宜设置两处。人行横通道设置时可考虑所设车行横通道的人行功能。

人行横通道应具有完善的防水、排水措施，路面应干燥并具有较好的防滑性能；应设置一定的纵坡，以利于排水，但纵坡不宜过大。当纵坡大于15%时，宜设置踏步台阶、边墙两侧宜设置扶手。设置扶手后人行横通道净宽应符合规范的规定。

人行横通道两侧应设置甲级防火门，防火门应具有双向摊开和自动关闭功能；内应设置疏散指示标志，间距不应大于20m。人行横通道的支护结构宜采用直边墙形式，人行横通道与主洞的连接宜采用垂直连接，连接处的结构宜进行加强设计。

3. 主要设备洞室

隧道内主要设备洞室包括配电洞室、变压器洞室、灭火洞室及紧急电话洞室等，其设置位置、洞室尺寸应根据隧道运营管理设备的需要确定。

配电洞室设计时，应考虑预留足够的放置空间和维护操作空间，底面高于检修道100~120cm，以方便检修。其尺寸还应根据配电柜的尺寸以及防护要求而调整。

变压器洞室设计时应结合变压器的实际需要确定洞室尺寸，并预留足够的放置空间和维护操作空间。底面宜与检修道齐平，应考虑防护要求，并作相应尺寸调整。

灭火器洞室可根据所放置消防设备的类型采用不同尺寸，常见的消防设备有洞内消火栓、水成膜泡沫装置（AFFF灭火装置）、灭火器等。灭火器洞室设计时，应考虑预留足够的放置空间和维护操作空间，底面高于检修道80~100cm。

紧急电话洞室用以放置紧急电话设施，以便紧急情况下（如交通事故或火灾等）当事者或发现者能及时联系隧道管理人员。紧急电话洞室设置间距不宜大于200m，宜设置在紧急停车带或人行横洞处，应符合人体工程尺寸，并配隔音门。

4. 电缆管沟与桥架

通信电缆与电力电缆必须分槽敷设，当分槽敷设有困难时，电力电缆可沿隧道墙壁架设，但应有必要的防护措施。电缆在隧道内作平面或竖向转变过渡时，电缆管向尺寸应符合电缆弯曲半径的要求，其弯曲半径不应小于1.2m，对应折线的转折角不应大于30°，转折长度不应小于0.6m。

电缆管沟应设盖板，盖板顶面应与人行道或检修道平齐。当电缆管沟与水沟并行时，宜分设盖板。电缆管沟尺寸应根据公路等级、使用功能等设计条件拟订，并与相关专业协商后确定。中、长、特长隧道的外侧电缆管沟尺寸不宜小于50cm×50cm，内侧电缆管沟尺寸不宜小于70cm×60cm。短隧道可根据实际情况设置。

隧道内若未预埋电缆管沟，可在隧道衬砌墙壁上架设电缆桥架，用以布设隧道电缆。电缆桥架应根据电缆桥架安装处的环境条件，以桥架的荷载曲线为依据，来确定桥架的类型、规格及立柱的间距、托臂长度、桥架的层次等设计数据。隧道内桥架的固定方式宜采用臂侧式固定。各种电缆在电缆桥架上的层次安排应有利于屏蔽干扰、通风、散热等要求，宜将弱电控制电缆布置在最上层，一般控制电缆、低压动力电缆、高压动力电缆，依次往下排列。各层电缆的层间距离宜为：控制电缆大于或等于200mm；动力电缆大于或等于300mm；机械化电缆大于或等于400mm。电缆桥架的防腐措施可采用塑料喷涂、镀锌钝化、电镀锌（适用于轻防腐地区）、热浸镀锌、热喷锌（适用于重防腐地区）等，采用热浸镀锌法时电缆桥架的用料厚度需增加0.5mm以上。电缆桥架的支撑间距应小于计算允许支撑跨距，电缆桥架的宽度应预留一定的公用空位，以便增添电缆时使用。当电力电缆和控制电缆较少时，可在一个电缆桥架上安装，但应采用隔板将其从中间隔开。电缆桥架应有可靠的接地措施。

第 4 章　围岩分级及围岩压力

4.1　隧道围岩的概念及工程性质

4.1.1　隧道围岩

隧道和地面结构物（如房屋、桥梁、水坝等）一样，也是一种结构体系，但两者之间在赋存环境、力学作用机理等方面都存在着明显的差异。正确地认识和掌握地质环境对隧道结构力学行为的作用和影响是合理地进行隧道结构体系设计、施工的前提和基础。地面结构体系一般都是由结构和地基所组成的，地基在结构底部起约束作用，除了自重外，荷载都来自外部，如人群、车载、水力、风力等，而地下结构是由周边围岩和支护结构两者组成共同并相互作用的结构体系，即地下结构＝支护结构＋周边围岩，其中以围岩为主，各种围岩都是具有一定程度的自支承能力的介质，周边围岩在很大程度上是地下结构承载的主体，支护仅用来约束围岩，不使它产生过大的变形而破坏、坍塌。在围岩稳固的情况下，体系中甚至可以不设支护结构而只留下地层，如我国陕北的黄土窑洞。地下结构所承受的荷载主要来自结构体系本身——围岩，称为围岩压力。在地下结构体系中，围岩既是承载结构的基本组成部分，又是造成荷载的主要来源，这种合二为一的作用机理与地面结构是完全不同的。

隧道围岩是指隧道开挖后其周围产生应力重分布范围内的岩体，或指隧道开挖后对其稳定性产生影响的那部分岩体。围岩并不具有尺寸大小的限制，它所包括的范围是相对的，视研究对象而定。从力学分析的角度来看，围岩的边界应划在因开挖隧道而引起的应力变化可以忽略不计的地方，或者说在围岩的边界上因开挖隧道而产生的位移应该为零，这个范围在横断面上约为 6～10 倍的洞径。当然，若从区域地质构造的观点来研究围岩，其范围要比上述数字大得多。

在隧道工程中围岩起主导作用，隧道工程的一切活动（包括能否顺利地建成、使用中是否会出现问题、工期长短以及投资多少等）无一不与隧道所在区域的隧道条件息息相关。有些隧道在开挖期间产生大规模坍方，造成施工困难，甚至使工程报废；有些隧道在运营期间出现洞体开裂破坏，严重影响行车安全，要求采取复杂的治理措施。这些问题往往都是由于围岩地质环境因素所造成的，当然施工方法不当、工程措施不力也可能是产生这些问题的重要原因。因此，了解和认识围岩地质环境，研究围岩在工程建设活动中的变化，制定有力的工程措施，使围岩变化不危及隧道的安全，是隧道工程勘测、设计和施工中的头等大事，应当受到充分重视。

隧道工程所赋存的围岩地质环境的内涵很广，包括地层特征、地下水状况、开挖隧道前存在于地层中的原始地应力状态以及地温梯度等。对隧道工程来说，最关心的问题则是地层被挖成隧道后的稳定程度。围岩稳定意味着开挖隧道所引起的围岩向隧道内的变形很小，而且在较短的时间内就可基本停止，这对施工过程和支护结构都是非常有利的。地层被挖成隧道后的稳定程度称为隧道围岩的稳定性，围岩稳定性是一个反映围岩地质环境的综合指标。所以研究隧道工程围岩地质环境问题，归根到底就是研究隧道围岩的稳定性问题，它包括隧道围岩破坏或稳定的规律、影响围岩稳定的主要因素、标志围岩稳定性的指标和判断准则、分析围岩稳定性的方法以及为维护围岩稳定而必须采取的工程措施（如施工程序和方法，支护结构的类型、数量和架设时间等）。

长期以来，人们对隧道工程围岩稳定性问题的认识和处理，主要是以过去的工程经验为依据，虽然也有一些理论分析方法，但都没有很好地考虑围岩的合二为一的作用机理，因而不可能得到符合客观实际的认识。科学的方法应该从围岩变形与破坏的根本作用力——围岩的原始地应力出发，结合围岩的工程性质、施工对地层原始状态干扰和破坏的程度等进行综合研究，并根据围岩与支护结构共同作用，用围岩为主的观点来制定施工程序和进行支护结构设计。

20 世纪 60 年代以来，由于岩体力学、试验技术以及电子计算机的发展，人们对上述问题的认识有了一个飞跃，正从以经验为主的工程类比向科学理论和定量计算过渡。由于围岩的性质十分复杂，人们所设计的力学模型还不能完全反映出围岩的真实性质，确定围岩特征参数的试验技术还不能满足工程精度要求，因此，当前的理论分析结果还达不到十分准确的水平。但不能因此而否定理论分析的价值，因为理论分析结果可以作为定性解释的依据，还可以用来研究在各种参数变化时，围岩稳定和支护受力状态的限值范围。随着科学技术的发展，理论分析的结果将越来越逼近真实情况。

4.1.2 隧道围岩的工程性质

隧道围岩的工程性质一般包括三个方面：物理性质、水理性质和力学性质。对围岩稳定性最有影响的则是力学性质，即围岩抵抗变形和破坏的性能。围岩既可以是岩体，也可以是土体，这里重点介绍围岩中岩体的力学性质，其他可参阅有关土力学和岩体力学专著。

岩体是各种类别和尺寸岩块的组合体，它和岩石是两个既有联系又有区别的概念。岩石通常由不同矿物，经由各种地质作用而构成；岩体是在漫长的地质历史中，经过岩石建造、构造形变和次生蜕变而形成的地质体。岩体被许许多多不同方向、不同规模的断层面、层理面、节理面和裂隙面等各种地质界面切割为大小不等、形状各异的各种块体，有的是通过构造作用形成的，有的是由于其他原因（如风化、变质等）形成的。工程地质学中将这些地质界面称之为结构面或不连续面，将这些块体称为结构体，并将岩体看做是由结构面和结构体组合而成的具有结构特征的地质体。岩体是整个地质体的一部分，其内部有着许多结构面，这些结构面把岩体分割成各种类型和尺寸的岩块，这些岩块在地应力作用下彼此连锁在一起，并处于平衡状态。可见岩体的构成要素包括：不同尺寸和类型的岩块、岩块间的填充物和岩块间相互作用的应力状态。环境因素尤其是地下水和地温对岩体的力学性质影响也很大。在众多的因素中，哪个起主导作用需视具体条件而定。

软弱围岩中节理和裂隙比较发育，岩体被切割得很破碎，结构面对岩体的变形和破坏都不起什么作用，岩体的特性与结构体岩石的特性并无本质区别，在完整而连续的岩体中亦是如此。反之，在坚硬的块状岩体中，由于受软弱结构面切割，使块体之间的联系减弱，岩体的力学性质主要受结构面的性质及其在空间的位置所控制。由此可见，岩体的力学性质必然是诸因素综合作用的结果，只不过有些岩体是岩石的力学性质起控制作用，而有些岩体则是结构面的力学性质占主导地位。

岩体与岩石相比，两者有着很大的区别。和工程问题的尺度相比，岩石几乎可以被认为是均质、连续和各向同性的介质，而岩体则具有明显的非均质性、不连续性和各向异性。关于岩体的力学性质，包括变形破坏特性和强度，一般都需要在现场进行原位试验才能获得较为真实的结果。国际岩石力学学会（ISRM）试验标准委员会认为，在大型地下工程详细设计阶段，为探明岩体力学性质所进行的现场原位试验可以包括① 变形试验，通常都是在试验隧洞内采用承压板法或径向千斤顶法进行；② 剪切试验，一般是在基坑或隧洞内用斜推法进行。

现场原位试验需要花费大量资金和时间，而且随着测点位置和加载方式不同，试验结果的离散性也很大，因此，常常用取样在试验室内进行试验来代替。但室内试验较难模拟岩体真正的力学作用条件，更重要的是对于较破碎和软弱不均质的岩体，不易取得供试验用的试样。究竟采用何种试验方法，应视岩体的结构特征而定。一般来说，破裂岩体以现场试验为主，较完整的岩体以室内试验为宜。

1. 岩体的应力—应变关系

岩体的强度特性、变形特性以及破坏特性都牵涉到岩体的受力状态和应力分布，而围岩中的应力分布，主要取决于岩体的应力—应变关系特性。在应力增量不大、围岩性质较好的情况下，从简化角度可把围岩当成线弹性体，即假定其应力–应变呈线性关系，服从广义胡克定律，从而可直接应用弹性理论得出应力的解析解。理想弹性体的应力与应变成正比直线关系，且应力卸除后变形可以完全恢复。岩体真实的应力—应变关系是非常复杂的，绝大部分围岩都不是弹性材料而是弹塑性材料，它的应力—应变关系是非线性的和弹塑性的。

岩体的抗拉变形能力很低，或者根本就没有，因此，岩体受拉后立即沿结构面发生断裂，一般没有必要专门来研究岩体的受拉变形特性。

岩体的受压变形特性，可以用它在受压时的应力—应变曲线（也称为本构关系）来说明。图4-1中分别画出了典型的岩石、软弱结构面和岩体在单轴受压时的全应力—应变曲线。从图中可以看出，岩石的应力—应变曲线线性关系比较明显，说明它是以弹性变形为主。软弱结构面的应力—应变曲线呈现出非线性特征，说明了它是以塑性变形为主。而岩体的应力—应变曲线则要复杂得多了，典型的岩体全应力—应变曲线可以分解为四个阶段：

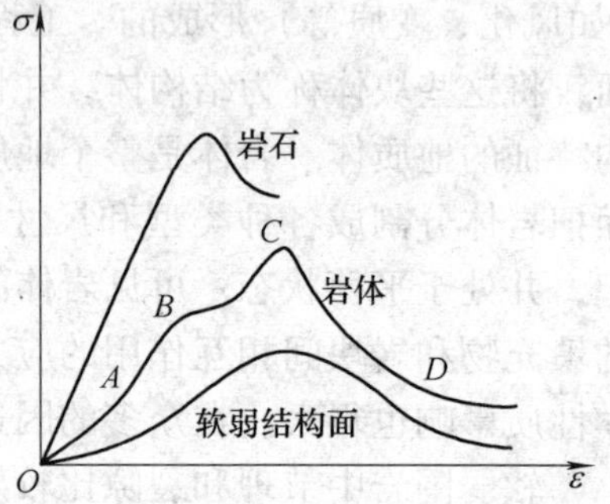

图4-1　典型岩体全应力—应变曲线

（1）压密阶段（*OA*）　这一阶段的变形主要是由于岩体中结构面的闭合和充填物的压缩而产生的。随着应力的增加，变形增长率逐渐减小，应力应变关系呈非线性凹状曲线。变形模量小，总的压缩量取决于结构面的性态。

（2）弹性阶段（*AB*）　岩体充分压密后便进入弹性阶段。所出现的弹性变形是岩体的结构面和结构体共同产生的，应力应变关系呈直线。

（3）塑性阶段（*BC*）　岩体继续受力，变形发展到弹性极限后便进入塑性阶段，此时岩体的变形特性受结构面和结构体的变形特性共同制约。整体性好的岩体延性小，塑性变形不明显，达到强度极限后迅速破坏。破裂岩体塑性变形大，甚至有的从压密阶段直接发展到塑性阶段，而不经过弹性阶段。

（4）破裂和破坏阶段（*CD*）　应力达到峰值后，岩体即开始破裂和破坏，破坏开始时，应力下降比较缓慢，说明破裂面上仍具有一定摩擦力，岩体还能承受一定的荷载。而后，应力急剧下降，岩体全面崩溃。最后当破坏终止时，出现变曲点，应变无约束地增大，但保留一定的强度，即所谓的残余强度。

从岩体的全应力—应变曲线的分析中可以看出，岩体既不是简单的弹性体，也不是简单的塑性体，而是较为复杂的弹塑性体。整体性好的岩体接近弹性体，破裂岩体和松散岩体则偏向于塑性体。岩体的全应力—应变曲线只有在刚性试验机上才能测出，普通万能试验机因刚度小，试验时，试验机的变形量和储存的弹性应变能都较岩样的大。所以，当岩样达到强度极限后，抗力下降，试验机内存储的弹性变形能就突然释放，并对岩样产生冲击作用，使其迅速崩溃，无法再继续试验，测不出岩样破坏后的变形特性。

岩体受剪时的剪切变形特性主要受结构面控制。根据结构体和结构面的具体性态，岩体的剪切变形可能有三种方式：

1）沿结构面滑动，所以结构面的变形特性即为岩体的变形特性。

2）结构面不参与作用，沿结构体岩石断裂。所以，岩石的变形特性起主导作用。

3）在结构面影响下，沿岩石剪断。此时，岩体的变形特性介于上述二者之间。

2. 循环荷载作用下岩体的变形特性

对于弹性材料，其加载和卸载曲线相同，在循环加载和卸载条件下加载和卸载曲线也相同，并且互相重合。

岩体属于非线性材料，如果卸载点超过了其屈服点，则卸载曲线和加载曲线不重合，形成塑性回滞环。如果经过多次反复加载与卸载，且每次施加的最大荷载与第一次加载的最大荷载一样，则每次加载、卸载曲线都各自形成一个塑性回滞环，如图4-2所示。塑性回滞环随着加载、卸载次数的增加而越来越窄，最后加载、卸载曲线重合，近似于一条直线，岩体近似于弹性体。若在高于弹性极限的某一应力下，反复加载、卸载，将导致岩体进一步变形，直至发生破坏。破坏时的峰值应力低于其单轴抗压强度，这一应力常被称为疲劳强度。由此可见，在高于疲劳强度的应力反复作用下，其累积的变形也将导致岩体的破坏。

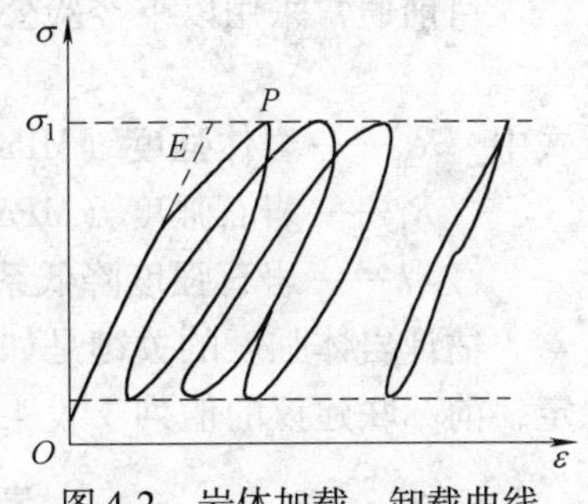

图4-2　岩体加载、卸载曲线

3. 岩体的强度特性

岩体和岩石的变形、破坏机理是很不相同的，前者主要受宏观的结构面所控制，而后者则受岩石的微裂隙所制约，因而岩体的强度要比岩石的强度低得多，并具有明显的各向异性。如志留纪泥岩的单轴抗压试验结果将能很好地说明这个问题，当层面倾角大于50°时，以层间剪切形式破坏；当层面倾角为32°~45°时，为轴向劈裂和层间剪切混合形式破坏；当层面倾角为小于32°时，为轴向劈裂形式破坏，由此可见，岩体的抗压强度不仅因层面倾角增大而减小，同时其破坏形式也发生变化。只有当岩体中结构面的规模较小，结合力很强时，岩体的强度才能与岩石的强度相接近。一般情况下，岩体的抗压强度只有岩石抗压强度的70%~80%，结构面发育的岩体，仅有5%~10%。

和抗压强度一样，岩体的抗剪强度主要也是取决于岩体内结构面的性态，包括岩体的力学性质、充填状况、产状、分布和规模等，同时还受剪切破坏方式所制约。当岩体沿结构面滑移时，多属于塑性破坏，峰值抗剪强度较低，其强度参数 φ（内摩擦角）一般在10°~45°变化，c（黏聚力）在0~0.3MPa变化，残余强度和峰值强度比较接近。沿岩石剪断属脆性破坏，剪断的峰值抗剪强度较上述的高得多，其 φ 值为30°~60°，c 值有高达几十兆帕的，残余强度与峰值强度之比随峰值强度的增大而减小，在0.3~0.8变化。受结构面影响而沿岩石剪断，其强度介于上述两者之间。

由此可见，岩石只是岩体构成的一部分，它的性质不能代表岩体的物性，岩体力学特性是非连续性、非均质性、各向异性和突变性。岩体强度受到许多因素的影响，由于宏观的构造和微观结构的复杂性，加之岩体强度试验技术还不够成熟，很难定出一个公认的标准。因此，根据岩体的状态，用经验的方法加以估计，有时是很现实的，也是可取的。

目前通常采用以下经验公式来初步地估计岩体的强度：

$$R_M = R_b k \tag{4-1}$$

式中 R_M——岩体强度（MPa）；

R_b——岩石强度（MPa）；

k——岩石强度降低系数。

估计岩体强度的关键是如何确定岩石强度降低系数值，目前有多种方法进行判定，前苏联建议的值列于表4-1，供参考。

表4-1 岩体强度降低系数 k 值

岩体状态	k
层厚大于1.0m，有一组裂隙，间距1.5m	0.9
层厚为0.5~1.0m，不超过2组裂隙，间距1~1.5m	0.7
层厚为0.5~1.0m，有3、4组裂隙，间距0.5~1m	0.5
层厚小于0.5m，裂隙小于6组，间距小于0.5m	0.3
层厚小于0.3m，裂隙小于6组，间距小于0.3m	0.1~0.2

4. 岩体的破坏准则

所谓破坏准则也称强度理论，是指定义材料破坏的方法或材料破坏时应力状态的表达式。目前，在实际设计中，采用最多的是莫尔—库仑破坏准则。图4-3表示受到主应力（$\sigma_1 > \sigma_3$）作用时，材料屈服时的应力状态也即应力圆。

莫尔—库仑破坏准则是Mohr于1900年在1773年Coulomb提出的库仑公式基础上得到的，即一个平面上的抗剪强度取决于作用于这个平面上的正应力，主应力的关系为

$$\sin\varphi = \frac{\sigma_1 - \sigma_3}{\sigma_1 + \sigma_3 + 2x} \tag{4-2}$$

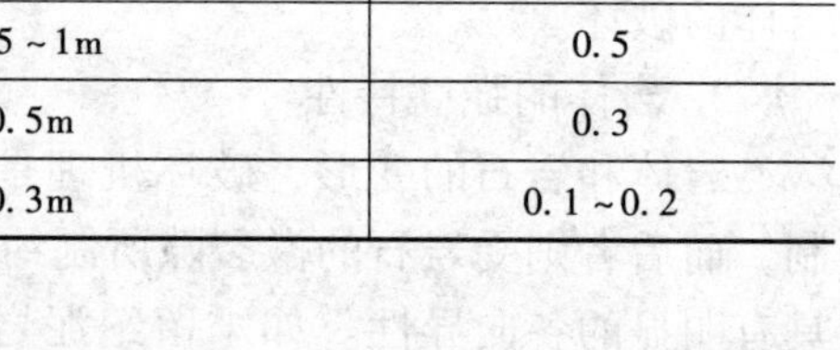

图4-3 材料强度包络线及应力圆

其中

$$x = \frac{\sigma_c}{2} \cdot \frac{1 - \sin\varphi}{\sin\varphi} \tag{4-3}$$

将式（4-3）代入式（4-2）中，并令　$\xi = \dfrac{1 + \sin\varphi}{1 - \sin\varphi}$

则有

$$\sigma_1 - \xi\sigma_3 - \sigma_c = 0 \tag{4-4}$$

这就是著名的莫尔—库仑的直线型破坏准则。理论和试验研究都表明，多数岩石在初始应力状态下处于弹性阶段，而在开挖成洞后，洞室周围岩体将产生松弛或进入塑性状态。材料随着外力的增加由弹性状态过渡到塑性状态。当应力的数值等于屈服极限 σ_c 时，材料屈服，开始产生塑性变形，而 $\sigma = \sigma_c$ 就是单向应力状态下的屈服条件，也称作“塑性条件”，它是判断是否达到塑性状态的准则。

实际上，多数岩石的强度包络线不完全是直线的。Murrell 对许多岩石进行的三轴试验统计表明，破坏时的主应力（$\sigma_1 > \sigma_3$）与单轴抗压强度（σ_c）之间的关系可用下式表示

$$\frac{\sigma_1}{\sigma_c} = K\left(\frac{\sigma_3}{\sigma_c}\right)^A + 1 \tag{4-5}$$

式中　K、A——依岩石而定的常数。

当 K、A 已知时，即可求出 σ_1 或 σ_3。根据 Bieniawski 的试验结果有：硅岩 $K=4.5$，$A=0.75$；砂岩 $K=4.0$，$A=0.75$。

格里非斯认为：内部有裂隙的材料在裂隙的尖端部位将引起应力集中，从而导致材料强度的降低。当拉应力集中值超过材料的抗拉强度时，裂隙就会扩展，从而导致岩石破坏。为了计算应力集中值，将这些裂隙假定为很小的扁平椭圆裂纹，按平面状态破坏理论处理，格里非斯准则如下：

当 $\sigma_1 + 3\sigma_3 > 0$ 时

$$(\sigma_1 - \sigma_3)^2 - 8\sigma_t(\sigma_1 + \sigma_3) = 0 \tag{4-6}$$

当 $\sigma_1 + 3\sigma_3 < 0$ 时

$$\sigma_1 = -\sigma_t \tag{4-7}$$

式中　σ_t——材料的抗拉强度。

除了上述准则外，尚有许多其他的破坏准则，如 Tresca 准则、Mises 准则和 Drucker-Prager 准则、近代的双剪应力强度理论等。值得一提的是，近年来由于测量技术的发展，使得应变推求成为可能，以应变为破坏准则的研究也得到了一定的发展。

5. 岩体的流变特性

试验和实践发现：无论岩体是受压或受剪切，它们所产生的变形都不是瞬时完成的，而是随着时间的增长逐渐达到最终值的。岩体变形的这种时间效应，我们称之为岩体的流变特性。严格来说，流变包括两方面：一种是指作用的应力不变，而

应变随时间增长，即所谓的蠕变；另一种则是作用的应变不变，而应力随时间而衰减，即所谓的松弛，如图 4-4 所示。

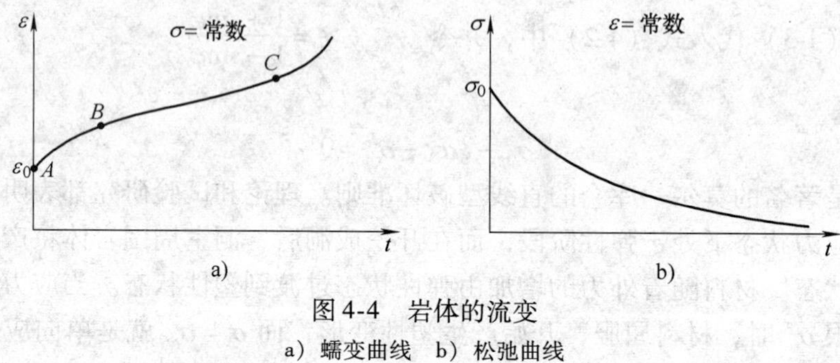

图 4-4 岩体的流变
a）蠕变曲线 b）松弛曲线

对于那些具有较强的流变性的岩体，在隧道工程的设计和施工中必须加以考虑。如成渝复线上的金家岩隧道，埋深 120m，围岩为泥岩，开挖后围岩基本上是稳定的，及时进行了初次支护，采用喷混凝土 20cm 厚，锚杆 ϕ22mm，长 2. 5 ~ 3m，钢筋网 ϕ12mm（环向）和 ϕ6mm（纵向），网格 0. 2m × 0. 2m。初次支护 250d 拱顶下沉达 40. 2cm，侵入建筑限界，只好挖掉重做。属于这类的岩体大概有两类：一类是软弱的层状岩体，如薄层状岩体、含有大量软弱层的互层或间层岩体；另一类是含有大量泥质物，受软弱结构面切割的破裂岩体。整块状、块状、坚硬的层状等类岩体，其流变性不明显，但是在这些岩体中为数不多的软弱结构面，则具有相当强的流变性，有时将对岩体的变形和破坏起控制作用。

6. 岩体结构分类及其破坏特征

试验和实践都已证明：岩体的变形、破坏以及应力在岩体中的传播途径，除了受结构体岩石和结构面控制外，还受岩体构造特征的控制。和宇宙间一切物体一样，岩体也是以它特有的结构形式存在着，并彼此相区别。不同块度、形状和产状的结构体构成了各种岩体结构类型。根据它们对岩体力学性质和围岩稳定性的影响（称为岩体的结构效应），工程地质学中将岩体划分为四大种结构类型：整体与块状结构、层状结构、碎裂状结构和散体状结构。

整块状结构一般为岩浆岩、变质岩及厚层沉积岩形成的岩体，结构面以节理为主，不发育，结构面间距大于 1. 5m。块状结构为岩浆岩、变质岩及厚层沉积岩形成的岩体，结构面以节理为主，很少断层或仅有小断层层间错动面，结构面间距为 0. 7 ~ 1. 0m，一般为 2 ~ 3 组。整体结构岩体的变形主要是结构体的变形，其重要特征是横向应变与纵向应变之比小于 0. 5，破坏前的变形是连续的，在低围压作用下多为脆性破裂，高围压时为塑性剪切破坏，应力传播遵循连续介质中应力传播规律。

层状结构是由中厚（0. 1 ~ 0. 5m）及薄层（小于 0. 1m）的沉积岩、沉积变质岩所形成的岩体，层理、节理和片理比较发育，往往有层间错动面，结构体的形状为板状或楔形，含层状水或脉状水，各向异性表现明显。层状结构岩体的变形主要是结构面的变形，故其变形特性一般不用变形模量，而常用刚度系数来表示。岩体的破坏则是沿软弱结构面滑动，应力传播具有明显的不连续性。

碎裂状结构为构造破碎、褶皱破碎及岩浆岩穿插挤压破碎而形成的岩体，主要结构面为节理、断层、断层影响带、劈理及层理、片理、层间错动等，软弱结构面发育，多被夹泥充填，地下水为脉状水、裂隙水或脉状承压水，结构体呈碎块状或片状。松散状结构主要为断层破碎带、强烈风化破碎带、结构体呈鳞片状、碎屑状及颗粒状，结构面发育呈网状，地下水为脉状。碎裂状和散体状结构岩体的变形，开始是将裂隙或孔隙压密，随后是结构体变形，并伴随有结构面张开。破坏形式主要为剪切破裂和塑性变形。应力传播与岩体结构特征关系十分密切，并具有不连续性，但这种不连续性是有限度的，随着围压的提高很快消失，随之转化为连续的。

隧道围岩变形、破坏和岩体结构的关系十分密切，根据工程实践观察，大致有五种情况，其中块状运动、弯曲折断、松动解脱、塑性变形如图4-5所示。

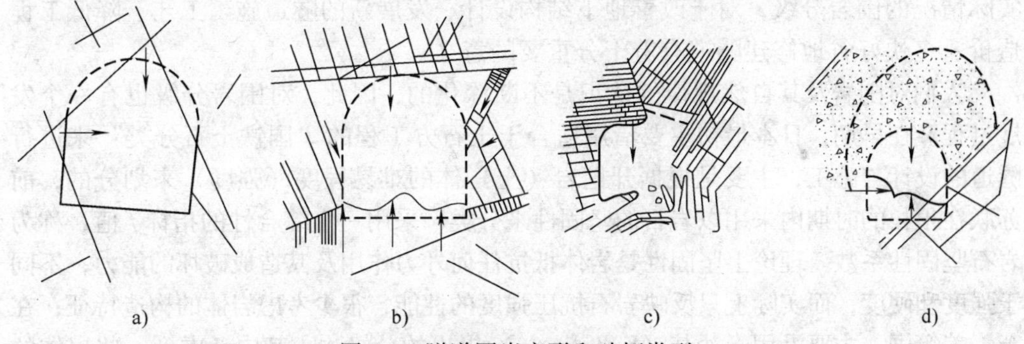

图4-5　隧道围岩变形和破坏类型

a）块状运动　b）弯曲折断　c）松动解脱　d）塑性变形

（1）脆性破裂　整体与块状结构岩体，岩性坚硬，在一般工程开挖条件下表现稳定，仅产生局部掉块。但在高应力区，由于变形能量得到释放，洞周应力集中可引起“岩爆”，岩石成碎片射出并发出破裂响声，属于脆性破裂。

（2）块状运动　当块状或层状岩体受明显的少数软弱结构面切割而形成块体或数量有限的块体时，由于块体间的联系很弱，在自重作用下，有向临空面运动的趋势，逐渐形成块体塌落、滑动、转动、倾倒以及块体挤出等失稳破坏，如图4-5a所示。块体挤出是块体受到周围岩体传来的应力作用的结果。在支护结构和围岩之间如有较大空隙而又未回填密实或根本没有回填，块体运动可能对支护结构产生冲击荷载，而使之破坏。

（3）弯曲折断破坏　层状岩体尤其是有软弱夹层的互层岩体，由于层间结合力差，易于错动，所以抗弯能力较低。洞顶岩体受重力作用易产生下沉弯曲，进而张裂、折断形成塌落体，如图4-5b所示。边墙岩体在侧向水平力作用下弯曲变形而鼓出，也将对支护结构产生压力，严重时可使支护结构折断而塌落。

(4) 松动解脱　碎裂结构岩体基本上是由碎块组合而成的，在张拉力、单轴压力、振动力作用下容易松动，溃散（解脱）而成碎块脱落。一般在洞顶表现为崩塌，在边墙则为滑塌、坍塌，如图 4-5c 所示。

(5) 塑性变形　散体结构岩体或碎裂结构岩体，若其中含有较多的软弱结构面，开挖后由于围岩应力的作用，将产生塑性变形和剪切破坏，如图 4-5d 所示。往往表现为坍方、边墙挤入、底鼓以及洞径缩小等，而且变形的时间效应比较明显。有些含蒙脱土或硬石膏等矿物的膨胀性岩体或结构面，遇水膨胀并向洞内挤入，也属于塑性变形性质。

4.2　围岩分级

隧道围岩分级是正确进行隧道设计与施工的基础。一个合理的、符合地下工程实际情况的围岩分级，对于改善地下结构设计、发展新的隧道施工工艺、降低工程造价、多快好省地修建隧道有着十分重要的意义。

人们对围岩及其自然规律的认识是不断深化的，因此，对围岩分级也有一个发展过程。在早期，日本最初主要借用适合于土石方工程的“国铁土石分类”来进行隧道的设计与施工，主要是根据开挖岩（土）体的难易程度（强度）来划分的；前苏联在很长的时期内采用以岩石的坚固性来分类，采用一个综合性的指标 f 值，称为岩石坚固性系数。理论上坚固性是岩体抵抗任何外力作用及其造成破坏的能力，不同于强度和硬度，而实际上只反映岩石抗压强度的性能，很少考虑岩体的构造特征；在英、美等国，主要沿用泰沙基（K. Terzaghi）提出的分级法，其中考虑到一些岩体的构造和岩性等影响，比较好地反映隧道围岩的稳定状况。目前美国也有用岩石质量指标（RQD）或隧道围岩在不支护条件下，暂时稳定的时间作为分级依据。

我国 20 世纪 50 年代初期，铁路隧道围岩分级基本上是沿用新中国成立前的以岩石极限抗压强度与岩石天然堆密度为基础，这种分级仅运用土石方工程的土石分级法，没有适合隧道围岩的专门分类，只是把隧道围岩分为坚石、次坚石、松石及土质四类。以后，借用前苏联的岩石坚固系数进行分类，即通常所谓的普氏系数（f 值）。在长期大量的地下工程实践中逐渐发现：这种单纯以岩石坚固性（主要是强度）指标为基础的分类方法，不能全面反映隧道围岩的实际状态。隧道的破坏主要取决于围岩的稳定性，而影响围岩稳定性的因素是多方面的，其中隧道围岩结构特征和完整状态，是影响围岩稳定性的主要因素，隧道围岩体的强度，对隧道的稳定性有着重要的影响，地下水、风化程度也是隧道围岩丧失稳定性的重要原因。从围岩的稳定性出发，1975 年编制了我国《铁路隧道围岩分类》，这个分类由稳定到不稳定共分六类，代替了多年沿用的按岩石坚固性系数来分级的方法。

我国公路隧道围岩分级起步较晚，随着我国经济的发展，公路交通得到较大的发展，大量的公路隧道的修建，需要有一个适合我国的公路隧道围岩分级，于 1990 年，以我国铁路隧道的围岩分级为基础，编制了我国《公路隧道围岩分级》。

从国外围岩分级的发展趋势看，围岩分级主要以隧道稳定性分级为主，且从对岩石的分级逐渐演变到对岩体的分级；从按单参数分级转变到按多参数分级，并逐渐向多参数组成的综合指标法演变；从经验性很强的分级逐步过渡到半经验、半定量分级和定量化分级，并将围岩分级与岩体力学的发展相联系，随着岩体力学的发展，这一趋势更为明显。围岩分级方法是随着地质勘查方法的进步而快速发展的。围岩分级方法与隧道结构设计标准化、施工方法规范化的联系越来越密切。土质围岩分级方法逐步与岩质围岩分级方法分离，将会形成专门土质围岩分级方法。

我国隧道围岩分级方法的发展基本与国际同步，主要以隧道稳定性进行分级，并在已颁布的国标和部标中体现了这一成果。此外，我国隧道围岩分级中更加重视施工阶段围岩级别的修正，即根据施工阶段获得的围岩分级信息对设计阶段的预分级进行修正。我国隧道围岩分级方法主要采用两个步骤：第一步以基本指标进行基本分级；第二步用修正指标对基本级别进行修正，最终获得修正后的围岩级别。我国岩质围岩分级方法主要采用定量和定性相结合的办法；土质围岩采用定性分级方法，分级指标采用描述性语言。我国隧道围岩分级主要分为六级，其中岩质围岩为Ⅰ~Ⅴ级，土质围岩为Ⅳ~Ⅵ级。但与国际上有重要影响的围岩分级方法比较，分级级数偏少。除铁路隧道围岩分级方法与隧道结构设计标准化、施工方法规范化的联系较紧密外，其他国标和部标中，围岩分级方法与隧道结构设计标准化、施工方法规范化的联系还不够紧密。

4.2.1　隧道围岩分级的因素指标及其选择

围岩分级的指标主要考虑影响围岩稳定性的因素或其组合的因素，大体有以下几种：

1. 单一的岩性指标

一般有岩石的抗压和抗拉强度、弹性模量等物理力学参数和岩石的抗钻性、抗爆性等工程指标。在一些特定的分级中，如确定钻眼功效、炸药消耗量等，土石方工程中划分岩石的软硬、开挖的难易，均可采用岩石的单一岩性指标进行分级。一般多采用岩石的单轴饱和极限抗压强度作为基本的分级指标，具有试验简单，数据可靠的优点。但单一岩性指标只能表达岩体特征的一个方面，用来作为分级的唯一指标是不合适的。如老黄土地层，在无水的条件下，强度虽然低，但稳定性却很高。

2. 单一的综合岩性指标

以单一的指标反映岩体的综合因素，单一综合岩性指标一般与地质勘察技术的水平有关，因此，其应用受到一定的限制。这些指标包括：

（1）岩体的弹性波传播速度　弹性波传播速度与岩体的强度和完整性成正比，其指标反映了岩石的力学性质和岩体的软硬、破碎程度。我国1986年施行的《铁路隧道设计规范》中将弹性波（纵波）速度引入隧道围岩分级中，将围岩分为6级，见表4-2。

表4-2　弹性波（纵波）速度分级

围岩类别	Ⅰ	Ⅱ	Ⅲ	Ⅳ	Ⅴ	Ⅵ
弹性波速/(km/s)	>4.5	3.5～4.5	2.5～4.0	1.5～3.0	1.0～2.0	<1.0（饱和土<1.5）

（2）岩石质量指标（RQD）　岩石质量指标是综合反映岩体的强度和岩体的破碎程度的指标。岩石质量指标是指钻探时岩心复原率，或称为岩心采取率。钻探时岩心的采取率、岩心的平均和最大长度受岩体原始的裂隙、硬度、均质性的影响，岩体质量的好坏主要取决于长度小于10cm以下的细小岩块所占的比例。因此，岩心采取率是以单位长度钻孔中10cm以上的岩心占有的比例来判断的。即

$$\mathrm{RQD}=\frac{10\text{cm 以上岩心累计长度}}{\text{单位钻孔长度}} \tag{4-8}$$

岩石质量指标分级为：RQD≥90%，优质；75%≤RQD<90%，良好；50%≤RQD<75%，好；25%≤RQD<50%，差；RQD<25%，很差。

（3）围岩的自稳时间　围岩自稳时间也被认为是综合岩性指标。隧道开挖后，围岩通常都有一段暂时稳定的时间，不同的地质环境，自稳时间是不同的，劳费（H. Lauffer）认为隧道围岩的自稳时间 t_s 可用下式表示：

$$t_s=\text{常数}\times L^{-(1+\alpha)} \tag{4-9}$$

式中　L——隧道未支护地段的长度（m）；

α——视围岩情况在0～1变化，好的岩体可取 $\alpha=0$，极差的 $\alpha=1$。

劳费（H. Lauffer）根据围岩的自稳时间和未支护地段的长度，将围岩分为：稳定的、易掉块的、极易掉块的、破碎的、很破碎的、有压力的、有很大压力的七级。具体的取值标准可参考有关专著。

3. 复合指标

复合指标是一种用两个或两个以上的岩性指标或综合岩性指标所表示的复合性指标。复合指标考虑多种因素的影响，对判断隧道围岩的稳定性是比较合理可靠的，它可以根据工程对象的要求，选择不同的指标。但是，复合指标的定量数值，一般是通过试验、现场实测或凭经验确定的，带有较大的主观因素。复合指标包括以下几种：

（1）Q 复合指标分级　Q 复合指标分级是巴顿（N. Barton）等人提出的岩体质量——Q 指标，Q 综合表达了岩体质量的六个地质参数，见下式：

$$Q=(\mathrm{RQD}/J_h)(J_r/J_a)(J_w/\mathrm{SRF}) \tag{4-10}$$

式中　RQD——岩石质量指标，其取值方法见式（4-8）；

J_h——节理组数目，岩体越破碎，J_h取值越大，可参考下列经验数值：没有或有很少节理时，$J_h=0.5\sim1.0$，有两个节理组时，$J_h=4$，破碎岩体时，$J_h=20$；

J_r——节理粗糙度，节理越光滑，J_r取值越小，可参考下列经验数值：不连续节理，$J_r=4$，平整光滑节理，$J_r=0.5$ 等；

J_a——节理蚀变值，蚀变越严重，J_a取值越大，可参考下列经验数值：节理面紧密结合，节理中填充物坚硬不软化，$J_a=0.75$，节理中填充物是膨胀性黏土，如蒙脱土，$J_a=8\sim12$ 等；

J_w——节理含水折减系数，节理渗水量越大，水压越高，J_w取值越小，可参考下列经验数值：微量渗水，水压小于 0.1MPa，$J_w=1.0$，渗水量大，水压特别高，持续时间长，$J_w=0.1\sim0.05$ 等；

SRF——应力折减系数，围岩初始应力越高，SRF 取值越大。可参考下列经验数值：脆性而坚硬、有严重岩爆现象的岩石，SRF = 10 ~ 20，坚硬、有单一剪切带的岩石，SRF = 2.5。

以上六个参数的详细说明和取值标准可参考有关专著。这六个地质参数表达了岩体的岩块大小（RQD/J_h）、岩块的抗剪强度（J_r/J_a）、作用应力（J_w/SRF）。因此，岩体质量 Q 实际上是岩块尺寸、抗剪强度、作用应力的复合指标。根据不同的 Q 值，岩体质量评为九级，见表 4-3。

表 4-3　岩体质量评估

岩体质量	特别好	极　好	良　好	好	中　等	不　良	坏	极　坏	特别坏
Q	400 ~ 1000	100 ~ 400	40 ~ 100	10 ~ 40	4 ~ 10	1 ~ 4	0.1 ~ 1	0.01 ~ 0.1	0.001 ~ 0.01

（2）RMR 复合指标　RMR 复合指标由南非 Z. T. Bieniiawski 根据 49 个隧道案例的调查结果，于 1973 年提出，后又增加了多达 300 以上的工程案例对此指标进行了修正。它给出了一个总的岩体评分值 RMR 作为衡量岩体工程质量的“综合特征值”。它随岩体质量而从 0 递增到 100。岩体的 RMR 值取决于五个通用参数和一个修正参数，这五个通用参数取决于岩石抗压强度 $R1$、岩石质量指标 $R2$（RQD）、节理间距 $R3$、节理状态 $R4$ 和地下水状态 $R5$。修正参数取决于节理方向对工程的影响。把上述各个参数的岩体评分值相加就得到岩体的 RMR 值，即

$$RMR = R1 + R2 + R3 + R4 + R5 \tag{4-11}$$

根据 RMR 的值相应地可以将岩体分为五类，见表 4-4。

表 4-4　RMR 岩体分类

类　别	Ⅰ	Ⅱ	Ⅲ	Ⅳ	Ⅴ
岩体描述	很好的岩石	好的岩石	较好的岩石	较差的岩石	很差的岩石
RMR 值	81 ~ 100	61 ~ 80	41 ~ 60	21 ~ 40	0 ~ 20

(3) 岩体基本质量指标　通过岩体的基本质量 BQ 来判断岩体质量。确定 BQ 需要两个指标：岩体单轴饱和（湿）抗压强度 R_c 和岩体完整性指数 K_v。确定了 R_c 和 K_v 的值以后，可按下式计算岩体的基本质量指标，即

$$BQ = 90 + 3R_c + 250K_v \tag{4-12}$$

在使用式（4-12）时，应遵守以下限制条件：

当 $R_c > 90K_v + 30$ 时，应以 $R_c = 90K_v + 30$ 代入式（4-12）计算 BQ 值。

当 $K_v > 0.04R_c + 0.4$ 时，应以 $K_v = 0.04R_c + 0.4$ 代入式（4-12）计算 BQ 值。

在计算出 BQ 的值以后，可以根据表 4-5 对岩体基本质量进行分级。

表 4-5　岩体基本质量分级

基本质量级别	Ⅰ	Ⅱ	Ⅲ	Ⅳ	Ⅴ
岩体基本质量的定性特征	坚硬岩，岩体完整	坚硬岩，岩体较完整；较坚硬岩，岩体完整	坚硬岩，岩体较破碎；较软岩，岩体完整	坚硬岩，岩体破碎；较坚硬岩，岩体较破碎～破碎	较软岩，岩体破碎；软岩，岩体较破碎～破碎
基本质量指标 BQ	>550	550～451	451～351	350～251	<250

通过以上分析，对隧道围岩分级，首先应考虑选择对围岩稳定性有重大影响的主要因素（如岩石强度、岩体的完整性、地下水、地应力、结构面产状以及它们的组合关系）作为分级指标；其次选择测试设备比较简单、人为因素小、科学性较强的定量指标；所考虑分级指标要有一定的综合性，如复合指标等。总之，应有足够的实测资料为基础，能全面反映围岩的工程性质。

4.2.2　隧道围岩分级的方法

国内外隧道围岩分级的方法较多，所采用的指标也不同，但都是在隧道工程的实践基础上逐步建立起来的，随着人们对隧道工程与地质环境之间相互关系的认识和理解，其围岩分级方法也在逐步深化和提高。

按照分级目的不同，有地质分级和工程分级。地质分级以其地质成因、矿物成分、结构构造和风化程度作为分类原则，一般用地质名称加风化程度来命名；而工程分级主要根据岩体的工程性状，以岩体稳定性或岩体质量评价为基础，使工程师建立起明确的工程特性概念，如 RQD 分级、RMR 分级、Q 分级等。按照分级的用途划分，有质量分级、稳定性分级、可钻性分级、爆破性分级等。按照不同行业各自的岩体工程特点和要求，有水利水电工程围岩分类、公路隧道围岩分类、铁路隧道围岩分类、矿山巷道围岩分类、军工坑道围岩分类法、喷锚规范围岩分类法等。按照工程类型不同，有硐室分级、大坝分级、岩石地基分级、边坡分级、隧道分级等。按照所采用的地质勘察手段，有锤击、强度试验、岩心采取分析、浸水反应、

回弹法和弹性波探测等方法。按照所使用的分级判据不同，又可分为单因素分级系统和多因素分级系统，如 RQD 分级方法即为单因素，而 RMR 或 Q 系统即为多因素。按照表达方式不同又有定性分级、定量分级和定性定量相结合的评判，如 Terzaghi 分类即为定性分级、Q 分类即为定量分级，而 JTG/TD70—2010《公路隧道设计细则》提供的方法则为定性定量相结合的分级模式。按照所采用的分析工具不同，有概率统计法、模糊综合评价法、多层次综合评价法、灰色聚类分析法等分级手段。总体而言，隧道围岩分级发展过程大体有以下几种分级方法：

（1）按岩石强度为单一岩性指标的分级法　具有代表意义的是我国工程界广泛采用的岩石坚固系数“f”值分级法。这种方法的优点是指标单一，使用方便，尤其是在 f 值分类法中，还将定量指标 f 值与作用在支护结构上的围岩压力直接联系起来，给设计和施工带来较大的方便。缺点是不能全面地反映岩体固有的性态。

（2）以岩体构造和岩性特征为代表的分级法　如泰沙基分级法，1975 年我国铁路工程技术规范中所采用的铁路隧道围岩分级法，属于这一类。这类方法的优点是正确地考虑了地质构造特征、风化状况、地下水情况等多种因素对隧道围岩稳定性的影响，并建议了各类围岩应采用的支护类型和施工方法。缺点是分级指标还缺乏定量描述，没有提供可靠的预测隧道围岩级别的方法，在一定程度上要等到隧道开挖后才能确定。

（3）与地质勘察手段相联系的分级法　如 1979 年前后日本提出的按围岩弹性波速度进行分级的方法、岩心复原率分级法等，属于这一范畴。这类方法的优点是分级指标大体上是半定量的，同时考虑了多种因素的影响；缺点是分级的判断还带有一定的主观性，如弹性波速度低，可能是由岩体完整，但岩质松软；地质坚硬，但比较破碎；地形上局部高低相差悬殊等几种原因引起的，就弹性波速度这一个指标，很难客观地得出正确的结论。

（4）多种因素的组合分级法　如岩体质量“Q”法、“BQ”法、我国国防工程围岩分级法等，属于这个范畴。这类方法是当前围岩分类法的发展方向，优点很多，只是部分定量指标仍需凭经验确定。

（5）以工程对象为代表的分类法　如专门适用于喷锚支护的原国家建委颁布的围岩分类法（1979 年），前苏联在巴库修建地下铁道时所采用的围岩分级法（1966 年），以及 20 世纪 80 年代中后期建立的三峡工程坝基岩体质量分级和评价方法，属于这一范畴。这类方法的优点是目的明确，而且和支护尺寸直接挂钩，使用方便，能指导施工。但分级指标以定性描述为主，带有很大的人为因素。

隧道围岩分类方法有简有繁，并无统一格式。目前，国内外许多学者都认为，隧道围岩分级的详细程度，在工程建设的不同阶段应有所不同。在工程规划和初步设计阶段的围岩分级，可以定性评价为主，判别的依据主要来源于地表的地质测绘以及部分的勘察工作，在工程设计和施工阶段，围岩分级应为专门的目的服务。如为设计提供依据的围岩分级，其判别依据主要是地质测绘资料、地质详勘资料、岩石和岩体的室内和现场试验数据，分级指标一般是半定量和定性的。为隧道施工钻爆提供依据的围岩分级，主要利用各种量测和观测到的实际资料对围岩分级进行补充修正，分级的依据是岩体暴露后的实际值。

围岩分级的分阶段实施，是因为围岩分级除了取决于地质条件外，还和工程规模、形状、施工工艺等技术条件有关。不同阶段的地质勘察、试验研究、工作顺序可用图4-6来表示。

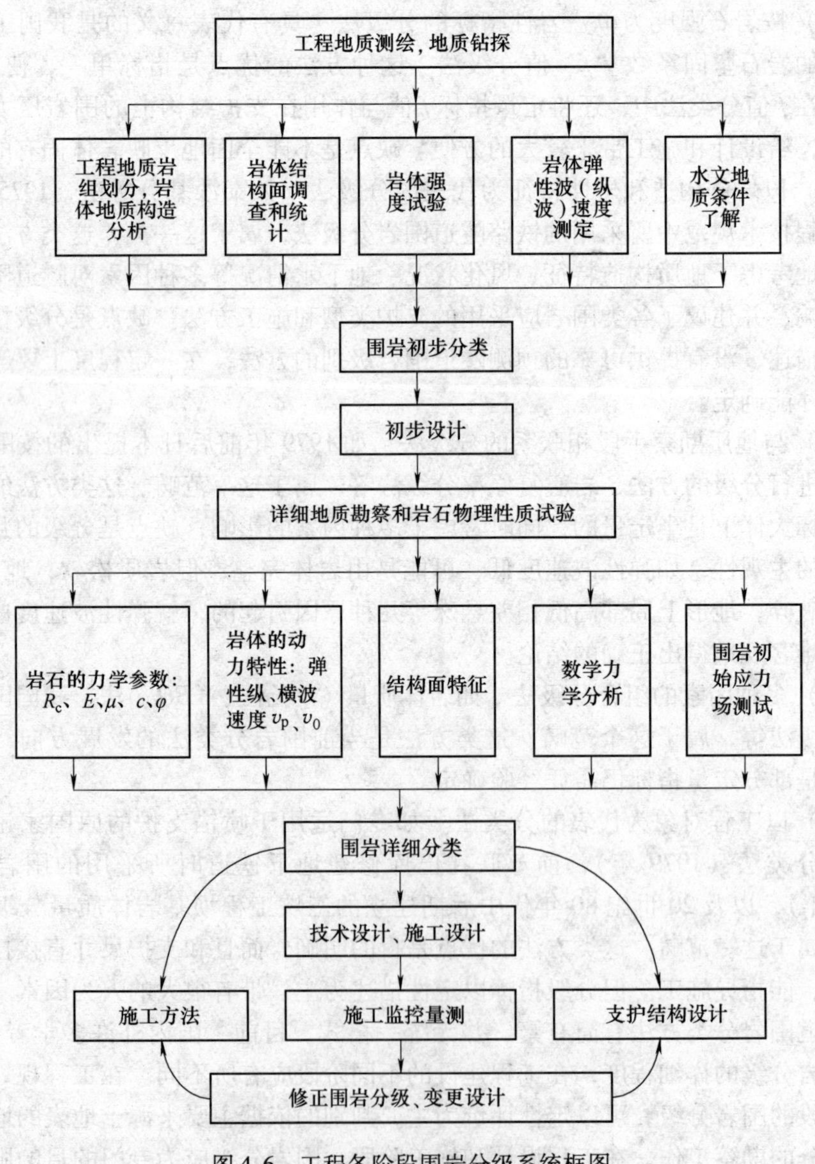

图4-6 工程各阶段围岩分级系统框图

4.2.3 我国公路隧道围岩分级

经过长期的隧道工程实践，我国公路隧道以铁路隧道围岩分级的标准为基础，参考了国内外有关围岩分级的成果，提出了适合我国公路隧道实情的围岩分级标准。我国公路隧道围岩分级主要考虑了以下几点：强调岩体的地质特征的完整性和稳定性，避免单一的岩石强度指标分级的方法；分级指标采用定性和定量指标相结合的方式；明确工程目的和内容，并提出相应的措施；分级简明，便于使用；考虑吸收其他围岩分级的优点，并尽量和我国其他工程分级一致。我国公路隧道围岩分级考虑了以下几类影响围岩稳定性的指标和因素。

1. 岩体的结构特征与完整性

岩体结构的完整状态是影响围岩稳定性的主要因素，目前主要是根据表4-6进行划分的，当风化作用使岩体结构发生变化，松散、破碎、软硬不一时，应结合因风化作用造成的各种状况，综合考虑围岩的结构完整状态和地质构造影响程度按表4-7确定。

表4-6 岩体完整程度的定性划分

<table>
<tr><th rowspan="2">名称</th><th colspan="2">结构面发育程度</th><th rowspan="2">主要结构面的结合程度</th><th rowspan="2">主要结构面（节理）的类型</th><th rowspan="2">相应结构类型</th></tr>
<tr><th>组数</th><th>平均间距/m</th></tr>
<tr><td>完整</td><td>1~2</td><td>>1.0</td><td>好或一般</td><td>节理、裂隙、层面为原生型或构造型密闭</td><td>整体状或巨厚层结构</td></tr>
<tr><td rowspan="2">较完整</td><td>1~2</td><td>>1.0</td><td>差</td><td rowspan="2">节理、裂隙、层面呈X形，较规则，以构造型为主，多数为密闭部分微张，少有充填物</td><td>块状或厚层状结构</td></tr>
<tr><td>2~3</td><td>1.0~0.4</td><td>好或一般</td><td>块状结构</td></tr>
<tr><td rowspan="3">较破碎</td><td>2~3</td><td>1.0~0.4</td><td>差</td><td rowspan="3">节理、裂隙、层面、小断层不规则，呈X形或米字形；以构造型或风化型为主，大部分张开，部分有充填物</td><td>裂隙块状或中厚层结构</td></tr>
<tr><td rowspan="2">>3</td><td rowspan="2">0.4~0.2</td><td>好</td><td>镶嵌碎裂结构</td></tr>
<tr><td>一般</td><td>中、薄层状结构</td></tr>
<tr><td rowspan="2">破碎</td><td rowspan="2">>3</td><td>0.4~0.2</td><td>差</td><td rowspan="2">各种类型结构面以风化型和构造型为主，微张或张开，均有充填物</td><td>裂隙块状结构</td></tr>
<tr><td><0.2</td><td>一般或差</td><td>破碎状结构</td></tr>
<tr><td>极破碎</td><td>无序</td><td>—</td><td>很差</td><td>—</td><td>散体状结构</td></tr>
</table>

表4-7 围岩受地质构造影响程度等级划分

等级	地质构造作用特征
轻微	围岩地质构造变动小，无断裂（层）；层状岩一般呈单斜构造；节理不发育
较重	围岩地质构造变动较大，位于断裂（层）或褶曲轴的邻近地段，可有小断层，节理较发育
严重	围岩地质构造变动强烈，位于褶曲轴部或断裂影响带内；软岩多见扭曲及拖拉现象；节理发育
很严重	位于断裂破碎带内，节理很发育；岩体破碎呈碎石、角砾状，有的甚至呈粉末、土状

2. 岩石强度

将岩浆岩、沉积岩、变质岩按岩性、物理力学参数、耐风化能力和作为建筑材料的要求划分为硬质岩石及软质岩石二级，依饱和抗压极限强度 R_c 与工程的关系分为四种，其标准及代表性岩石见表4-8。当风化作用使岩石成分改变、强度降低时，应按风化后的强度确定岩石等级。

表4-8 岩石等级划分

<table>
<tr><th colspan="2" rowspan="2">岩石等级</th><th rowspan="2">饱和抗压极限强度 R_c/MPa</th><th colspan="2">耐风化能力</th><th rowspan="2">代表性岩石</th></tr>
<tr><th>程度</th><th>现象</th></tr>
<tr><td rowspan="2">硬质岩石</td><td>坚硬岩</td><td>>60</td><td rowspan="2">强</td><td rowspan="2">暴露后1、2年尚不易风化</td><td rowspan="2">1. 花岗岩、闪长岩、玄武岩等岩浆岩类
2. 硅质、铁质胶结的砾岩及砂岩、石灰岩、白云岩等沉积岩类
3. 片麻岩、石英岩、大理岩、板岩、片岩等变质岩类</td></tr>
<tr><td>较坚硬岩</td><td>60~30</td></tr>
<tr><td rowspan="3">软质岩石</td><td>较软岩</td><td>30~15</td><td rowspan="3">弱</td><td rowspan="3">暴露后数日至数月即出现风化壳</td><td rowspan="3">1. 凝灰岩等喷出岩类
2. 泥砾岩、泥质砂岩、泥质页岩、灰质页岩、泥灰岩、泥岩、劣煤等沉积岩类
3. 云母片岩和千枚岩等变质岩类</td></tr>
<tr><td>软岩</td><td>15~5</td></tr>
<tr><td>极软岩</td><td><5</td></tr>
</table>

3. 围岩基本质量指标 BQ

根据上述岩石坚硬程度和岩体完整程度两个基本因素的定性、定量特征，根据式（4-12）确定围岩基本质量指标 BQ，并由此对围岩进行初步分级。其中，岩体完整程度的定量指标用岩体完整系数 K_v 表达。K_v 一般用弹性波探测，如无探测值时，可用岩体体积节理数 J_v 按表4-9确定对应的 K_v。此外，K_v 与定性划分岩体完整程度的对应关系可按表4-10确定。

表4-9 J_v 与 K_v 对照表

J_v/(条/m^3)	<3	3~10	10~20	20~35	>35
K_v	>0.75	0.75~0.55	0.55~0.35	0.35~0.15	<0.15

表4-10 K_v 与定性划分岩体完整程度的对应关系

K_v	>0.75	0.75~0.55	0.55~0.35	0.35~0.15	<0.15
完整程度	完整	较完整	较破碎	破碎	极破碎

4. 地下水等影响因素

在早期的围岩分级中，主要考虑地下水因素对围岩分级的影响。遇有地下水时，根据围岩等级，一般采用降级处理的方法。如在Ⅰ级围岩或属于Ⅱ级的硬质岩石中，可不考虑降级；在Ⅰ级围岩或属于Ⅱ级的软质岩石，应根据地下水的性质、水量大小和危害程度调整围岩级别，当地下水影响围岩稳定产生局部坍塌或软化软弱面时，可酌情降低1级；Ⅳ级、Ⅴ级围岩已成碎石状松散结构，裂隙中有黏性土充填物，地下水对围岩稳定性影响较大，可根据地下水的性质、水量大小、渗流条件、动水和静水压力等情况，判断其对围岩的危害程度，可适当降低1~2级；在Ⅵ级围岩中，分级中已考虑了一般含水地质情况的影响，在特殊含水地层，需另作处理。

JTG/TD70—2010《公路隧道设计细则》对围岩分级时，不仅考虑了水的影响，还考虑了软弱结构面和初始高地应力的因素，并对前述岩体基本质量指标 BQ 进行修正，得到围岩基本质量指标 BQ 的修正值 $[BQ]$，如下式：

$$[BQ] = BQ - 100(K_1 + K_2 + K_3) \tag{4-13}$$

式中 K_1——地下水影响修正系数；

K_2——主要软弱结构面产状影响修正系数；

K_3——初始应力状态影响修正系数。

根据调查、勘探、试验等资料，并对以上指标和因素进行分析，将公路隧道围岩分为六级，表4-11给出了各级围岩的主要定性特征和围岩基本质量指标 BQ 或修正值 $[BQ]$。

表4-11 公路隧道围岩分级

围岩级别	围岩或土体主要定性特征	围岩基本质量指标 BQ
Ⅰ	坚硬岩（饱和抗压极限强度 $R_b > 60\text{MPa}$），岩体完整，巨块状或巨厚层状整体结构	>550
Ⅱ	坚硬岩（$R_b > 30\text{MPa}$），岩体较完整，块状或厚层状结构；较坚硬岩，岩体完整，块状整体结构	550~451
Ⅲ	坚硬岩，岩体较破碎，巨块（石）碎（石）状镶嵌结构；较坚硬岩或较软硬质岩，岩体较完整，块状体或中厚层状结构	450~351
Ⅳ	坚硬岩，岩体破碎，碎裂（石）结构；较坚硬岩，岩体较破碎~破碎，镶嵌碎裂结构；较软岩或软硬岩互层，且以软岩为主，岩体较完整~较破碎，中薄层状结构	350~251
	土体： 1. 压密或成岩作用的黏性土及砂性土 2. 黄土（Q_1、Q_2） 3. 一般钙质、铁质胶结的碎、卵石土，大块石土	—
Ⅴ	较软岩，岩体破碎；软岩，岩体较破碎~破碎；极破碎各类岩体，碎、裂状、松散结构	<250
	一般第四系的半干硬~硬塑的黏性土及稍湿~潮湿的一般碎、卵石土，圆砾、角砾土及黄土（Q_3、Q_4）。非黏性土呈松散结构，黏性土及黄土呈松软结构	—
Ⅵ	软塑状黏性土及潮湿、饱和粉细砂层、软土等	—

公路隧道围岩分级表中“级别”和“围岩主要定性特征”栏，不包括特殊地质条件的围岩，如膨胀性围岩、多年冻土等。层状岩层的层厚划分为：厚层，大于0.5m；中层，0.1～0.5m；薄层，小于0.1m。

围岩分级的重要发展趋势是加强施工阶段围岩级别的判定，因为只有施工阶段的判定才是最直接、最可靠的判定，由于施工后的隧道地质状态已充分暴露，这给围岩级别的判定创造了极好的条件，因此，施工阶段围岩级别的判定是一个重要而现实的问题。

施工阶段围岩分级的评定因素采用围岩坚硬程度、围岩完整性程度和地下水状态三项因素，细分为十三个子因素，如图4-7所示。

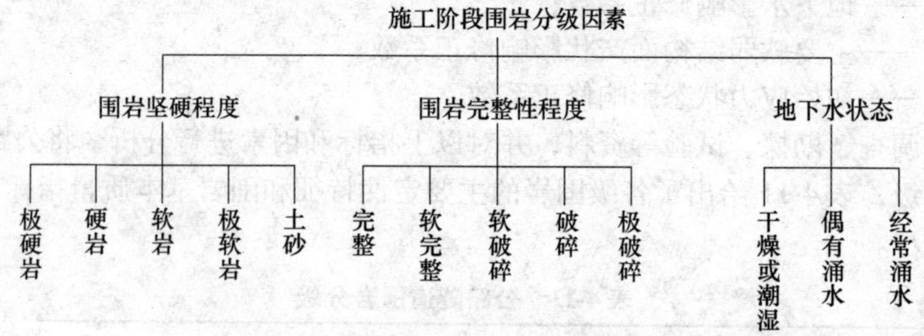

图4-7 施工阶段围岩分级的评定因素

在三个因素中，最困难的是围岩完整性程度的评定，因此研究的重点是如何根据掌子面的地质数据评价围岩的完整性程度。由于隧道开挖，掌子面的地质状态充分暴露，为评定掌子面的稳定，提供了充分的基础。根据对国内外施工阶段围岩分级的调查，应采用多种方法对围岩完整性程度进行分级，采用定性和定量相结合的方法，如可采用图4-8所列的指标，对围岩完整性程度进行划分。指标可参考有关专著。

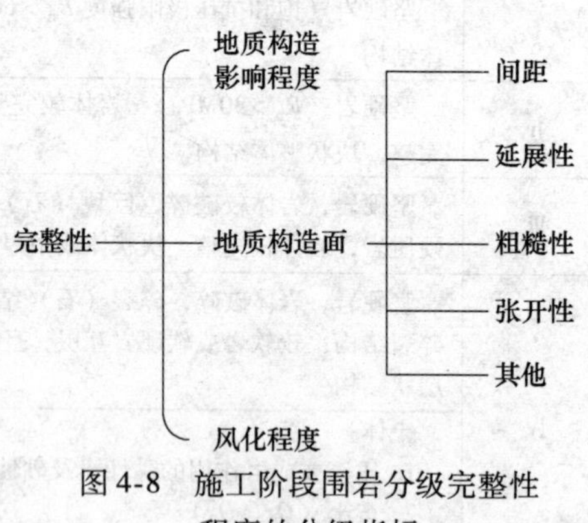

图4-8 施工阶段围岩分级完整性程度的分级指标

4.2.4 我国铁路隧道围岩分级

2005年颁布实施的TB 10003—2005《铁路隧道设计规范》的围岩分级方法是在1975年铁路隧道围岩稳定性分类法以及1985年版、2001年版规范基础上提出的，并与GB 50218—1994《工程岩体分级标准》接轨，考虑了岩石的坚硬程度和岩体的完整性，结合了地下水和地应力状态的修正因素。从过去的围岩分类改称为围岩分级，分为Ⅰ～Ⅵ级，围岩稳定性由好到差，与公路隧道围岩分级类似。铁路隧道围岩级别可按表4-12综合确定。

表4-12 铁路隧道围岩分级

围岩级别	围岩主要工程地质条件		围岩开挖后的稳定状态（单线）	围岩弹性纵波速度v_p/(km/s)
	主要工程地质条件	结构特征和完整状态		
Ⅰ	极硬岩（饱和抗压极限强度R_c>60MPa）：受地质构造影响轻微，节理不发育，无软弱面（或夹层）；层状岩层为巨厚层或厚层，层间结合良好，岩体完整	呈巨块状整体结构	围岩稳定、无坍塌，可能产生岩爆	>4.5
Ⅱ	硬质岩（R_c>30MPa）：受地质构造影响较重，节理较发育，有少量软弱面（或夹层）和贯通微张节理，但其产状及组合关系不致产生滑动，层状岩层为中层或厚层，层间结合一般，很少有分离现象，或为硬质岩石偶夹软质岩石	呈大块状砌体结构	暴露时间长，可能会出现局部小坍塌；侧壁稳定；层间结合差的平缓岩层，顶板易塌落	3.5～4.5
Ⅲ	硬质岩（R_c>30MPa）：受地质构造影响严重，节理发育，有层伏软弱面（或夹层），但其产状及组合关系尚不致产生滑动；层状岩层为薄层或中层，层间结合差，多有分离现象；硬、软质岩石互层	呈块（石）碎（石）状镶嵌结构	拱部无支护时可产生小坍塌，侧壁基本稳定，爆破震动过大易塌	2.5～4.0
	软质岩石（R_c=5～30MPa）：受地质构造影响严重，节理较发育；层状岩层为薄层、中层或厚层，层间结合一般	呈大块状砌体结构		
Ⅳ	硬质岩石（R_c>30MPa）：受地质构造影响极严重，节理很发育，层状软弱面（或夹层）已基本被破坏	呈碎石状压碎结构	拱部无支护时，可产生较大的坍塌；侧壁有时失去稳定	1.5～3.0
	软质岩石（R_c=5～30MPa）：受地质构造影响严重，节理发育	呈块（石）碎（石）状镶嵌结构		
	土体： （1）略具压密或成岩作用的黏性土及砂性土 （2）黄土（Q_1、Q_2） （3）一般钙质、铁质胶结的碎、卵石土，大块石土	（1）和（2）呈大块状压密结构 （3）呈巨块状整体结构		

（续）

<table>
<tr><th rowspan="2">围岩级别</th><th colspan="2">围岩主要工程地质条件</th><th rowspan="2">围岩开挖后的稳定状态（单线）</th><th rowspan="2">围岩弹性纵波速度 v_p/(km/s)</th></tr>
<tr><th>主要工程地质条件</th><th>结构特征和完整状态</th></tr>
<tr><td rowspan="2">Ⅴ</td><td>岩体：软岩，岩体破碎至极破碎；全部极软岩及全部极破碎岩（包括受构造影响严重的破碎带）</td><td>呈角砾碎石状松散结构</td><td rowspan="2">围岩易坍塌，处理不当会出现大坍塌，侧壁经常小坍塌；浅埋时易出现地表下沉（陷）或坍塌至地表</td><td rowspan="2">1.0~2.0</td></tr>
<tr><td>土体：一般第四系坚硬、硬塑黏性土，稍密及以上、稍湿或潮湿的碎石土、卵石土、圆砾土、角砾土及黄土（Q_3、Q_4）</td><td>非黏性土呈松散结构，黏性土及黄土呈松软结构</td></tr>
<tr><td rowspan="2">Ⅵ</td><td>岩体：受构造影响严重呈碎石、角砾及粉末、泥土状的断层带</td><td>呈松软结构</td><td rowspan="2">围岩极易坍塌变形，有水时土砂常与水一齐涌出；浅埋时易坍塌至地表</td><td rowspan="2"><1.0（饱和土<1.5）</td></tr>
<tr><td>土体：软塑状黏性土、饱和的粉土、潮湿的砂类土等</td><td>黏性土呈易蠕动的松软结构，砂性土呈潮湿松散结构</td></tr>
</table>

4.3 围岩压力

人们对围岩压力的认识，是从开挖洞穴后围岩的支护坍塌的现象开始的。随着隧道和地下工程的发展，人们从支护和衬砌的变形、开裂和破坏现象，进一步认识到围岩压力的存在。如在破碎的岩层中开挖坑道，原先互相联系着的一些岩块会由于扰动失去相互支持而松弛、错动位置或坍落；在松散的砂质土中开挖坑道，由于连接不紧密砂的移动，就会填塞隧道空间，甚至发生地表面的坍陷。在这种不稳定的地层中修建隧道时，出现坍方是常见的；又如在松软地层中修建隧道，常常会看到围岩内挤、支护排架下沉或断裂、在衬砌后混凝土拱顶被压酥掉皮等现象。

在稳定的地层中开挖坑道，由于围岩在爆破后发生松动以及暴露后受到风化，个别落石现象不可避免。在完整而坚硬的岩层中开挖隧道，也会遇到小块岩石突然脱离岩体向隧道内弹出，称为“岩爆”，这些都是围岩压力的现象，为了保证隧道有足够的净空，要修建支护结构，以阻止围岩的移动和崩塌，支护结构用来承受围岩压力。

围岩压力是岩体受扰动产生应力重分配过程中的围岩变形受到支护结构的阻挡而在支护结构与围岩的接触面上所产生的压力。一般而言，围岩压力包括松动压力、形变压力、膨胀压力和冲击压力等。松动压力是由于岩体内材料的破裂而形成的一定范围之内的松弛岩石荷载，具有自重的性质，平时所讲的公路隧道围岩压力多指松动压力。形变压力是由于围岩的变形受到支护结构的约束，在支护结构和围岩的共同变形中所产生。这种变形可以是围岩的塑性变形、挤压所引起的岩体塑性流动以及膨胀性岩体的膨胀变形和岩体时效作用产生的蠕变等，这类变形的特征可以不引起围岩的材料破裂，仍保持其完整性。

4.3.1 围岩压力的产生

隧道是在具有一定的应力历史和应力场的围岩中修建的，其中的一个重要力学特征是围岩压力。围岩的初始应力场的状态将极大地影响着在其中发生的一切力学性状，这是和地面工程极其不同的。因此，研究隧道开挖前后围岩的应力状态，对于指导隧道的设计与施工有着重要意义。

通常所指的初始应力场泛指隧道开挖前岩体的初始静应力场，它的形成与岩体构造、性质、埋藏条件以及构造运动的历史等有密切关系。在隧道开挖前是客观存在的，在这种应力场中修建隧道必须了解它的状态及其影响。岩体的初应力状态与施工引起的附加应力状态是不同的，它对坑道开挖后围岩的应力分布、变形和破坏有着极其重要的影响。可以说，不了解岩体初应力状态就无法对隧道开挖后一系列力学过程和现象做出正确的评价。

岩体的初应力状态一般受到两类因素的影响：第一类因素有重力、温度、岩体的物理力学性质、岩体的构造和地形等经常性的因素；第二类因素有地壳运动、地下水活动、人类的长期活动等暂时性的或局部性的因素。应力场可分为自重应力场和构造应力场，因此，初应力场由两种力系构成，即

$$\sigma = \sigma_{\gamma} + \sigma_{\tau} \tag{4-14}$$

式中 σ_{γ}——自重应力分量（MPa）；

σ_{τ}——构造应力分量（MPa）。

在上述因素中，目前主要研究和使用的是由岩体的重力形成的应力场，称为自重应力场。而其他因素只认为是改变了由重力造成的初应力状态。

重力应力场可以采用连续介质力学的方法进行分析。它的可靠性则决定于对岩石的物理力学性质及岩体的构造力学性质的研究，其误差通常是较大的。而其他因素造成的初应力场，主要是用试验（现场试验）方法完成的。

1. 自重应力场

研究水平成层，地面平坦的情况，如图4-9所示。设岩体是线性变形的，在 xz 平面内是均质的，沿 y 轴方向是非均质的，设 E、μ 分别为沿垂直方向的岩体弹性模量和泊松比，E_1、μ_1 为沿水平方向的岩体弹性模量和泊松比。因岩体的变形性质沿深度而变，故可假定：$E=E(y)$；$\mu=\mu(y)$；$E_1=E_1(y)$；$\mu_1=\mu_1(y)$。

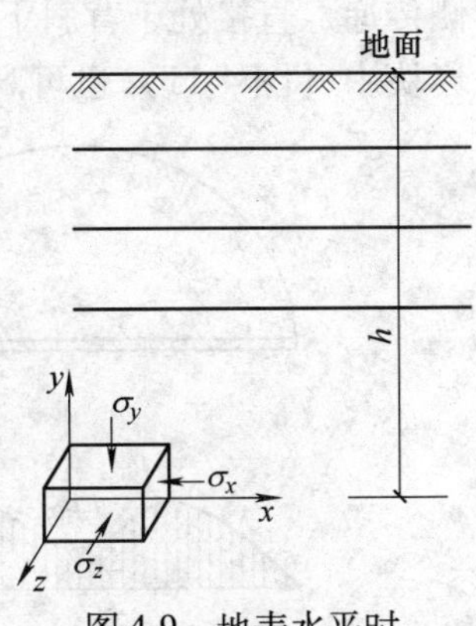

图4-9 地表水平时的自重应力场

单位体积重力也认为是沿深度而变的，即 $\gamma=\gamma(y)$，

这样，距地表面 h 深处一点的应力状态如图 4-9 所示，其计算式可表示如下：

$$\left.\begin{aligned}\sigma_y &= \int \gamma(y)\,\mathrm{d}y \\ \sigma_x &= \sigma_x(y) \\ \sigma_z &= \sigma_z(y)\end{aligned}\right\} \tag{4-15}$$

$$\tau_{xy} = \tau_{xz} = \tau_{yz} = 0$$

式（4-15）须满足地面的边界条件，即 $h=0$，$\sigma_y=0$。

一般认为，处于静力平衡状态的岩体内，沿水平方向的变形等于零，故

$$\sigma_x = \sigma_z = (E/E_1)\mu_1\sigma_y/(1-\mu) \tag{4-16}$$

当 $E=E_1=$ 常数，$\mu=\mu_1=$ 常数时，则得出大家熟知的公式

$$\sigma_x = \sigma_z = \mu\sigma_y/(1-\mu) \tag{4-17}$$

设 $\lambda=\mu/(1-\mu)$，称为侧压力系数，则上式可写成

$$\sigma_x = \sigma_z = \lambda\sigma_y \tag{4-18}$$

显然当垂直应力已知时，水平应力的大小决定于围岩的泊松比。大多数围岩的泊松比在 0.15～0.35 变化，因此，在自重应力场，水平应力通常是小于垂直应力的。

深度对初始应力状态有着重大影响。随深度的增力，σ_y 和 $\sigma_x(\sigma_z)$ 都在增大，但围岩本身的强度是有限的，因此当 σ_y 和 σ_x 增加到一定值后，各向受力的围岩将处于隐塑性状态。在这种状态下，围岩 E、μ 是变化的，λ 值也是变化的，并随深度的增加，λ 值趋于 1，即与静水压力相似，此时围岩接近流动状态。

上述各式所表达的应力场是理论性的，实际情况中，由于地壳运动，岩层会产生各种变动，如形成向斜、背斜、断裂等，在这些情况下，围岩的初始应力场也有所变化。如以垂直成层为例，由于各层的物理力学性质不同，在同一水平面上的应力分布可能是不同的；在背斜情况下，由于岩层成拱状分布，使上层岩层重量向两侧传递，直接处于背斜下的岩层受到较小的应力（图 4-10），在被断层分割的楔形岩块中（图 4-11）也可观察到类似情况，在实际工作的应用中是不能忽视的。

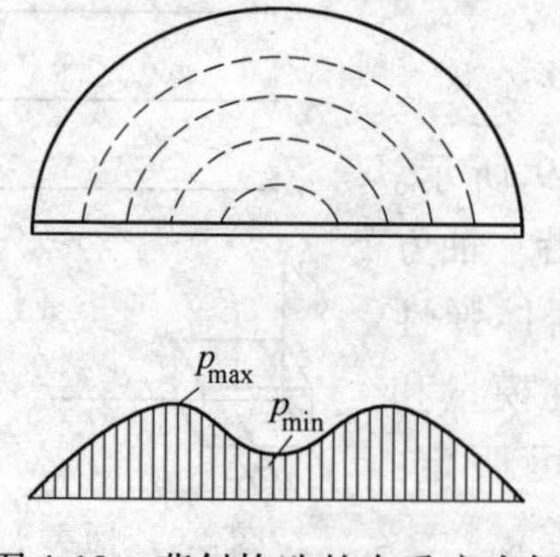

图 4-10　背斜构造的自重应力场

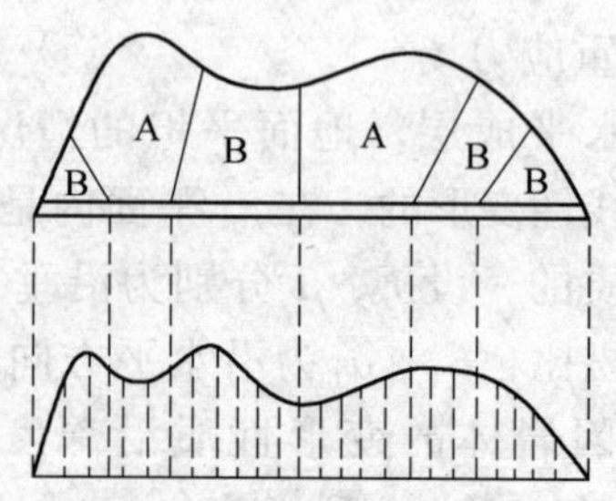

图 4-11　断层构造的自重应力场

2. 构造应力场

地层的应力场是由自重应力场和构造应力场构成的。地质学家认为：地层各处发生的一切构造变形与破裂都是地应力作用的结果，因而地质力学就把构造体系和构造形式在形成过程中的应力状态称为构造应力场。构造应力场是随时间变化的动态场。

由于构造应力场的不确定性，很难用函数形式表达。它在整个初始应力场中的作用只能通过某些量测数据来分析，在实际工程中应用较少。一般认为，构造应力场具有以下特性：

1）地质构造形态不仅改变了重力应力场，而且以各种构造形态获得释放，还以各种形式积蓄在岩体内，这种残余构造应力将对隧道工程产生重大影响。

2）构造应力场在较浅的地层中已普遍存在，而且最大构造应力场的方向，近似为水平，其值常常大于重力应力场中的水平应力分量，甚至大于垂直应力分量，这与重力应力场有较大的差异。

3）构造应力场是不均匀的，它的参数在空间和时间上都有较大的变化，尤其是它的主应力轴的方向和绝对值的变化很大。

用分析方法求解初始应力场，由于构造的、力学形态的、技术的原因，结果常常有极大的偏差。因此，在理论分析中，常把初始应力场按静水应力场来处理。在某些重要的工程中，多采用实地量测的方法来判断主应力的大小及其方向的变化规律。这些方法中，比较通用的有地震法、水压致裂法、超前钻孔应力解除法、声发射法等。

3. 隧道开挖后的应力场

隧道的开挖，移走了隧道内原来受力的部分岩体，破坏了围岩初始应力场的平衡状态，围岩从相对静止的状态转变为变动的状态。围岩力图达到一个新的平衡，其应力和应变开始一个新的变化运动，运动的结果使得围岩的应力重新分布并向开挖的隧道空间变形。理论和试验证明，隧道开挖后，解除了部分围岩的约束，在隧道周围初始应力将沿隧道一定范围重新分布，一般情况下，应力状态如图4-12所示，形成三个区域。

Ⅰ区域称为低应力区，在有裂隙和破碎的岩石中，或松软围岩中，由于岩体强度小，隧道开挖后，岩体不能承受急剧增大的周边应力而产生塑性变形，使隧道周边的围岩应力松弛而形成一个应力降低的区域，使高应力向岩体深处转移，被扰动的这部分岩体就开始向隧道内变形。变形值超过一定数值，岩体则出现移动、坍塌或处于蠕动状态。

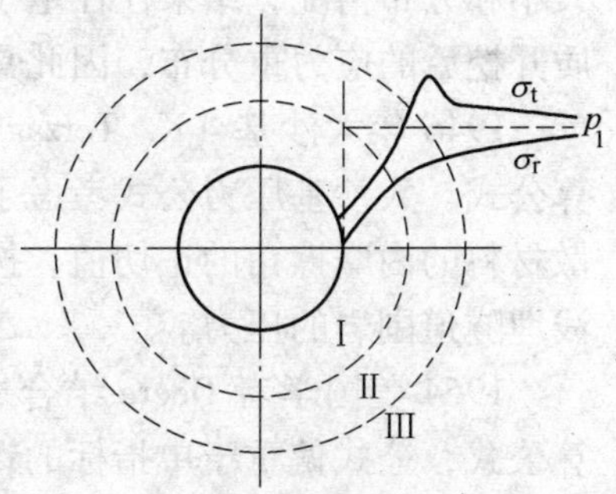

图4-12　隧道开挖后的应力状态

Ⅱ区域称为高应力区，这一部分岩体也受到了扰动，在应力重分布的过程中使这个范围内岩体的应力升高，但强度尚未被破坏，实际相当于形成了一个承载环，起到承载的作用。

Ⅲ区域为原始应力区，距离隧道较远的岩体未受到开挖的影响，仍处于原始的应力状态。

在极坚硬完整的围岩中，隧道周边应力急剧增大，由于岩体强度大，未形成如松软破碎岩体那种变形过大和开裂坍塌的情况，因而不存在应力降低区，而只有高应力向原始应力过渡的重分布特点，所以往往不需要设置支护结构来提供外加平衡力。换句话说，这种隧道是自稳的。

综上所述，隧道的开挖，破坏了围岩原有的平衡，产生了变形和应力重新分布。但是这种变化发展不是无限的，它总是为了达到新的平衡而处在一种新的应力状态中。在稳定性不同（极稳定的、稳定的、基本稳定的、不稳定的）的围岩中开挖隧道，情况是有所不同的，围岩变化到一定程度总是要暂时稳定下来。开挖方法和面积所影响的范围也有大有小，根据开挖的条件，有的可达地面，有的只涉及隧道周围一定深度（松动、破坏的范围），有的则影响极小。开挖隧道对围岩稳定的影响是较大的，影响的程度视地质条件、隧道形状、施工方法而异。公路隧道设计规范规定，隧道开挖破坏了的岩体的重量就是作用在支护结构上围岩压力的来源。当然现代隧道施工技术不会让这种现象自由发展。从爆破手段和初期支护上采取措施，阻止隧道周边岩体过大的变形和坍塌，使围岩成为主要的承载体。

4.3.2 围岩压力的确定方法

1907 年俄国学者 Протодъяконов（普罗托奇雅科诺夫）提出围岩分类，并给出了松散地层和破碎岩体的松动压力公式。普氏理论认为作用在深埋松散岩体洞顶的围岩压力仅为压力拱内部岩体的自重。根据我国对普氏理论多年来的使用经验，一般在松散、破碎围岩稳定性较差的深埋地段推荐采用普氏理论。

1922 年 Hewett 和 Johannesson 基于土压力理论来估算作用在衬砌结构上的压力大小和分布情况，结果往往基于工程技术人员的想法和经验，而且没有考虑岩土介质开挖后的应力重分布，因此具有很大的盲目性和不确定性。

1946 年太沙基（K. Terzaghi）基于应力传递法提出了松散岩体的围岩压力计算公式。太沙基压力公式考虑了松散材料的内部黏聚力，但侧部摩擦系数均取为松散材料的内摩擦角的正切值。按照此法计算出的围岩压力值过于保守，适用于计算浅埋隧道围岩的压力。

1964 美国学者 Deere 结合岩石质量指标体系 RQD 分类，给出了围岩压力的计算公式，公式偏重于单指标的计算。进入 20 世纪 70 年代后，工程围岩分类由定性向定量、由单因素向多因素综合评价方向发展，并由此得到了能够反映多因素的围岩压力估算公式。

围岩压力值是进行隧道设计和稳定性研究的重要依据，围岩压力的确定目前常采用下列三种方法：

（1）直接量测法 直接量测法是一种切合实际的方法，对隧道工程而言，也是研究发展的方向，但由于受量测设备和技术水平的制约，目前还不能普遍使用。

（2）经验法或工程类比法 根据大量以前工程的实际资料的统计和总结，按不同围岩分级提出围岩压力的经验数值，作为后建隧道工程确定围岩压力的依据的方法，是目前使用较多的方法。

（3）理论估算法 在实践的基础上从理论上研究围岩压力的方法。由于地质条件的不确定性，影响围岩压力的因素又非常多，这些因素本身及它们之间的组合也带有一定的偶然性，企图建立一种完善的和适合各种实际情况的通用围岩压力理论及计算方法是困难的，因此，现有的围岩压力理论都不十分切合实际情况。

在理论计算方法中，考虑几个主要因素，使其结果相对地接近实际围岩压力的情况，是目前隧道工程设计中采用较多的方法。一般来讲，都是以某种简化的假设为前提，或以实际工程的统计分析资料为基础，因此，大都有一定程度的局限性。

1. 深埋隧道围岩压力的确定

目前我国公路隧道和铁路隧道所采用的计算围岩竖向均布压力的计算式，是以工程类比为基础，统计分析了我国数百座隧道坍方调查资料而拟定的。

围岩竖向均布压力 q 按下式计算：

$$q=0.45\times 2^{S-1}\gamma\omega \tag{4-19}$$

式中 S——围岩级别，如属Ⅱ级，则 $S=2$；

γ——围岩重度（kN/m^3）；

ω——宽度影响系数，$\omega=1+i(B-5)$；

B——隧道宽度（m）；

i——以 $B=5m$ 为基准，B 每增减1m时的围岩压力增减率。当 $B<5m$ 时，取 $i=0.2$；当 $B>5m$ 时，取 $i=0.1$。

式（4-19）的适用条件为：$H/B<1.7$，式中 H 为隧道高度；深埋隧道；不产生显著偏压力及膨胀力的一般隧道；采用以钻爆法施工为主的隧道。

围岩的水平均布压力 e，按表4-13中的经验公式计算，其适用条件同式（4-19）。

表4-13 围岩水平均布压力

围岩级别	Ⅰ、Ⅱ	Ⅲ	Ⅳ	Ⅴ	Ⅵ
水平均布压力	0	$<0.15q$	$(0.15\sim0.3)q$	$(0.3\sim0.5)q$	$(0.5\sim1.0)q$

在确定了围岩压力的数值后，一个重要的问题是考虑压力分布特征。我国隧道围岩压力的一些量测结果表明：作用在支护结构上的荷载是不均匀的，这是因为在

Ⅱ级及Ⅲ级围岩中，局部塌方是主要的，而在其他级别的围岩中，岩体破坏范围的形状和大小受岩体结构、施工方法等因素的控制，也是极不规则的。根据资料统计，围岩竖向压力的分布图大致如图 4-13 所示。用等效荷载即非均布压力的总和应与均布压力的总和相等的方法，来确定各种荷载图形的最大压力值。另外，还应考虑围岩水平压力分布情况。

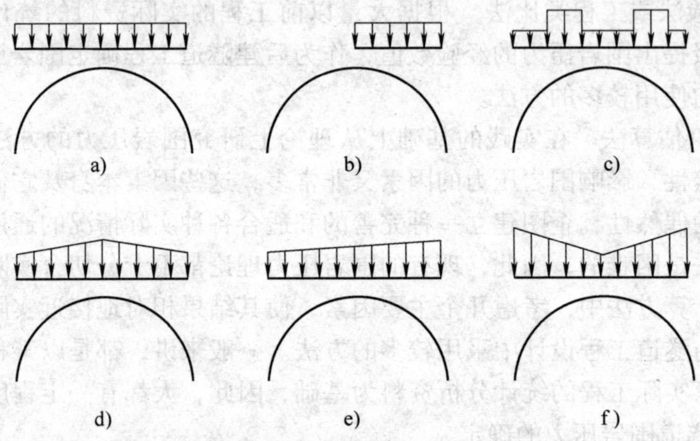

图 4-13 围岩压力分布特征

上述压力分布图形只概括一般情况，当地质、地形或其他原因可能产生特殊荷载时，围岩压力的大小和分布应根据实际情况分析确定。

在分析支护结构时，一般以竖向和水平的均布荷载图形为主，并用局部压力、偏压以及非均布的荷载图形进行校核，较好的围岩着重于局部压力校核。

2. 浅埋隧道围岩压力的计算

浅埋隧道一般出现在山岭隧道的洞口附近，埋置深度较浅，深埋和浅埋隧道的分界，按荷载等效高度值，并结合地质条件、施工方法等因素综合判定，接荷载等效高度的判定式为

$$H_p = (2 \sim 2.5) h_q \tag{4-20}$$

式中 H_p——深浅埋隧道分界深度（m）；

h_q——荷载等效高度（m），$h_q = q/\gamma$ ；

q——深埋隧道竖向均布压力（kN/m^2）；

γ——围岩重度（kN/m^3）。

在矿山法施工的条件下，Ⅳ ~ Ⅵ级围岩取 $H_p = 2.5h_q$； Ⅰ ~ Ⅲ类围岩取$H_p = 2h_q$。浅埋隧道围岩压力分下述两种情况分别计算：

（1）埋深（H）小于或等于等效荷载高度 h_q时 荷载视为均布竖向压力，即

$$q = \gamma H \tag{4-21}$$

式中 q——均布竖向压力（kN/m^2）；

γ——深度上覆围岩重度（kN/m^3）；

H——隧道埋深，指隧道顶至地面的距离（m）。

侧向压力 e，按均布考虑时，其值为

$$e=\gamma[H+1/(2H_i)]\tan^2(45°-\varphi/2) \tag{4-22}$$

式中 e——侧向均布压力（kN/m^2）；

γ——围岩重度（kN/m^3）；

H——隧道埋深（m）；

H_i——隧道高度（m）；

φ——围岩计算摩擦角，其值可查有关规范（°）。

（2）埋深大于 h_q、小于等于 H_p时　为便于计算，作如下假定：假定土体中形成的破裂面是一条与水平线成 β 角的斜直线，如图 4-14 所示；$EFHG$ 岩（土）体下沉，带动两侧三棱土体（图中 FDB 及 ECA）下沉，整个土体 $ABDC$ 下沉时，又要受到未扰动岩（土）体的阻力；斜直线 AC 或 BD 是假定的破裂面，分析时考虑黏聚力 C，并采用了计算摩擦角 φ；另一滑面 FH 或 EG 则并非破裂面，因此，滑面阻力要小于破裂滑面的阻力，若该滑面的摩擦角为 θ，则 θ 值应小于 φ 值。

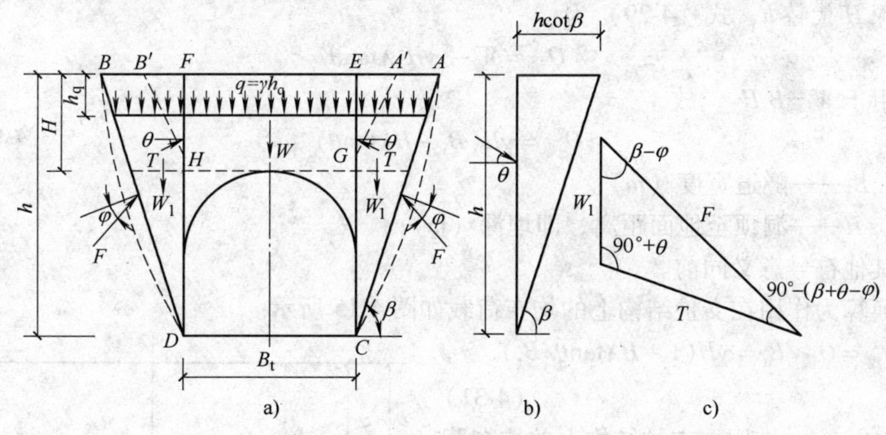

图 4-14　浅埋隧道围岩压力

设图 4-14 中隧道上覆岩体 $EFHG$ 的重力为 W，两侧三棱岩体 FDB 或 ECA 的重量为 W_1，未扰动岩体对整个滑动土体的阻力为 F，当 $EFEG$ 下沉时，两侧受到的阻力为 T 或 T'，可见作用于 HG 面上的垂直压力总值 $Q_浅$ 为

$$Q_{浅}=W-2T'=W-2T\sin\theta \tag{4-23}$$

三棱土自重为

$$W_1=(\gamma h/2)(h/\tan\beta) \tag{4-24}$$

式中 γ——围岩重度（kN/m^3）；

h——隧道底部到地面的距离（m）；

β——破裂面与水平线的夹角（°）。

由图4-14，根据正弦定律可得

$$T=\{\sin(\beta+\varphi)/\sin[90°-(\beta-\varphi+\theta)]\}W_1 \tag{4-25}$$

将式（4-24）代入可得

$$T=(\gamma h^2/2)(\lambda/\cos\theta) \tag{4-26}$$

其中，λ 为侧压力系数，即

$$\lambda=(\tan\beta-\tan\varphi)/\{\tan\beta[1+\tan\beta(\tan\varphi-\tan\theta)+\tan\varphi\tan\theta]\} \tag{4-27}$$

$$\tan\beta=\tan\varphi+[(\tan^2\varphi+1)\tan\varphi/(\tan\varphi-\tan\theta)]^{1/2} \tag{4-28}$$

式中其他符号意义同前。

至此，极限最大阻力 T 值可求得。得到 T 值后，代入式（4-23），可求得作用在 HG 面上的总竖向压力 $Q_{浅}$

$$Q_{浅}=W-2T\sin\theta=W-\gamma h^2\lambda\tan\theta \tag{4-29}$$

由于 GC、HD 与 EG、FH 相比往往较小，而且衬砌与土之间的摩擦角也不同，前面分析时按 θ 计，当中间土块下滑时，由 FH 及 EG 面传递，考虑压力稍大些对设计的结构也偏于安全，因此，摩擦力不计隧道部分而只计洞顶部分，即在计算中用埋深 H 代替 h，式（4-29）为

$$Q_{浅}=W-\gamma H^2\lambda\tan\theta$$

由于 $W=B_tH\gamma$，故

$$Q_{浅}=\gamma H(B_t-H\lambda\tan\theta) \tag{4-30}$$

式中　B_t——隧道宽度（m）；

H——洞顶至地面距离，即埋深（m）；

其他符号意义同前。

换算为作用在支护结构上的均布荷载如图4-15所示。

$$q_{浅}=Q_{浅}/B_t=\gamma H(1-H\lambda\tan\theta/B_t) \tag{4-31}$$

式中　$q_{浅}$——作用在支护结构上的均布荷载（kN/m²）；

其他符号意义同前。

作用在支护结构两侧的水平侧压力为

$$\left.\begin{aligned}e_1&=\gamma H\lambda\\e_2&=\gamma h\lambda\end{aligned}\right\} \tag{4-32}$$

式中符号意义同前。侧压力视为均布时，侧压力为

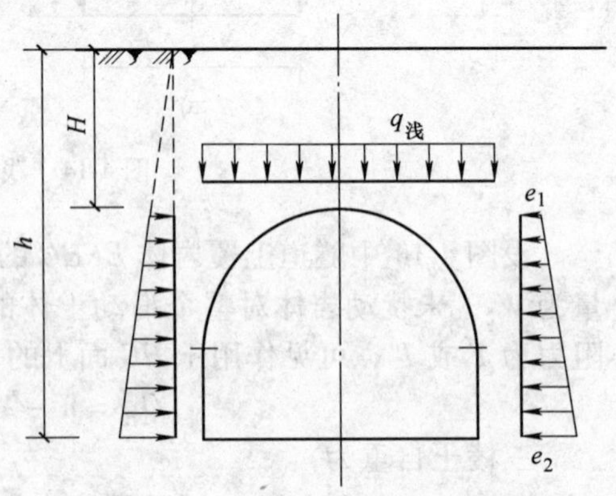

图4-15　浅埋隧道换算均布荷载

$$e = (e_1 + e_2)/2$$

3. 围岩应力的现场量测

前述的围岩应力的计算理论，都是以一定的工程实践为基础的。长期以来，从事隧道工程的人们都想直接量测作用在隧道上的围岩应力及围岩变形，从而为隧道结构的设计和施工提供可靠数据，并验证现有的围岩压力计算理论。为此，发展了各种实地量测的方法，并在实验室内作了大量的模拟试验分析研究工作，取得了不少有实用价值的成果。

实测作用在支护结构上的围岩压力的方法很多，归纳起来可分为两类：直接量测法和间接量测法。直接量测作用在支护结构上的压力（接触压力）的方法，主要采用各种类型的压力盒。压力盒按工作原理分为机械作用式、电测式和液压式等。机械式的压力盒性能比较稳定可靠，设备简单，缺点是不能远距离读数，灵敏度较差。电测式压力盒又分为电阻式、电容式、电压式和钢弦式。电阻式压力盒靠电阻的变化来量测作用在压力盒上的压力变化。在地下的条件下，不易做到良好的绝缘，因此其可靠性和稳定性往往难以保证。实际现场量测中，使用较多的是钢弦式压力盒；而模型试验中，由于模型尺寸小，有时采用应变式压力盒以保证测试的精度。各类电测式压力盒都需要专门的接收器。液压式压力盒的优缺点与机械式相似。

在隧道施工阶段中量测临时支护上的压力，从而推断作用在结构上的压力的方法得到普遍应用。这种方法采用各种类型的支柱测力计。支柱测力计按工作原理分为机械式、电测式和液压式等。

利用量测隧道衬砌的应变来推算作用在其上的围岩压力的方法，是一种间接量测方法。这种方法需要在衬砌内埋设各种应变量测元件。如电阻应变片、钢筋应变计、遥测应变计、混凝土应变砖等。这些量测元件，都是基于电阻的变化来量测应变的，应变量测元件都需要有相应的接收器。

围岩压力的实测一般都要与围岩的物理力学性质的试验、围岩的变形量测、围岩的初始应力量测等相配合。

4.3.3　影响围岩稳定性的因素

隧道围岩分级是对隧道开挖后，围岩稳定程度的分级和评价。围岩分级的前提是大量的隧道工程实践，在归纳、统计分析类似地质条件的基础上，通过定量和定性确定影响隧道围岩稳定性的因素，得到隧道围岩的分级。因此，影响围岩分级的因素，也就是影响隧道围岩稳定性的因素。

影响隧道围岩稳定性的因素一般认为有两类：一类是客观存在的地质因素；另一类是设计和施工因素，或称为人为因素。前者是基本的，后者是通过前者而起作用的，包括的内容如图 4-16 所示。

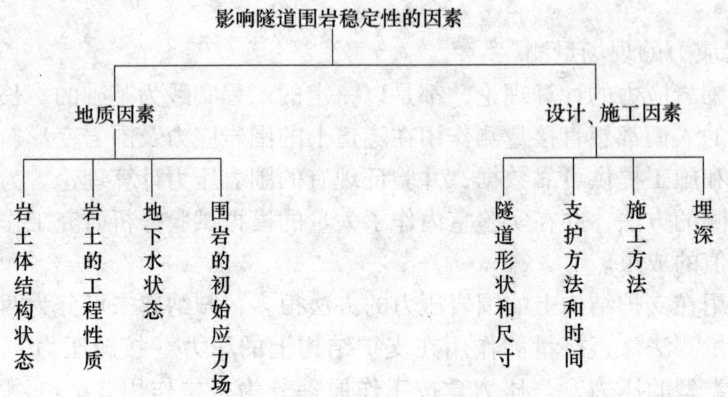

图 4-16　影响隧道围岩稳定性的因素

1. 地质因素的影响

(1) 岩体结构状态　岩体结构是长时间地质运动的产物，在地质因素的影响中起着主要作用。围岩的结构状态通常用其破碎程度或完整状态来表示。处于原始状态的岩体，在长期的地质构造运动的作用下，产生各种结构面、形变、错动、断裂等使其破碎，在不同程度上丧失了其原有的完整状态。因此，结构状态的完整程度或破碎状态，在一定程度上是表征岩体受地质构造运动作用的严重程度。对隧道围岩的稳定与否，起着主导作用。实践指出，在相同岩性的条件下，岩体越破碎，隧道就越易于失稳。因此，在各种分级方法中，都把岩体的破碎程度作为分类的基础指标。

岩体的完整状态或破碎程度有两个含义，一是构成岩体的岩块大小，二是这些岩块的组合形态。前者一般是采用裂隙的密集程度（裂隙率、裂隙间距、体裂隙率等）来表达，即沿结构面法线方向上每单位长度内结构面的数目或结构面的平均间距，或采用单位体积中的裂隙数等来表示。后者主要考虑构成岩体的完整状态的各种岩块的组合比例。按结构面切割的岩块大小，可将岩土体分成图 4-17 所示的几种类型。

图 4-17 中 d 为裂隙间距。所指的裂隙是广义的，它包括层理、节理、断裂及夹层等，具有很大节理强度的裂隙不包括在内，如硅质、钙质胶结的等。

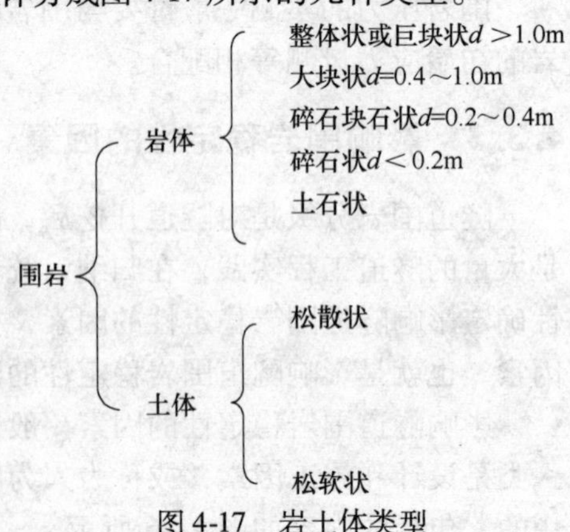

图 4-17　岩土体类型

考虑到岩体的结构形态、岩块的大小以及结构面的特征，表 4-14 简要地对各类岩体的构造特征进行了分类和工程地质评价。表 4-15 对土体进行了分类和工程评价。岩体结构状态的特征是相互联系的，构成了裂隙岩体的基本特性，是影响围岩分级的重要因素。

表4-14 岩体结构类型及其特征

类型	状态	结构面特征				工程地质评价
		间距/m	性质	张开程度	充填情况	
整体结构	巨块状	多数>1.0	多为原生型或构造型	多密闭、延展不长	—	岩体的整体强度较大，变形特征接近于均质、弹性、各向同性体
砌体结构	大块状	多数>0.4	以构造型为主	多密闭、部分微张	少有充填	同上，但要注意不利于岩体稳定的结构面组合，如平缓节理
镶嵌结构	块（石）碎（石）状	多数<0.4	以构造型或风化型为主	大部分微张或部分张开	部分为黏性土充填	岩体在整体上强度仍高，但不连续性较为显著，受过度震动易坍塌
压碎结构	碎石状	多数<0.2	以风化型或构造型为主	微张或张开	部分为黏性土充填	岩体完整性破坏较大，强度受断层及弱面控制，并易受地下水影响，岩体稳定性差
松散结构	角砾碎石状	—	—	—	—	岩体强度遭到极大破坏，接近于松散介质，稳定性极差
松软结构	泥砂角砾状	—	—	—	—	同上，但黏土性成分较多，易于蠕动

表4-15 土体类型及其评价

类型	土体状态		工程地质评价
	黏性土	非黏性土	
硬土类	略具压密或成岩作用的黏性土，老黄土	略具压密或成岩作用的非黏性土，泥质胶结的碎、卵石土，大块石或大漂石土	结构密实，具有一定的结构强度，小跨度时土体稳定
普通土类	一般第四纪成因的可塑的黏性土，新黄土	一般第四纪成因的稍湿至潮湿的非黏性土，包括一般碎、卵、砾石土	结构中等密实，结构强度较小，土体不够稳定
松软土类	软塑状黏性土	潮湿的粉细砂	易蠕动，液体，土体稳定性最差

（2）岩石的工程性质　岩石的工程性质是多方面的，一般主要指岩石的强度或坚固性。在岩体结构状态成为控制围岩稳定的主要因素时，强调岩石强度意义是不大的。如在碎块状岩体中，岩石强度再大也阻止不了隧道围岩的坍落。但在较为完整的岩体结构中，如整体的巨块状结构，或大块状结构，岩石强度具有一定的意义。在这类围岩中因裂隙少，结构面强度亦高，故岩石强度在一定程度上与岩体强度相接近。所以岩石强度在完整的岩体中是起主要作用的。此时，岩石越硬，隧道越稳定。

完整的岩体，一般都被认为是均质的连续介质。隧道开挖后，围岩强度高，具有极大的稳定性，仅在个别情况下有局部的碎块、剥离现象。在这种情况下进行理论分析也以岩石强度为依据。此外，在决定某些裂隙岩体的强度时，也要以岩石强度为基础。

在围岩分级中，岩石的坚固性或强度都以岩石的单轴饱和极限抗压强度为基准，这是因为它的试验方法简便，数据分散性小，且与其他物性指标有着良好的互换性。

岩石的强度因风化作用和水的作用会大大降低。风化时，岩石产生风化裂隙使水易于浸入，岩体湿润，减少了岩石晶粒间的联系，因而强度减小，故试验时多以湿饱和强度为基准。

（3）地下水的作用和影响　隧道施工的大量实践证明，水是造成施工坍方、使隧道围岩丧失稳定的重要原因之一。因此，在隧道围岩分级中水的影响是不容忽视的。在不同的围岩中水的影响是不相同的，一般有下列几种情况：使岩质软化，强度降低，对软岩尤为明显，对土体则可促使其液化或流动；在有软弱结构面的围岩中，会冲走充填物或使夹层液化，减小层间摩阻力促使岩块滑动；在某些围岩中，如以石膏、岩盐和蒙脱石为主的黏土岩，遇水后产生膨胀，在未胶结或弱胶结的砂岩中可产生流砂和潜蚀。因此，在围岩分级中都考虑了水的影响。在同级围岩中，遇水后则适当降低围岩级别。降低的幅度主要视围岩的岩性及结构面的状态，地下水的性质和大小、流通条件、对围岩浸润状况和危害程度而确定。

在围岩分级中，关于地下水影响的定量考虑可参考表4-16和表4-17。

表4-16　地下水状态的分级

级　别	状　态	每10m的涌水量/(L/min)
Ⅲ	干燥或潮湿	<10
Ⅱ	偶有渗水	10～25
Ⅰ	经常渗水	25～325

表4-17　地下水影响的修正

地下水状态 \ 修正级别	围岩的基本分级					
	Ⅰ	Ⅱ	Ⅲ	Ⅳ	Ⅴ	Ⅵ
Ⅲ	Ⅰ	Ⅱ	Ⅳ（Ⅲ）	Ⅳ（Ⅴ）	Ⅵ	—
Ⅱ	Ⅰ	Ⅲ	Ⅳ	Ⅴ	Ⅵ	—
Ⅰ	Ⅱ	Ⅲ	Ⅳ	Ⅴ	Ⅵ	—

（4）围岩的初应力状态　围岩的初应力状态对岩体的构造力学特征是有一定影响的。它在某些分级中曾有所反映，如K·泰沙基的分级，曾把同样是挤压变形缓慢的岩层视其埋深的不同分为两类，其荷载值有很大差异（约差1倍），这是考虑初应力状态的结果。又如岩体质量Q法的分级，在考虑初应力状态的影响方面，

如将初应力分为低应力（接近地表的）、中等应力的及高应力的几种情况，还划分出在高应力作用下产生塑性流动的岩体等，但多数分级未反映初应力的影响。在围岩分级中，如何根据地质构造的特征引进初应力的影响，是需要进一步研究的问题。

2. 施工因素的影响

人为的因素也是造成隧道丧失稳定的重要条件，其中隧道的形状和尺寸，尤其是跨度影响较为显著。实践证明，在同类围岩中，跨度越大，隧道围岩的稳定性就越差。因为岩体的破碎程度相对地说是增大了，如大块状岩体是指裂隙间距为0.4～1.0m的岩体，这是对中等跨度隧道（$B=5\sim15\text{m}$）而言的。若跨度较大（大于15m）或较小（小于5m），岩体的破碎程度就不同，或者变为碎块状，或者变成巨块状，围岩的稳定性也就不同。因此，有的分级就明确指出分级的适用跨度范围，如RQD分级就适用于5～10m跨度，但大多数分级都没有明确指出适用的跨度范围。

在围岩分级中也曾有人建议用相对裂隙间距，即裂隙间距与隧道跨度的比值，来进行隧道围岩稳定性的分级。如当相对裂隙间距大于1/5时，即可认为岩体是完整的；在1/5～1/20范围内，岩体则处于不同的破碎状态；而小于1/20，则可视为极度破碎的。但应指出，把跨度引进围岩分级中，会造成对岩体结构状态概念的混淆或误解，因此多数分级还是只考虑绝对裂隙间距。多数的分级是把跨度的影响放在改变地压值及支护结构的类型和尺寸上，这样就使分级问题简化了。

在施工因素中，支护结构的类型及架设时间也对隧道围岩的稳定性产生重要影响。其中比较重要的是隧道开挖后，围岩在无支护条件下的允许暴露时间及无支护地段的长度，也就是围岩的自稳时间，因此，有的围岩分级就是以这个时间进行分级的。隧道自稳时间是指从开挖后到顶部开始发生可以察觉到的移动、松弛时为止所经历的时间。实际上它是岩石类型、隧道未支护地段长度、隧道宽度，以及开挖时围岩被扰动、破坏程度的函数。

此外，施工方法也对围岩稳定性有影响，在同类岩体中，采用普通爆破法施工和控制爆破法施工，采用矿山法施工和盾构法或掘进机施工，采用大断面开挖和小断面分部开挖，对隧道稳定性的影响都不相同。如小断面分部开挖会造成围岩多次松动，极易坍方。因此，目前大多数分级都是建立在相应的施工方法的基础之上的。

埋深的影响也不能忽视。随着埋深的增加，初始应力场也随之增大，在围岩强度不变的情况下，围岩的应力度或围压比也发生了变化，可能会出现高应力场或极高应力场的问题，因此，在施工过程中也可能出现诸如岩爆或大变形现象。因此，在高应力场或极高应力场的条件下，围岩级别应适当降低。

人为的施工因素虽然对隧道稳定性有很大影响，但为了使围岩分级问题简化，在分级中都是以分级的适用条件来处理的，而围岩分级本身则主要从地质因素去考虑。

第 5 章　隧道支护结构设计计算

5.1　隧道设计计算理论的发展

隧道工程是埋置于地层中的结构物，它的受力和变形与围岩密切相关，支护结构与围岩作为一个统一的受力体系相互约束，共同工作。这种共同作用是地下结构与地面结构的主要区别，所以如何恰当地反映支护结构与围岩相互作用的力学特征，是支护结构设计计算理论需要研究的重要课题。隧道工程从开挖、支护，直到形成稳定的地下结构体系所经历的力学过程中，围岩的地质因素、施工过程等因素对围岩—支护结构体系状态的安全性影响极大，准确地将其反映到计算模型中，是十分困难的。隧道支护体系的力学模型是与所采用的支护结构的构造及其材料性质、岩体内发生的力学过程和现象以及支护结构与围岩相互作用的规律等有关。地下结构的力学模型必须符合下述条件：

1）与实际工作状态一致，能反映围岩的实际状态以及与支护结构的接触状态。

2）荷载发生的情况假定与修建隧道过程（各作业阶段）中荷载发生的情况一致。

3）计算应力状态要与长时间使用的结构所发生的应力变化和破坏现象一致。

4）材料性质和数学表达要等价。

地下工程支护结构理论的发展至今已有百余年的历史，它与岩土力学的发展有着密切关系。土力学的发展促使松散地层围岩稳定和围岩压力理论的发展，而岩土力学的发展促使围岩压力和地下工程支护结构理论的进一步飞跃。随着新奥法施工技术的出现以及岩土力学、测试仪器、计算机技术和数值分析方法的发展，地下工程支护结构理论逐渐成为一门完善的学科。地下工程支护结构理论的一个重要问题是如何确定作用在地下结构上的荷载以及如何考虑围岩的承载能力，支护结构计算理论的发展大致可分为三个阶段。

5.1.1　刚性结构阶段

19 世纪的地下建筑物大都是以砖石材料砌筑的拱形圬工结构，这类建筑材料的抗拉强度很低，且结构物中存在较多的接触缝，容易产生断裂。为了维护结构的稳定，当时的地下结构截面都拟定得很大，结构受力后产生的弹性变形较小，因而最先出现的计算理论是将地下结构视为刚性结构的压力线理论。

压力线理论认为：地下结构是由一些刚性块组成的拱形结构，所受的主动荷载是地层压力，当地下结构处于极限平衡状态时，它是由绝对刚体组成的三铰拱静定体系，铰的位置分别假设在墙底和拱顶，作用在支护结构上的应力是其上覆岩层的重力，其内力可按静力学原理进行计算。

压力线理论没有考虑围岩自身的承载能力。由于当时地下工程埋置深度不大，因而曾一度认为这些理论是正确的。压力线假设的计算方法缺乏理论依据，一般情况偏于保守，所设计的衬砌厚度偏大很多。

5.1.2 弹性结构阶段

19 世纪后期，混凝土和钢筋混凝土材料陆续出现，并用于建造地下工程，使地下结构具有较好的整体性，地下结构开始按弹性连续拱形框架用超静定结构力学方法计算结构内力。作用在结构上的荷载是主动的地层压力，并考虑地层对结构产生的弹性反力的约束作用。由于有了比较可靠的力学原理为依据，故至今在设计地下结构时仍然使用。

弹性结构计算理论认为，当地下结构埋深较大时，作用在结构上的压力不是上覆岩层的重力，而只是围岩坍落体积内松动岩体的重力——松动压力。

松动压力理论是基于当时的支护技术发展起来的。由于当时的掘进和支护所需的时间较长，支护与围岩之间不能及时紧密相贴，致使围岩最终有一部分破坏、塌落形成松动围岩压力。但当时并没有认识到这种塌落并不是形成围岩压力的唯一来源，也不是所有的情况都会发生塌落，更没有认识到通过稳定围岩，可以发挥围岩的自身承载能力。对于围岩自身承载能力的认识又分为以下两个阶段：

1. 假定弹性反力阶段

地下结构衬砌是埋设在岩土内的结构物，它与周围岩体相互接触，因此衬砌在承受岩体所给的主动压力作用并产生弹性变形的同时，将受到地层对其变形的约束作用。地层对衬砌变形的约束作用力就称为弹性反力，弹性反力的分布是与衬砌的变形相对应的。

20 世纪初期，康姆列尔·约翰逊等人提出弹性反力的分布图形为直线（三角形或梯形）。这种假定弹性反力法的缺点是过高估计了地层弹性反力的作用，使结构设计偏于不安全。为了弥补这一缺点，结构设计采用的安全系数常常被提高到 3.5 ~4.0。

1934 年，朱拉夫和布加耶娃对拱形结构按变形曲线假定了月牙形的弹性反力图形，并按局部变形理论认为弹性反力与结构周边地层的沉陷成正比。该法将拱形衬砌（曲墙式或直墙式）的拱圈与边墙整体考虑，视为一个直接支承在地层上的高拱，用结构力学原理计算其内力。由于该法按结构的变形曲线假定了地层弹性反力的分布图形，并由变形协调条件计算弹性反力的量值，因此比前一种假定弹性反力法更合理。

2. 弹性地基梁阶段

由于假定弹性反力法对其分布图形的假定有较大的任意性，人们开始研究将边墙视为弹性地基梁的结构计算理论，将隧道边墙视为支撑在侧面和基底地层上的双向弹性地基梁，即可计算在主动荷载作用下拱圈和边墙的内力。

首先应用的弹性地基梁理论是局部变形理论，20 世纪 30 年代，前苏联地下铁道设计事务所提出按圆形地基局部变形理论计算圆形隧道衬砌的方法，20 世纪 50 年代又将其发展为侧墙（指直边墙）按局部变形弹性地基梁理论计算拱形结构的方法。

共同变形弹性地基梁理论也被用于地下结构计算。1939 年和 1950 年，达维多夫发表了按共同变形弹性地基梁理论计算整体式地下结构的方法。1954 年，奥尔洛夫用弹性理论进一步研究了按地层共同变形理论计算地下结构的方法。舒尔茨和杜德克在 1964 年分析圆形衬砌时，按共同变形理论考虑了径向变形的影响。

按共同变形理论计算地下结构的优点在于它以地层的物理力学特性为依据，并考虑各部分地层沉陷的相互影响，在理论上比局部变形理论有所进步。

5.1.3 连续介质阶段

由于人们认识到地下结构与地层是一个受力整体，20 世纪中期以来，随着岩体力学开始形成一门独立的学科，用连续介质力学理论计算地下结构内力的方法也逐渐发展。围岩的弹性、弹塑性及黏弹性解答逐渐出现。

连续介质力学理论计算方法以岩体力学原理为基础，认为隧道开挖后向洞室内变形而释放的围岩压力将由支护结构与围岩组成的地下结构体系共同承受。一方面围岩本身由于支护结构提供了一定的支护阻力，从而引起它的应力调整，达到新的平衡；另一方面，由于支护结构阻止围岩变形，它必然要受到围岩给予的反作用力而发生变形，这种反作用力和围岩的松动压力不相同，它是支护结构与围岩共同变形过程中对支护结构施加的作用力，称为形变压力。

连续介质力学理论计算方法的重要特征是把支护结构与岩体作为一个统一的力学体系来考虑。两者之间的相互作用则与岩体的初始应力状态、岩体的特性、支护结构的特性、支护结构与围岩的接触条件以及参与工作的时间等一系列因素有关，其中也包括施工技术的影响。

由连续介质力学建立地下结构的解析计算方法是一个很困难的任务，目前仅对圆形衬砌有了较多的研究成果，典型的有：史密德和温德尔斯得出的有压水工隧道弹性解；费道洛夫得出的有压水工隧洞衬砌弹性解；缪尔伍德得出的圆形衬砌的简化弹性解析解；柯蒂斯又对缪尔伍德的计算方法做了改进；塔罗勃和卡斯特奈得出的圆形洞室的弹塑性解；塞拉格、柯蒂斯和樱井春辅采用岩土介质的各种流变模型进行了圆形隧道的黏弹性分析；我国学者也按弹塑性和黏弹性本构模型进行了很多研究工作，发展了圆形隧道的解析解理论，利用地层与衬砌之间的位移协调条件，得出圆形隧道的弹塑性和黏弹性解。

20世纪60年代以来，随着计算机技术的推广和岩土介质本构关系研究的进步，地下结构的数值计算方法有了很大的发展，有限元法、边界元法及离散元法等数值解法迅速发展，模拟围岩弹塑性、黏弹塑性及岩体节理面等的大型程序已经很多，使得连续介质力学的计算应用范围得到扩大。这些理论都是以支护结构与围岩共同作用和需得知地应力及施工条件为前提的，比较符合地下工程的力学原理。然而，计算参数还难以准确获得，如原岩应力、岩体力学参数及施工因素等。另外，人们对岩土材料的本构模型与围岩的破坏失稳准则还认识不足，因此，目前根据共同作用所得的计算结果，一般也只能作为设计参考依据。

与此同时，锚杆与喷射混凝土一类新型支护的出现和与此相应的一整套新奥地利隧道设计施工方法的兴起，终于形成了以岩体力学原理为基础的、考虑支护与围岩共同作用的地下工程现代支护理论。

现代支护理论的形成与发展首先是由于锚喷支护结构的大量使用，它可在围岩松动之前及时加固围岩，其应用实践给人们积累了丰富的经验。新奥法是典型的代表，尤其是现场监控量测的应用。到20世纪80年代又将现场监控量测与理论分析结合起来，发展成为一种适应地下工程特点和施工技术水平的新设计方法——现场监控设计方法（也称信息化设计方法）。

目前，工程中主要使用的工程类比设计法，也正在向着定量化、精确化和科学化方向发展。地下工程支护结构理论的另一类内容，是岩体中由于节理裂隙切割而形成的不稳定块体失稳，一般应用工程地质和力学计算相结合的分析方法，即岩石块体极限平衡分析法，这种方法主要是在工程地质的基础上，根据极限平衡理论，研究岩块的形状和大小及其塌落条件，以确定支护参数。

与此同时，在地下工程支护结构设计中应用可靠性理论，推行概率极限状态设计研究方面也取得了重要进展。采用动态可靠度分析法，即利用现场监测信息，从反馈信息的数据中预测地下工程的稳定可靠度，从而对支护结构进行优化设计，是改善地下工程支护结构设计的有效途径。考虑各主要影响因素及准则本身的随机性，可将判别方法引入可靠度范畴。

在计算分析方法研究方面，随机有限元（包括摄动法、纽曼法、最大熵法和响应面法等）、Monte-Carlo模拟、随机块体理论和随机边界元法等一系列新的地下工程支护结构理论分析方法近年来都有了较大的发展。

地下工程支护结构理论正在不断发展，各种设计方法都需要不断提高和完善，尤其是能较好地反映地下工程特点的现场监控设计方法，更迫切需要在近期内形成比较完善的量测体系与计算体系。从发展趋势看，新奥法开创的理论—经验—量测相结合的“信息化设计”体现了地下工程支护结构设计理论的发展方向。

应该指出，地下结构计算理论的上述几个发展阶段在时间上并没有截然的先后之分，后期提出的计算方法一般也并不否定前期的研究成果，鉴于岩土介质的复杂多变，这些计算方法都有其比较适用的一面，但又各自带有一定的局限性。各种新方法的不断出现，意味着地下结构的计算理论将日益完善。

5.2 结构力学方法

5.2.1 概述

1. 基本原理

结构力学方法是将支护和围岩分开考虑，支护结构是承载主体，围岩对结构的作用只是产生作用在地下结构上的荷载，以计算衬砌在荷载作用下产生的内力和变形的方法，也称为荷载—结构法。其设计原理是按围岩分级或由实用公式确定围岩压力，围岩对支护结拘变形的约束作用通过弹性支撑来体现，围岩的承载能力则在确定围岩压力和弹性支撑的约束能力时间接考虑。围岩的承载能力越高，它给予支护结构的压力越小，弹性支撑约束支护结构变形的弹性反力越大，相对来说，支护结构所起的作用就变小了。

结构力学方法是我国目前广泛采用的一种主要的地下结构计算方法，也称为“荷载—结构”模型，主要适用于围岩因过分变形而发生松弛和崩塌，以及支护结构主动承担围岩松动压力的情况。由于此类模型概念清晰，计算简便，易被工程师们所接受，故至今仍通用，尤其是对整体式混凝土衬砌。但它没有真实地反映出隧道开挖后围岩与支护结构的相互作用关系。

结构力学方法虽然都是以承受岩体松动、崩塌而产生的竖向和横向主动压力为主要特征，但在围岩与支护结构相互作用的处理上却有几种不同的做法：

（1）主动荷载模式　如图 5-1a 所示。此模式不考虑围岩与支护结构的相互作用，因此，支护结构在主动荷载作用下可以自由变形，它主要适用于围岩与支护结构的“刚度比”较小的情况，或软弱围岩对结构变形的约束能力较差，没有能力去约束衬砌变形的情况，如采用明挖法施工的城市地铁工程及明洞工程。

（2）主动荷载加被动荷载（弹性抗力）模式　如图 5-1b 所示。此模式认为围岩不仅对支护结构施加主动荷载，而且由于围岩与支护结构的相互作用，还对支护结构施加被动的约束反力。为此，支护结构在主动荷载和约束反力同时作用下进行工作。这种模式适用于各种类型的围岩，只是不同围岩所产生的弹性抗力大小不同而已，这种模式基本能反映出支护结构的实际受力状况。

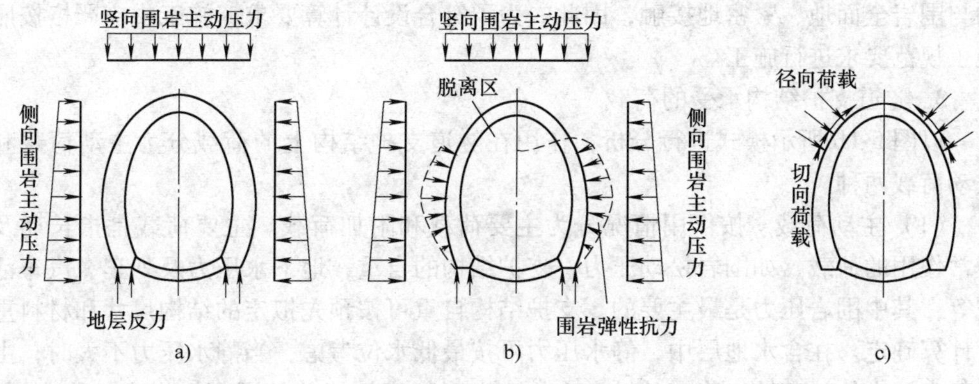

图5-1　荷载—结构模式

（3）实际荷载模式　如图5-1c所示。当前正在发展的一种模式，它采用量测仪器实地量测作用在支护结构上的荷载，荷载是围岩与支护结构相互作用的综合反映，既包含围岩的主动荷载，也含有弹性反力。在支护结构与围岩牢固接触时，不仅能量测到径向荷载，而且还能量测到切向荷载，切向荷载可减小荷载分布的不均匀程度，从而改善结构的受力情况。结构与围岩松散接触时，只能量测径向荷载。但应该指出，实际量测到的荷载值，除与围岩特性有关外，还取决于支护结构的刚度以及支护结构背后回填的质量。因此，某一实地量测的荷载，只适用于与其相类似的情况。

2. 隧道支护结构受力变形特点

隧道支护结构在主动荷载作用下要产生变形，如图5-2所示的曲墙式衬砌，在主动荷载（设围岩垂直压力大于侧向压力）作用下，结构产生的变形用虚线表示。在拱顶，其变形背向地层，不受围岩的约束而自由变形，这个区域称为“脱离区”。而在两侧及底部，结构产生朝向地层的变形，并受到围岩的约束阻止其变形，因而围岩对衬砌产生了弹性抗力，这个区域称为“抗力区”。为此，围岩对衬砌变形起双重作用，围岩产生主动压力使衬砌变形，又产生被动压力阻止衬砌变形。产生这种效应的前提条件是围岩与衬砌必须全面地、紧密地接触。但实际的接触状态是相当复杂的，由于围岩的性质、施工方法及衬砌类型等因素的不同，致使围岩与衬砌可能是全面接触，也可能是局部接触，可能是面接触，也可能是点接触，有时是直接接触，有时通过填物间接接触。为便于计算，一般将上述复杂情况予以理想化，即假定衬砌结

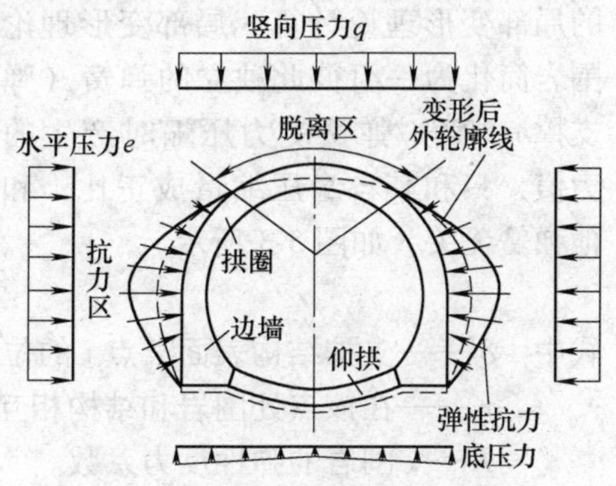

图5-2　隧道曲墙式衬砌受力变形

构与围岩全面地、紧密地接触，因此，为了符合设计计算要求，施工中应严格按照施工规范要求进行施工。

3. 隧道支护结构承受的荷载

以图 5-1b 所示模式进行分析，作用在隧道支护结构上的荷载分为主动荷载和被动荷载两种。

（1）主动荷载　按作用情况分为主要荷载和附加荷载。主要荷载是指长期及经常作用的荷载，如围岩松动压力，支护结构的自重，地下水压力及列车、汽车活载等，其中围岩压力是最主要的。支护结构自重可按预先拟定的结构尺寸和材料重度计算确定。在含水地层中，静水压力可按最低水位考虑，当静水压力不大时，由于静水压力使衬砌结构物中的轴向力加大，对抗弯性能差的混凝土衬砌结构来说，相当于改善了它的受力状态，按排水结构设计时可不考虑水压力的作用；当静水压力较大，按不排水结构设计时，应考虑水压力的作用。对于没有仰拱的衬砌结构，列车、汽车活载直接传给地层，而对于设有仰拱的衬砌结构，列车、汽车活载对拱墙衬砌结构的受力影响应根据具体情况而定，一般可略去不计。

附加荷载是指偶然的、非经常作用的荷载，如温差应力、施工荷载、灌浆压力、冻胀力及地震作用等，其中主要的是地震作用。

计算荷载应按上述两种荷载同时存在的情况进行组合。一般仅考虑主要荷载，只有在某些特殊情况时，考虑附加荷载。如抗震设防烈度 7 级以上地区，考虑地震作用；最冷月平均气温低于 -15℃ 地区的隧道应考虑冻胀力；对稳定性有严格要求的刚架和截面厚度大、变形受约束的结构，应考虑温度变化和混凝土收缩徐变的影响；结构构件就地建造和安装时，应考虑作用在构件上的施工荷载。

（2）被动荷载（即围岩的弹性抗力）　所谓弹性抗力是指由于支护结构发生向围岩方向的变形而引起的围岩对支护结构的约束反力。弹性抗力的大小，目前多用以温克尔（Winkler）假定为基础的局部变形理论计算。局部变形理论把围岩简化为一组彼此独立的弹簧（弹性支撑），某一弹簧受力压缩时产生的反力值，只和其自身压缩量成正比，和其他弹簧无关，如图 5-3 所示。

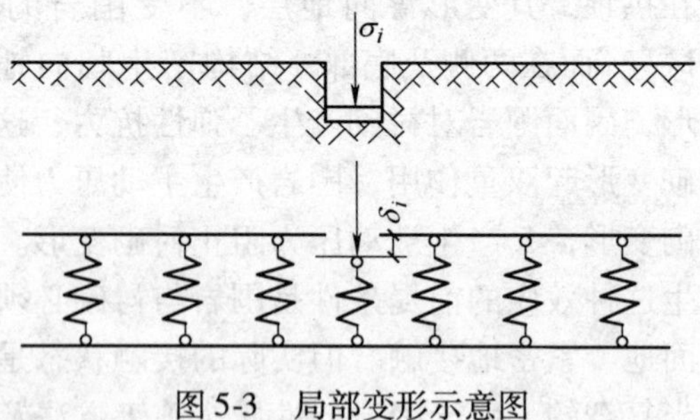

图 5-3　局部变形示意图

$$\sigma_i = K\delta_i \tag{5-1}$$

式中　δ_i——支护结构表面某点 i 的位移（即对应的围岩表面某点的压缩变形）；

σ_i——在该点处围岩和结构相互作用的反力；

K——围岩的弹性反力系数。

局部变形理论相当于把围岩简化为一系列彼此独立的弹簧，每个弹簧表示一个小岩柱，某一弹簧受到压缩时所产生的反作用力只与该弹簧有关，而与其他弹簧无关。虽然实际的弹性体变形是相互影响的，施加于一点的荷载会引起整个弹性体表面的变形，即共同变形，但温氏假定能反映衬砌应力-变形的主要因素，且计算简单适用，可以满足工程设计的需要。应当指出，弹性抗力系数并非常数，它取决于很多因素，如围岩的性质、衬砌的形状和尺寸、荷载类型等，但对于深埋隧道，可取为常数。

4. 平面问题的处理

结构力学方法只能用于处理平面杆系问题，隧道结构体系从总体来说肯定是一个空间问题，要用结构力学方法进行计算，必须对其进行简化处理。对于隧道而言，其长度较横断面尺寸要大得多，而且隧道结构特性以及作用于隧道结构的荷载沿隧道长度方向上基本是不变的，所以可以认为隧道衬砌不会产生纵向位移，因此可以将它作为一个平面应变问题进行处理。在进行力学分析时，可沿隧道纵向取出单位长（一般为1m）的一段作为研究对象进行计算。

5.2.2　传统隧道衬砌结构计算方法简介

1. 假定抗力分布范围及分布规律法

假定抗力分布范围及分布规律方法是在经过多次计算和经验积累，基本上掌握了某种断面形式的衬砌在某种荷载作用下的变形规律的基础上，再计算同类荷载作用下的同类衬砌结构时，就可按此假定衬砌结构周边抗力分布的范围及抗力区各点抗力变化的图形来处理。这样只要知道某一特定点的弹性抗力，就可求出其他各点的弹性抗力值。在求出作用在衬砌结构上的荷载（主动荷载及弹性抗力）后，其内力分析也就变成了通常的超静定结构问题。该方法适用于曲墙式衬砌和直墙式衬砌拱圈的计算。

图5-4为一曲墙式衬砌结构采用“假定抗力图形法”求解衬砌截面内力的典型计算图。它将拱圈和曲边墙作为一个整体无铰拱进行计算，两侧拱脚支撑在弹性地基上，计算中考虑墙脚位移的影响。由于仰拱一般是在无铰拱受力之后修建的，计算时一般不考虑仰拱对衬砌内力的影响。拱两侧的弹性抗力按二次抛物线分布，只要知道特定点（h）截面的弹性抗力值，其他各截面的弹性抗力值可通过与h点弹性抗力值有关的函数关系式求出。该方法解题的关键在于首先求出h点的抗力值，而h点的抗力可以由该点的变形协调条件来求解，即h点的衬砌变形与该点的地层变形是一致的，据此可以多列出一个方程来求解。该方法概念明确，在过去得到较多的应用。

2. 弹性地基梁法

弹性地基梁法是将衬砌结构看成置于弹性地基上的曲梁或直梁。弹性地基上的抗力按温克尔假定的局部变形理论求解。当曲墙的曲率为常数或为直梁时，可采

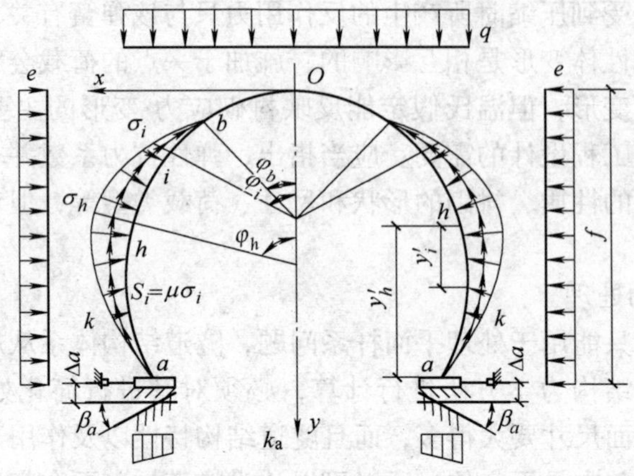

图 5-4 曲墙式衬砌计算图

用初参数法求解结构内力。该方法适用于直墙式衬砌的直边墙的求解。

直墙式衬砌的拱圈和边墙分开进行计算，图 5-5 为一直墙式衬砌结构的计算示意图。拱圈作为弹性无铰拱，按上述曲墙式衬砌计算方法进行分析，拱脚弹性支撑在边墙上，而边墙按弹性地基上的直梁进行计算，并考虑边墙和拱圈之间的相互影响。计算时先根据其换算长度确定是长梁、短梁或刚性梁，然后按照初参数法来计算墙顶截面的位移及边墙各截面的内力值。由于拱脚并非直接固定在岩层上，而是直接固定在直墙顶端，所以拱脚弹性固定的程度取决于墙顶变形。拱脚有水平位移、垂直位移和角位移，墙顶位移与拱脚位移一致。当结构、荷载对称时，垂直位移对衬砌内力没有影响，计算中只需考虑水平位移和角位移。

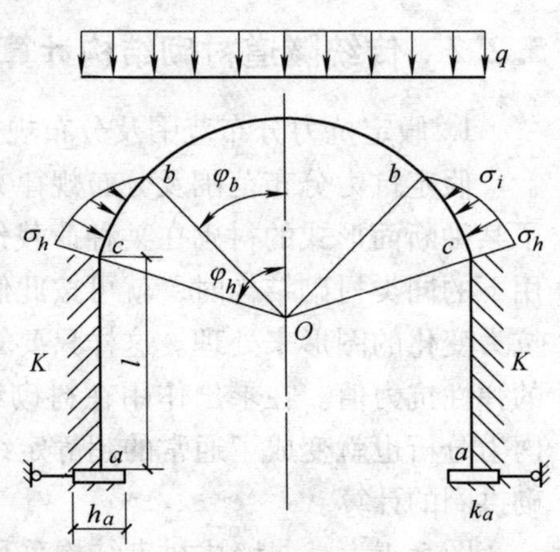

图 5-5 直墙式衬砌结构的计算示意图

以上两种方法对抗力分布采用了一定的近似假定，且采用手工计算繁杂，容易出错，目前已经逐渐被采用电子计算机程序进行计算的隧道衬砌结构矩阵分析方法所取代。

5.2.3 隧道衬砌结构计算的矩阵位移法

1. 基本原理

矩阵位移法又称直接刚度法，它以结构节点位移为基本未知量。连接在同一节点各单元的节点位移相等，并等于该点的结构节点位移（变形协调条件），同时作用于某一结构节点的荷载必须与该节点上作用的各个单元的节点力相平衡（静力平衡条件）。首先进行单元分析，找到单元节点力和单元节点位移的关系——单元刚度矩阵，而后进行整体分析，将每一个节点上有共同位移的各单元刚度矩阵元素简单地叠加起来，建立以节点静力平衡为条件的结构刚度方程，再利用边界条件，由结构刚度方程解出未知的结构各节点的位移，即求解结构刚度方程，然后再根据变形协调条件，求得汇交于该节点的各单元的单元节点位移，进而求出单元节点力——衬砌内力。

直接刚度法计算过程规范，可以充分发挥电子计算机的自动化效能，有利于编制程序，是目前广为使用的一种方法。其计算过程如下：

1）对隧道衬砌整体结构沿其轴线进行离散，计算各分块单元的基本几何参数；选择结构坐标系和局部坐标系，将各节点和单元进行编号；并对围岩弹性抗力支撑链杆进行设置。

2）把所有节点荷载沿结构坐标系分解，建立节点荷载列矢量和节点位移矢量的关系式。

3）利用各单元在局部坐标系中的单元刚度矩阵公式，计算局部坐标系中各单元的刚度矩阵。

4）进行坐标转换，并将单元刚度矩阵按“对号入座”法则叠加到结构刚度矩阵中。

5）引入边界约束条件，修改结构刚度矩阵，计算各节点位移，必要时对弹性支撑链杆的设置进行调整。

6）利用杆件在结构坐标系中的单元刚度方程公式，计算结构坐标系中由节点位移产生的节点力。

2. 计算简图和基本结构图

（1）衬砌结构的处理　隧道衬砌属于实体的拱形结构，受弯矩和轴力的影响较大。因此要把衬砌沿其轴线离散化为一些同时能承受弯矩和轴力的直杆单元（梁单元），并将单元的连接点称为节点。同时，假定单元是等厚度的，其计算厚度取为单元两端厚度的平均值。单元的数目视计算精度的需要而定，为了保证衬砌内力分析的精度要求，隧道衬砌一般划分为30个单元以上，但单元数目也不需要太多，一般在60个单元以内。

隧道边墙的底端是直接放在岩层上的，故可以假设边墙底端是弹性固定的，即能产生转动和垂直下沉。但由于边墙底面和围岩之间摩擦力非常大，一般不能产生水平位移，故应在边墙底面的水平方向上加以约束，如图5-6a中的单元⑪及图5-6b中的单元⑫。

对于一些特殊形式的衬砌，如拱和边墙的轴线不连续（带耳墙的明洞）或者墙基需要展宽时，需要添加一个特殊单元——刚性单元，如图5-6b中单元⑦。

当结构和荷载都对称时，可只取半跨进行计算，此时在拱顶截面处不允许有水平位移和转角位移，为了能反映原结构的受力状态，需要在拱顶截面切开的位置设置两根水平链杆作为边界的约束条件（图5-6）。对于结构对称而荷载不对称的情况，由于拱顶截面切开处不允许有相对垂直位移，因此要在拱顶截面切开处设一根竖向链杆以表示原结构的约束状态。

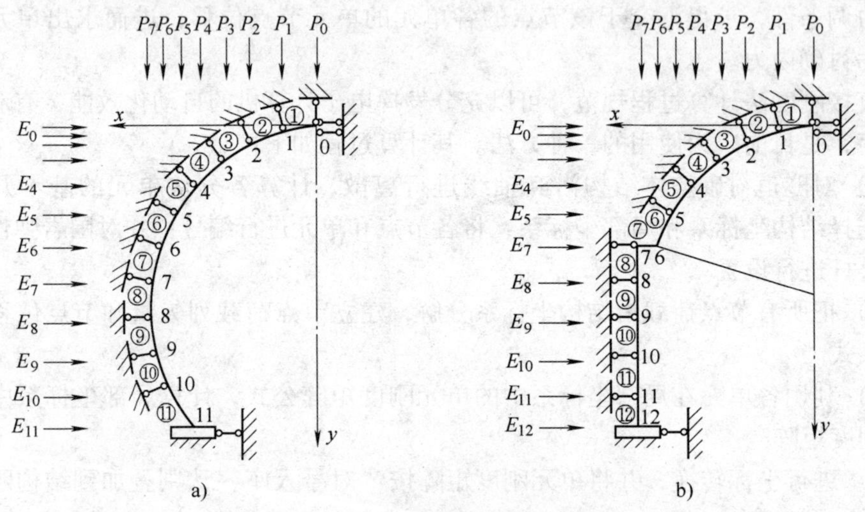

图5-6 直接刚度法基本计算图

对于有仰拱的曲墙衬砌，由于仰拱一般是在拱圈和边墙受力变形基本稳定后才修建的，因此通常可忽略仰拱对衬砌内力的影响。如需要在计算中考虑仰拱的作用，可将仰拱也划分为梁单元，仰拱、边墙、拱圈三者一并考虑进行计算。

（2）等效节点荷载的处理　在实际工程结构中，主动荷载和结构自重一般不直接作用在节点上。为了配合衬砌的离散化，主动荷载和结构自重也要进行离散，即将作用在衬砌上的分布荷载置换成作用在节点上的等效节点荷载。等效荷载的置换有以下两种方法。

一种是简单近似的方法，即按简支梁分配的原则进行置换，而不计作用力迁移位置时所引起的力矩的影响。对于竖向或水平分布的荷载，其等效节点力分别近似地取为节点两相邻单元水平或垂直投影长度的一半乘以衬砌计算宽度这一面积范围内分布荷载的总和。对于衬砌自重，其等效节点力近似地取为节点两相邻重量的一半。由于荷载本身计算的准确性较差，按近似方法计算对最终结果影响不大，故该方法得到了较为广泛的应用。

另一种方法是按静力等效的原则对节点力进行置换，即节点力所做虚功等于单元上分布荷载所做的虚功。如图5-7所示，取图5-6中一衬砌单元为例（设其两端不等厚），其长度为L，它在水平和垂直方向上的投影长度分别为

$$L_x = L\cos\theta,\ L_y = L\sin\theta \tag{5-2}$$

根据静力平衡条件，垂直均布荷载作用在单元上的等效节点力分量为

$$\left.\begin{aligned}
V_i &= \frac{1}{2}q_v a\left(\frac{2a^2}{L_x^2} - \frac{a^3}{L_x^3}\right)\\
V_j &= \frac{1}{2}q_v a\left(2 - \frac{2a^2}{L_x{}^2} + \frac{a^3}{L_x^3}\right) + q_v c\\
M_i{}^v &= -\frac{1}{12}q_v\frac{a^3}{{}^3L_x}\left(4 - \frac{3a}{L_x}\right)\\
M_j^v &= \frac{1}{12}q_v\frac{a^2}{L_x}\left(\frac{3a^3}{L_x^2} - \frac{8a}{L_x} + 6\right) - q_v\frac{c^2}{2}
\end{aligned}\right\} \tag{5-3}$$

式中　V_i、V_j、M_i^v、M_j^v——垂直均布荷载转换到节点上的等效节点力分量；

q_v——垂直均布荷载。

其他符号意义如图5-7所示。

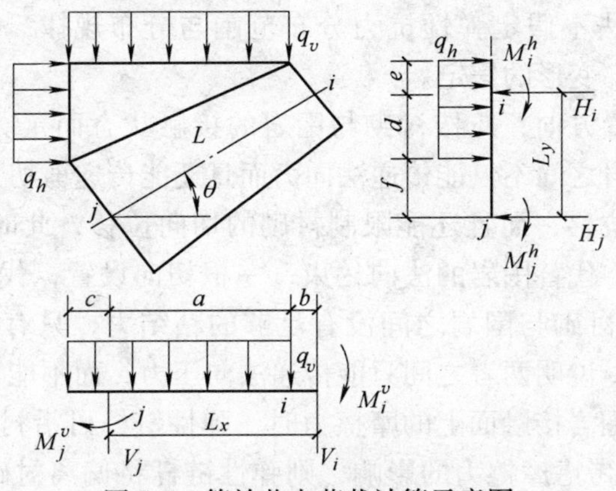

图5-7　等效节点荷载计算示意图

同理，水平均布荷载作用在单元上的等效节点力分量为

$$\left.\begin{aligned}
H_i &= \frac{1}{2}q_h d\left(2 - \frac{2d^2}{L_y^2} + \frac{d^3}{L_y^3}\right) + q_h e\\
H_j &= \frac{1}{2}q_h d\left(\frac{2d^2}{L_y^2} - \frac{d^3}{L_y^3}\right)\\
M_i^h &= \frac{1}{12}q_h d^2\left(\frac{3d^2}{L_y^2} - \frac{8d}{L_y} + 6\right) - q_h\frac{e^2}{2}\\
M_j^h &= -\frac{1}{12}q_h\frac{d^3}{L_y^2}(4L_y - 3d)
\end{aligned}\right\} \tag{5-4}$$

式中　H_i、H_j、M_i^h、M_j^h——水平均布荷载转换到节点上的等效节点力分量；

q_h——水平均布荷载。

其他符号意义如图 5-7 所示。

衬砌单元自重作用在单元上的等效荷载分量 V_{i0}、V_{j0}、M_{i0}^{v}、M_{j0}^{v}，也可采用同样的方法求得。以上是局部坐标系中的非节点荷载转换成等效节点荷载的过程，当坐标系不一致时，还需进行坐标变换。

（3）围岩被动弹性抗力的处理　隧道围岩被动弹性抗力的分布规律与大小，同衬砌的刚度、形状、尺寸及围岩的力学性质、衬砌背后回填的密实程度及荷载情况等因素有关，是一个非线性问题，在进行衬砌计算时，必须对弹性抗力进行简化处理。具体的处理方法是：将弹性抗力作用范围内的连续围岩，离散为若干条彼此互不相关的矩形岩柱。矩形岩柱的一个边长是衬砌的纵向计算宽度，通常取为单位长度，另一个边长是两相邻的衬砌单元的长度一半的和，岩柱的深度与传递轴力无关，故不予考虑。为了便于力学计算，用一些具有一定弹性性质的弹性支撑（弹性链杆）来代替岩柱，并让它以铰接的方式支撑在衬砌单元之间的节点上，所以它不承受弯矩，只承受轴力。弹性链杆的弹性特性即为围岩的弹性特性，用刚度系数 K 表示。这种方法不假定弹性抗力分布范围与分布规律，比较接近实际情况。弹性链杆应服从局部变形的假定。

弹性链杆的设置方向，应按衬砌与围岩的接触状态而定。如两者黏结非常牢固，说明衬砌与围岩之间不仅能传递法向力而且还能传递剪切力，那么围岩就不仅能限制衬砌的法向位移，而且还能限制衬砌的切向位移，此时应设置两个弹性链杆，一根法向设置，代替围岩的法向约束，一根切向设置，代替围岩的切向约束，如图 5-8a 所示。如衬砌与围岩之间没有足够的粘结力，只有当衬砌压向围岩时，围岩才能给予约束，说明两者之间只能传递法向压力，而不能传递法向拉力和剪切力，在不计衬砌与围岩接触面上的摩擦力时，弹性链杆可沿衬砌轴线的法向设置，如图 5-8b 所示。如考虑摩擦力的影响，则弹性链杆将偏离衬砌轴线的法向一个摩擦角，如图 5-8c 所示。为了简化计算工作，也可将弹性链杆水平设置，如图 5-8d 所示。后两种情况，其计算结果非常接近。对于墙脚的弹性固定，可以用一个能约束转动和垂直位移的弹性支座来模拟。

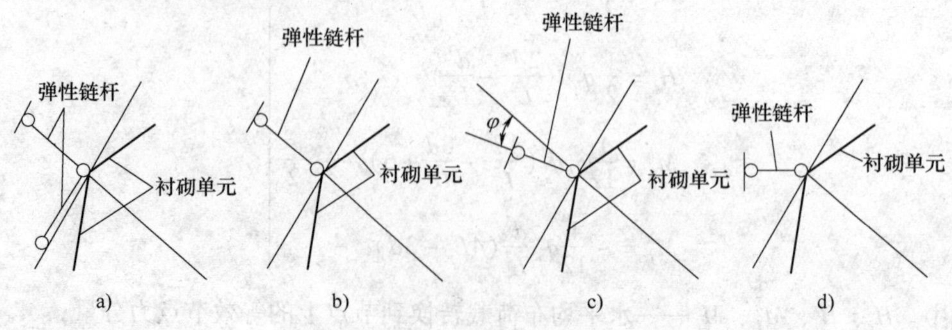

图 5-8　围岩弹性抗力链杆设置示意图

链杆的布置范围是由计算结果来确定的，开始计算时，通常是从拱部按单元节点布置到墙脚。

3. 单元刚度矩阵

（1）衬砌单元刚度矩阵　从图 5-6 中任取一个单元，杆长为 l，截面面积为 F，截面惯性矩为 I，分析单根杆件的单元刚度矩阵。如图 5-9 所示，等截面杆件 ij 采用直角坐标系，规定杆轴的 $\bar{x}$ 轴方向为正方向，杆轴逆时针转 90°后的方向取为 $\bar{y}$ 轴的正方向，坐标系称为单元坐标系或局部坐标系，并在字母的上面都画上一横，作为局部坐标系的标志。

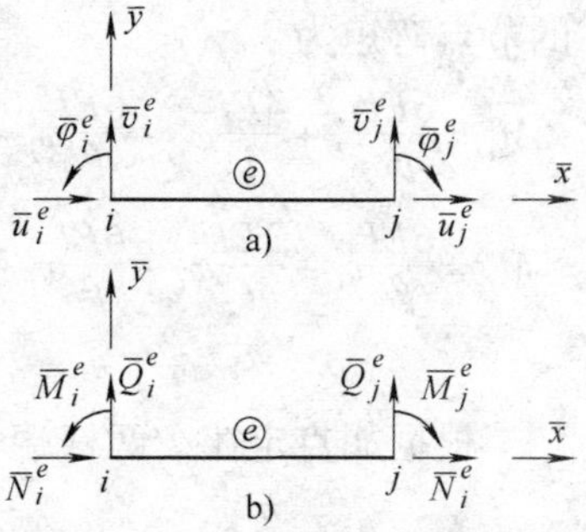

图 5-9　杆单元的坐标系

对局部坐标系而言，单元每个节点有三个位移分量（图 5-9a）

$$\bar{\boldsymbol{\delta}}_j^e = \begin{pmatrix} \bar{u}_j^e \\ \bar{v}_j^e \\ \bar{\varphi}_j^e \end{pmatrix} \qquad \bar{\boldsymbol{\delta}}_i^e = \begin{pmatrix} \bar{u}_i^e \\ \bar{v}_i^e \\ \bar{\varphi}_i^e \end{pmatrix}$$

相应的每个节点有三个力的分量（图 5-9b）

$$\bar{\boldsymbol{S}}_i^e = \begin{pmatrix} \bar{N}_i^e \\ \bar{Q}_i^e \\ \bar{M}_i^e \end{pmatrix} \qquad \bar{\boldsymbol{S}}_j^e = \begin{pmatrix} \bar{N}_j^e \\ \bar{Q}_j^e \\ \bar{M}_j^e \end{pmatrix}$$

图 5-9 所示方向规定为正方向。其中：$\bar{u}$ 是轴向位移，$\bar{N}$ 是轴力；$\bar{v}$ 是横向位移，$\bar{Q}$ 是剪力；$\bar{\varphi}$ 是转角位移，$\bar{M}$ 是弯矩。每个杆单元在两端共有 6 个节点位移分量和相应的 6 个节点分量。

$$\bar{\boldsymbol{S}}^e = \begin{pmatrix} \bar{S}_i^e \\ \bar{S}_j^e \end{pmatrix} = \begin{pmatrix} \bar{N}_i^e \\ \bar{Q}_i^e \\ \bar{M}_i^e \\ \bar{N}_j^e \\ \bar{Q}_j^e \\ \bar{M}_j^e \end{pmatrix} \qquad \bar{\boldsymbol{\delta}}^e = \begin{pmatrix} \bar{\delta}_i^e \\ \bar{\delta}_j^e \end{pmatrix} = \begin{pmatrix} \bar{u}_i^e \\ \bar{v}_i^e \\ \bar{\varphi}_i^e \\ \bar{u}_j^e \\ \bar{v}_j^e \\ \bar{\varphi}_j^e \end{pmatrix}$$

图 5-10 所示等截面杆件 ij，其两端有杆端位移和相应的杆端力；设 i 端的节点位移为 $\bar{u}_i^e$、$\bar{v}_i^e$ 和 $\bar{\varphi}_i^e$，相应的节点力为 $\bar{N}_i^e$、$\bar{Q}_i^e$ 和 $\bar{M}_i^e$；j 端的节点位移为 $\bar{u}_j^e$、$\bar{v}_j^e$ 和 $\bar{\varphi}_j^e$，相应的节点力为 $\bar{N}_j^e$、$\bar{Q}_j^e$ 和 $\bar{M}_j^e$。节点力和节点位移规定：轴向节点力 N 与 ij 方向一致为正；弯矩 M 以逆时针方向为正；从 N 的正向逆时针转 90°的方向为剪力 Q 的

正方向。节点位移的正负号规定与节点力相同。

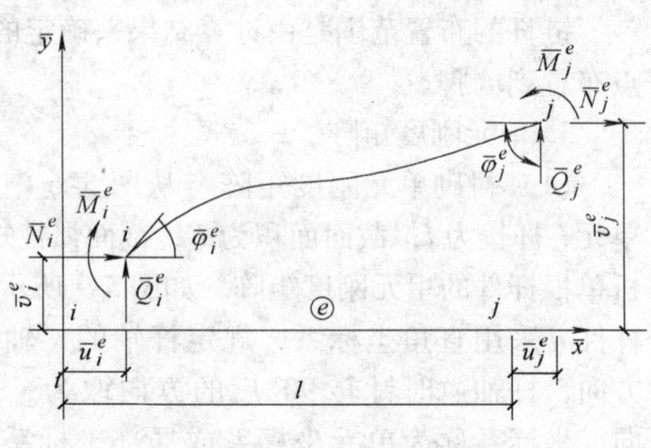

图 5-10 杆单元两端的力和位移

由转角位移方程，可得杆件两端的节点弯矩为

$$\left.\begin{aligned}\overline{M}_i^e &= \frac{6EI}{l^2}\overline{v}_i^e + \frac{4EI}{l}\overline{\varphi}_i^e - \frac{6EI}{l^2}\overline{v}_j^e + \frac{2EI}{l}\overline{\varphi}_j^e \\ \overline{M}_j^e &= \frac{6EI}{l^2}\overline{v}_i^e + \frac{2EI}{l}\overline{\varphi}_i^e - \frac{6EI}{l^2}\overline{v}_j^e + \frac{4EI}{l}\overline{\varphi}_j^e\end{aligned}\right\} \tag{5-5}$$

根据胡克定律，两杆端轴向力为

$$\left.\begin{aligned}\overline{N}_i^e &= \frac{EF}{l}\overline{u}_i^e - \frac{EF}{l}\overline{u}_j^e \\ \overline{N}_j^e &= -\frac{EF}{l}\overline{u}_i^e + \frac{EF}{l}\overline{u}_j^e\end{aligned}\right\} \tag{5-6}$$

再根据杆件两端的平衡条件：$\sum M_i = 0$ 和 $\sum M_j = 0$ 可得杆件两端的节点剪力为

$$\left.\begin{aligned}\overline{Q}_i^e &= \frac{12EI}{l^3}\overline{v}_i^e + \frac{6EI}{l^2}\overline{\varphi}_i^e - \frac{12EI}{l^3}\overline{v}_j^e + \frac{6EI}{l^2}\overline{\varphi}_j^e \\ \overline{Q}_j^e &= -\frac{12EI}{l^3}\overline{v}_i^e - \frac{6EI}{l^2}\overline{\varphi}_i^e + \frac{12EI}{l^3}\overline{v}_j^e - \frac{6EI}{l^2}\overline{\varphi}_j^e\end{aligned}\right\} \tag{5-7}$$

综合式（5-5）、式（5-6）和式（5-7），即可得节点力和节点位移之间的关系式

$$\left.\begin{aligned}\overline{N}_i^e &= \frac{EF}{l}\overline{u}_i^e - \frac{EF}{l}\overline{u}_j^e \\ \overline{Q}_i^e &= \frac{12EI}{l^3}\overline{v}_i^e + \frac{6EI}{l^2}\overline{\varphi}_i^e - \frac{12EI}{l^3}\overline{v}_j^e + \frac{6EI}{l^2}\overline{\varphi}_j^e \\ \overline{M}_i^e &= \frac{6EI}{l^2}\overline{v}_i^e + \frac{4EI}{l}\overline{\varphi}_i^e - \frac{6EI}{l^2}\overline{v}_j^e + \frac{2EI}{l}\overline{\varphi}_j^e \\ \overline{N}_j^e &= -\frac{EF}{l}\overline{u}_i^e + \frac{EF}{l}\overline{u}_j^e \\ \overline{Q}_j^e &= -\frac{12EI}{l^3}\overline{v}_i^e - \frac{6EI}{l^2}\overline{\varphi}_i^e + \frac{12EI}{l^3}\overline{v}_j^e - \frac{6EI}{l^2}\overline{\varphi}_j^e \\ \overline{M}_j^e &= \frac{6EI}{l^2}\overline{v}_i^e + \frac{2EI}{l}\overline{\varphi}_i^e - \frac{6EI}{l^2}\overline{v}_j^e + \frac{4EI}{l}\overline{\varphi}_j^e\end{aligned}\right\} \tag{5-8}$$

式（5-8）写成矩阵形式则有

$$\begin{pmatrix} \overline{N}_i^e \\ \overline{Q}_i^e \\ \overline{M}_i^e \\ \overline{N}_j^e \\ \overline{Q}_j^e \\ \overline{M}_j^e \end{pmatrix} = \begin{pmatrix} \frac{EF}{l} & 0 & 0 & -\frac{EF}{l} & 0 & 0 \\ 0 & \frac{12EI}{l^3} & \frac{6EI}{l^2} & 0 & -\frac{12EI}{l^3} & \frac{6EI}{l^2} \\ 0 & \frac{6EI}{l^2} & \frac{4EI}{l} & 0 & -\frac{6EI}{l^2} & \frac{2EI}{l} \\ -\frac{EF}{l} & 0 & 0 & \frac{EF}{l} & 0 & 0 \\ 0 & -\frac{12EI}{l^3} & -\frac{6EI}{l^2} & 0 & \frac{12EI}{l^3} & -\frac{6EI}{l^2} \\ 0 & \frac{6EI}{l^2} & \frac{2EI}{l} & 0 & -\frac{6EI}{l^2} & \frac{4EI}{l} \end{pmatrix} \begin{pmatrix} \overline{u}_i^e \\ \overline{v}_i^e \\ \overline{\varphi}_i^e \\ \overline{u}_j^e \\ \overline{v}_j^e \\ \overline{\varphi}_j^e \end{pmatrix} \tag{5-9}$$

上式缩写成

$$\overline{\boldsymbol{S}}^e = \overline{\boldsymbol{K}}^e \overline{\boldsymbol{\delta}}^e \tag{5-10}$$

式（5-10）即为局部坐标系单根杆件的单元刚度方程。其中 $\overline{\boldsymbol{K}}^e$ 是一个 6×6 阶矩阵，称为局部坐标系中的单位刚度矩阵。从矩阵 $\overline{\boldsymbol{K}}^e$ 可以看出，它的行数等于节点力列矢量的分量数，而其列数则等于节点位移列矢量的分量数。由于节点力列矢量的分量数和节点位移列矢量的分量数总是相同的，所以刚度矩阵 $\overline{\boldsymbol{K}}^e$ 为方阵。

刚度矩阵 $\overline{\boldsymbol{K}}^e$ 有两个重要性质：

1）刚度矩阵 $\overline{\boldsymbol{K}}^e$ 是一个对称矩阵，这是因为在刚度矩阵 $\overline{\boldsymbol{K}}^e$ 中位于斜对角线两边处于对称位置的两个元素是相等的。

2）刚度矩阵 $\overline{\boldsymbol{K}}^e$ 是奇异矩阵，显然在 $\overline{\boldsymbol{K}}^e$ 中若将第 4 行的元素与第 1 行的元素相加，则等于零，因此，根据行列式的性质可知，与矩阵 $\overline{\boldsymbol{K}}^e$ 相应的行列式等于零，故刚度矩阵 $\overline{\boldsymbol{K}}^e$ 是奇异的。

由于刚度矩阵 $\overline{\boldsymbol{K}}^e$ 是奇异的，它的逆矩阵不存在，所以不能由节点力列矢量反求节点位移列矢量。通过刚度矩阵的推导，不难理解 $\overline{\boldsymbol{K}}^e$ 中各个元素的物理意义：即 $\overline{\boldsymbol{K}}^e$ 中每个元素代表由于单位节点位移而引起的节点力。

必须注意：节点力列矢量和节点位移列矢量的各个分量应按式（5-9）所表明那样，沿坐标轴的正向，从 i 到 j 的顺序一一对应排列。否则单元刚度矩阵 $\overline{\boldsymbol{K}}^e$ 将有变化。

建立局部坐标系的单元刚度矩阵采用局部坐标系，从单元分析的角度是方便的。但从整体分析的角度看，却又带来了麻烦。因此，在研究结构的平衡条件和变形连续条件时，必须选定一个统一的坐标系，即结构坐标系，同时把按局部坐标系建立的单元刚度矩阵转换到结构坐标系中去，以建立结构坐标系中的单元刚度矩阵。

图 5-11 表示单元一端的节点力在两种坐标系中的分量。其中在局部坐标系中

的三个分量是 $\overline{N}_i^e$、$\overline{Q}_i^e$、$\overline{M}_i^e$，在结构坐标系中的三个分量是 N_i^e、Q_i^e、M_i^e。

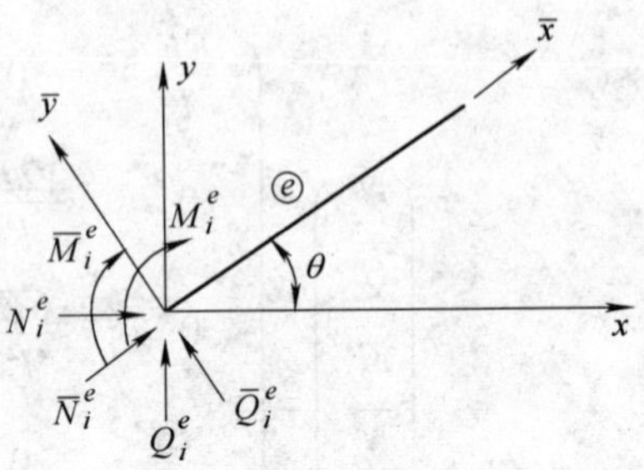

图 5-11 坐标变换

从图中可得出

$$\left.\begin{aligned}\overline{N}_i^e &= N_i^e\cos\theta + Q_i^e\sin\theta\\ \overline{Q}_i^e &= -N_i^e\sin\theta + Q_i^e\cos\theta\end{aligned}\right\}\tag{5-11}$$

由于在两种坐标系中，弯矩都作用在同一平面上，是垂直于坐标平面的矢量，故不受坐标变换的影响，则

$$\overline{M}_i^e = M_i^e \tag{5-12}$$

同理，对单元 j 端的节点力也可得出类似的关系式

$$\left.\begin{aligned}\overline{N}_j^e &= N_j^e\cos\theta + Q_j^e\sin\theta\\ \overline{Q}_j^e &= -N_j^e\sin\theta + Q_j^e\cos\theta\\ \overline{M}_j^e &= M_j^e\end{aligned}\right\}\tag{5-13}$$

将式（5-11）、式（5-12）和式（5-13）汇聚起来，并用矩阵形式表示如下

$$\begin{pmatrix}\overline{N}_i^e\\ \overline{Q}_i^e\\ \overline{M}_i^e\\ \overline{N}_j^e\\ \overline{Q}_j^e\\ \overline{M}_j^e\end{pmatrix} = \begin{pmatrix}\cos\theta & \sin\theta & 0 & 0 & 0 & 0\\ -\sin\theta & \cos\theta & 0 & 0 & 0 & 0\\ 0 & 0 & 1 & 0 & 0 & 0\\ 0 & 0 & 0 & \cos\theta & \sin\theta & 0\\ 0 & 0 & 0 & -\sin\theta & \cos\theta & 0\\ 0 & 0 & 0 & 0 & 0 & 1\end{pmatrix}\begin{pmatrix}N_i^e\\ Q_i^e\\ M_i^e\\ N_j^e\\ Q_j^e\\ M_j^e\end{pmatrix}\tag{5-14}$$

上式缩写成

$$\overline{\boldsymbol{S}}^e = \boldsymbol{T}\boldsymbol{S}^e \tag{5-15}$$

式（5-15）是在两种坐标系中单元节点力的转换式。其中，$\boldsymbol{T}$ 称为单元的坐标转换矩阵。

显然，节点力之间的这种转换关系，同样也适用于节点位移之间的转换关系。设在局部坐标系和结构坐标系中的单元节点位移分别为 $\overline{\boldsymbol{\delta}}^e$ 和 $\boldsymbol{\delta}^e$，则它们之间的关系式为

$$\overline{\boldsymbol{\delta}}^e = \boldsymbol{T}\boldsymbol{\delta}^e \tag{5-16}$$

注意到坐标转换矩阵 $\boldsymbol{T}$ 是一个正交矩阵，其逆矩阵就等于其转置矩阵，即 $\boldsymbol{T}^{-1} = \boldsymbol{T}^{\mathrm{T}}$。故式（5-16）可写成

$$\boldsymbol{\delta}^e = \boldsymbol{T}^{\mathrm{T}}\overline{\boldsymbol{\delta}}^e \tag{5-17}$$

同样，式（5-15）可写成

$$\boldsymbol{S}^e = \boldsymbol{T}^{\mathrm{T}}\overline{\boldsymbol{S}}^e \tag{5-18}$$

将式（5-10）和式（5-16）代入式（5-18）得

$$\boldsymbol{S}^e=\boldsymbol{T}^{\mathrm{T}}\overline{\boldsymbol{S}}^e=\boldsymbol{T}^{\mathrm{T}}\overline{\boldsymbol{K}}^e\overline{\boldsymbol{\delta}}^e=\boldsymbol{T}^{\mathrm{T}}\overline{\boldsymbol{K}}^e\boldsymbol{T}\,\overline{\boldsymbol{\delta}}^e \tag{5-19}$$

令

$$\boldsymbol{K}^e=\boldsymbol{T}^{\mathrm{T}}\overline{\boldsymbol{K}}^e\boldsymbol{T} \tag{5-20}$$

则

$$\boldsymbol{S}^e=\boldsymbol{K}^e\boldsymbol{\delta}^e \tag{5-21}$$

式（5-20）是杆件刚度矩阵的转换公式。利用这一公式，即可由杆件在局部坐标系中的刚度矩阵 $\overline{\boldsymbol{K}}^e$ 和坐标转换矩阵 $\boldsymbol{T}$ 求得在结构坐标系中的刚度矩阵 $\boldsymbol{K}^e$。式（5-21）即为由局部坐标系转换到结构坐标系中的杆单元刚度方程式。

为便于建立节点的平衡方程，根据单元刚度矩阵的分块性质，将式（5-21）写成

$$\begin{pmatrix}\boldsymbol{S}_i^e\\ \boldsymbol{S}_j^e\end{pmatrix}=\begin{pmatrix}\boldsymbol{K}_{ii}^e & \boldsymbol{K}_{ij}^e\\ \boldsymbol{K}_{ji}^e & \boldsymbol{K}_{jj}^e\end{pmatrix}\begin{pmatrix}\boldsymbol{\delta}_i^e\\ \boldsymbol{\delta}_j^e\end{pmatrix} \tag{5-22}$$

其中，$\boldsymbol{K}_{ii}^e$、$\boldsymbol{K}_{ij}^e$、$\boldsymbol{K}_{ji}^e$、$\boldsymbol{K}_{jj}^e$ 分别为刚度矩阵 $\boldsymbol{K}^e$ 的四个子阵，$(\boldsymbol{S}_i^e,\ \boldsymbol{S}_j^e)^{\mathrm{T}}$ 和 $(\boldsymbol{\delta}_i^e,\ \boldsymbol{\delta}_j^e)^{\mathrm{T}}$ 分别代表杆单元两端的六个单元节点力和对应的六个单元节点位移。

式（5-22）也可以写成

$$\left.\begin{aligned}\boldsymbol{S}_i^e&=\boldsymbol{K}_{ii}^e\boldsymbol{\delta}_i^e+\boldsymbol{K}_{ij}^e\boldsymbol{\delta}_j^e\\ \boldsymbol{S}_j^e&=\boldsymbol{K}_{ji}^e\boldsymbol{\delta}_i^e+\boldsymbol{K}_{jj}^e\boldsymbol{\delta}_j^e\end{aligned}\right\} \tag{5-23}$$

式中

$$\boldsymbol{K}_{ii}^e=\begin{pmatrix}\dfrac{12EI\sin^2\theta}{l^3}+\dfrac{EF\cos^2\theta}{l} & & \text{（对称）}\\ -\sin\theta\cos\theta\left(\dfrac{12EI}{l^3}-\dfrac{EF}{l}\right) & \dfrac{EF\sin^2\theta}{l}+\dfrac{12EI\cos^2\theta}{l^3} & \\ \dfrac{6EI\sin\theta}{l^2} & -\dfrac{6EI\cos\theta}{l^2} & \dfrac{4EI}{l}\end{pmatrix}$$

$$\boldsymbol{K}_{ij}^e=\begin{pmatrix}-\dfrac{12EI\sin^2\theta}{l^3}-\dfrac{EF\cos^2\theta}{l} & \sin\theta\cos\theta\left(\dfrac{12EI}{l^3}-\dfrac{EF}{l}\right) & \dfrac{6EI\sin\theta}{l^2}\\ \sin\theta\cos\theta\left(\dfrac{12EI}{l^3}-\dfrac{EF}{l}\right) & -\dfrac{EF\sin^2\theta}{l}-\dfrac{12EI\cos^2\theta}{l^3} & -\dfrac{6EI\cos\theta}{l^2}\\ -\dfrac{6EI\sin\theta}{l^2} & \dfrac{6EI\cos\theta}{l^2} & \dfrac{2EI}{l}\end{pmatrix}$$

$$\boldsymbol{K}_{ji}^e=\begin{pmatrix}-\dfrac{12EI\sin^2\theta}{l^3}-\dfrac{EF\cos^2\theta}{l} & \sin\theta\cos\theta\left(\dfrac{12EI}{l^3}-\dfrac{EF}{l}\right) & \dfrac{6EI\sin\theta}{l^2}\\ \sin\theta\cos\theta\left(\dfrac{12EI}{l^3}-\dfrac{EF}{l}\right) & -\dfrac{EF\sin^2\theta}{l}-\dfrac{12EI\cos^2\theta}{l^3} & -\dfrac{6EI\cos\theta}{l^2}\\ -\dfrac{6EI\sin\theta}{l^2} & -\dfrac{6EI\cos\theta}{l^2} & \dfrac{2EI}{l}\end{pmatrix}$$

$$
\boldsymbol{K}_{jj}^{e}=\begin{pmatrix}
\dfrac{12EI\sin^2\theta}{l^3}+\dfrac{EF\cos^2\theta}{l} & & \text{（对称）} \\
-\sin\theta\cos\theta\left(\dfrac{12EI}{l^3}-\dfrac{EF}{l}\right) & \dfrac{EF\sin^2\theta}{l}+\dfrac{12EI\cos^2\theta}{l^3} & \\
-\dfrac{6EI\sin\theta}{l^2} & \dfrac{6EI\cos\theta}{l^2} & \dfrac{4EI}{l}
\end{pmatrix}
$$

如果在$\boldsymbol{K}_{ii}^{e}$、$\boldsymbol{K}_{ij}^{e}$、$\boldsymbol{K}_{ji}^{e}$、$\boldsymbol{K}_{jj}^{e}$四个子阵中去掉与EF有关的各项，则可得到不考虑轴向变形影响时的单元刚度矩阵$\boldsymbol{K}^{e}$的四个子阵。

以上，利用转角位移方程，经过坐标转换推导出结构坐标系中的单根杆件单元刚度矩阵。实际上推求单元刚度矩阵还有其他方法。如可以只有三个量$\overline{\varphi}_i^e$、$\overline{\varphi}_j^e$、$\overline{u}^e$来描述杆件的变形，利用虚功原理找出节点变形矢量与节点力矢量的关系式，然后经过一系列运算，即可求得单元刚度矩阵。还可以利用材料力学建立杆件挠曲微分方程，根据已知的边界条件得到单元节点力和相应的节点位移之间的表达式，进而推导出杆单元刚度矩阵。几种方法推导出杆单元刚度矩阵的表达式没有实质性差别，但使用不同的方法运算量将有很大差异，因此要酌情选用。

（2）链杆单元刚度矩阵　为了体现围岩对衬砌的约束作用，在围岩与衬砌相互作用的区域内设置若干根支撑链杆，链杆应服从局部变形的假定。当衬砌结构在垂直与水平荷载作用下，只在结构节点有水平位移时，链杆端点才产生相应的水平位移和节点力。

现取一根支撑链杆来讨论，如图5-12所示。设衬砌变形后支撑链杆端点的压缩位移为u_i，而围岩对衬砌的弹性抗力为R_i，根据温克尔假定，它们有如下关系式：

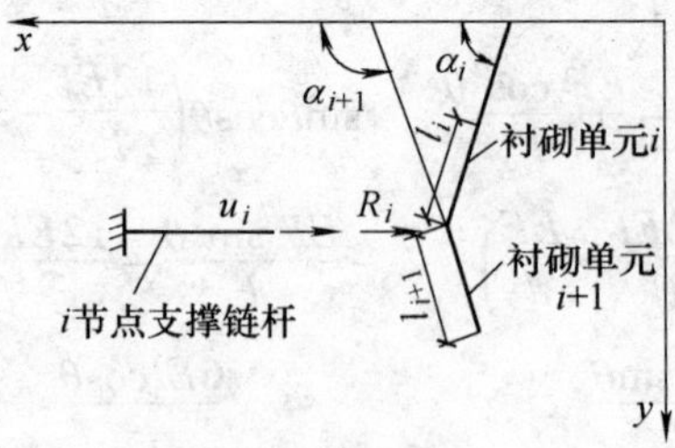

图5-12　链杆单元

$$R_i = Kbh_iu_i \tag{5-24}$$

式中　R_i——支撑链杆的弹性抗力；

K——围岩弹性抗力系数；

h_i——相邻两衬砌单元长度在 y 轴投影一半的和，$h_i=\frac{1}{2}$（$l_i\sin\alpha_i+l_{i+1}\sin\alpha_{i+1}$）；

b——隧道计算宽度，一般取 1m；

u_i——支撑链杆端点在结构坐标系中的水平压缩位移。

对于水平支撑链杆，因边墙的衬砌单元等分，$\alpha_i=\alpha_{i+1}=90°$，$b$ 取为 1m，故式（5-24）可改为

$$R_i=K\,l_iu_i \tag{5-25}$$

式中 l_i——边墙衬砌单元的长度。

为了在理论上阐明结构刚度方程的形成过程，将式（5-25）扩充改写成

$$\begin{pmatrix}R_i\\q_i\\m_i\end{pmatrix}=\begin{pmatrix}Kl_i&0&0\\0&0&0\\0&0&0\end{pmatrix}\begin{pmatrix}u_i\\v_i\\\varphi_i\end{pmatrix} \tag{5-26}$$

上式可缩写为：$\boldsymbol{R}_i=\boldsymbol{K}_{ri}\boldsymbol{\Delta}_i$。矩阵 $\boldsymbol{K}_{ri}$ 即是支撑链杆单元对结构坐标系的刚度矩阵。

（3）墙底弹性支座单元刚度矩阵　分析隧道衬砌内力时，要考虑墙底围岩产生的弹性抗力的影响。由于墙底与围岩之间有较大的摩擦力和粘结力，故假定墙底不产生水平位移。

在经由边墙传递的轴力和弯矩的作用下，墙底产生下沉和转动，而墙底的弹性支座单元相应地产生位移和转角。根据墙底变形协调条件，墙底的位移和转角应与弹性支座单元端点的位移和转角相等。

如图 5-13a 所示，沿路线方向取隧道计算宽度 b 为 1m，墙底的弹性抗力合力为

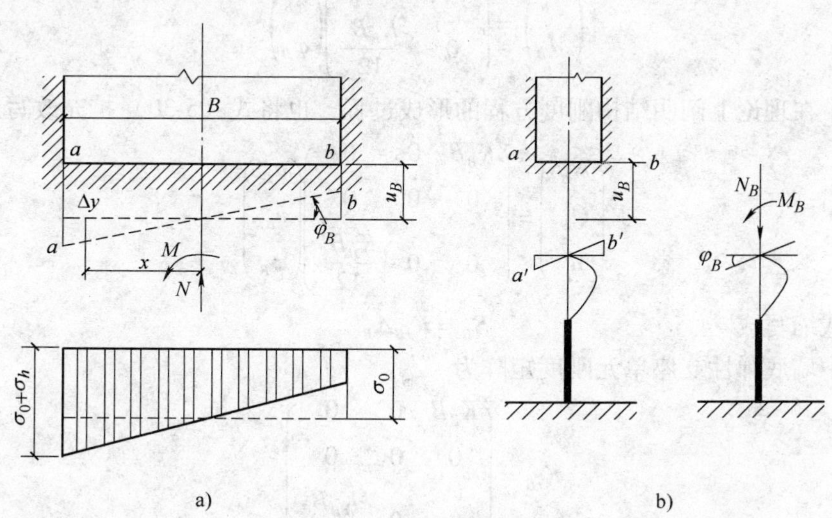

图 5-13　弹性支撑单元

$$\left.\begin{aligned} N_B &= B\sigma_0 \\ M_B &= \int_{-\frac{B}{2}}^{\frac{B}{2}} \sigma_x x \mathrm{d}x \end{aligned}\right\} \tag{5-27}$$

式中 B——墙底宽度；

σ_0、σ_x——沿墙底宽分布的弹性抗力。

根据温克尔假定，又考虑到墙底变形微小，故可写出

$$\left.\begin{aligned} \sigma_x &= \Delta y K_B = x\varphi_B K_B \\ \sigma_0 &= u_B K_B \end{aligned}\right\} \tag{5-28}$$

将式（5-28）代入式（5-27），即得

$$\left.\begin{aligned} N_B &= BK_B u_B \\ M_B &= \frac{1}{12}B^3 K_B \varphi_B \end{aligned}\right\} \tag{5-29}$$

式中 u_B——由轴向力引起的墙底垂直方向位移；

φ_B——由弯矩引起的墙底转角位移；

K_B——墙底围岩弹性抗力系数，通常取 $K_B = 1.2K$，K 为侧向围岩弹性抗力系数。

根据墙底的变形协调条件及力的传递作用，弹性支座单元的端点位移和端点力应与墙底位移和墙底力相对应，如图 5-13b 所示，由于弹性支座单元的局部坐标与结构坐标一致，不需进行坐标转换，故可按结构坐标直接写出弹性支座单元端点位移与端点反力关系式，即式（5-29）的矩阵形式。

$$\begin{pmatrix} N_B \\ M_B \end{pmatrix} = \begin{pmatrix} K_B B & 0 \\ 0 & \dfrac{K_B B^3}{12} \end{pmatrix} \begin{pmatrix} u_B \\ \varphi_B \end{pmatrix} \tag{5-30}$$

为了在理论上阐明结构刚度方程的形成过程，也将式（5-30）扩充改写成

$$\begin{pmatrix} N_B \\ Q_B \\ M_B \end{pmatrix} = \begin{pmatrix} K_B B & 0 & 0 \\ 0 & 0 & 0 \\ 0 & 0 & \dfrac{K_B B^3}{12} \end{pmatrix} \begin{pmatrix} u_B \\ v_B \\ \varphi_B \end{pmatrix} \tag{5-31}$$

上式缩写成

$$\boldsymbol{S}_B = \boldsymbol{K}_{rB} \boldsymbol{\Delta}_B \tag{5-32}$$

其中墙底弹性支座单元刚度矩阵为

$$\boldsymbol{K}_{rB} = \begin{pmatrix} K_B B & 0 & 0 \\ 0 & 0 & 0 \\ 0 & 0 & \dfrac{K_B B^3}{12} \end{pmatrix} \tag{5-33}$$

根据胡克定律，还可以得到弹性支座单元端点位移与端点力的关系式，即

$$\left.\begin{aligned} N_B &= \frac{E_B F_B}{l_B} u_B \\ M_B &= \frac{4E_B I_B}{l_B} \varphi_B \end{aligned}\right\} \tag{5-34}$$

式中 E_B——弹性支座单元的弹性模量；

F_B——墙底截面积，$F_B = B$；

l_B——弹性支座单元的长度；

I_B——弹性支座单元的惯性矩。

由式（5-29）及式（5-34）可得

$$K_B = \frac{E_B}{l_B} \tag{5-35}$$

$$I_B = \frac{1}{48} B^3 \tag{5-36}$$

取 $l_B = 1$，代入式（5-35）得

$$E_B = K_B \tag{5-37}$$

由此可见，墙底弹性支座单元的几何特性参数为

$$\left.\begin{aligned} F_B &= B \\ E_B &= K_B \\ I_B &= \frac{1}{48} B^3 \end{aligned}\right\} \tag{5-38}$$

（4）刚性单元 在直墙式隧道衬砌中，为调整拱圈和边墙的压力曲线，常使拱脚和墙顶的轴线不连续或者是墙底需扩大基础。对于这种形式的结构要添加一个特殊的衬砌单元，即刚性单元。这种单元能承受部分垂直荷载和水平荷载的作用，其单元本身可看做刚性的。所谓刚性单元，在理论上讲单元的 EF 和 EI 均为无穷大。但在实际数值计算中，刚度不能取无限大。一般两相邻杆件，当它们的刚度比超过 8～10 时，则刚度大的杆件可视为是绝对刚性的。

4. 建立结构刚度方程

（1）结构刚度方程的形成 直接刚度法是在将单元刚度矩阵进行坐标转换和分块的基础上，利用各节点的平衡条件和变形连续条件，来建立结构刚度方程的一种方法。下面以图 5-14a 为例，介绍用直接刚度法来形成结构刚度方程的过程。

如图 5-14a 所示，设结构离散为 25 个衬砌单元，其中拱部衬砌有 15 个单元，边墙衬砌有 10 个单元。若考虑拱脚与墙顶的轴线不连续，而墙基又须扩大时，可增设 16 和 36 两个刚性单元。除此之外，为体现围岩与衬砌的共同作用，另在墙身

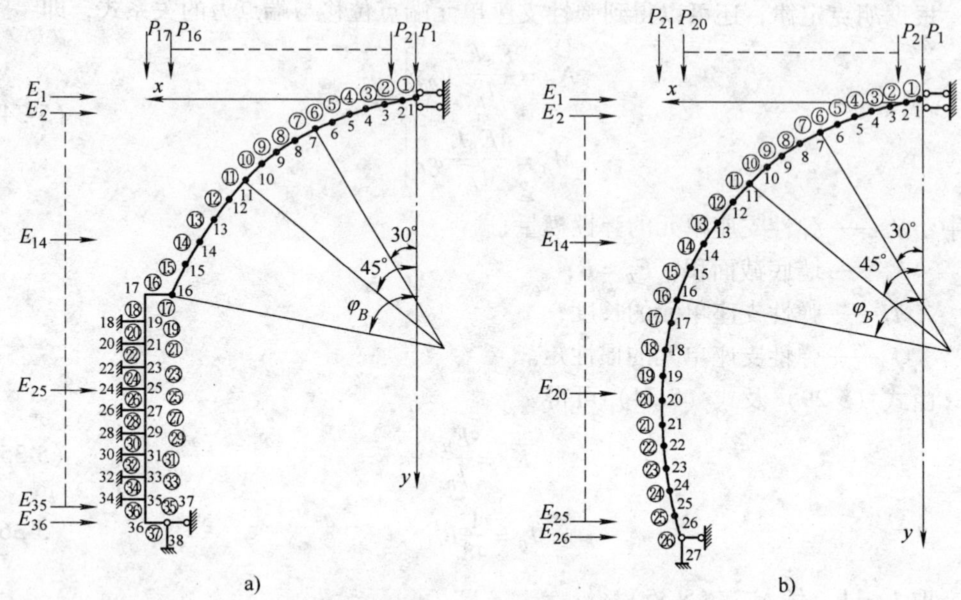

图 5-14　曲墙式衬砌计算的基本结构图

布置 9 根支撑链杆和墙底设一弹性支座。与此同时，还在拱顶截面切开处和墙基部位加设约束条件，以反映原结构在垂直荷载和水平荷载作用下的受力状态。

根据式（5-22）可写出各衬砌单元在结构坐标系中的单元刚度方程式

$$
\left.\begin{aligned}
S_1^1 &= K_{11}^1\delta_1^1 + K_{12}^1\delta_2^1 \\
S_2^1 &= K_{12}^1\delta_2^1 + K_{22}^1\delta_2^1 \\
S_2^2 &= K_{22}^2\delta_2^2 + K_{23}^2\delta_3^2 \\
S_3^2 &= K_{32}^2\delta_3^2 + K_{33}^2\delta_3^2 \\
S_3^3 &= K_{33}^3\delta_3^3 + K_{34}^3\delta_4^3 \\
S_4^3 &= K_{43}^3\delta_3^3 + K_{44}^3\delta_4^3 \\
&\vdots \\
S_{33}^{33} &= K_{3333}^{33}\delta_{33}^{33} + K_{3335}^{33}\delta_{35}^{33} \\
S_{35}^{33} &= K_{3533}^{33}\delta_{33}^{33} + K_{3535}^{33}\delta_{35}^{33} \\
S_{35}^{35} &= K_{3535}^{35}\delta_{35}^{35} + K_{3536}^{35}\delta_{36}^{35} \\
S_{36}^{35} &= K_{3635}^{35}\delta_{35}^{35} + K_{3636}^{35}\delta_{36}^{35} \\
S_{36}^{36} &= K_{3636}^{36}\delta_{36}^{36} + K_{3637}^{36}\delta_{37}^{36} \\
S_{37}^{36} &= K_{3736}^{36}\delta_{36}^{36} + K_{3736}^{37}\delta_{37}^{36}
\end{aligned}\right\} \qquad (5\text{-}39)
$$

式（5-39）中，上角标代表单元编号，下角标代表节点编号。同样，可将各支撑链杆的单元刚度方程式写出，如下：

$$\left.\begin{aligned}R_{19}^{18} &= K_{r19}^{18}\Delta_{19}\\ R_{21}^{20} &= K_{r21}^{20}\Delta_{20}\\ &\vdots\\ R_{35}^{34} &= K_{r35}^{34}\Delta_{35}\end{aligned}\right\}\tag{5-40}$$

式中　Δ_i——结构节点位移。

根据变形连续条件，汇交于同一节点的各单元，在此节点一端可能产生的端点位移应与结构节点位移相等。因此有

$$\left.\begin{aligned}&\delta_1^1 = \Delta_1\\ &\delta_2^1 = \delta_2^2 = \Delta_2\\ &\delta_3^2 = \delta_3^3 = \Delta_3\\ &\delta_4^3 = \delta_4^4 = \Delta_4\\ &\quad\vdots\\ &\delta_{33}^{31} = \delta_{33}^{33} = \Delta_{33}\\ &\delta_{35}^{33} = \delta_{35}^{35} = \Delta_{35}\\ &\delta_{36}^{35} = \delta_{36}^{36} = \Delta_{36}\\ &\delta_{37}^{36} = \Delta_{37}\end{aligned}\right\}\tag{5-41}$$

根据力的平衡条件，在同一节点上作用的各单元节点力的总和应与该节点的节点荷载相平衡。故有

$$\left.\begin{aligned}P_1 &= S_1^1\\ P_2 &= S_2^1 + \Delta_2\\ P_3 &= S_3^2 + \Delta_3\\ &\vdots\\ P_{35} &= S_{35}^{33} + S_{35}^{35} + R_{35}^{34}\\ P_{36} &= S_{36}^{35} + S_{36}^{36}\\ P_{37} &= S_{37}^{36} + S_{37}^{37}\end{aligned}\right\}\tag{5-42}$$

将式（5-33）、式（5-39）、式（5-40）、式（5-41）代入式（5-42），可得

$$
\left.\begin{aligned}
P_1 &= K_{11}^1\Delta_1 + K_{12}^1\Delta_2 \\
P_2 &= K_{21}^1\Delta_1 + K_{22}^1\Delta_2 + K_{22}^2\Delta_2 + K_{23}^2\Delta_3 \\
&= K_{21}^1\Delta_1 + (K_{22}^1 + K_{22}^2)\Delta_2 + K_{23}^2\Delta_3 \\
P_3 &= K_{32}^2\Delta_2 + K_{33}^2\Delta_3 + K_{33}^3\Delta_3 + K_{44}^3\Delta_4 \\
&= K_{32}^2\Delta_2 + (K_{33}^2 + K_{33}^3)\Delta_3 + K_{44}^3\Delta_4 \\
&\vdots \\
P_{35} &= K_{3533}^{32}\Delta_{33} + K_{3535}^{33}\Delta_{35} + K_{3535}^{35}\Delta_{35} + K_{3536}^{35}\Delta_{35} + K_{3636}^{35}\Delta_{36} \\
&= K_{3533}^{32}\Delta_{33} + (K_{3535}^{33} + K_{3535}^{35} + K_{3536}^{35})\Delta_{35} + K_{3636}^{35}\Delta_{36} \\
P_{36} &= K_{3635}^{35}\Delta_{35} + K_{3636}^{35}\Delta_{36} + K_{3636}^{36}\Delta_{36} + K_{3637}^{37}\Delta_{36} + K_{3737}^{36}\Delta_{37} \\
&= K_{3635}^{35}\Delta_{35} + (K_{3636}^{35} + K_{3636}^{36} + K_{3637}^{37})\Delta_{36} + K_{3737}^{36}\Delta_{37} \\
P_{37} &= K_{3736}^{36}\Delta_{36} + K_{3737}^{36}\Delta_{37} + K_{3737}^{37}\Delta_{37} \\
&= K_{3736}^{36}\Delta_{36} + (K_{3737}^{36} + K_{3737}^{37})\Delta_{37}
\end{aligned}\right\} \tag{5-43}
$$

式（5-43）就是对结构节点建立的静力平衡方程式，它是用节点位移表示的所有节点的平衡方程。令式（5-43）中

$$
\left.\begin{aligned}
K_{11} &= K_{11}^1; \\
K_{22} &= K_{22}^1 + K_{22}^2 \\
K_{33} &= K_{33}^2 + K_{33}^3; \\
&\vdots \\
K_{3535} &= K_{3535}^{33} + K_{3535}^{35} + K_{3535}^{34} \\
K_{3636} &= K_{3636}^{35} + K_{3636}^{36} \\
K_{3737} &= K_{3737}^{36} + K_{3737}^{37}
\end{aligned}\right\} \tag{5-44}
$$

将式（5-43）写成矩阵形式为

$$
\begin{pmatrix} P_1 \\ P_2 \\ P_3 \\ \vdots \\ P_{35} \\ P_{36} \\ P_{37} \end{pmatrix} =
\begin{pmatrix}
K_{11} & K_{12}^1 & & & & & & \\
K_{21}^1 & K_{22} & K_{23}^2 & & & & & \\
 & K_{32}^2 & K_{33} & K_{34}^3 & & 0 & & \\
 & & & \cdot & & & & \\
 & & & & \cdot & & & \\
 & & & & & \cdot & & \\
 & & 0 & & & K_{3534}^{34} & K_{3535} & K_{3536}^{35} & \\
 & & & & & & K_{3635}^{35} & K_{3636} & K_{3637}^{36} \\
 & & & & & & & K_{3736}^{36} & K_{3737}^{37}
\end{pmatrix} \cdot
\begin{pmatrix} \Delta_1 \\ \Delta_2 \\ \Delta_3 \\ \vdots \\ \Delta_{35} \\ \Delta_{36} \\ \Delta_{37} \end{pmatrix} \tag{5-45}
$$

上式可缩写成

$$P = K\Delta \tag{5-46}$$

式（5-46）即是表示作用在衬砌结构上的节点荷载与节点位移之间关系的结构刚度方程式，通常称为结构的原始刚度方程，$\boldsymbol{K}$ 则称为结构的原始刚度矩阵，它是一个以子阵形式表示的对称方阵。所谓“原始”二字是强调式（5-46）所示的刚度方程和刚度矩阵 $\boldsymbol{K}$ 尚未进行的边界条件处理的意思。

由式（5-45）和刚度矩阵 $\boldsymbol{K}$ 可以看出，以节点为单位进行分块的结构原始刚度矩阵，有以下两个特点：

1）只有汇交于 i 节点的单元才可能对结构原始刚度矩阵第 i 行的子阵提供维持节点平衡的杆端力。因此，在组成结构原始刚度矩阵第 i 行中的子阵时，只需考虑共有节点 i 的各单元的影响。如刚度矩阵 $\boldsymbol{K}$ 中的第3行，$\boldsymbol{K}_{32}^{2}$ 和 $\boldsymbol{K}_{34}^{3}$ 就是2、3单元对第3号节点的影响。

2）各单元对结构原始刚度矩阵有影响的子阵的两个下标，与结构原始刚度矩阵中同一个子阵的两个下标完全相同，如第2、3号单元的子阵 $\boldsymbol{K}_{33}^{2}$ 与 $\boldsymbol{K}_{33}^{3}$ 与结构原始刚度矩阵中同一个子阵 $\boldsymbol{K}_{33}$ 的两个下角标完全相同，并由 $\boldsymbol{K}_{33}^{2}$ 和 $\boldsymbol{K}_{33}^{3}$ 相加得到 $\boldsymbol{K}_{33}$。

只要将在结构坐标系中每个单元的刚度矩阵的四个子阵按其下角标在以节点为单位进行分块的结构矩阵中就位，即所谓的“对号入座”，则可得到结构原始刚度矩阵。

（2）结构刚度矩阵的特点　在有限单元法中，结构刚度矩阵的阶数通常是很高的，而电子计算机的存储容量总是有限的。因此，经常遇到矩阵阶数高与存储容量小的矛盾。为了解决这个矛盾，需要采取各种措施来节省存储容量。不过随着计算机的发展，这一矛盾相对得到了缓解。

分析结构刚度矩阵的特点，正是为了寻找节省存储容量的途径。结构刚度矩阵具有如下特点：

1）结构刚度矩阵是一个对称矩阵。利用对称性，可以只存储矩阵的上三角部分，并且把这上三角部分展开成一维数组存放起来。这样做，既节省近一半的存储容量，又减少运算时间。利用这一性质又可校对结构刚度矩阵的正确性。

2）结构刚度矩阵是一个高度稀疏的矩阵，矩阵内绝大多数元素都是零，而非零元素的个数一般只占元素总数的5%左右，并且都集中在主对角线的周围的一个狭窄的带内，数学上把这种矩阵称为带状矩阵，如式（5-46）中原始刚度矩阵 $\boldsymbol{K}$。因此，利用结构刚度矩阵的稀疏性，设法只存储非零元素，可大量的节省存储容量。

3）用直接刚度法按所有节点都可能产生位移而建立起来的结构矩阵是奇异矩阵。矩阵的行列式应等于零，即 $|\boldsymbol{K}| = 0$，或者说它不存在逆矩阵。结构刚度矩阵这个特性的物理意义是不难理解的，从图5-9来看，如果端点 i、j 的位移已给定，则节点力也跟着确定了，但若只给定了节点力，则节点位移并不能唯一确定，因为这时单元的两端根本没有支撑，因此除杆件本身产生弯曲和轴向变形外，还可产生

任意的刚体位移。这一部分刚体位移分量根据给定的节点力显然是无法唯一确定的。所以在求解结构刚度方程时，必须有足够的约束条件以限制结构的刚体位移，这样方程才能得到唯一的解。

（3）直接刚度法的求解　用直接刚度法建立的结构原始刚度方程式 $\boldsymbol{P}=\boldsymbol{K\Delta}$，式中 $\boldsymbol{P}$ 是作用在结构节点上的荷载，对一个在空间未被约束的结构来说，它应包括荷载和支座约束力；$\boldsymbol{K}$ 是未被空间约束的结构原始刚度矩阵；$\boldsymbol{\Delta}$ 为结构节点位移。

有了结构的原始结构刚度方程式并不能马上求解，因为方程是将整个结构当做无支座约束的体系而推导出来的。对于一个在空间未被约束、完全自由的结构来说，结构没有受任何位移约束，它可以作刚体运动，因此节点位移的解答不是唯一的。同时，列矩阵 $\boldsymbol{P}$ 应包含外荷载 $\boldsymbol{P}_\alpha$ 和反力 $\boldsymbol{P}_\beta$，二者必然构成平衡条件，原始刚度矩阵 $\boldsymbol{K}$ 显然是一个奇异矩阵。由此可见，只有引入边界条件，修改结构原始刚度方程和刚度矩阵以后，才能进一步求解未知的节点位移。

修改结构原始刚度方程和原始刚度矩阵的方法有两种：一是调整矩阵中行和列的位置，即将式（5-45）中的节点位移和相应的节点荷载重新排列，使未知的节点位移和相应的节点力排在矩阵前面，而已知的节点位移和相应的节点力排在矩阵后面，得到新的结构刚度方程；另一种方法是考虑支座约束条件即边界条件，从原始刚度方程式（5-45）中，去掉已知位移对应的行和列，这样所得到的新的结构刚度方程与第一种方法完全一样。下面就讨论前一种方法的计算过程。

首先，按边界条件可将列矩阵 $\boldsymbol{\Delta}$ 分解为 $\boldsymbol{\Delta}_\alpha$ 和 $\boldsymbol{\Delta}_\beta$ 两个子矩阵，其中 $\boldsymbol{\Delta}_\alpha$ 代表所有的未知节点位移，$\boldsymbol{\Delta}_\beta$ 代表由边界条件给定的已知节点位移。同样，可将列矩阵 $\boldsymbol{P}$ 相应地分解成 $\boldsymbol{P}_\alpha$ 和 $\boldsymbol{P}_\beta$。$\boldsymbol{P}_\alpha$ 对应于 $\boldsymbol{\Delta}_\alpha$，代表作用的外荷载；$\boldsymbol{P}_\beta$ 与 $\boldsymbol{\Delta}_\beta$ 相对应，代表未知反力。然后将结构的原始刚度矩阵 $\boldsymbol{K}$，按已知的位移条件进行分块，即

$$\begin{pmatrix} \cdots \boldsymbol{P}_\alpha \cdots \\ \boldsymbol{P}_\beta \end{pmatrix} = \begin{pmatrix} \cdots \boldsymbol{K}_{\alpha\alpha} \vdots \boldsymbol{K}_{\alpha\beta} \cdots \\ \boldsymbol{K}_{\beta\alpha} \quad \boldsymbol{K}_{\beta\beta} \end{pmatrix} \begin{pmatrix} \cdots \boldsymbol{\Delta}_\alpha \cdots \\ \boldsymbol{\Delta}_\beta \end{pmatrix} \tag{5-47}$$

将矩阵按乘法展开，得

$$\boldsymbol{P}_\alpha = \boldsymbol{K}_{\alpha\alpha}\boldsymbol{\Delta}_\alpha + \boldsymbol{K}_{\alpha\beta}\boldsymbol{\Delta}_\beta \tag{5-48}$$

$$\boldsymbol{P}_\beta = \boldsymbol{K}_{\beta\alpha}\boldsymbol{\Delta}_\alpha + \boldsymbol{K}_{\beta\beta}\boldsymbol{\Delta}_\beta \tag{5-49}$$

由方程式（5-48）可求得未知的节点位移 $\boldsymbol{\Delta}_\alpha$，即

$$\boldsymbol{\Delta}_\alpha = \boldsymbol{K}_{\alpha\alpha}{}^{-1}(\boldsymbol{P}_\alpha - \boldsymbol{K}_{\alpha\beta}\boldsymbol{\Delta}_\beta) \tag{5-50}$$

若已知边界条件 $\boldsymbol{\Delta}_\beta=0$，则

$$\boldsymbol{\Delta}_\alpha = \boldsymbol{K}_{\alpha\alpha}{}^{-1}\boldsymbol{P}_\alpha \tag{5-51}$$

将求得的 $\boldsymbol{\Delta}_\alpha$ 代入式（5-49），求得未知约束力 $\boldsymbol{P}_\beta$

$$\begin{aligned} \boldsymbol{P}_\beta &= \boldsymbol{K}_{\beta\alpha}\boldsymbol{K}_{\alpha\alpha}{}^{-1}(\boldsymbol{P}_\alpha - \boldsymbol{K}_{\alpha\beta}\boldsymbol{\Delta}_\beta) + \boldsymbol{K}_{\beta\beta}\boldsymbol{\Delta}_\beta \\ &= \boldsymbol{K}_{\beta\alpha}\boldsymbol{K}_{\alpha\alpha}{}^{-1}\boldsymbol{P}_\alpha - (\boldsymbol{K}_{\alpha\beta}\boldsymbol{K}_{\alpha\alpha}{}^{-1}\boldsymbol{\Delta}_\beta - \boldsymbol{K}_{\beta\beta})\boldsymbol{\Delta}_\beta \end{aligned} \tag{5-52}$$

若已知边界条件 $\boldsymbol{\Delta}_\alpha=\boldsymbol{0}$，则

$$\boldsymbol{P}_\beta=\boldsymbol{K}_{\beta\alpha}\boldsymbol{K}_{\alpha\alpha}{}^{-1}\boldsymbol{P}_\alpha \tag{5-53}$$

于是未知约束力和未知位移可全部求得。

如上所述，如果给定的已知边界条件不在最后几项，于是分块就不便于处理。为此，需要把位移的顺序和相应节点荷载的顺序重新排列，使未知项和已知项按前后次序分开。

由图5-14a可知，节点1的水平位移 u_1 和转角位移 φ_1 均为零，而节点37的水平位移 u_{37} 亦为零。将此条件按式（5-47）重新排列，把已知位移为零的几项和相应的节点荷载排在式（5-47）的下面，然后再将对应于已知位移为零的各矩阵中的行、列去掉，即可按式（5-51）求得全部未知位移，进而代入式（5-53）求得未知约束力。式（5-45）中每个结构节点位移有三个位移分量，如 $\boldsymbol{\Delta}_1=(u_1 v_1 \varphi_1)^{\mathrm{T}}$。按照上述步骤求得结构节点位移值后，便可进一步求解衬砌单元内力。

5.2.4　衬砌截面强度验算

为了保证衬砌结构强度的安全性，需要在算出结构内力之后进行强度验算。目前我国公路隧道设计规范规定，隧道衬砌和明洞按破坏阶段验算构件截面强度，根据混凝土和石砌材料的极限强度，计算出偏心受压构件的极限承载能力，与构件实际内力相比较，计算截面的抗压（或抗拉）强度安全系数 K。检查是否满足规范所要求的数值，即

$$K=\frac{N_{\mathrm{jx}}}{N}\geqslant K_{\mathrm{gf}} \tag{5-54}$$

式中　N_{jx}——截面的极限承载能力；

N——截面的实际内力（轴向力）；

K_{gf}——规范所规定的强度安全系数，见表5-1和表5-2。

衬砌的任一截面均应满足强度安全系数要求，否则必须修改衬砌形状和尺寸，重新计算，直到满足要求为止。

表5-1　混凝土和砌体结构的强度安全系数

圬工种类	混凝土		砌体	
荷载组合	永久荷载＋基本可变荷载	永久荷载＋基本可变荷载＋其他可变荷载	永久荷载＋基本可变荷载	永久荷载＋基本可变荷载＋其他可变荷载
混凝土或砌体达到抗压极限强度	2.4	2.0	2.7	2.3
混凝土达到抗拉极限强度	3.6	3.0	—	—

表 5-2 钢筋混凝土结构的强度安全系数

荷载组合	永久荷载 + 基本可变荷载	永久荷载 + 基本可变荷载 + 其他可变荷载
钢筋达到设计强度或混凝土达到抗压或抗剪极限强度	2.0	1.7
混凝土达到抗拉极限强度	2.4	2.0

对混凝土和石砌矩形截面构件，当偏心距 $e_0 \leqslant 0.2d$ 时，按抗压强度控制承载能力，并用下式计算

$$KN \leqslant \varphi \alpha R_a bd \tag{5-55}$$

式中 K——混凝土或石砌结构强度安全系数；

N——轴向力；

b——截面宽度；

d——截面厚度；

φ——构件的纵向弯曲系数，对于隧道衬砌，明洞拱圈及墙背紧密回填的明洞边墙，可取 $\varphi = 1$，其他构件见规范；

α——轴向力的偏心影响系数，可查规范或按 $\alpha = 1 - 1.5e_0/d$ 求得；

R_a——混凝土或石砌体的抗压极限强度。

从抗裂角度要求，混凝土矩形截面偏心受压构件，当 $e_0 > 0.2d$ 时，按抗拉强度控制承载能力，并用下式计算

$$KN \leqslant \varphi \frac{1.75R_l bd}{\dfrac{6e_0}{d} - 1} \tag{5-56}$$

式中 R_l——抗拉极限强度。

规范对隧道衬砌和明洞的混凝土偏心受压构件的轴向力偏心距限制为：不宜大于0.45倍截面厚度；石料砌体偏心受压构件不宜大于0.3倍截面厚度。基底偏心距的限制为：岩石地基不应大于0.25倍墙底厚度；土质地基不应大于墙底厚度的1/6。

隧道衬砌和明洞的基底应力不得大于地基允许承载力。隧道衬砌地基允许承载力可根据围岩类别用工程类比和经验估算的方法加以确定，有条件的可进行现场试验。

拱脚截面的混凝土为间隙灌注或拱圈为混凝土而边墙用石砌时，按式（5-55）式进行验算，其偏心距按石砌构件要求加以限制。

隧道结构采用概率极限状态方法进行设计计算，极限状态包括承载能力极限状态和正常使用极限状态两种，应根据它们各自的要求，分别进行计算和验算，具体方法可参阅相关现行设计规范。

5.3　岩体力学方法

现代隧道施工技术的发展，特别是锚喷支护技术和新奥法在隧道施工中的应用，使得隧道开挖后，能及时地给围岩以必要的约束，抑制其变形，避免围岩因变形过度而产生松动压力。此时隧道开挖所引起的应力重分布将由围岩和支护结构体系共同承担，从而达到新的应力平衡。在这个过程中，由于支护结构阻止围岩变形，必然要受到围岩给予的作用力而发生变形，这种作用力和围岩的松动压力极不相同，它是在支护结构与围岩共同变形过程中对支护施加的压力，称为“形变压力”。显然形变压力的大小和分布规律不仅与围岩的特性有关，而且还取决于支护结构的刚度。要研究这种情况下围岩的应力场以及支护结构中的内力和位移，必须要采用岩体力学方法。

岩体力学方法的出发点是支护结构与围岩相互作用，组成一个共同承载体系，其中围岩为主要的承载结构。它的计算模式为地层—结构模式，即处于无限或半无限介质中的地层和镶嵌在围岩孔洞上的支护结构所组成的复合模式。它的特点是能反映出隧道开挖后的围岩应力状态。目前岩体力学模式的主要求解方法有：解析法、数值法、特征曲线法和剪切滑移破坏法。

5.3.1　解析法

解析法是根据实际问题列出其平衡方程、几何方程和物理方程，而后根据所给定的边界条件，对问题进行直接求解。由于数学上的困难，目前解析法还只能给出少数简单问题的具体解答。

5.3.2　数值分析方法

通常情况下，隧道结构几何形状复杂，围岩具有各种不同的非线性特性，而且衬砌支护结构的计算还与开挖方法、支护过程等有关。对于这类复杂问题，一般需要采取数值分析方法加以解决。

数值分析方法中最主要的是有限单元法，目前它已成为隧道工程围岩稳定性分析和支护 结构强度计算的有力工具。它把围岩和支护结构都划分为若干单元，然后根据能量原理建立 单元刚度矩阵，并形成整个系统的总刚度矩阵，从而求出系统中各节点的位移和单元的应力。下面以隧道工程平面应变问题来说明有限元解法的一般过程。

1. 单元类型的选择和网格划分

在平面问题中，围岩是二维的连续介质，必须采用平面单元来模拟。最简单的平面单元是三角形常应变单元，其公式简洁，程序简单，但精度较差。高精度单元采用了高次多项式的位移函数，单元精度有显著提高，但增加了存储量和运算时间。对于隧道工程计算，宜采用线性应变和二次应变单元。通常认为，采用四节点或八节点的四边形等参元最为适宜，它能适应曲边形的外形，便于进行网格自动划分，也具有较高的计算精度。

支护结构如为喷射混凝土层或整体浇筑的混凝土衬砌，通常都采用与围岩相同的单元类型，这样支护结构单元与围岩单元可以直接相连，程序处理大为简化。如采用承受轴力的直梁单元来模拟支护结构，其优点是可以直接计算出支护结构的轴力、弯矩和剪力，这对于按规范校核支护结构的强度是很方便的。但梁单元的节点位移矢量中有一个是转角，故不能和平面单元的节点位移相协调，需做特殊处理，如在其间加一个杆单元（模拟回填层）才能和平面单元相连。

对于锚杆的模拟问题，目前最常采用轴力杆单元，将杆单元的节点与围岩单元的节点牢固相连，变形后不脱开，即杆单元节点与相应围岩单元节点变形协调。计算实践证明，这种模拟方式不能很好地反映锚杆加固岩体的实际作用效果，只能认为是一种简略的近似计算，许多学者根据锚杆的不同作用效应提出了一些改进的锚杆模拟计算模型，但都没有得到进一步的推广应用。

单元划分的大小、形状和疏密程度会影响计算的精度，一般来说，网格越细，精度越高，但要求机器存储量大，计算时间长。通常在隧道洞周附近区域，受开挖影响大，应力变化明显，单元布置应当密些，其他区域可疏些，但不宜疏密相差过于悬殊。

2. 计算范围的选取

有限单元法分析必须是在有限的区域内进行，不可能把分析的范围取为无限大。在岩体中开挖隧道，应力重分布的范围是有限的，因而计算的范围可取为有限的。实践和理论分析表明，对于隧道开挖后的应力应变，仅在洞室周围距洞室中心点 3 ~5 倍隧道开挖跨度的范围内存在明显变化。在 3 倍跨度处的应力变化一般在 10% 以下，在 5 倍跨度处一般在 3% 以下。显然，这样微小的变化对工程设计来说并无实际意义。所以，有限元分析的区域可确定在这个范围内（3 ~5 倍洞跨），在这个范围的边界上可认为因开挖引起的位移为零，或者开挖不引起应力的变化。图 5-15 所示为隧道洞室计算范围和单元划分的实例。

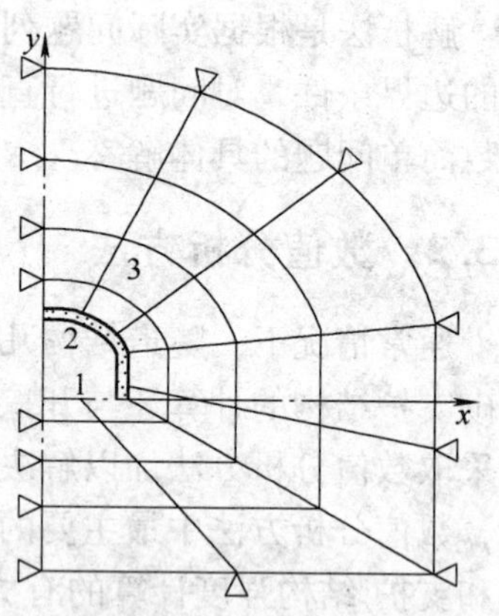

图 5-15 隧道计算范围及单元划分
1—隧道洞室 2—衬砌 3—围岩

此外，根据对称的特性，在对称轴上的各点无垂直于对称轴方向的位移，因此可以从分析区域中取出一半进行研究，这将大大减少计算工作量和计算时间，如图 5-15所示。

3. 边界条件和初始应力

根据以上分析，所取岩体边界上的位移边界条件通常两侧边界按水平方向固定，铅直方向自由，下边界约束情况一般按铅直方向固定，水平方向自由，如图5-16所示。

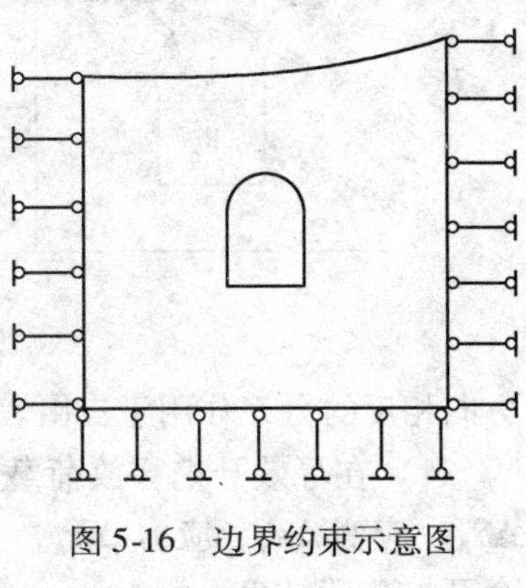

图5-16　边界约束示意图

无论采取何种边界条件，特别是约束边界，都可能同实际情况不完全一致，因而会产生一种误差。这种误差随计算区域的减小而增大，并且在靠近边界处比远离边界处的误差大。这一现象称为“边界效应”。为了减小边界效应对计算结果的影响，在实际问题的处理中，通常将计算区域的对称面取为边界，即只取半结构进行计算。

作用在边界上的初始地应力通常考虑为：当上部覆盖层厚度不大时，上边界以地面线为自由边界，考虑重力作用，两侧施加三角形分布荷载，侧压系数采用$\mu/(1-\mu)$，μ为岩体的泊松比；当覆盖层很厚时，初始地应力以均布荷载表示，侧压系数以实测或经验确定。

4. 卸荷释放荷载及卸荷过程模拟

岩体在开挖隧道之前处于一定的初始应力状态，开挖使隧道周边上各点的应力“解 除”，从而引起围岩应力场的变化。如果在开挖的同时设置了支护结构并与围岩密贴，则支护结构将约束围岩因应力场变化而产生的位移，支护结构中也将产生应力和位移。所以在进行有限元分析时，必须设法模拟这个开挖卸荷的效果。通用的方法就是在隧道周边的点上加“等效释放荷载”，“等效释放荷载”是由于隧道周边各点的应力“解除”而形成的，因此，可以根据预定周边上的初始应力来确定，设预计开挖边界上各点的初始应力为已知，在离散化的情况下，可假定开挖面上两相邻节点之间的初始应力呈线性变化，对于任一开挖边界点，开挖引起的“等效释放荷载”（等效节点力）即可按简支梁分配的原则进行置换。

5. 开挖施工步骤的模拟

隧道施工的每一开挖步在力学上都可以认为是一个应力释放和回弹变形问题。为了模拟开挖效应，求得开挖洞室后围岩中的应力状态，可以将每一开挖步释放掉的应力作为等效荷载加在隧道洞室的周边上，开挖施工步骤的模拟方法如下：

1）按照施工要求划分好开挖顺序，如图5-17所示。

2）按照隧道埋深的地质构造特点，进行开挖前的应力分析，求出围岩中的初始地应力场$\boldsymbol{\sigma}_0$和位移场$\boldsymbol{\delta}_0$，开挖前的应力状态可作为原始数据直接输入。

3）根据每次开挖的尺寸，去掉被开挖的单元，根据去掉单元时的应力值，求出被开挖出的自由表面各节点处由这些单元作用的节点力。将与这些节点力大小相等、

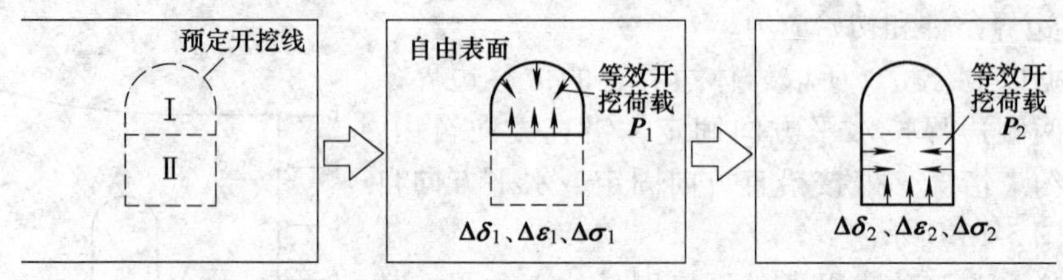

图 5-17 施工开挖模拟

方向相反的力 $\boldsymbol{P}$ 作用于自由表面相同的节点上，这些力 $\boldsymbol{P}$ 就是等效开挖释放荷载。

4）在等效开挖释放荷载作用下进行分析，求出该开挖步骤后围岩中的位移 $\boldsymbol{\Delta\delta_n}$、应变 $\boldsymbol{\Delta\varepsilon_n}$、应力 $\boldsymbol{\Delta\sigma_n}$，并叠加于以前的状态上，重复以上步骤，直至最后一个开挖步骤结束。

6. 求单元应力

单元刚度矩阵和“释放荷载”的等效节点力求出后，便可按位移法的一般顺序求出未知的节点位移，即组建系统的总刚度矩阵，进行约束位移的处理，解方程求出未知的节点位移，然后根据有限元法的一般理论求算单元应力。

7. 围岩与支护结构稳定性判断

根据数值分析计算结果，如何合理地判断围岩的稳定性也是当前尚未解决的一个问题。在数值分析方法中，除非将支护结构离散为梁单元，否则只能求得支护结构中的应力，因而不能直接采用规范中的公式校核支护结构的强度。目前采用的判断围岩与支护结构稳定性的方法主要有如下几种：

（1）超载系数法　将外荷载乘以系数 K 值，并逐渐增大 K 值进行反复计算，直到计算不能收敛为止，即认为围岩失稳，K 值为安全系数。

（2）材料安全储备法　将材料的主要强度特征值，乘以 K 值，逐渐降低 K 值并反复计算到围岩失稳（即计算不收敛）为止，$1/K$ 就是安全度。

（3）经验类比法　将计算所得洞壁变形值或塑性区范围与按经验所得的围岩失稳时的允许位移值（极限位移值）或允许的塑性区大小进行比较，由此确定围岩稳定性的安全度。

显而易见，上述各种计算方法所得的安全度是不一样的，并且都缺乏严格的理论依据，这些准则都有待进一步完善。

8. 有限元法计算的可信度

有限元法作为一种广泛应用的数值解法，其计算的准确性与精度是不用怀疑的。然而应用于隧道与地下工程中，计算结果往往与实际有一定的距离，因而目前有许多人认为，用有限元计算锚喷支护，判断围岩稳定性，在定性上是可以信赖的，但在定量上只能作为设计部门的参考依据。一般来说，有限元法获得的围岩稳定性计算结果的可靠性，取决于以下几个因素：

1）岩体参数取值的可靠性和准确性，主要是初始地应力和岩体的物理力学参数。

2）围岩力学本构模型（应力-应变关系）选用的正确性。

3）有限元网格的正确剖分和非线性计算的收敛情况。

4）围岩与支护结构稳定性判定标准的准确性。

数值分析方法除了有限元法以外，还有无限元法、边界元法以及有限元法与它们相互耦合的数值分析方法等，此外，还有半解析—半数值分析方法，这些方法各有优缺点，在工程实际中都得到了一定的应用。

5.3.3　特征曲线法

特征曲线法又称收敛—约束法。当隧道开挖后无支护时，围岩必然向洞内挤入而产生挤向隧道内的变形，变形称为收敛。若围岩强度高，整体性好，断面形状无特殊变异，则围岩变形到一定程度停止，隧道处于稳定状态，一些围岩类别高的无衬砌隧道属于这一情况。但是一般围岩如无支护，变形势必随时间而逐步增加，施加支护以后，由于支护的支顶作用而约束了围岩的变形，称之为约束。此时围岩与支护将共同承受围岩挤向隧道的变形压力，对围岩来说它承受支护的约束力，而对支护来说，又承受围岩给予的压力。当隧道的支护结构所提供的支护阻力与围岩的挤压力处于平衡状态时，隧道就呈稳定状态。从力学上分析，假设隧道开挖后，随即施作柔性支护（即让它能与围岩共同变形），如图5-18a所示。取围岩为脱离体分析，如图5-18b所示，显然围岩将向隧道内变形，但周边受有反力P_a。取支护为脱离体，如图5-18c所示，支护受有压力P_c。显然，围岩上所受的P_a与支护上所受的P_c为一对大小相等方向相反的力。对围岩来说，随着P_a的增大，则围岩所受的约束也越大，因而挤入变形u逐渐减小。

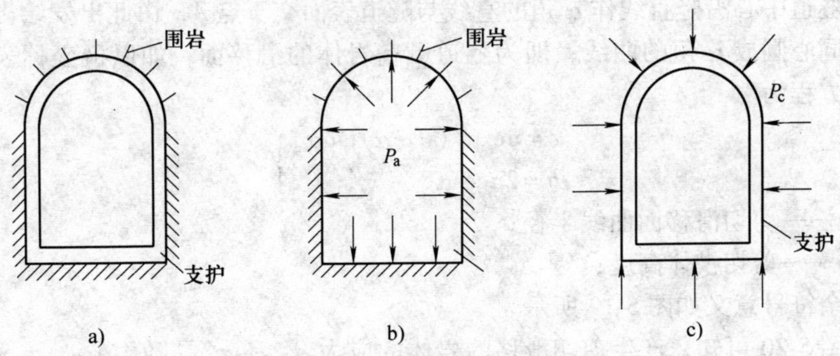

图5-18　支护与围岩相互作用

特征曲线法的基本原理是利用岩体特征曲线和支护结构特征曲线交会的方法来

决定支护体系的最佳平衡条件。

5.3.4 剪切滑移破坏法

20 世纪 60 年代，奥地利的腊布塞维奇教授首先提出了剪切滑移破坏理论，指出锚喷柔性支护破坏形态主要是剪切破坏而不是挠曲破坏，且在剪切破坏前没有出现挠曲开裂。如开挖的圆形坑道，在荷载（垂直荷载大于侧向荷载）作用下，于水平直径的两侧形成压应力集中而产生剪切滑移面，随着压应力的不断增加，剪切滑移面不断地向水平直径的上下方扩展。围岩由于受剪而松弛，产生应力释放，当围岩的应力较小、剪切滑移面不再继续扩展时，则在坑道水平直径两端形成两个剪切楔形滑移块体。在无支护情况下，两楔形滑移块体由于剪切而与围岩体分离，向坑道内移动，之后，上下部分围岩体由于楔形块体滑移而失去支撑力，产生挠曲破坏而坍塌。为了维持坑道的稳定必须施作锚喷柔性支护（采用锚杆、钢支撑、喷混凝土等组合支护），使其所提供的支护抗力与剪切楔形滑移块体的滑移力相平衡，如图 5-19 所示。

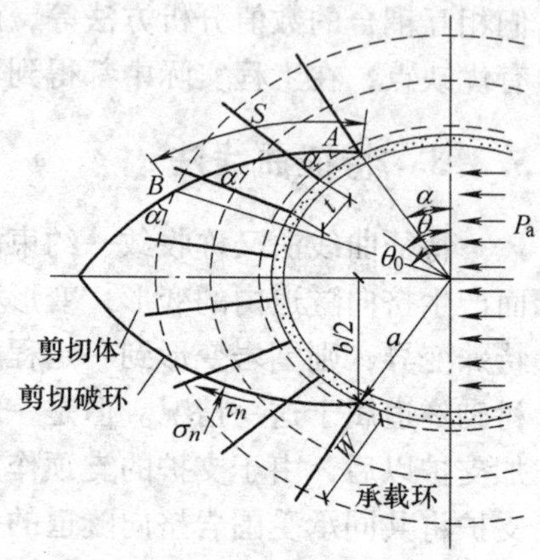

图 5-19 剪切滑移法计算图

岩体产生剪切滑移的条件是：在通过最大主应力 σ_1 和最小主应力 σ_3 两点的莫尔应力圆与莫尔滑动包络线相切时发生，这时作用于滑面上的正应力 σ_n 和剪应力 τ_n 分别等于切点 B 的坐标值。滑面与 σ_1 作用方向的夹角为 α。若莫尔滑动包络线为一直线，则 α 为一定值，等于 $\pi/4-\varphi/2$，（φ 为围岩的内摩擦角）。如图 5-19 所示，在隧道中心沿竖直线作 α 角的直线与隧道表面交于点 A，由此出发绘出与隧道内壁的同心圆成 α 角的曲线，即为隧道侧壁岩体的滑移面，如以极坐标表示，该曲线的方程为

$$\left.\begin{aligned} r &= a\exp[(\theta-\alpha)\tan\alpha] \\ b &= 2a\cos\alpha \end{aligned}\right\} \tag{5-57}$$

式中 r——剪切滑移面曲线半径；

b——剪切楔体高度；

其余符号意义如图 5-19 所示。

由图 5-20 可知，产生剪切滑移的岩体的应力 σ_n 和 τ_n 是随力 σ_1、σ_3 而变的，而 σ_1、σ_3 随图 5-19 的剪切滑面的位置而变。根据力的平衡，认为 σ_3 等于各支护结构所提供的支护阻力，为此，要确定其相应的支护阻力。

设沿喷层剪切面的抗剪阻力为 P_s，则

$$P_s = \frac{2\tau_s d_s}{b\sin\alpha_s} \tag{5-58}$$

式中 α_s、τ_s、d_s——喷层的剪切角、抗剪强度及厚度，通常令 $\tau_s = 0.43\sigma_c$，$\alpha_s = 30°$。

若将模筑二次混凝土衬砌考虑进去，则厚度 d_s 就应包括二次衬砌的厚度。钢筋网、钢拱支撑的支护阻力可根据同样的方法求出，即

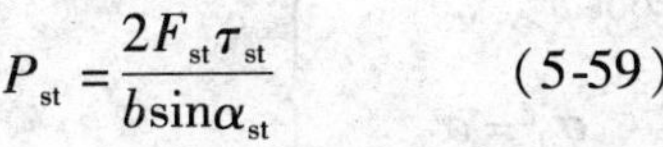

$$P_{st} = \frac{2F_{st}\tau_{st}}{b\sin\alpha_{st}} \tag{5-59}$$

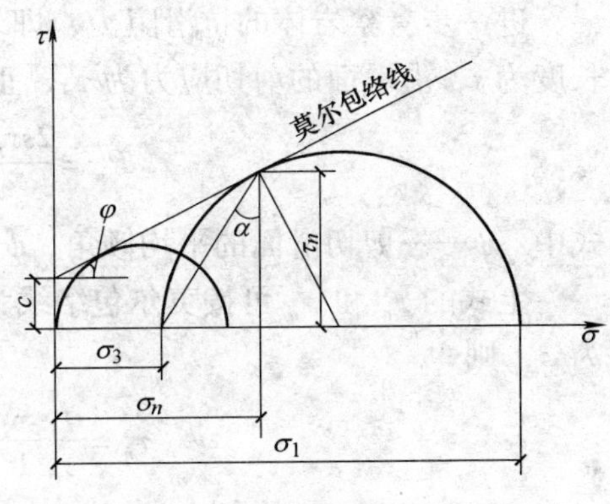

图5-20 莫尔包络线及应力圆

式中 α_{st}、τ_{st}、F_{st}——喷层内钢材的破坏剪切角、抗剪强度及每米隧道的钢材当量面积，α_{st}一般采用45°。

锚杆所提供的支护阻力 P_A 计算如下：

设锚杆间距为 e 和 t 则锚杆的平均径向支护阻力 q_A 为

$$q_A = \frac{F_A\sigma_A}{et} \tag{5-60}$$

式中 F_A——锚杆断面积；

σ_A——锚杆抗拉强度。

如若为砂浆锚杆，则可能沿孔壁粘结破坏，故用下式计算：

$$q_A = \frac{A}{et} \tag{5-61}$$

式中 A——锚杆的抗拔力。

设锚杆与水平方向的夹角为 β，则锚杆提供的水平方向的支护力 P_A 为

$$P_A b/2 = Vq_A\cos\beta$$

式中 V——剪切滑面在洞室壁面上的投影，$V = a(\theta_0 - \alpha)$；

β——锚杆与水平方向的夹角，$\beta = \pi/2 - \theta$；

θ——锚杆与竖直方向的夹角；

θ_0——承载环与剪切滑面相交处与中心连线和垂直轴的夹角。

故由式（5-60）、式（5-61）有

$$P_A = \frac{F_A\sigma_A}{et} \cdot \frac{1}{\cos\alpha}(\cos\alpha - \cos\theta_0) \tag{5-62}$$

或

$$P_A = \frac{A}{et} \cdot \frac{1}{\cos\alpha}(\cos\alpha - \cos\theta_0) \tag{5-63}$$

由此可知，支护结构联合支护时提供的支护阻力 P_a 为

$$P_a = P_s + P_{st} + P_A \tag{5-64}$$

进一步考察岩体的抗滑阻力，即岩体本身所提供的支护阻力 P_w。设剪切滑面长度为 s，沿滑面的剪切应力为 τ_n，正应力为 σ_n，则有

$$P_w = \frac{2s\tau_n\cos\psi}{b} - \frac{2s\sigma_n\sin\psi}{b} \tag{5-65}$$

式中 ψ——剪切滑面的平均倾角，$\psi = (\theta_0 - \alpha)/2$。

上式的 τ_n 和 σ_n 可按莫尔包络线为直线的假定求出，设粘结力为 c，内摩擦角为 φ，则

$$\left.\begin{aligned} \tau_n &= \frac{\sigma_1 - \sigma_3}{2}\cos\varphi \\ \sigma_n &= \frac{\sigma_1 + \sigma_3}{2} - \frac{\sigma_1 - \sigma_3}{2}\sin\varphi \end{aligned}\right\} \tag{5-66}$$

上式中 σ_1 和 σ_3 的关系为

$$\sigma_1 = \sigma_3 + 2(c + \sigma_3\tan\varphi)\frac{1+\sin\varphi}{\cos\varphi} \tag{5-67}$$

一般来说，式中的 σ_3 是由各种支护结构共同提供的，即 $\sigma_3 = P_s + P_{st} + P_A$。

于是由岩体和初次衬砌所提供的总支护阻力为

$$P_a = P_s + P_{st} + P_A + P_w \tag{5-68}$$

这个数值应满足不等式

$$P_a > \sigma_{rmin} \tag{5-69}$$

式中，σ_{rmin} 为岩体中开挖隧道后防止产生剪切滑移破坏所需的最小支护阻力，它通常由量测信息或前面所述的特征曲线法确定，在实际应用中，其值很难准确判断，这也限制了该方法的推广使用。

5.4 隧道洞口计算

隧道结构中除了要对其洞身衬砌进行强度验算外，也应对隧道两端的洞口进行验算。作用在隧道洞口上的力主要是土压力，因此洞口可视做挡土墙，按路基挡土墙相同的方法对隧道洞口进行计算。

作用于洞口端墙及挡（翼）墙墙背的主动土压力按库仑理论进行计算。无论墙背仰斜或直立，土压力的作用方向均假定为水平，墙体前部的被动土压力一般情况下不予考虑。具体土压力的计算参见有关书籍。

5.4.1 计算部位的选取及计算要点

洞口计算时应选取最不利位置（控制部位）进行，计算时通常将端墙及挡（翼）墙按1m 或0.5m 划分成条带。对于不同形式的洞口，其选取计算条带的位置

也不相同。

1. 柱式、端墙式洞口

这类洞口的端墙独立承受墙背土压力，因此，要求端墙自身应有足够的强度和整体稳定性。如图5-21所示，分别取Ⅰ、Ⅱ作为“验算条带”，验算墙身截面偏心和强度，以及基底偏心、应力及沿基底的滑动和绕墙趾倾覆的稳定性。

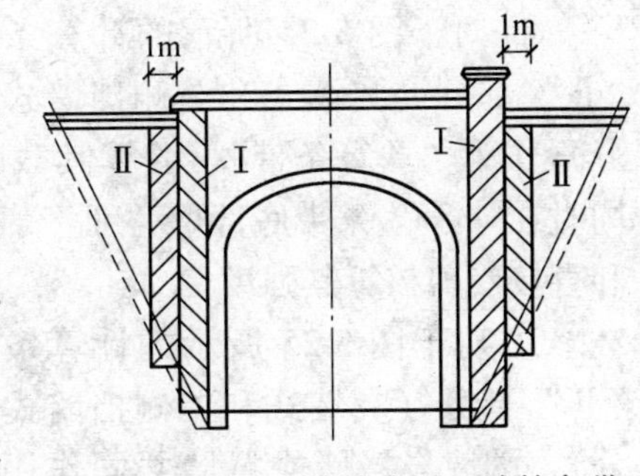

图5-21　柱式、端墙式洞口计算条带

2. 有挡、翼墙的洞口

这类洞门的端墙是在挡、翼墙的共同作用下承受墙背的土压力。端墙墙身截面应满足偏心和强度的要求，并应满足与挡、翼墙共同作用时的整体稳定性。

1）翼墙式洞口，计算条带如图5-22所示。

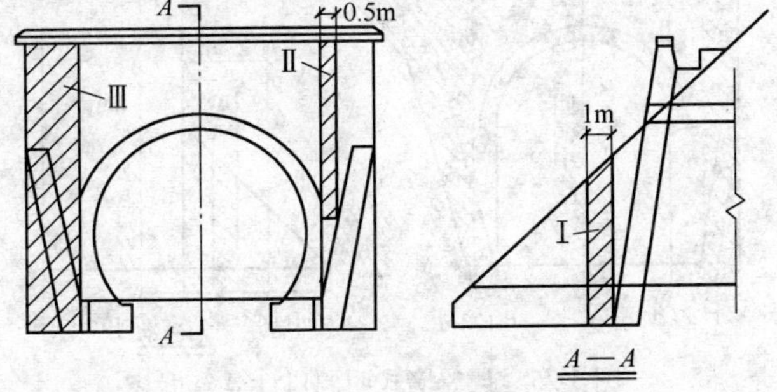

图5-22　翼墙式洞口计算条带

① 验算翼墙时取洞口端墙墙趾前的翼墙上宽1m的条带“Ⅰ”，按挡土墙验算偏心、强度及稳定性。

② 验算端墙时取最不利部分“Ⅱ”作为“验算条带”，验算其截面偏心和强度。

③ 验算端墙与翼墙共同作用部分“Ⅲ”的滑动稳定性。

2）偏压式洞口，计算条带如图5-23所示。

① 验算“Ⅰ”、“Ⅲ”部分中高者作为“验算条带”，验算其偏心、强度及稳定性。

② 取“Ⅱ”部分作为“验算条带”，验算截面偏心及强度。

③ 取“*abcde*”部分作为端墙与挡墙共同作

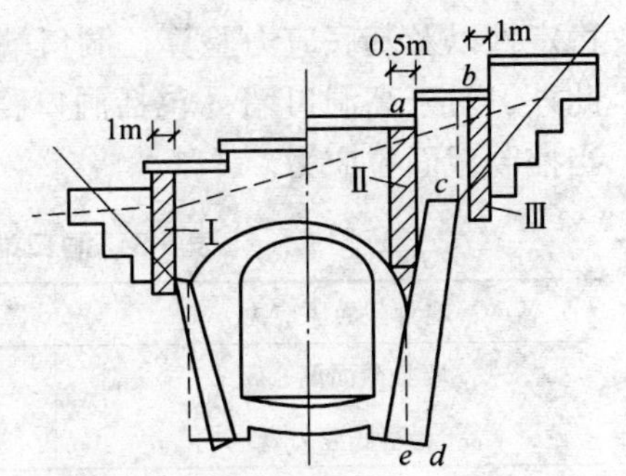

图5-23　翼墙偏压式洞口计算条带

用验算其稳定性。

3）翼墙式、挡翼墙式、单侧挡墙式明洞口。

① 对于图5-24所示的计算条带，取“Ⅰ”、“Ⅱ”部分（翼墙式和单侧挡墙式只取“Ⅰ”部分）作为“验算条带”，验算其截面偏心及强度；同时在“Ⅰ”条带底部取“Ⅲ”部分，按简支梁和直接受剪核算其强度。

② 对于图5-25所示的计算条带，取“Ⅰ”、“Ⅱ”部分（翼墙式和单侧挡墙式只取“Ⅰ”部分），端墙与挡墙或翼墙共同作用，验算其整体稳定性。

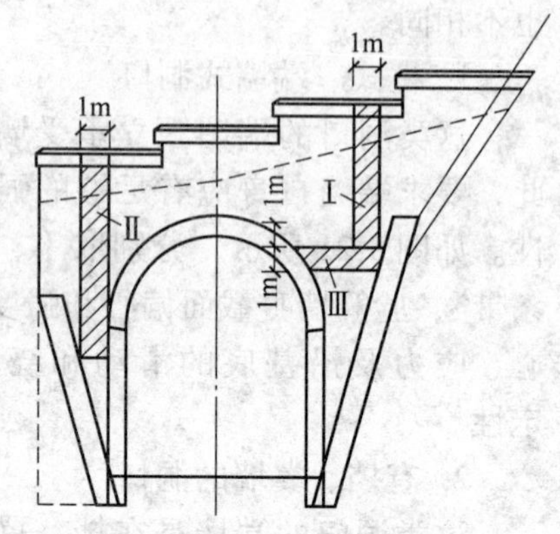

图5-24　挡翼墙式洞口计算条带

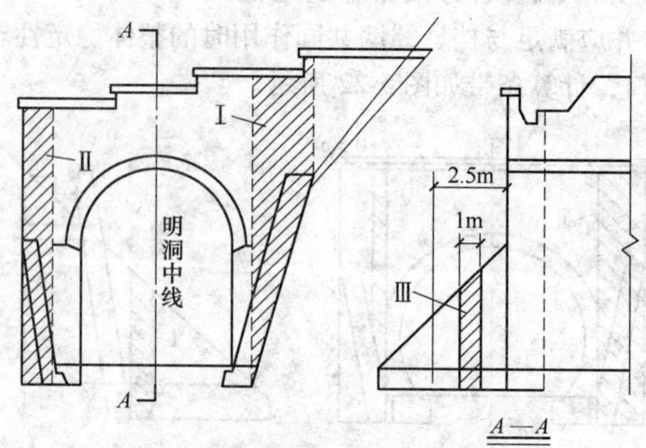

图5-25　挡翼墙式明洞口计算条带

③ 翼墙的计算，如图5-25所示，取“Ⅲ”部分（按2.5m墙长的平均高度作为计算高度），按挡土墙验算偏心、强度及稳定性。

5.4.2　洞口计算内容

洞口具体计算内容包括：墙身偏心及强度、绕墙趾的抗倾覆性、沿基底滑动的稳定性以及基底应力验算，洞口端墙及挡（翼）墙计算结果应满足表5-3的要求。此外，对于高洞口墙（包括洞口路堑高挡土墙），为避免拉应力过大，设计时应适当控制截面拉应力。

表5-3　洞口端墙及挡（翼）墙主要验算规定

墙身截面压应力 σ	≤允许应力
墙身截面偏心距 e	≤0.3倍截面厚度
基底应力 σ	≤地基允许承载力

（续）

墙身截面压应力 σ	≤允许应力
基底偏心距 e	岩石地基≤$B/4$，土质地基≤$B/6$（B 为墙底厚度）
滑动稳定系数 K_c	≥1.3
倾覆稳定系数 K_0	≥1.5

洞口计算参数应按现场试验资料采用。当缺乏试验资料时，可参照表 5-4 选取。

表 5-4 洞口计算参数

仰坡坡度	计算摩擦角 φ	重度 $\gamma/(\mathrm{kN\cdot m^{-3}})$	基底摩擦系数 f	基底控制压应力/MPa
1∶0.5	70°	25	0.6	0.8
1∶0.75	60°	24	0.5	0.6
1∶1.0	50°	20	0.4	0.4～0.35
1∶1.25	43°～45°	18	0.4	0.3～0.25
1∶1.5	38°～40°	17	0.35～0.4	0.25

1. 抗倾覆计算

$$K_0 = \frac{\sum M_y}{\sum M_0} \tag{5-70}$$

式中 K_0——倾覆稳定系数；

$\sum M_y$——全部的垂直力对墙趾的稳定力矩；

$\sum M_0$——全部的水平力对墙趾的倾覆力矩。

2. 抗滑动计算

（1）水平基底

$$K_c = \frac{\sum Nf}{\sum E} \tag{5-71}$$

（2）倾斜基底

$$K_c = \frac{(\sum N + \sum E\tan\alpha)f}{\sum E - \sum N\tan\alpha} \tag{5-72}$$

式中 K_c——滑动稳定系数；

$\sum N$——作用于基底上的垂直力之和；

$\sum E$——墙后主动土压力之和；

f——基底摩擦系数；

α——基底倾斜角。

3. 基底合力偏心距计算

（1）水平基底

$$e = \frac{B}{2} - c \tag{5-73}$$

（2）倾斜基底

$$e' = \frac{B'}{2} - c' \tag{5-74}$$

式中 e——水平基底偏心距；

e'——倾斜基底偏心距；

B——水平基底宽度；

B'——倾斜基底宽度；

$c = \dfrac{\sum M_y - \sum M_0}{\sum N}$；$c' = \dfrac{\sum M_y - \sum M_0}{\sum N'}$；$N' = \sum N\cos\alpha + \sum E\sin\alpha$。

其他符号意义同前。

4. 基底压应力

（1）水平基底

$$e \leqslant \frac{B}{6} \text{时}, \sigma_{\min}^{\max} = \frac{\sum N}{B}\left(1 \pm \frac{6e}{B}\right) \tag{5-75}$$

$$e > \frac{B}{6} \text{时}, \sigma_{\max} = \frac{2}{3} \cdot \frac{\sum N}{c} \tag{5-76}$$

（2）倾斜基底

$$e' \leqslant \frac{B'}{6} \text{时}, \sigma_{\min}^{\max} = \frac{\sum N'}{B'}\left(1 \pm \frac{6e'}{B'}\right) \tag{5-77}$$

$$e' \geqslant \frac{B'}{6} \text{时}, \sigma_{\max} = \frac{2}{3} \cdot \frac{\sum N'}{c'} \tag{5-78}$$

式中 $\sigma_{\max}$——基底最大压应力；

$\sigma_{\min}$——基底最小压应力。

其他符号意义同前。

5. 洞口墙身截面偏心强度

（1）偏心距

$$e_b = M/N \tag{5-79}$$

式中 M——计算截面以上各力对截面形心力矩的代数和；

N——作用于截面以上垂直力之和。

（2）应力

$$\sigma = \frac{N}{F} \pm \frac{M}{W} = \frac{N}{b}\left(1 \pm \frac{6e_b}{b}\right) \tag{5-80}$$

式中 F——截面面积；

W——截面抵抗矩；

b——截面宽度。

当截面应力出现负值时，除其绝对值应满足表5-3的要求外，尚应验算不考虑圬工承受 拉应力时，受压区应力重分布的最大压应力，其值不得大于允许值。

5.4.3 洞口端墙厚度的设计

当洞门正面基本尺寸拟定后，在端墙的控制部位一般截取1m的验算条带看做挡土墙。对验算条带进行截面偏心或基底偏心计算，以求得验算条带的厚度作为端墙的厚度，进而计算强度和稳定性，符合规范要求后，再结合工程类比确定端墙厚度。

验算条带厚度的具体做法有两种：一种是按截面偏心等于允许偏心控制设计，反求条带的厚度；另一种是先假定验算条带的厚度，用试算法计算其强度和偏心，使之符合规范的要求，最后根据验算结果确定验算条带的厚度。

5.4.4 洞口计算的概率极限状态法

铁路隧道设计规范规定隧道洞口除按破损阶段法进行验算外，还可采用极限状态法进行设计计算，以下简单加以介绍。

1. 洞门墙墙身抗压承载能力计算

$$\gamma_s N_k \leqslant 0.7\varphi A f_{ck}/\gamma_{Rc} \tag{5-81}$$

式中 γ_s——墙身抗压验算作用效应分项系数，取 $\gamma_s=1.10$；

N_k——截面轴向力标准值（MN）；

A——截面面积（m^2）；

φ——承载力影响系数，$\varphi=1/[1+12(e_0/t)^2]$；

e_0——验算截面偏心距（m）；

t——墙身厚度（m）；

f_{ck}——洞口墙墙身材料轴心抗压强度标准值，按有关规范选取；

γ_{Rc}——洞口墙墙身材料抗压强度分项系数，取 $\gamma_{Rc}=1.03$。

2. 洞口墙墙身抗裂承载能力计算

$$\gamma_s = \left[\frac{2G}{bt} - \frac{6}{bt^2}(Gd_g - \gamma_e e_k d_e)\right] \leqslant \frac{f_{tk}}{\gamma_{Rt}} \tag{5-82}$$

式中 γ_s——墙身抗裂验算作用效应分项系数，取 $\gamma_s=1.10$；

G——计算条带墙重（MN）；

b、t——计算条带宽度及验算截面厚度（m）；

d_g——重力作用线至验算截面前缘的距离（m）；

e_k——土压力的标准值（MN）；

γ_e——土压力的分项系数，按表5-5选取；

d_e——土压力作用线至墙趾的距离（m）；

f_{tk}——洞口墙材料抗拉强度标准值，按有关规范选取；

γ_{Rt}——洞口墙材料抗拉强度分项系数，取 $\gamma_{Rt}=0.7$；

其余符号意义同前。

表5-5　计算单线隧道及明洞洞口的土压力分项系数表

土压力分项系数	抗压极限状态		抗裂极限状态	稳定性极限状态	
	墙身抗压	地基承载力	墙身抗裂	基底抗倾覆	基底抗滑力
γ_e	2.56	1.30	1.21	1.52	1.07

3. 洞口墙的地基承载能力计算

$$\gamma_s\left(\frac{G}{A}+\frac{Gd_g-\gamma_e e_k d_e}{W}\right)\leqslant\frac{p_k}{\gamma_p} \tag{5-83}$$

式中　γ_s——地基承载能力验算作用效应分项系数，取 $\gamma_s=1.01$；

p_k——地基承载能力标准值，按地基实际承载力确定或按有关规范选取；

γ_p——地基承载力分项系数，取 $\gamma_p=1.12$；

W——基础底面的截面抵抗矩（m^3）；

其余符号意义同前。

4. 抗倾覆计算

$$\gamma_e e_k d_e\leqslant Gd_g/\gamma_g \tag{5-84}$$

式中　γ_g——洞口材料重度分项系数，$\gamma_g=1.0$；

其余符号意义同前。

5. 抗滑动计算

$$\gamma_e e_k\leqslant f_k G/\gamma_f \tag{5-85}$$

式中　γ_f——洞口材料重度分项系数，取 $\gamma_f=1.04$。

f_k——地基摩擦系数标准值，可按表5-4采用；

其余符号意义同前。

5.5 隧道抗震计算

5.5.1 概述

地震发生时，建筑物受到惯性力的作用，由地震引起的惯性力称为地震作用。

建筑物在地震作用下可能会遭到破坏，因此在地震区隧道应该进行抗震计算。与地面结构相比，隧道与地下结构在地震作用下的变形受周围岩土体的约束作用明显，使得隧道结构较地面结构有着更好的抗震性能，因此长期以来，隧道与地下结构的抗震设计与计算一直不受重视，其设计计算理论也基本沿用了地面结构的抗震设计方法。随着隧道与地下结构在地震中破坏的工程实例的增多，隧道与地下结构的抗震设计才逐渐形成了本身独立的体系。

隧道抗震设计与计算最早采用的是日本大森房吉教授提出的静力理论，假定地震时，结构各部分都有一个与地震加速度大小相同的加速度，作用于隧道结构上的水平地震力等于结构自重乘以某一地震系数，所以又称地震系数法。地震系数法简单 方便，且经受过一般地震的考验，至今仍有许多国家的抗震设计规范采用这种方法，我国隧道与地下工程的抗震设计也一直沿用该法。20 世纪 60 年代以来，隧道与地下结构抗震设计方法得到了长足的发展，许多新的计算理论与方法相继出现，归纳起来主要有两种：一种是以求解波动方程为基础的波动法，另一种是以求解结构运动方程为基础的相互作用法。随着有限元法的发展应用，以有限元法为代表的二维与三维动力数值分析方法已逐渐得到应用和推广。由于篇幅所限，以下仅介绍规范采用的地震系数法，其他方法参见有关文献。

5.5.2 隧道抗震设计有关规定

隧道的洞口、浅埋和偏压地段受地震的作用明显，应为抗震设防地段，其衬砌结构应予以加强。隧道设计规范对铁路和公路隧道的抗震强度和稳定性验算规定分别见表 5-6 和表 5-7。

表 5-6 铁路隧道抗震验算范围

<table>
<tr><td colspan="3">铁 路 等 级</td><td colspan="3">Ⅰ、Ⅱ、Ⅲ级铁路及Ⅰ级工业企业铁路</td><td colspan="2">Ⅱ、Ⅲ级工业企业铁路</td></tr>
<tr><td colspan="3">设计烈度</td><td>7</td><td>8</td><td>9</td><td>7</td><td>8</td></tr>
<tr><td rowspan="6">工程项目</td><td colspan="2">洞门墙及洞口挡土墙</td><td>不验算</td><td>验算</td><td>验算</td><td>不验算</td><td>验算</td></tr>
<tr><td rowspan="3">洞口、浅埋和偏压地段的隧道衬砌</td><td>单线Ⅵ～Ⅳ级围岩</td><td>不验算</td><td>验算</td><td>验算</td><td>不验算</td><td>验算</td></tr>
<tr><td>双线Ⅵ、Ⅴ级围岩</td><td>验算</td><td>验算</td><td>验算</td><td>验算</td><td>验算</td></tr>
<tr><td>双线Ⅳ、Ⅲ级围岩</td><td>不验算</td><td>验算</td><td>验算</td><td>不验算</td><td>验算</td></tr>
<tr><td rowspan="2">明（棚）洞</td><td>单线</td><td>不验算</td><td>验算</td><td>验算</td><td>不验算</td><td>验算</td></tr>
<tr><td>双线</td><td>验算</td><td>验算</td><td>验算</td><td>验算</td><td>验算</td></tr>
</table>

表 5-7 公路隧道抗震验算范围

<table>
<tr><td colspan="3">公 路 等 级</td><td colspan="2">高速公路及一、二级公路</td><td colspan="2">三、四级公路</td></tr>
<tr><td colspan="3">设计烈度</td><td>7</td><td>8，9</td><td>7</td><td>8，9</td></tr>
<tr><td rowspan="6">工程项目</td><td colspan="2">洞门墙及洞口挡土墙</td><td>不验算</td><td>验算</td><td>不验算</td><td>验算</td></tr>
<tr><td rowspan="3">洞口、浅埋和偏压地段的隧道衬砌</td><td>单车道Ⅰ~Ⅲ类围岩</td><td>—</td><td>—</td><td>不验算</td><td>验算</td></tr>
<tr><td>双车道Ⅰ、Ⅱ类围岩</td><td>验算</td><td>验算</td><td>验算</td><td>验算</td></tr>
<tr><td>双车道Ⅲ、Ⅳ类围岩</td><td>不验算</td><td>验算</td><td>不验算</td><td>验算</td></tr>
<tr><td rowspan="2">明洞</td><td>单车道</td><td>—</td><td>—</td><td>不验算</td><td>验算</td></tr>
<tr><td>双车道</td><td>验算</td><td>验算</td><td>验算</td><td>验算</td></tr>
</table>

验算隧道和明洞的结构抗震强度和稳定性时，地震荷载只与恒载和活载组合，按破损阶段法计算，且其安全系数应符合表 5-8 的规定。

表 5-8 抗震计算结构强度安全系数

受力特征	钢筋混凝土	混凝土	石砌体
混凝土或石砌体达到抗压强度	—	1.8	2.0
混凝土达到抗拉强度	—	2.5	—
钢筋达到计算强度或混凝土达到抗压或抗剪强度	1.5	—	—
混凝土达到抗拉强度（主拉应力）	1.8	—	—

有关洞门端墙、洞口挡土墙及翼墙、明洞边墙的稳定性系数，参看挡土墙的抗震强度和稳定性验算的规定。

5.5.3 地震系数法

在进行隧道抗震验算时，通常只计算水平地震力的作用，并考虑两种情况：①水平地震力的方向横交隧道纵轴，隧道洞口、浅埋、偏压地段和明洞应考虑此种地震力的作用，并以不利于结构受力为原则选取地震力的作用方向；② 水平地震力的方向沿隧道纵轴，仅在隧道洞门及洞口一个环节衬砌考虑此种地震力的作用。

1. 地震力的计算

（1）横向水平地震力　隧道衬砌和明洞上任一计算质点的横向水平地震力，按下式进行计算。

$$F_{ihE} = \eta_c K_h m_i g \tag{5-86}$$

式中 F_{ihE}——水平地震力（kN）；

η_c——综合影响系数，岩石地基的明洞采用 0.2，其他采用 0.25；

K_h——水平地震系数，按表 5-9 选用；

m_i——计算质点的建筑物质量或计算土柱质量（t）；

g——重力加速度（m/s^2）。

表5-9　水平地震系数表

设计烈度/度	7	8	9
水平地震系数 K_h	0.1	0.2	0.4

（2）纵向水平地震力　取洞口一个环节衬砌进行计算，在衬砌任一截面内的弯矩可采用图5-26b、c所确定的弯矩之和。

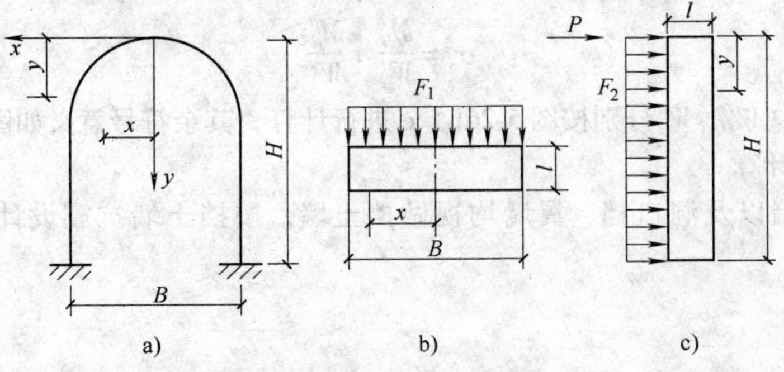

图5-26　纵向水平地震力作用下隧道洞口环节计算图

水平梁两端固定，跨长等于衬砌的跨度，全长负有均布的地震荷载 F_1。

$$F_1 = \eta_c K_h m_i g l \tag{5-87}$$

式中　m_i——计算土柱质量（t）；

l——洞口一个环节衬砌长度（m）；

其他符号意义同前。

竖向梁一端固定，梁跨长等于衬砌的高度，承受相当于半个跨度衬砌地震力所产生的均布地震荷载 F_2，而在自由端承受一集中力 P。

$$\left.\begin{aligned} F_2 &= \eta_c K_h m_i g l / H \\ P &= \frac{1}{2} F_1 B \end{aligned}\right\} \tag{5-88}$$

式中　m_i——衬砌质量的一半（t）；

B——衬砌宽度（m）；

H——衬砌高度（m）；

其他符号意义同前。

2. 衬砌内力计算

在横向水平地震力作用下隧道衬砌内力的计算采用结构矩阵分析方法，可按本章第2节中有关方法进行。计算时，只需将地震荷载转换为各节点荷载并计入荷载列阵进行计算即可。

洞口环节在纵向地震力作用下的内力计算如下，计算图如图 5-26 所示。

衬砌任一截面内的弯矩按图 5-26b 计算可得

$$M'_i = \frac{1}{2}F_1 B^2\left(\frac{1}{12} - \frac{x^2}{B^2}\right) \tag{5-89}$$

按图 5-26c 计算可得

$$M''_i = -\left(\frac{1}{2}F_2 y^2 + Py\right) \tag{5-90}$$

在衬砌任一截面中，由于地震力产生的最大应力为

$$\sigma_i = \frac{M'_i}{W'_i} + \frac{M''_i}{W''_i} \tag{5-91}$$

以上式中 W'_i、W''_i分别按图 5-26b、c 进行计算，其余符号意义如图 5-26 所示。

3. 洞口计算

洞口端墙以及洞口挡、翼墙均视做挡土墙，按挡土墙抗震设计的有关规定进行。

第6章　隧道施工

6.1　概述

6.1.1　隧道工程特点

隧道施工是指修建隧道及地下洞室的施工方法、施工技术和施工管理的总称。

隧道施工过程通常包括：在地层中挖出土石，形成符合设计轮廓尺寸的坑道；进行必要的初期支护和砌筑最后的永久衬砌，以控制坑道围岩变形，保证隧道长期的安全使用。

隧道施工技术主要研究解决各种隧道施工方法所需的技术方案和措施（如开挖、掘进、支护和衬砌）；隧道穿越特殊地质地段时（如膨胀土、黄土、溶洞、塌方、流沙、高地温、岩爆、瓦斯地层等）的施工手段；隧道施工过程中的通风、防尘、防有害气体及照明、风水电作业的方式方法和对围岩变化的量测监控方法。

隧道施工管理主要解决施工组织设计（如施工方案的选择、施工技术措施、场地布置、进度控制、材料供应、劳动力及机具安排等）和施工中的技术管理、计划管理、质量管理、经济管理、安全管理等问题。

在进行隧道施工时，必须充分考虑隧道工程的特点，才能在保证隧道安全的条件下，快速、优质、低价地建成隧道建筑物。隧道工程的特点可归纳如下：

1）整个工程埋设于地下，因此工程地质和水文地质条件对隧道施工的成败起着重要的、甚至是决定性的作用。如修建穿越阿尔卑斯山的圣哥达隧道时，由于遇到事先未料到的高温（41℃）和涌水（660L/min），给施工带来很多困难，最后延期两年才完成。因此，不仅要在勘测阶段做好详细的地质调查和勘探，尽可能准确地掌握隧道工程范围内的岩层性质、岩体强度、完整程度、地应力场、自稳能力、地下水状态、有害气体和地温状况等资料，还要根据这些原始材料，初步选定合适的施工方法，确定相应的施工措施和配套的施工机具。由于地质条件的复杂性和勘探手段的局限性，在施工中出现前所未料的情况仍不可避免。因此，在长大隧道的施工中，还应采取试验导坑、水平超前钻孔、声波探测、导坑领先等技术措施，进一步查清掘进前方的地质条件，及时掌握变化的情况，以便尽快地修改施工方案和技术措施。

2）隧道是一个形状扁平的狭长建筑物，正常情况下只有进、出口两个工作面，相对于桥梁、路基及路面工程来说，隧道的施工速度比较慢，工期也比较长，一些长大隧道往往成为控制新建公路通车的关键工程。为此，需要附加开挖竖井、斜井、横洞等辅助工程来增加工作面，加快隧道施工速度。此外，隧道断面较小，工作场地狭长，一些施工工序只能顺序作业，而另一些工序又可以沿隧道纵向展开，平行作业。因此，要求施工中加强管理、合理组织，避免相互干扰。洞内设备、管线路布置应周密考虑，妥善安排。隧道施工机械应当结构紧凑，坚固耐用。

3）地下施工环境较差，甚至在施工中还可能进一步恶化，如爆破产生有害气体等。必须采取有效措施加以改善，如人工通风、照明、防尘、消声、隔声、排水等，使施工场地符合卫生条件，并有足够的照度，以保证施工人员的身体健康，提高劳动生产率。

4）隧道大多穿越崇山峻岭，因此施工工地一般都位于偏远的深山狭谷之中，往往远离既有交通线，运输不便，供应困难，这些也是规划隧道工程时应当考虑的问题之一。

5）隧道埋设于地下，一旦建成就难以更改，所以除了事先必须审慎规划和设计外，施工中还要做到不留后患。

6）施工可以不受或少受昼夜更替、季节变换、气候变化等自然条件改变的影响，可以全日终年、稳定地安排施工。

6.1.2 隧道施工方法及其选择

世界各国的隧道工作者在实践中创造出能够适应各种围岩的多种隧道施工方法。根据隧道穿越地层的不同情况和目前隧道施工方法的发展，隧道施工方法可按以下方式分类：

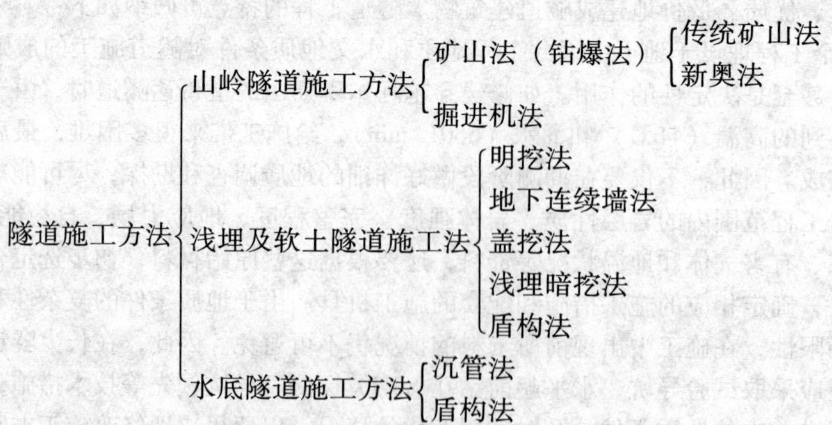

矿山法因最早应用于矿石开采而得名，它包括传统矿山法和新奥法。由于在这种方法中，多数情况下都需要采用钻眼爆破进行开挖，故又称为钻爆法。有时候为

了强调新奥法与传统矿山法的区别，而将新奥法从矿山法中分出另立系统。

浅埋暗挖法沿用新奥法的基本原理，创建信息化量测反馈设计和施工的新理念。采用先柔后刚复合式衬砌新型支护结构体系，初期支护按承担全部基本荷载设计，二次模筑衬砌作为安全储备，初期支护和二次衬砌共同承担特殊荷载。施工过程中应用监控量测、信息反馈和优化设计，实现不塌方、少沉降、安全生产与施工。浅埋暗挖法大多应用于第四纪软弱地层中的地下工程，由于围岩自身承载能力很差，为避免对地面建筑物和地中构筑物造成破坏，需要严格控制地面沉降量。因此，要求初期支护刚度大，支护及时。

掘进机法包括隧道掘进机法和盾构掘进机法。前者应用于岩石地层；后者则主要应用于土质围岩，尤其适用于软土、流砂、淤泥等特殊地层。

沉管法等其他方法则是用来修建水底隧道、地下铁道、城市市政隧道等，以及埋深很浅的山岭隧道。

选择施工方案时，要考虑的因素有如下几方面：

1）工程的重要性。一般由工程的规模、使用的特殊要求，以及工期的缓急程度决定。

2）隧道所处的工程地质和水文地质条件。

3）施工技术条件和机械装备状况。

4）施工中动力和原材料供应情况。

5）工程投资与运营后的社会效益和经济效益。

6）施工安全状况。

7）有关污染、地面沉降等环境方面的要求和限制。

隧道施工和工程实践有密切联系，因此应理论与生产实践紧密结合。由于地质勘探的局限性和地质条件的复杂性及多变性，隧道施工过程中经常会遇到突然变化的地质条件、意外情况，原制定的施工方案、施工技术措施和施工进度计划等也必须随之变更。因此，必须结合工程实践经验，综合运用相关知识，正确处理隧道施工中遇到的各种实际问题。

隧道施工方法的选择是一项“模糊”的决策过程，它依赖于有关人员的学识、经验、毅力和创新精神。对于重要工程则需汇集专家们的意见，广泛论证。必要时应当开挖试验洞对理论方案进行实践验证。

从目前我国隧道发展趋势来看，在今后很长一段时间内，仍以采用新奥法为主，这也符合世界潮流。所以，本书将着重论述新奥法施工中的有关问题，而概略地介绍其他的施工方法。

6.1.3 隧道施工的基本理念

隧道施工的基本理念，归纳起来是四句话：“爱护围岩”、“内实外美”、“重视环境”和“动态施工”。

“爱护围岩”有两层含义：一层含义是不损伤或少损伤遗留围岩的固有支护能力，可以通过采用机械开挖技术和控制爆破技术予以解决；另一层含义是通过各种手段和方法，如采用支护技术、加固或预加固技术以及各种辅助施工技术增强围岩的自支护能力等，这些技术形成了隧道施工的核心技术。

所谓“内实外美”，关键是内实，而内实的关键是要做到“四密实”，即混凝土密实、喷混凝土密实、喷混凝土与围岩密实、二次衬砌与初期支护密实。

“重视环境”也有两层含义：一层含义是指内部环境，即施工作业环境；另一层是外部环境，即对周边环境的影响。重视环境是时代的要求，许多环境技术都因时代的变迁而得到发展，许多基准都是因环境的要求而制定的。

“动态施工”是指：隧道施工过程中的地质条件是不断变化的，其力学状态也是不断变化的，因此，施工过程不可能是一成不变的。施工过程中采用的各种施工方法和技术都是为了适应这种“状态”变化，根据暴露出来的围岩状态采取对策，是隧道施工的基本原则。因此，隧道施工的各种决策都要在施工阶段的地质技术、施工阶段的量测技术和施工阶段的质量控制技术的基础上进行管理。

6.2 新奥法施工方法

新奥法——新奥地利隧道施工法（New Austria Tunneling Method，NATM），是以控制爆破为主要掘进手段，以喷射混凝土和锚杆为主要支护措施，通过监测控制围岩的变形，动态修正设计参数和变动施工方法的一种隧道施工方法，其核心内容是充分发挥围岩的自承能力。它是在喷锚支护技术的基础上总结和发展起来的。

新奥法是在锚喷支护技术的基础上由奥地利隧道工程师腊布塞维奇首先提出的，并于1954～1955年首次应用于奥地利普鲁茨－依姆斯特电站的压力输水隧洞工程中。以后，经瑞典、意大利以及其他国家同行们的理论研究和实践，于1963年在奥地利的萨尔茨堡召开的第八次土力学会议上正式命名为新奥法，并取得专利权。之后，在西欧、北欧、美国和日本等许多地下工程中得到了极为迅速的发展。

奥地利隧道学会认为，新奥法是以在围岩中形成一个封闭岩石支撑环为主要目的隧道施工方法。奥地利的泰勒教授认为：所谓新奥法不是单纯的开挖、支护的方法和顺序，而是按照实际观察到的围岩动态的各项指标来指导开挖隧道的方法。有人把新奥法的施工原则归纳为：充分保护，并利用围岩的承载能力；其施工要点为控制爆破、锚喷支护和施工监测；其实施方法为设计、施工和监测三位一体的动态模式。

新奥法的概念，我国是在20世纪70年代末开始了解和接受的。从20世纪80年代开始，在一些隧道设计中贯彻了新奥法基本原理，采用了信息设计方法，如铁路大瑶山隧道、南岭隧道、枫林隧道、岭前隧道、军都山隧道等。1988年颁布了

《铁路隧道新奥法指南》、《喷锚技术法规则 》、《复合衬砌标准设计》 等作业标准。随着新奥法基本原理在铁路隧道工程实践中的应用，开挖方法、辅助工法、锚喷技术和现场监测技术等的不断完善和提高，逐步形成了具有中国特色的浅埋暗挖法（“管超前、严注浆、短开挖、强支护、快封闭、勤量测” 十八字诀）和复合式衬砌等隧道施工技术，大大丰富和发展了新奥法原理。

6.2.1 新奥法施工程序及基本原则

1. 新奥法施工程序

隧道施工过程通常包括在地层中挖出土石，形成符合设计轮廓尺寸的坑道；进行必要的初期支护和修筑最后的永久衬砌，称为隧道施工的基本作业。同时为保证隧道良好的施工环境，洞内的排水、通风除尘、照明、供水、供电等辅助作业也是必不可少的。新奥法的施工流程如图 6-1 所示，隧道施工过程中包含的主要作业如图 6-2 所示。

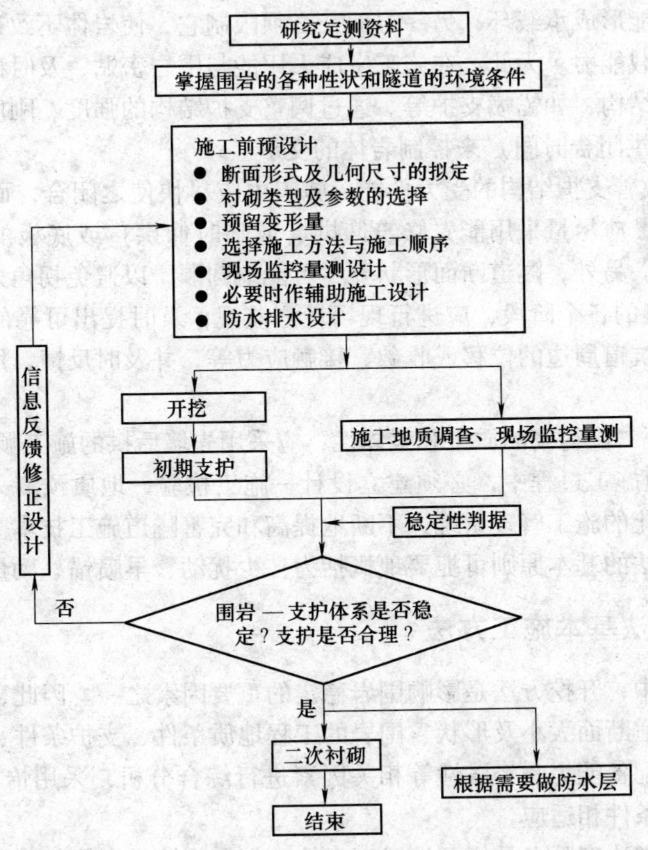

图 6-1 新奥法施工流程

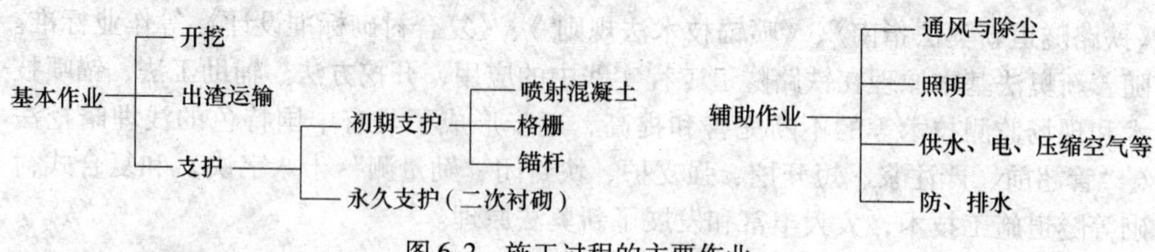

图 6-2 施工过程的主要作业

2. 隧道施工应遵循的基本原则

新奥法强调施工中要充分发挥围岩的自承能力，因此，在施工中围绕这一核心问题，必须遵循以下原则：

1）因为岩体是隧道结构体系中的主要承载单元，所以在施工中必须充分保护岩体，尽量减少对它的扰动，避免过度破坏岩体的强度。为此，施工中断面分块不宜过多，开挖应当采用光面爆破、预裂爆破或机械掘进。

2）为了充分发挥岩体的承载能力，应允许并控制岩体的变形。一方面允许变形，使围岩中能形成承载环；另一方面又必须限制它，使岩体不致过度松弛而丧失或大大降低承载能力。为此，在施工中应采用能与围岩密贴、及时砌筑又能随时加强的柔性支护结构，如锚喷支护等。通过调整支护结构的强度、刚度和参与工作的时间（包括底拱闭合时间）来控制岩体的变形。

3）为了改善支护结构的受力性能，施工中应尽快使之闭合，而成为封闭的筒形结构。为此，应尽量采用能先修筑仰拱（或临时仰拱）或底板的施工方法，使断面及早封闭。另外，隧道断面形状要尽可能地圆顺，以避免拐角处的应力集中。

4）在施工的各个阶段，应进行现场量测监视，及时提出可靠的、数量足够的量测信息，如坑道周边的位移或收敛、接触应力等，并及时反馈，用来指导施工和修改设计。

5）为保证二次衬砌的质量和整体性，应采用先墙后拱的施工顺序。

6）在隧道施工过程中，必须建立设计—施工检验—地质预测—量测反馈—修正设计的一体化的施工管理系统，不断地提高和完善隧道施工技术。

上述新奥法的基本原则可扼要地概括为：少扰动、早喷锚、勤量测、紧封闭。

6.2.2 新奥法基本施工方法

隧道施工中，开挖方法是影响围岩稳定的重要因素之一。因此，在选择开挖方法时，应对隧道断面大小及形状、围岩的工程地质条件、支护条件、工期要求、工区长度、机械配备能力和经济性等相关因素进行综合分析，采用恰当的开挖方法，尤其应与支护条件相适应。

隧道开挖方法实际上是指开挖成型方法。新奥法施工，按其开挖断面的大小及位置，基本上又可分为：全断面法、台阶法、分部开挖法三大类及若干变化方案。

1. 全断面法

按照隧道设计轮廓线一次爆破成型的施工方法叫做全断面法。它的施工顺序是:

1）用钻孔台车钻眼，然后装药、连接导火线。

2）退出钻孔台车，引爆炸药，开挖出整个隧道断面。

3）排除危石，安设拱部锚杆和喷第一层混凝土。

4）用装渣机将石渣装入出渣车，运出洞外。

5）安设边墙锚杆和喷混凝土。

6）必要时可喷拱部第二层混凝土和隧道底部混凝土。

7）开始下一轮循环。

8）在初期支护变形稳定后，或按施工组织中规定日期灌注内层衬砌。

全断面法适用于Ⅰ～Ⅲ级岩质较完整的硬岩中。必须具备大型施工机械。隧道长度或施工区段长度不宜太短，否则采用大型机械化施工的经济性差。根据经验，这个长度不应小于1km。

根据围岩稳定程度亦可以不设锚杆或设短锚杆，也可先出渣，然后再施作初期支护，但一般仍先施作拱部初期支护，以防止应力集中而造成的围岩松动剥落。

全断面法的优点是：工序少，相互干扰少，便于组织施工和管理；工作空间大，便于组织大型机械化施工，因此，施工进度快，目前，我国公路隧道一般都能保持月进成洞平均150m左右，高者已接近300m/月。

采用全断面法应注意下列问题：摸清开挖面前方的地质情况，随时准备好应急措施（包括改变施工方法等），以确保施工安全；各种施工机械设备务求配套，以充分发挥机械设备的效率；加强各项辅助作业，尤其加强施工通风，保证工作面有足够的新鲜空气；加强对施工人员的技术培训，实践证明施工人员对新奥法基本原理的了解程度和技术熟练状况，直接关系到施工的效果。

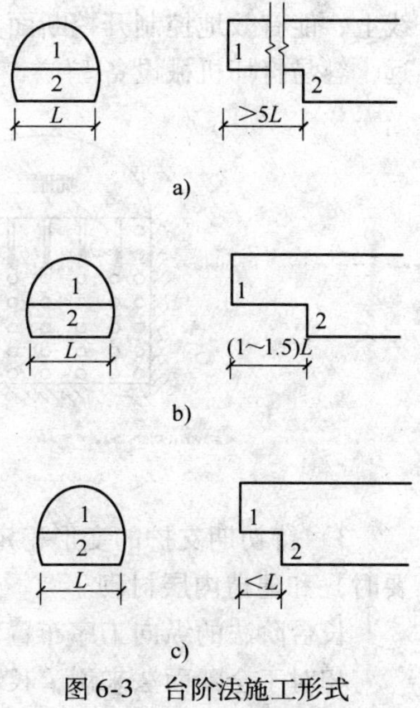

图6-3 台阶法施工形式

a）长台阶法 b）短台阶法 c）超短台阶法

2. 台阶法

台阶法中包括长台阶法、短台阶法和超短台阶法三种，其划分一般是根据台阶长度来决定的，如图6-3所示。至于施工中究竟应采用何种台阶法，要根据以下两个条件来决定：初期支护形成闭合断面的时间要求，围岩越差，闭合时间要求越短；上断面施工所用的开挖、支护、出渣等机械设备对施工场地大小的要求。

在软弱围岩中应以前一条件为主，兼顾后者，确保施工安全。在围岩条件较好时，主要考虑如何更好地发挥机械效率，保证施工的经济性，故只要考虑后一条件。现将各种台阶法叙述如下：

（1）长台阶法　将断面分成上半断面和下半断面两部分进行开挖，上、下半断面相距较远，上台阶超前 50m 以上或大于 5 倍洞跨。施工时上下都可配属同类机械进行平行作业，当机械不足时也可用一套机械设备交替作业，即在上半断面开挖一个进尺，然后再在下半断面开挖一个进尺。当隧道长度较短时，亦可先将上半断面全部挖通后，再进行下半断面施工，即为半断面法。

长台阶法的作业顺序为：

1）对于上半断面。用钻孔台车钻眼、装药爆破，地层较软时也可用挖掘机开挖。安设锚杆和钢筋网，必要时加设钢支撑、喷射混凝土。用推铲机将石渣推运到台阶下，再由装载机装入车内运至洞外。根据支护结构形成闭合断面的时间要求，必要时在开挖上半断面后，可建筑临时底拱，形成上半断面的临时闭合结构，然后在开挖下半断面时再将临时底拱挖掉。但从经济观点来看，最好不这样做，而改用短台阶法。

2）对于下半断面。用钻孔台车钻眼、装药爆破。装渣直接运至洞外。安设边墙锚杆（必要时）和喷混凝土。用反铲挖掘机开挖水沟。喷底部混凝土。开挖下半断面时，其炮眼布置方式有两种：平行隧道轴线的水平眼；由上台阶向下钻进的竖直眼，又称为插眼，如图 6-4 所示。前一种方式的炮眼主要布置在设计断面轮廓线上，能有效地控制开挖断面。后一种方式的爆破效果较好，但爆破时石渣飞出较远，容易打坏机械设备。

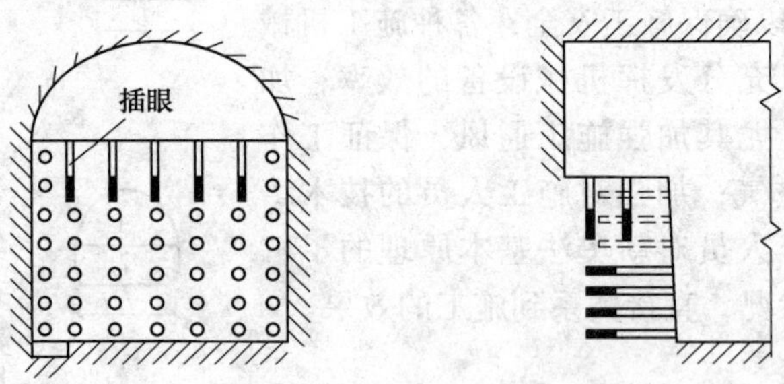

图 6-4　插眼示意图

3）待初期支护的变形稳定后，或根据施工组织所规定的日期敷设防水层（必要时）和建造内层衬砌。

长台阶法的纵向工序布置和机械配置如图 6-5 所示。

相对于全断面法来说，长台阶法一次开挖的断面和高度都比较小，只需配备中型钻孔台车即可施工，而且对维持开挖面的稳定也十分有利。所以它的适用范围较全断面法广泛，凡是在全断面法中开挖面不能自稳，但围岩坚硬不用底拱封闭断面的情况，都可采用长台阶法。

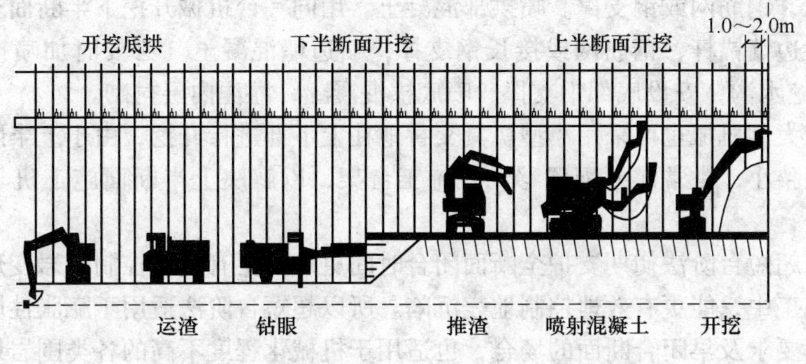

图6-5 长台阶法的纵向工序布置和机械配置

(2) 短台阶法　这种方法也是分成上下两个半断面进行开挖，只是两个半断面相距较近，一般上台阶长度小于5倍但大于1倍洞跨，上下半断面采用平行作业。

短台阶法的作业顺序和长台阶法相同。

由于短台阶法可缩短支护结构闭合的时间，改善初期支护的受力条件，有利于控制隧道收敛速度和量值，所以适用范围很广，Ⅰ~Ⅴ级围岩都能采用，尤其适用于Ⅳ、Ⅴ级围岩，是新奥法施工中主要采用的方法之一。

短台阶法的缺点是上台阶出渣时对下半断面施工的干扰较大，不能全部平行作业。为解决干扰，可采用长皮带机运输上台阶的石渣；或设置由上半断面过渡到下半断面的坡道，将上台阶的石渣直接装车运出。过渡坡道的位置可设在中间，亦可交替地设在两侧。过渡坡道法在断面较大的三车道隧道中尤为适用。

采用短台阶法时应注意下列问题：初期支护全断面闭合要在距开挖面30m以内，或距开挖上半断面开始的30d内完成。初期支护变形、下沉显著时，要提前闭合，要研究在保证施工机械正常工作的前提下台阶的最小长度。

(3) 超短台阶法　这种方法也是分成上下两部分，但上台阶仅超前3~5m，只能采用交替作业。

超短台阶法施工作业顺序如图6-6所示。

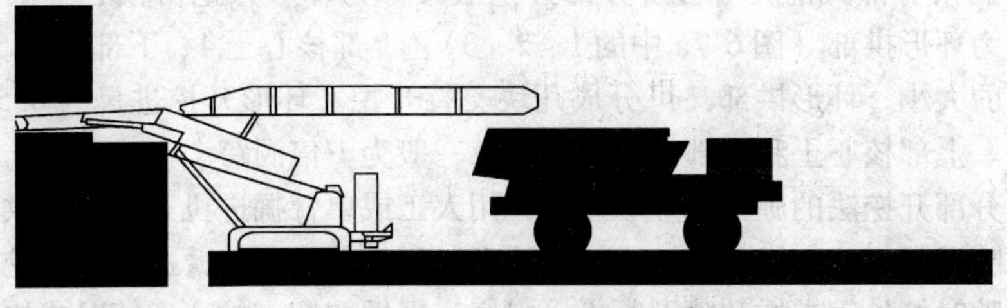

图6-6 超短台阶法施工作业

用一台停在台阶下的长臂挖掘机或单臂掘进机开挖上半断面至一个进尺。安设拱部锚杆、钢筋网或钢支撑。喷拱部混凝土。用同一台机械开挖下半断面至一个进尺。安设边墙锚杆、钢筋网或接长钢支撑，喷边墙混凝土（必要时加喷拱部混凝土）。开挖水沟，安设底部钢支撑，喷底拱混凝土，灌注内层衬砌。

如无大型机械也可采用小型机具交替地在上下部进行开挖，由于上半断面施工作业场地狭小，常常需要配置移动式施工台架，以解决上半断面施工机具的布置问题。

由于超短台阶法初期支护全断面闭合时间更短，更有利于控制围岩变形。在城市隧道施工中，能更有效地控制地表沉陷。所以超短台阶法适用于膨胀性围岩和土质围岩，要求及早闭合断面的场合，也适用于机械化程度不高的各类围岩地段。

超短台阶法的缺点是上下半断面相距较近，机械设备集中，作业时相互干扰较大，生产效率较低，施工速度较慢。

采用超短台阶法施工时应注意以下问题：在软弱围岩中施工时，应特别注意开挖工作面的稳定性，必要时可采用辅助施工措施，如向围岩中注浆或打入超前水平小钢管，对开挖面进行预加固或预支护。

在所有台阶法施工中，开挖下半断面时要求做到以下几点：

1）下半断面的开挖（又称落底）应在上半断面初期支护基本稳定后进行，或采用其他有效措施确保初期支护体系的稳定性；采用单侧落底或双侧交错落底，避免上部初期支护两侧同时悬空；视围岩状况严格控制落底长度，一般采用1～3m，并不得大于6m。

2）下部边墙开挖后必须立即喷射混凝土，并按规定做初期支护。

3）量测工作必须及时，以观察拱顶、拱脚和边墙中部位移值，当发现位移变化速率增大，应立即进行底（仰）拱封闭，或缩短进尺，加强支护，分割掌子面等。

3. 分部开挖法

分部开挖法可分为几种变化方案：台阶分部开挖法、单侧壁导坑法、双侧壁导坑法、中隔壁法等，如图6-7所示。

（1）台阶分部开挖法　台阶分部开挖法又称为环形开挖留核心土法，一般将断面分成为环形拱部（图6-7a中的1、2、3）、上部核心土4、下部台阶5三部分。根据断面的大小，环形拱部又可分成几块交替开挖。环形开挖进尺为0.5～1.0m，不宜过长。上部核心土和下部台阶的距离，一般为1倍洞跨。

台阶分部开挖法的施工作业顺序为：用人工或单臂掘进机开挖环形拱部；架立钢支撑、喷混凝土；在拱部初期支护保护下，用挖掘机或单臂掘进机开挖核心土和下台阶，随时接长钢支撑和喷混凝土、封底；根据初期支护变形情况或施工安排建造内层衬砌。

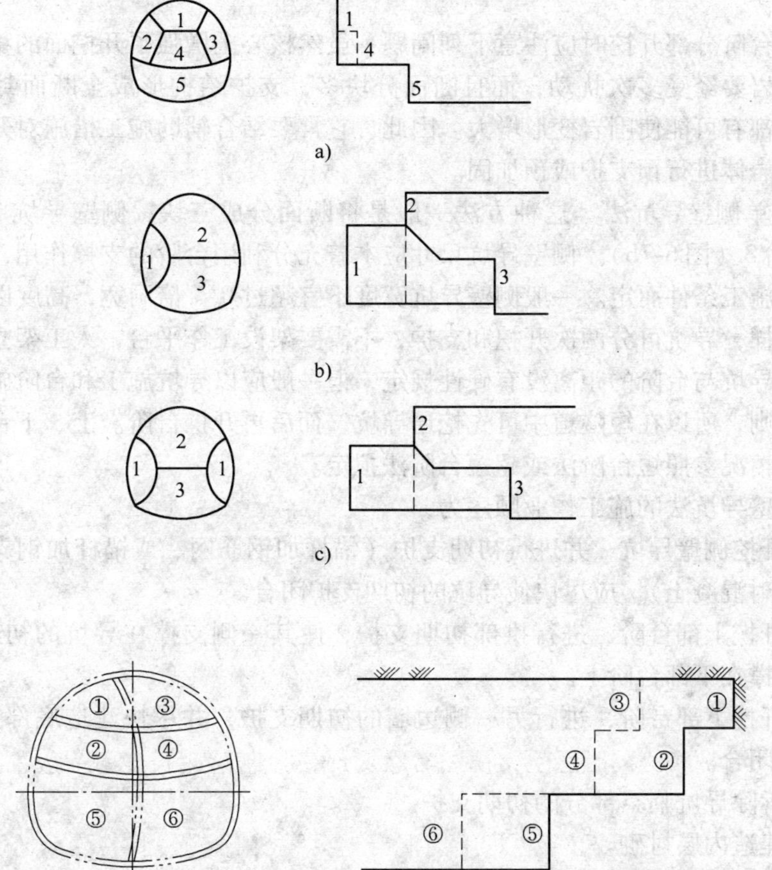

图 6-7 台阶分部开挖法的几种变化方案

a）台阶分部开挖法 b）单侧壁导坑法 c）双侧壁导坑法 d）中隔壁法

注：①、②…表示开挖顺序。

由于拱形开挖高度较小，或地层松软锚杆不易成型，所以施工中不设或少设锚杆。在台阶分部开挖法中，因为上部留有核心土支挡着开挖面，而且能迅速及时地建造拱部初期支护，所以开挖工作面稳定性好。和台阶法一样，核心土和下部开挖都是在拱部初期支护保护下进行的，施工安全性好。这种方法适用于一般土质或易坍塌的软弱围岩中。

台阶分部开挖法的主要优点是：与超短台阶法相比，台阶长度可以加长，减少上下台阶施工干扰；而与下述的侧壁导坑法相比，施工机械化程度较高，施工速度可加快。

采用台阶分部开挖时应注意下列问题：虽然核心土增强了开挖面的稳定性，但开挖中围岩要经受多次扰动，而且断面分块多，支护结构形成全断面封闭的时间长，这些都有可能使围岩变形增大。因此，它常要结合辅助施工措施对开挖工作面及其前方岩体进行预支护或预加固。

（2）单侧壁导坑法　这种方法一般是将断面分成三块：侧壁导坑1、上台阶2、下台阶3（图6-7b）。侧壁导坑尺寸应本着充分利用台阶的支撑作用，并考虑机械设备和施工条件而定。一般侧壁导坑宽度不宜超过0.5倍洞宽，高度以到起拱线为宜，这样，导坑可分两次开挖和支护，不需要架设工作平台，人工架立钢支撑也较方便。导坑与台阶的距离没有硬性规定，但一般应以导坑施工和台阶施工不发生干扰为原则，所以在短隧道中可先挖通导坑，而后再开挖台阶。上、下台阶的距离则视围岩情况参照短台阶法或超短台阶法拟定。

单侧壁导坑法的施工作业顺序为：

1）开挖侧壁导坑，并进行初期支护（锚杆加钢筋网、或锚杆加钢支撑、或钢支撑，喷射混凝土），应尽快使导坑的初期支护闭合。

2）开挖上部台阶，进行拱部初期支护，使其一侧支撑在导坑的初期支护上，另一侧支撑在下部台阶上。

3）开挖下部台阶，进行另一侧边墙的初期支护，并尽快建造底部初期支护，使全断面闭合。

4）拆除导坑临空部分的初期支护。

5）建造内层衬砌。

单侧壁导坑法是将断面横向分成三块或四块，每步开挖的宽度较小，而且封闭型的导坑初期支护承载能力大，所以单侧壁导坑法适用于断面跨度大，地表沉陷难于控制的软弱松散围岩中。

（3）双侧壁导坑法（又称眼镜工法）　当隧道跨度很大，地表沉陷要求严格，围岩条件特别差，单侧壁导坑法难以控制围岩变形时，可采用双侧壁导坑法。现场实测表明双侧壁导坑法所引起的地表沉陷仅为短台阶法的1/2左右。

这种方法一般是将断面分成四块：左、右侧壁导坑1、上部核心土2、下台阶3（图6-7c）。导坑尺寸拟定的原则同前，但宽度不宜超过断面最大跨度的1/3。左、右侧导坑错开的距离应根据开挖一侧导坑所引起的围岩应力重分布的影响不致波及另一侧已成导坑的原则确定。

双侧壁导坑法施工作业顺序为：

1）开挖一侧导坑，并及时地将其初期支护闭合。

2）相隔适当距离后开挖另一侧导坑，并建造初期支护。

3）开挖上部核心土，建造拱部初期支护，拱脚支撑在两侧壁导坑的初期支护上。

4）开挖下部台阶，建造底部的初期支护，使初期支护全断面闭合。

5）拆除导坑临空部分的初期支护，建造内层衬砌。

双侧壁导坑法虽然开挖断面分块多，扰动大，初期支护全断面闭合的时间长，但每个分块都是在开挖后立即各自闭合的，所以在施工中间变形几乎不发展。

双侧壁导坑法施工安全，但速度较慢，成本较高。

（4）中洞法　中洞法适用于双连拱隧道。采用先开挖中洞并支护，在中洞内施作隧道中墙混凝土，后开挖两侧的施工方法。

中洞法施工要求：中洞法开挖高度应大于中墙高度1m，开挖宽度应大于5m；中洞开挖超前长度根据隧道长度、宽度以及地质情况综合考虑，一般为50～80m；对长度为200～300m的短隧道可先贯通中洞，然后再施工两侧侧洞；中洞开挖后应及时施作初期支护，再分段灌注中墙混凝土，每一纵向段长度为4～10m，在中墙混凝土达到设计强度后方可拆模，并进行临时横向支撑。

（5）中隔壁法　中隔壁法是在软弱围岩大跨隧道中常用的一种方法。这种方法将断面分成左、右两部分。每一部分又分为上下几个台阶。

其施工顺序为：

1）先后开挖一侧台阶1和台阶2，同时施作初期支护和中隔壁墙。

2）相隔适当距离后开挖另一侧台阶3和台阶4，并同时施作初期支护和中隔壁墙。

3）然后开挖台阶5和台阶6，施作初期支护和中隔壁墙。

4）建造内层衬砌。

中隔壁法又称为CD法。若每一施工步修建临时仰拱，使步步封闭成环，每一施工阶段都是一个封闭的承载体系，可有效地控制地表下沉，这种方法就称为CRD法。

6.2.3　施工中可能发生的问题及其对策

新奥法施工的基本原则是根据围岩性质允许产生适量的变形，但又不使围岩松动塌落。在设计、施工过程中，若对围岩性质判断不准或情况不明，或喷射混凝土、打锚杆、立钢支撑时间和方法有误，围岩松动就会超过预计。此时，应根据观察和量测结果找出原因，及时进行改正。但是很多场合不能明确原因，因此只能针对所发生的现象采取措施。根据实践经验，将新奥法中经常出现的一些异常现象及应采取的措施列于表6-1中，其中措施A指进行比较简单的改变就可解决问题的措施，措施B指包括需要改变支护方法等比较大的变动才能解决问题的措施。当然，表中只列出大致的对策标准，优先用哪种措施，要视各个隧道的围岩条件、施工方法、变形状态综合判断。

表6-1 施工中的现象及其处理措施

施工中的现象		措施A	措施B
开挖面及其附近	正面变得不稳定	1. 缩短一次掘进长度。2. 开挖时保留核心土。3. 向正面喷射混凝土。4. 用插板或并排钢管打入地层进行预支护	1. 缩小开挖断面。2. 在正面打锚杆。3. 采取辅助施工措施对地层进行预加固
	开挖面顶部掉块增大	1. 缩短开挖时间及提前喷射混凝土。2. 采用插板或并排钢管。3. 缩短一次开挖长度。4. 开挖面暂时分部施工	1. 加钢支撑。2. 预加固地层
	开挖面出现涌水或者涌水量增大	1. 加速混凝土硬化（增加速凝剂等）。2. 喷射混凝土前做好排水。3. 加挂网格密的钢筋网。4. 设排水片	1. 采取排水方法（如排水钻孔、井点降水等）。2. 预加固地层
	地基承载力不足，下沉增大	1. 注意开挖。2. 不要损坏地基围岩。3. 加厚底脚处喷混凝土。4. 增加支撑面积	1. 增加锚杆。2. 缩短台阶长度。3. 及早闭合支护环。4. 用喷混凝土做临时底拱。5. 预加固地层
	产生底鼓	及早喷射底拱混凝土	1. 在底拱处打锚杆。2. 缩短台阶长度。3. 及早闭合支护环
喷混凝土	喷混凝土层脱离甚至塌落	1. 开挖后尽快喷射混凝土。2. 加钢筋网。3. 解除涌水压力。4. 加厚喷层	打锚杆或增加锚杆
	喷混凝土层中应力增大，产生裂缝和剪切破坏	1. 加钢筋网。2. 在喷混凝土层中增设纵向伸缩缝	1. 增加锚杆（用比原来长的锚杆）。2. 加入钢支撑
锚杆	锚杆轴力增大，垫板松弛或锚杆断裂。		1. 增强锚杆（加长）。2. 采用承载力大的锚杆。3. 为增大锚杆的变形能力，在垫锚板间加入弹簧等
钢支撑	钢支撑中应力增大，产生屈服	松开接头处螺栓，凿开喷混凝土层，使之可自由伸缩	1. 增强锚杆。2. 采用可伸缩的钢支撑。3. 在喷混凝土层中设纵向伸缩缝
	净空位移增大，位移变化速度变快	1. 缩短从开挖到支护的时间。2. 提前打锚杆。3. 缩短台阶、底拱一次开挖的长度。4. 当喷混凝土开裂时，设纵向伸缩缝。	1. 增强锚杆。2. 缩短台阶长度。3. 提前闭合支护环。4. 在锚杆垫板间夹入弹簧垫圈等。5. 采用超短台阶法。6. 或在上半断面建造临时底拱

6.3 传统矿山法

传统的矿山法是人们在长期的施工实践中发展起来的。它是采用凿眼爆破，以木或钢构件作为临时支撑，待隧道开挖成型后，逐步将临时支撑撤换下来，而以整体式衬砌作为永久性支护的施工方法。

木构件支撑由于其耐久性差和对坑道形状的适应性差，支撑撤换工作既麻烦又不安全，且对围岩有所扰动，因此，目前已很少采用。钢构件支撑由于其有强度高、刚度大和对坑道形状的适应性强等优点，目前采用较多但也存在撤换时不完全，若不撤换时成本高，以及与围岩非面接触支撑的缺点。

钢木构件支撑类似于地上结构的“荷载——结构”力学体系。它作为一种维持坑道稳定的措施，是很直观和奏效的，也容易被施工人员理解和掌握。因此这种方法常被应用于不便采用锚喷支护的现代坑道中或处理坍方等。

在传统的矿山法中，历史上形成的变化方案很多，其中包括漏斗棚架法、反台阶法、正台阶法、全断面法、上下导坑先拱后墙法、下导坑先拱后墙法、品字形导坑先拱后墙法和侧壁导坑法等，其方法种类多于新奥法。鉴于我国隧道施工中已很少采用传统矿山法，仅选择其中具有代表性的漏斗棚架法和上下导坑先拱后墙法予以介绍，以与新奥法施工对照。

6.3.1 漏斗棚架法

漏斗棚架法也称为下导坑先墙后拱法或六部开挖法。

1. 施工顺序

施工顺序如图6-8所示。图中开挖顺序用阿拉伯数字表示，衬砌（或其他支护结构）用罗马数字表示。

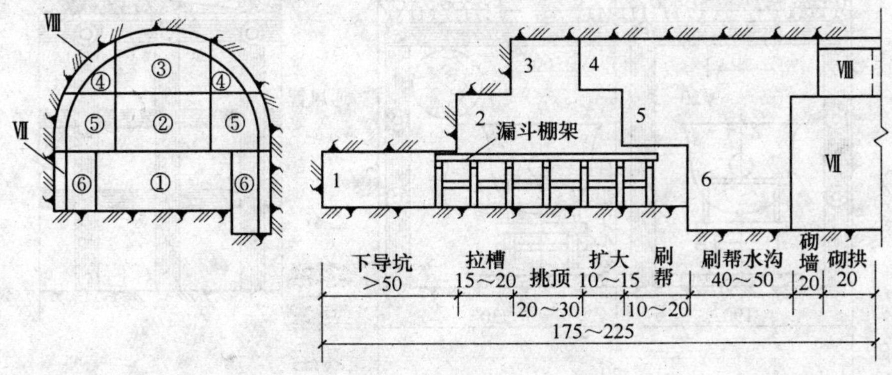

图6-8 漏斗棚架法施工顺序（单位：m）

① 部为开挖下导坑。导坑开挖是隧道分部开挖施工中的先导，为了核实工程地质和水文地质情况，加快施工进度，更好地组织出渣、进料、排烟、排水等，导坑开挖要超前于其他部分的开挖。位于断面下部的导坑称为下导坑，下导坑一般宜超前 50m 以上。在爆破安全距离 20 ~ 30m 外，设置漏斗棚架。

② 部开挖亦称为拉槽，距① 部开挖 50m 以上，这除了考虑爆破安全外，还需考虑在其间存放一定数量斗车以利出渣。

③ 为挑顶开挖，挖至拱部设计轮廓线（并考虑一定的预留沉落量），为了不与② 部开挖互相干扰，且因③部落渣后，在棚架上堆得较高，不利② 部排烟，故③部需离② 部要有足够的距离，一般为 15 ~ 20m。

④ 部为两侧扩大开挖，与③部一样挖至设计轮廓线，为使施工互不干扰，④部应距③部约 20 ~ 30m。

⑤ 部为向下刷帮，⑤部与④部拉开的距离应保证出渣工作方便，并可存放一定数量的斗车，一般相距 10 ~ 15m。

⑥ 部刷帮直至底面水平，如设置侧水沟，则同时挖出水沟断面，因⑤部开挖后要拆除棚架，为了互不干扰，⑥部应距⑤部约 10 ~ 20m。

Ⅶ部为墙部衬砌灌注，此时，整个断面已经挖成，⑥部开挖时，爆破安全距离要比小断面中开挖时大，通常距⑥部约 40 ~ 50m。为避免围岩暴露时间过长，拉开距离太大也是不适宜的。

Ⅷ部为修筑拱部衬砌。

2. 漏斗棚架构造

漏斗棚架构造如图 6-9 所示。

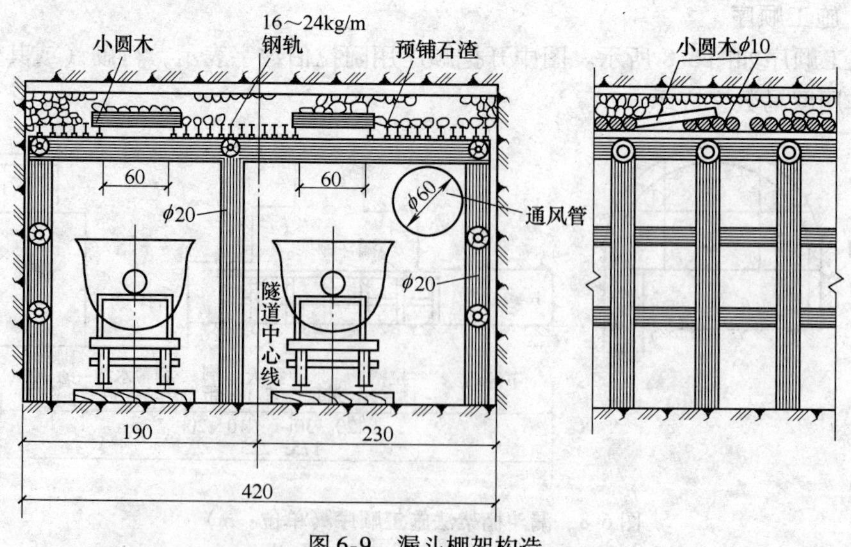

图 6-9 漏斗棚架构造

棚架一般由圆木及旧钢轨（或厚木板）、小圆木等构成。顶梁通常采用直径为25～30cm的圆木，立柱采用直径为20cm的圆木，上面纵向排列16～24kg/m的钢轨，在运输线上方留有60～75cm宽的纵向空隙，其间用1m长，直径为10cm的小圆木密排盖住。棚架构造应考虑所采用的出渣运输车辆所必需的安全运输空间，布置通风管道、电线和高压风管等必需的空间，以及运输车辆与管间需有的20cm以上的安全空隙，施工人员避让的空间。为避免爆破后石渣落下的冲击力打坏棚架，在放炮前棚架顶面应预留厚20～30cm的石渣。②、③、④、⑤部开挖的石渣都先堆放在棚架上，故棚架要有一定的长度。爆破后石渣块不能太大，要与漏斗口（即上述棚架顶部留的纵向空隙）大小相配合，同时要考虑装车方便及防止落渣砸坏装渣车辆。

3. 漏斗棚架法的适用范围及特点

漏斗棚架法常用于围岩较稳定的坑道施工，一般用于Ⅳ～Ⅵ类围岩石质隧道。

漏斗棚架法将断面分成若干部分进行开挖，工作面拉开，可容纳较多人员同时施工，这在工作面少和空间窄小的地下施工且无大型机具的条件下是很可取的。除①部开挖外，均有较多的爆破临空面，爆破效果好，爆破器材省。利用棚架及渣堆可不另做脚手架而完成整个断面的钻爆作业。棚架上石渣装车由漏斗口漏入车内，省力、速度快。这使该法能在无大型机具条件下获得快速施工的效果。

漏斗棚架法衬砌施工是先墙后拱，因此，衬砌质量较好。施工中对于个别岩块松动，因有棚架，可便于架设临时支护。

但漏斗棚架法由于每个开挖口需要60～70m的漏斗棚架，需有大量木材、钢轨，棚架也易因爆破而损坏，⑥部开挖易损坏风水管设备，工作面拉开距离长，虽对配备劳力有利，但围岩暴露时间较长，对施工安全不利。

6.3.2 上下导坑先拱后墙法

上下导坑先拱后墙法适于Ⅲ类及Ⅵ类围岩的石质或土质道路隧道施工。

1. 施工顺序

施工顺序如图6-10所示，有两个导坑，先挖出上部断面，然后把拱圈修筑好，在拱圈保护之下开挖下部断面，然后再修筑边墙等。图中数字意义同图6-8。

上导坑位置应考虑到围岩压力增长，顶部支撑不能拆除，在永久支护修筑之前支撑有一定沉落，因此支撑需架设在设计轮廓线外，并根据地质情况预留沉落量。沉落量的大小，土质隧道为30～60cm，软石隧道为20～40cm。

2. 防止拱圈下沉的措施

在拱圈保护下开挖下部断面，施工较安全，但当挖去边墙处围岩后，拱脚会因“悬空”而下沉，不采取措施防止拱圈下沉，会导致拱圈开裂，严重时甚至会整段

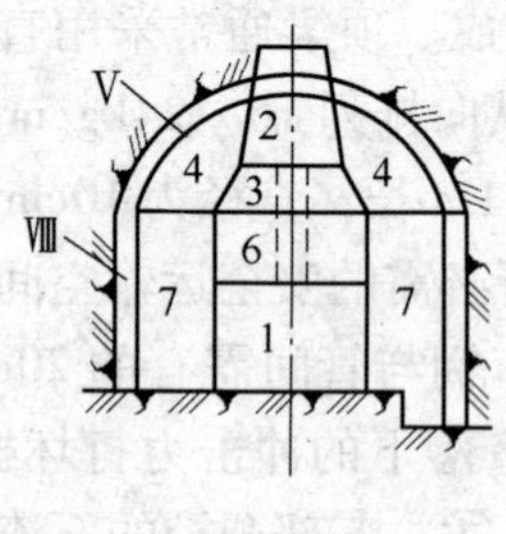

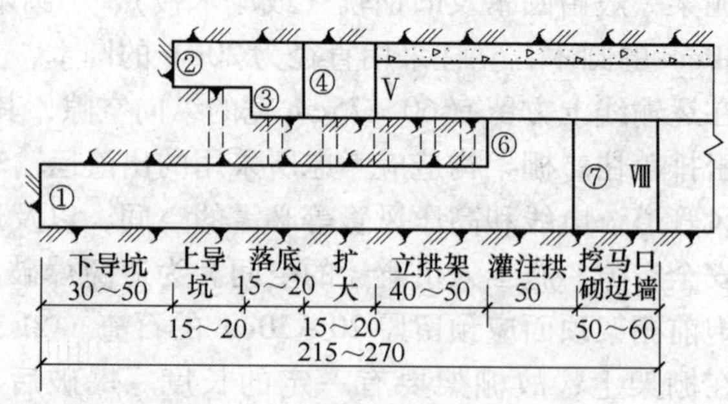

图 6-10　上下导坑先拱后墙法施工顺序（单位：m）

拱圈下落而发生事故，因此需采取如下措施：

1）拱圈混凝土达 70% 设计强度后进行下部开挖，以防拱圈因不大的不均匀下沉即开裂。若工期紧迫，则应采用高强度等级水泥，适当使用早强剂等。

2）控制下部开挖时的炸药用量，避免拱圈因爆破受损，开挖中层应在拱脚处留 0.3 ~ 1m 平台。围岩稳定性差时，应分段跳跃开挖，不宜一次挖通。

3）边墙部分围岩开挖采取“挖马口”方式。拱圈是分环节灌注的，施工缝处的联结较弱，隧道拱圈被施工缝分割为一段一段的，为避免开挖边墙处围岩时使整段拱圈悬空，需采用跳槽施工，即称为马口开挖。图 6-11 所示的马口开挖为错开与对开相结合的施工布置。为防止拱圈下沉，马口开挖长度应予控制，Ⅳ ~ Ⅵ类围岩中一般不宜超过 10m，Ⅰ ~ Ⅲ类围岩中不宜超过 4m。对于一环拱圈，端部错开施工，待两端边墙衬砌后，中间部分可以对开。错开施工要待混凝土达 70% 设计强度，其进度较慢。

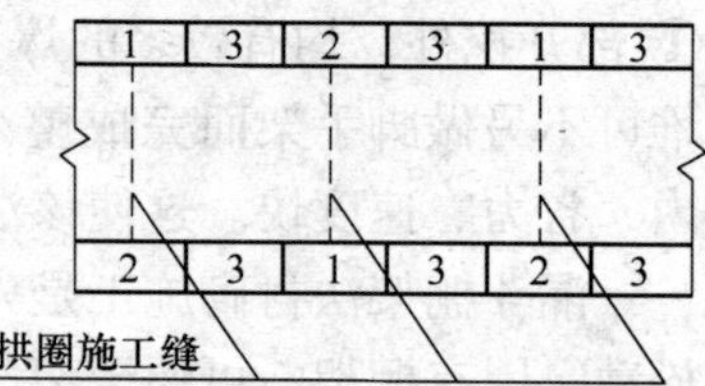

图 6-11　马口开挖施工布置

4）拱脚悬空后需加强临时支撑，围岩稳定性差时，拱脚应设置托梁。

5）适当加厚拱脚处衬砌，呈大拱脚状如图 6-12 所示。边墙部分开挖后，拱脚仍有部分支撑在围岩上，不致完全悬空，防止拱圈下沉。围岩较稳定时，大拱脚拱圈下部马口开挖可减少步骤。在围岩更稳定的情况下（硬石质隧道）还可采取对开马口方式，每次挖 4 ~ 8m。由于不必来回跳跃，既加快了进度，又可提高衬砌质量（避免因跳跃开挖后开挖时会打坏对面已成衬砌）。甚至因大拱脚而使边墙受力情况改善，可减薄边墙，节省混凝土用量。

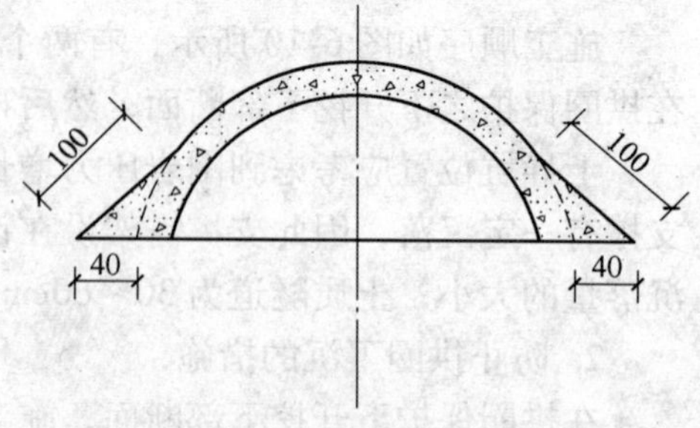

图 6-12　拱脚处衬砌加厚（单位：cm）

3. 上下导坑先拱后墙法施工特点

上下导坑先拱后墙法最大优点是施工安全。设两个导坑，运输、通风、排水、管线路布置等都易解决，能拉开工作面，便于使用小型机具。遇地质情况变化，变换施工方法较易。

马口开挖影响进度，并使衬砌质量低，整体性差，边墙与拱脚处封口不易密实。上下导坑先拱后墙法工序多、干扰大，施工管理不便，两个导坑也增加开挖费用。

6.4 围岩的预加固

隧道开挖时，开挖面（又称掌子面）和开挖后的坑道必须能够维持暂时稳定，但事实上只有稳定性较好的围岩才能够维持，对于软弱破碎围岩则不然。在软弱破碎围岩中，即使是采取短进尺开挖，开挖面和开完后的坑道也不稳定，当地下水丰富时，情况更为严重。在隧道工程历史中，隧道坍方的事例并不鲜见，造成了人、财、物的大量浪费。

为了确保隧道工程顺利进行和施工安全，必须采取一定的工程措施对地层进行预支护和预加固，称为辅助施工措施。辅助施工措施是针对软弱不良地层而提出的，其选择的正确与否直接关系到工程的成败和造价的高低，它是衡量施工应变能力的重要标志。

施工前需根据围岩条件、施工方法、进度要求、机械配套和工程所处环境等情况，优先选择较简单的方法或同时采用几种综合辅助施工方法来加固地层，确保不塌方、少沉陷。通常，辅助施工方法有洞内外降低地下水位，地面加固地层，洞内加固地层（或工作面），洞内防水、排水等。其中洞内外加固地层（或工作面）的辅助方法主要有 12 种：① 环形开挖留核心土；② 喷射混凝土封闭开挖工作面；③超前锚杆或超前小导管支护；④ 超前小导管周边注浆加固地层；⑤设置临时仰拱；⑥深孔围岩加固劈裂预注浆或堵水固结预注浆加固地层；⑦长管棚超前支护加固地层；⑧冻结法固结地层；⑨水平旋喷法超前支护；⑩地面加固地层；⑪洞内、洞外降低地下水位法；⑫洞内施工水平孔排水法。

以上各种辅助施工措施中，环形开挖留核心土、喷射混凝土封闭开挖工作面和设置临时仰拱等工艺比较简单，应作为首选方案。

6.4.1 超前锚杆或超前小导管支护

开挖掘进前，在开挖面顶部一定范围内，沿坑道设计轮廓线，向岩体内打入一排纵向锚杆或小钢管，以形成一道顶部加固的岩石棚，在此棚保护下进行开挖等作业，至一定距离后（在尚未开挖的岩体中必须保留一定的超前长度），重复上述步骤，如此循环前进。若结构跨度较小，常采用超前锚杆支护；若结构跨度较大（跨度大于6m）或锚杆成孔较差，可采用超前小导管支护。采用超前小导管支护时，为提高支护效果，须配合钢拱架支护，这是目前最常用的超前支护方法。

1. 超前锚杆的布设

超前锚杆一般采用ϕ22mm螺纹钢全长粘结砂浆锚杆和迈式（自进式）注浆锚杆两种类型。

以钢拱架为支点的全长粘结砂浆超前锚杆的尾部以钢拱架为支点，如图6-13所示。超前锚杆在钢拱架腹部穿过，网构钢架可直接从腹部穿过，工字形钢拱架须在腰部穿孔，锚杆长度一般为短台阶的高度加1m，总长度多为3.5~4.0m。

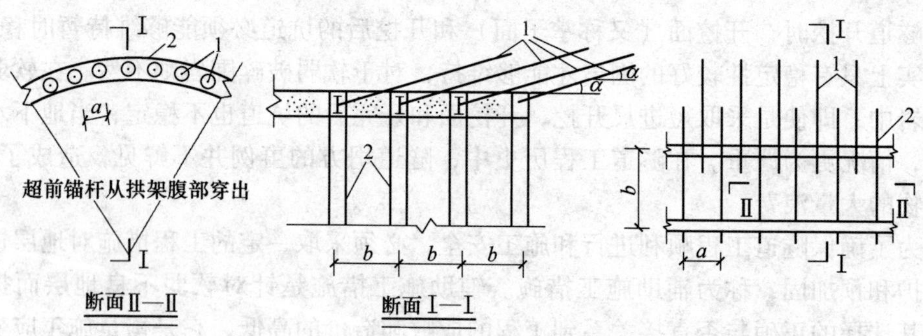

图6-13 有钢拱架支护的锚杆布置图

1—超前锚杆 2—钢拱架 a—超前锚杆横向间距 b—钢拱架间距 α—超前锚杆倾角

迈式注浆（或不注浆）自进超前锚杆是一种将钻进、注浆和锚固等功能合为一体的锚杆，在成孔不好的地层，如回填土、砂、砂砾石、黏土等松软地层中应用，效果最好。因钻杆就是锚杆，不需先钻孔后放锚杆，所以操作简单，能节省25%的工作量，是一种较理想的锚杆形式，应大力推广使用，如图6-14和图6-15所示。

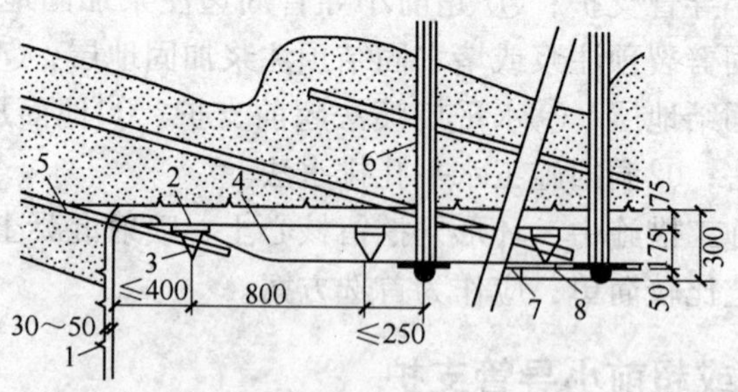

图6-14 迈式注浆自进超前锚杆施工示意图（单位：mm）

1—封闭喷射混凝土 2—第一层钢筋网 3—格栅拱 4—第一层喷射混凝土
5—超前自钻式注浆锚杆 6—普通锚杆 7—第二层钢筋网 8—第二层喷射混凝土

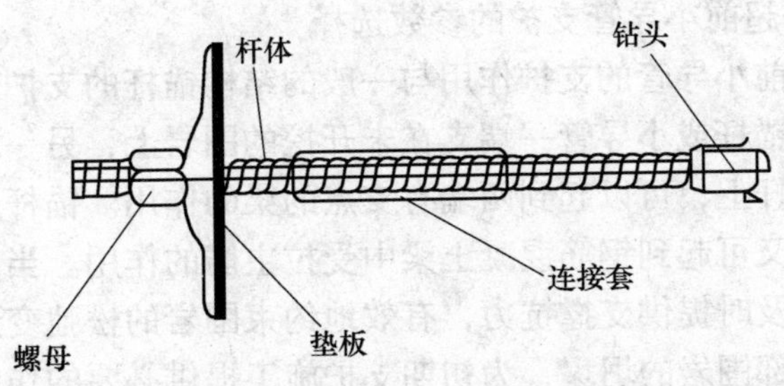

图6-15 迈式注浆自进锚杆结构图

迈式注浆自进锚杆主要由各种类型钻头、带有标准形螺纹的中空锚杆体、冷压成型的垫板和螺母组成。当需要加长锚杆时，还备有连接套。

2. 超前小导管布设

在软弱、破碎地层中凿孔后易塌孔，且施用超前锚杆比较困难或者结构断面较大时，应采取超前小导管支护。超前小导管支护必须配合钢拱架使用。

超前小导管一般用 $\phi30\sim\phi50$mm 的焊接钢管或无缝钢管制作而成，如图6-16所示。为便于打入地层，前端常做成尖靴状，后端焊一圈 $\phi6$mm 钢筋加固。

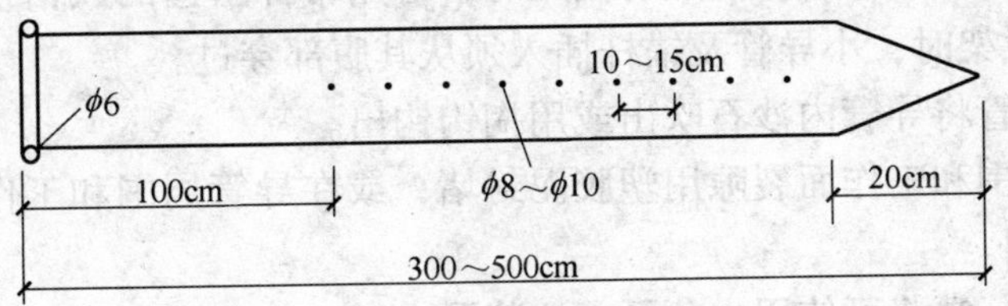

图6-16 小导管加工图

小导管间距一般为40cm，外插角为10°~15°。外插角不宜过大，以减少超挖。小导管外露20cm，其布设如图6-17所示。

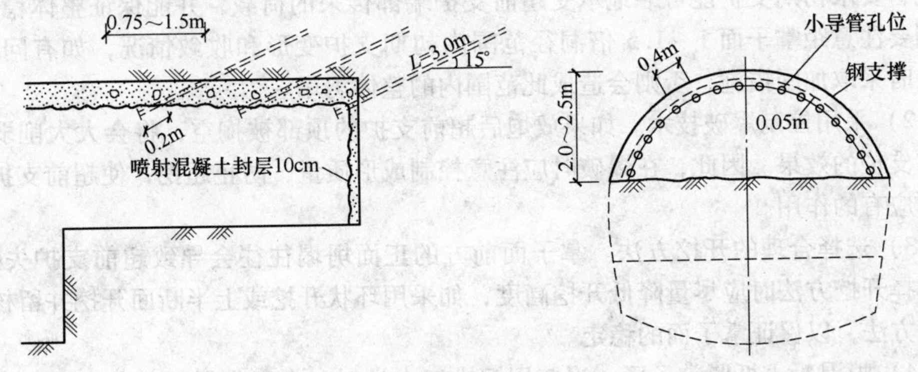

图6-17 小导管注浆纵剖面图

3. 超前锚杆和超前小导管支护的参数选择

超前锚杆和超前小导管的支护作用与一般的结构锚杆的支护作用不同。工程开挖后，超前支护的锚杆或小导管一端支在未开挖的围岩上，另一端支在钢拱架或喷射混凝土、结构锚杆上，可以起到两端有支点的梁的作用。锚杆还因为砂浆对围岩的固结作用，有时又可起到钢筋混凝土梁中受拉主筋的作用。当围岩产生松弛变形时，超前支护可以及时提供支撑抗力，有效地约束围岩的松弛变形，从而在一定时间内阻止开挖面顶部围岩的坍塌，为初期支护施工提供必要的作业时间。其时间的长短和支护作用的好坏，取决于超前支护参数的选择是否合理及施工质量的优劣。

超前支护参数包括杆径（管径）、纵向间距、环向间距、外插角等。施工前必须根据围岩状况的量测监控结果和施工的水平来选择合理的参数。超前支护的施工范围，一般情况下超前支护横向布置宽度为内拱宽度的一半加 1.0m。实际施工时应根据具体情况适当增减。

4. 超前锚杆和超前小导管支护的施工及注意事项

超前锚杆和超前小导管的施工一般采用钻孔打入法，其安设方法及步骤如下：

1）用风钻或专用液压台车打孔，然后用吹管将孔内岩粉吹出成孔。

2）插入锚杆或小导管。插入有困难时，可用带冲击锤的风钻顶入或直接用重锤打入。有钢拱架时，小导管及锚杆插入须从其腹部穿过。

3）用吹风管将导管内沙石吹出或用掏钩钩出。

4）导管周围和工作面裂隙用塑胶泥封堵，或在导管周围和工作面喷 8 ~ 10cm 厚的混凝土封闭。

5）超前锚杆灌浆可使用牛角泵、注浆泵。

超前锚杆和超前小导管施工的注意事项包括以下几项：

1）保证整体稳定。超前支护的作用是防止开挖面顶部坍塌。在相邻已施工的初期支护抑制了围岩的有害变形时，超前支护才能承受纵向“次生拱”的压力。因此，要求初期支护能可靠地承受超前支护端部传来的荷载，并能保证整体稳定。特别要注意距掌子面 1 ~ 1.5 倍洞径范围内初期支护变形和收敛情况，如有问题，应及时采取加固措施，否则会造成此范围内的整体坍塌。

2）采用控制爆破技术。如果放炮后超前支护的顶部被掏空，将会大大削弱其超前支护的效果。因此，在爆破时应注意控制成形质量，防止超挖，使超前支护能起到应有的作用。

3）选择合理的开挖方法。掌子面前方的正面坍塌往往会导致超前支护失效。在选择开挖方法时应尽量降低开挖高度，如采用环状开挖或上半断面开挖并留核心土等方法，以保证掌子面的稳定。

4）喷混凝土抵紧掌子面。当使用钢拱架支护时，由于掌子面不整齐，在掌子面的顶部和钢拱架之间总有一定的空隙，应先喷一层混凝土，至少应喷平钢拱架外缘，这样可以加强超前支护的作用。

6.4.2 长管棚超前支护地层

长管棚超前支护作为隧道工程的辅助施工方法，是为了在恶劣和特殊条件下安全开挖，预先提供增强地层承载力的临时支护方法，对控制塌方和抑制地面沉降有明显的效果。它是防止地中和地面结构物开裂、倒塌的有效方法之一，由于施工精度要求高、要求专用设备、造价高、速度慢、纵向搭接设置第二排管棚难度大等原因，只在特殊地段、通过距离不长的不良地层或不稳定地层处开挖洞门时采用。

1. 长管棚超前支护加固地层的适用范围

长管棚超前支护加固地层主要适用于软弱、砂砾地层或软岩、岩堆、破碎带地层。根据国内外的经验，一般在下列场合可采用长管棚超前支护：

1）在铁路正下方修建地下工程。

2）在地中和地面结构物下方修建地下工程。

3）修建大断面地下工程。

4）隧道洞口段施工。

5）通过断层破碎带等特殊地层。

6）其他特殊地段，如大跨度地铁车站、重要文物保护区、突破河底和海底的地下工程施工，如图6-18所示。

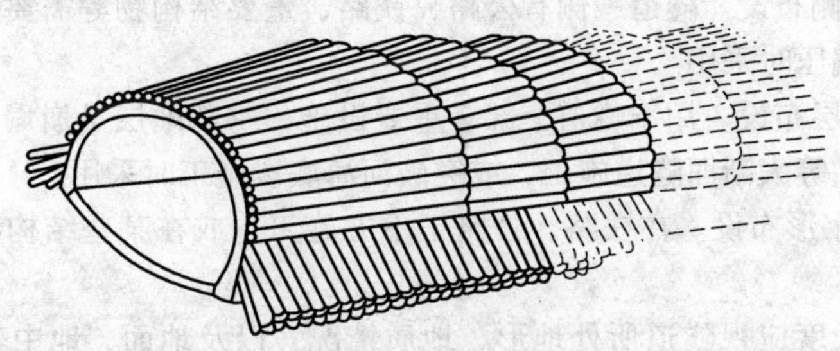

图6-18 长管棚扇形支撑示意图

2. 长管棚的布设

长管棚一般是沿隧道工程断面周边的一部分或全部，以一定的间距环向布设，以形成管棚群。沿周边布设的长度及形状主要取决于地形、地层、地中或地面及周围建（构）筑的状况，通常采用以下几种形状（图6-19），图6-19a、b、c、f所示形状采用较多。

1）扇形布设。用于隧道断面内地层比较稳定，但拱部附近的地层不稳定的场合。

2）半圆形布设。用于隧道下半部地层稳定，但拱线以上的地层不稳定的场合。地层比较稳定，但地面周围有结构物且埋深很小时也多采用此种布设。

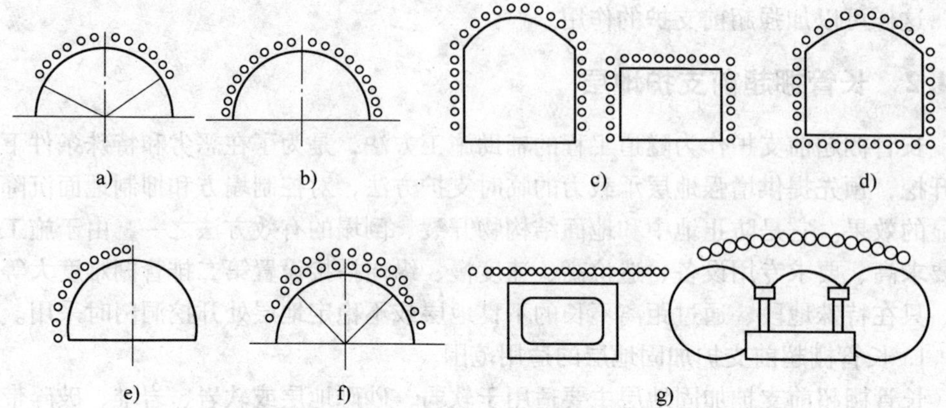

图6-19 长管棚布设形状示意

a）扇形布设 b）半圆形布设 c）门形布设 d）全周布设

e）上部一侧布设 f）上部双层布设 g）“一”字形布设

3）门形布设。隧道除了底部外，布置成半圆一侧壁的门形。隧道基础稳定，但断面内地层和上部地层不稳定时采用。

4）全周布设。用于软弱地层或膨胀性、挤出性围岩等级较低的场合，配合垂直于底部和边墙的锚杆注浆，效果更好。

5）上部一侧布设。隧道一侧有公路、铁路、重要结构物等需要防护，或斜坡地形可能形成偏压时采用。

6）上部双层布设。用于隧道上部有重要设施，拱部地层是崩塌性的、不稳定的，或地铁车站等大断面隧道施工，或突破河海底段施工时采用。

7）“一”字形布设。在铁路、公路正下方施工，或在某些结构物下方施工时采用。

长管棚的长度应视隧道所处地形、地质情况，以及地面、地中建（构）筑物状况而定。特别是在预计地质条件比较复杂的情况下，慎重起见，应该沿隧道轴向进行试验钻孔，取得更详细的数据，以决定管棚的施工区长度，从确保管棚施工质量考虑，管棚长度一般为10～35m不等。

采用长管棚超前支护施工时，管棚一般选用ϕ50～ϕ80mm的焊接钢管，入土端制作成尖靴状或楔形，顶进端焊一圈ϕ8mm的圆钢筋加固，钢管长度8～30m不等。对于特殊地段，可采用长大管棚。钢管环向布设间距对防止上方土体坍落及松弛有很大影响，施工中需根据结构埋深、地层情况、周围结构物状况等选择合理的间距，一般采用的间距为2.0～2.5倍钢管直径。

长管棚超前支护的施工工艺流程：设置管棚基地→水平钻孔→压入钢管（必须严格向钢管内或管周围土体注浆）→管棚支护条件下进行开挖。如果隧道内的岩土层结构松软，或有破碎带，或自承力很低，可再提高管棚的支撑力及侧墙的承载力，包括在管棚间的缝隙打上顶板铆钉或扇状铆钉、底板钻进灌浆孔、隧道侧墙下钻进微型桩，如图6-20所示。

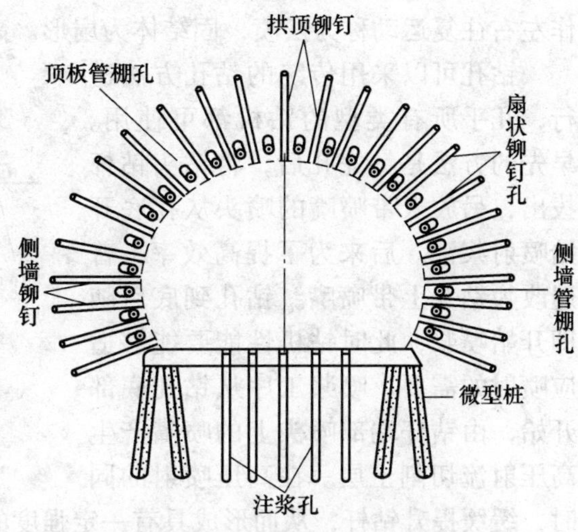

图6-20 增加微型桩管棚支护

6.4.3 地面加固地层

当地面与地中没有建筑物和地下管线时，可采用地面加固地层的方法加固地层。常用的方法有地面锚杆预支护，垂直、倾斜深孔注浆，高压旋喷注浆加固等。

1. 地面锚杆预支护加固地层

当地下结构因地面荷载不对称而产生偏压时，为了防止发生过大的地面沉降和土体水平滑移、坍塌，可在工程施工前，沿隧道纵向两侧从地面向拱顶部位打设地面预支护锚杆进行加固。

地面锚杆的直径应比一般锚杆的直径大，常用 $\phi28 \sim \phi32$mm 的螺纹钢筋加工而成，纵向间距为1.0m，横向间距为1.5～2.0m；打设角度应与工程横断面垂直方向的对称轴成0°～10°倾角；锚杆长度根据结构埋深而定，一般要穿过上方覆土层到达工程拱部结构外缘处。

钻孔孔径要大于锚杆直径5～10倍，通常为100～200mm。成孔后将锚杆插入孔内，然后用水泥砂浆锚固。为防止地面荷载通过地面锚杆直接传向工程的拱部，距地面1.0m深的一段锚杆可不用砂浆锚固。由于钻孔直径较大，锚杆锚固后，在工程拱部以上的锚杆位置实际上形成了一群灌满砂浆的砂浆桩，砂浆桩群可以防止开挖工作面坍塌，起到预支护作用。

2. 地面高压旋喷注浆法加固地层

对于细砂类土和含水量大、液化严重的软弱地层，由于注浆不能形成均匀渗透，若地面无其他构筑物，且埋置深度较浅时，可采用高压旋喷注浆法加固隧道周边围岩，其工作条件优于洞内注浆。高压旋喷注浆是利用高压发生装置使浆液通过一定形式的喷嘴产生一股能量大而集中、20MPa左右的高压而连续的射流，此高压射流能把一定距离内土体结构破坏并冲下，在射流的紊动作用下，浆液与土搅拌混合，经过浆液的凝结，在土层中凝固成有一定尺寸的固结体，从而使地层得到加固，并提高了防水性能。

固结体的形状与喷嘴移动轨迹有关。喷嘴作圆周运动称为旋喷，固结体为柱状，这是目前用得最多的一种；喷嘴方向固定称为定喷，固结体为板壁形状；喷嘴作左右往复运动称为摆喷，固结体为扇形。高压旋喷施工程序如图 6-21 所示。

钻孔可以采用传统的钻孔方法进行，几乎所有类型的钻机都可使用。早先的方法是钻完孔后，将钻头钻杆拔出，另放入带喷嘴的喷头从孔底开始喷射浆液。后来为了提高效率，普遍改为钻头上带喷嘴，钻孔到底后随即开始喷浆，此时钻机性能要能够适应喷射的需要。喷浆工序从钻孔底部开始，由钻杆端部喷头上的喷嘴产生高压射流切割土层。在高压喷射的同时，缓缓提升钻杆，从而形成具有一定强度的固结柱体。固结柱体的直径取决于工艺类型，并受以下参数的影响：钻杆提升速度（0.1～0.5m/min）、钻杆回转速度（15～60r/min）、旋喷压力（20～60MPa）、喷嘴直径与形状、土层的剪切强度与密实度。通过控制喷射压力、时间和钻孔方向，可以获得各种直径与形状的竖直、倾斜或水平的固结体。

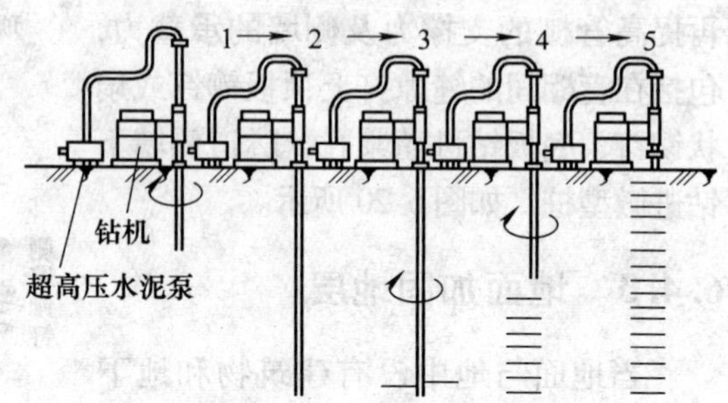

图 6-21　高压旋喷注浆法施工程序

注：图中 1、2、3、4、5 为施工顺序号。

旋喷固结效果的检查方法有开挖检查、钻孔检查、荷载试验等，应根据具体情况来选择，目前多用钻孔检查法，即旋喷完毕，待凝固并具有一定强度后，在旋喷桩边缘钻孔检查。另外，开挖后由于固结体完全暴露出来，因此能比较全面地检查旋喷固结的效果。

竖直和倾斜钻孔加固地层的好处是地面施工场地较宽敞，可使用大型设备，灌浆与隧道掘进可平行作业，不增加掘进循环时间，对缩短工期有利。不利之处是由于钻孔长度过长，钻孔精度不够时，不易保证各固结柱之间搭接。另外，由于受加固体之间的粘结强度和抗剪强度限制，灌注加固范围比较大。

6.4.4 冻结施工技术

冻结法是利用人工制冷技术，在地下开挖体周围需加固的含水软弱地层中钻孔铺管，安装冻结器，然后利用制冷压缩机提供冷气，通过低温盐水在冻结器中循环，带走地层热量，使地层中的水结冰，将天然岩土变成冻土，形成完整性好、强度高、不透水的临时加固体，从而达到加固地层、隔绝地下水与地下工程联系的目的。然后，在冻结体的保护下进行竖井或隧道等地下工程的开挖施工，待衬砌支护完成后，冻结地层逐步解冻，最终恢复到原始状态。人工制冷除了以盐水为介质外，还可采用液氨和干冰直接在冻结器内汽化降温冻结。

1. 冻结法的特点和适用条件

地层冻结技术的特点包括以下几点：

1）冻结加固的地层强度高。冻结的砂土在 -10℃时瞬时抗压强度可达11~12MPa。

2）封水效果好。保证开挖工作面在无水条件下作业。

3）适应性强。在黏土、砂土、砾石或填土石方等地层中，只要有水存在都可进行冻结。冻结体的形状既可是垂直、水平或斜向等简单形式，也可是复杂形式，而且可人为控制冻结体的形状和扩展范围。

4）安全性好。在冻结体的掩护下，可保证隧道掘进的安全施工。

5）整体性好。冻结体形成后，冻结体内不会存在任何缝隙，是一个完整的支护体。

6）环保型工法。由于冻结法是一种临时措施，地层冻结仅仅是将地层中的水变成冰，并且所加固的地层最终要恢复到原始状况，所以能够保护城市地层地质结构和地下水不受污染。

冻结法可广泛用于矿井、地基基坑、地下隧道与停车场、河底隧道、地铁盾构出入口与竖井、水利工程等。冻结法既可用于各类不稳定土层（黏土、砂土或砂砾土），又可用于含水丰富的裂隙岩层。在涌水量较大的流沙层应用，更能显示出冻结法优于其他工法。

通常，当土体的含水量大于2.5%、地下水含盐量不大于3%、地下水流速不大于40m/d时，均可使用常规冻结法。当土层含水量大于10%和地下水流速不大于7~9m/d时，其冻土扩展速度和冻结体形成的效果最佳。

2. 冻结设计

冻结法施工首先要确定施工类型，即在掌握详细的地质水文资料和总体设计资料的基础上，根据工程要求，进行技术和经济分析，选择合理的冻结类型。冻结法可采用的类型主要有三种，即水平、垂直和倾斜。隧道多采用暗挖法施工，因此冻结类型以水平冻结为主。工作竖井或盾构出入口的施工，可采用垂直或倾斜冻结。冻结类型如图6-22所示。

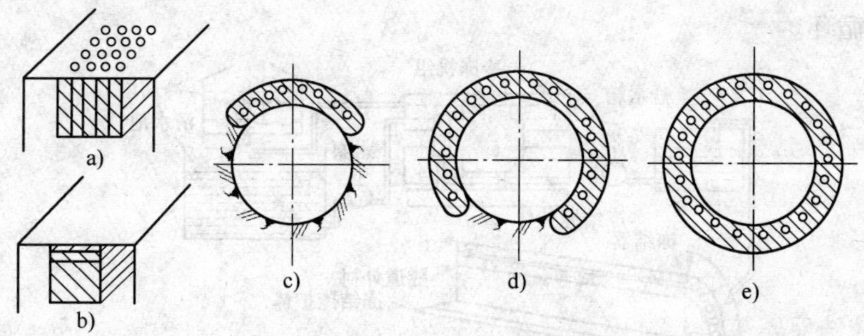

图6-22 隧道施工中常用的冻结类型

a）垂直冻结孔 b）水平冻结孔 c）顶部冻结 d）环形冻结 e）封闭式冻结

冻结主要参数的设计包括冻结体平均温度、冻结厚度、冻结孔布孔间距、冻结时间、冷冻系统设计和冻结方式等。

(1) 冻结体平均温度　由于冻结壁是一个不稳定的温度场，冻土介质边界可能随时变化，冻土结构物的温度状况决定冻结壁的强度性能。为了从整体上评估冻结壁的性能，在工程应用中常取冻结壁截面上的平均温度作为评估标准，一般取 -7 ~ 10℃。

(2) 冻结厚度　冻结体作为临时支护，其厚度主要取决于地压大小和冻土强度。初选出冻结壁厚度后，需根据地压和冻结体强度的要求对冻结厚度进行验算，若冻结厚度达不到要求，则需要调整冻结参数，直到达到技术可靠、节省资金、工期最短的优化目标为止。竖井井筒冻结体属于厚壁圆筒形垂直冻结壁，其冻结厚度一般在 2 ~ 6m 之间。对于非圆形水平冻结体的厚度计算，则要把冻结体作为拱、梁等受弯结构体进行强度计算，其厚度一般在 1.0 ~ 1.5m 之间。

(3) 冻结孔布孔间距　在取得冻结体设计厚度的基础上进行冻结孔布置设计，确定冻结孔间距时需要考虑地层的地质水文情况、设计冻结厚度、冻结体形状和钻孔偏斜度。竖井冻结工程中，冻结孔开孔间距一般为 1.0 ~ 1.5m；隧道水平冻结，冻结孔开孔间距一般以 0.5 ~ 1.0m 为宜。

(4) 冻结时间　冻结时间是冻结孔交圈所需要的时间，需要根据盐水温度和冻土扩展速度来确定。

(5) 冷冻系统的设计　根据冻结管吸收的热量确定冷冻站需要提供的实际冷量，然后根据实际冷量选择冷冻机型。在常用盐水循环系统中，盐水将冷冻站提供的冷量传递给地层的冷媒剂。盐水循环系统的设计需要根据冷冻机组实际制冷能力来确定盐水流量，选择盐水泵型号和盐水管路。冷却水循环系统如图 6-23 所示。冷却水循环的作用是吸收压缩机排出的过热蒸汽所携带的热量，然后释放至大气中。冷却水由水泵驱动，通过热交换后进入冷却塔和冷却池冷却，补充新鲜水后，重新参与循环。

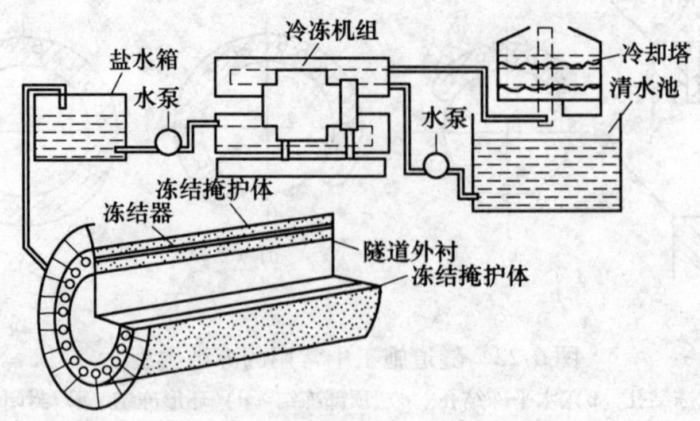

图 6-23　隧道冻结技术循环系统

3. 施工工艺

冻结法施工技术的主要工序：钻孔→冻结器铺设→冷冻系统安装→冻结制冷→隧道开挖和衬砌。

（1）钻孔的施工 冻结孔分成垂直孔、水平孔和斜向孔。垂直孔的钻孔与一般地质钻孔相同，但钻孔精度要求较高，一般要求偏斜率小于0.3%。冻结孔施工首先要根据冻结设计要求的冻结孔布孔直径、坐标位置和冻结孔间距进行布孔，选择合适的钻机、钻头和钻具组合，以及适合施工要求的泥浆循环系统。

（2）冻结器的铺设 冻结器的铺设包括冻结管和供液管的下放和安装。冻结管一般用无缝钢管，通过焊接与螺纹连接。供液管一般采用聚乙烯塑料管或钢管。冻结器安装完毕后要进行打压试漏，以保证达到设计要求。

（3）冷冻系统安装 冷冻系统安装包括冷冻机组、盐水与清水系统、供电与控制线路的安装等，通过冷冻系统的整体调试，使冷冻系统的各种设备达到正常运转所要求的指标。

（4）冻结制冷 冻结制冷分积极冻结期和维护冻结期。在积极冻结期要保证冷冻系统按设计制冷量运转，在设计的冻结时间内使冻结孔周围的冻土实现交圈，形成完整的冻结体。隧道施工期间要进行维护冻结，根据隧道施工情况，调整维护冻结工艺参数，包括冻结间歇时间、盐水温度、盐水流量等。

（5）隧道开挖和支护 由于冻结技术独特的优越性，可实现冻结施工和隧道施工的平行作业，而且不用改变原有的隧道施工工艺。隧道开挖采用隧道分层逐段推进的工艺过程，隧道工作面在冻结体掩护下无水作业，开挖步距可增大，而且可减小核心土的范围，从而大大加快了施工进度。冻结体的表面温度一般为 -0 ~ 5℃。通过改变混凝土配比，在混凝土的配料中掺加速凝剂和防冻剂，使喷射混凝土满足初期支护的强度要求。

（6）施工监测 根据去回路的盐水温差监测，可判断冻结体的发展情况；在去回路盐水干管、供液管处安装流量计，监测冻结系统盐水循环情况；冻结过程中定时定人监测测温孔内不同位置的温度，根据测温结果，计算冻结峰面的发展位置，预测冻结体的扩展情况；为了全面掌握冻结过程中隧道施工的地层变化情况，在原有施工监测的基础上加密测点和观测次数，监测项目包括地面升降以及拱顶与拱脚变位。

6.5 洞口段施工方法

隧道洞口地段，一般地质条件差，且地表水汇集，施工难度较大。施工时要结合洞外场地和相邻工程的情况，全面考虑，妥善安排及早施工，为隧道洞身施工创造条件。

由于每座隧道的地形、地质及线路位置不同，要很明确地规定洞口段的范围是比较困难的。在一般情况下，可以将由于隧道开挖可能给上坡地表造成不良影响的洞口范围称为洞口加强段。每座隧道应根据各自的围岩条件来确定洞口段范围，一般亦可参照图 6-24 确定。

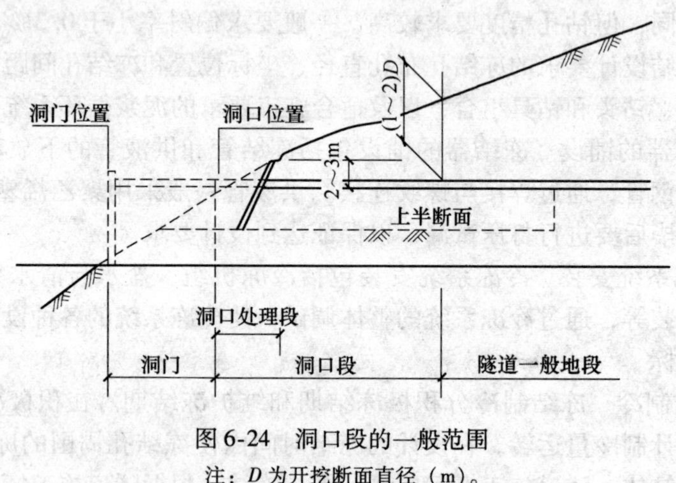

图 6-24 洞口段的一般范围

注：D 为开挖断面直径（m）。

隧道洞口工程主要包括边、仰坡土石方；边、仰坡防护；端墙、翼墙等洞门圬工；洞口排水系统；洞口检查设备安装；洞口段洞身衬砌。洞口工程中的洞门施工，一般可在进洞后做，并应做好边、仰坡防护，以减少洞门施工对洞身施工的干扰。

洞口段施工时应注意以下事项：

1）在场地清理作施工准备时，应先清理洞口上方及侧方有可能滑塌的表土、灌木及山坡危石等。平整洞顶地表，排除积水，整理隧道周围流水沟渠。之后施做洞口边、仰坡顶处的天沟。

2）洞口施工宜避开雨期和融雪期。在进行洞口土石方工程时，不得采用深眼大爆破或集中药包爆破，以免影响边、仰坡的稳定。应按设计要求进行边、仰坡放线，自上而下逐段开挖，不得掏底开挖或上下重叠开挖。

3）洞口部分圬工基础必须置于稳固的地基上。须将虚渣杂物、泥化软层和积水清除干净。对于地基强度不够时，可结合具体条件采取扩大基础、桩基、压浆加固地基等措施。

4）洞门拱墙应与洞内相邻的拱墙衬砌同时施工连接成整体，确保拱墙连接良好。洞门端墙的砌筑与回填应两侧同时进行，防止对衬砌产生偏压。

5）洞口段洞身施工时，应根据地质条件、地表沉陷控制以及保障施工安全等因素选择开挖方法和支护方式。洞口段洞身衬砌应根据工程地质、水文地质及地形条件，至少设置不小于5m长的模筑混凝土加强段，以提高圬工的整体性。

6）洞门完成后，洞门以上仰坡脚受破坏处，应及时处理。如仰坡地层松软破碎，宜用浆砌片石或铺种草皮防护。

洞口段施工中最关键的工序是进洞开挖。隧道进洞前应对边、仰坡进行妥善防护或加固，做好排水系统。洞口段施工方法的确定取决于诸多因素。如施工机具设备情况、工程地质、水文地质、地形条件、洞外相邻建筑的影响和隧道自身构造特点等。

隧道的进洞方式可在以下几种方法中选择：

（1）贴壁进洞法　首先清除洞口上方地表的危石，对进洞坡面进行适当的防护后，依托钢拱架辅以超前小导管或锚杆实施进洞。贴壁进洞法适用于进洞面山坡较为陡峭、地质条件相对较好的Ⅰ～Ⅲ级石质围岩隧道洞口。

（2）套拱加短管棚进洞法　沿隧道周边开挖轮廓线外钻孔打入短管棚，钢管环向间距为30～40cm，长度为10 ～15m，外插角为3°～5°，管径采用76mm或89mm，管内应注浆，对岩体进行加固。管棚端头宜外露lm左右，直接浇筑在混凝土套拱内，或先修筑套拱再钻进管棚孔，待套拱达到一定强度后开挖进洞。适用于岩质较破碎的Ⅲ～Ⅳ级围岩洞口。

（3）套拱加长管棚进洞法　先修筑套拱，利用套拱内预埋的导向管钻管棚孔（环向间距为40～50cm），长管棚采用20～40m。直径为108mm或127mm的长钢管高压注浆固结岩体，在管棚的保护下开挖进洞。适用于Ⅴ～Ⅵ级围岩或存在偏压等的特殊情况洞口。

（4）地表锚杆（或小导管注浆）预加固进洞法　设计中需首先确定浅埋隧道土体松动压力范围，利用锚杆或小导管的剪切抗力效应和悬吊效果，控制地表沉降，提高工作面自稳性，使围岩具备成拱自承条件后，暗挖进洞，在掘进过程中需辅以超前支护或设套拱、喷锚网与钢拱架支护。适用于洞口段覆盖较浅、地层破碎或偏压地形的洞口。

（5）回填暗挖进洞法　可在覆盖较薄或拱肩露空的一侧先回填一定厚度的水泥土或施作混凝土（浆砌片石）挡墙，使其符合暗挖的要求，进洞开挖时需辅以套拱与长（短）管棚预加固。适用于两侧地面横坡很陡，或地处一边露空、另侧地面横坡很陡的傍山地形区的洞口。

（6）半明半暗进洞法　先施工洞口套拱，即露空部分（低侧）采用混凝土套拱配护拱（盖挖法），通过锚杆使其与岩体紧密连接，暗挖靠山部分（高侧）则采用普通套拱，利用套拱（护拱）内预埋的导向管钻孔施作管棚及注浆后开挖进洞。在逐榀架设钢拱架时，钢拱架应布设在暗挖围岩壁和露空部分的混凝土护拱内侧，当其全断面封闭后施作喷射混凝土，形成连续的初期支护，在该初期支护的保护下逐步向前推进。适用于地质条件相对较好、洞口轴线与地面线斜交的洞口。

6.6 明洞施工方法

明洞是用明挖法修建的隧道。明洞大多设置在坍方、落石、泥石流等地质不良地段。公路隧道有时需在洞口外设置遮光棚，亦属明洞类结构。

明洞分为独立式明洞和接长式明洞。明洞结构可分为拱形明洞、框架式明洞及棚洞等类型，设计时应根据地形、地质、施工条件，考虑结构安全、经济实用、美观等因素，综合分析后确定。

边坡一次塌方量大、落石较多且基底地质条件较好时，宜采用拱形明洞；建筑高度受到限制或地基较为软弱时，可采用框架式明洞；路基外侧地形狭窄、内外侧墙基底地质构造明显不同，外侧基础工程量较大或洞顶荷载较小时，可采用棚洞。

需保护洞口自然环境或防范洞口边、仰坡滚石时，应加长隧道，修建拱形明洞或棚洞，洞顶可采用植草、植树等绿化措施。当连拱隧道洞口所处地形特别陡峭，采用整体式明洞将使一侧路堑边坡或仰坡较高时，洞口段宜采用明暗组合的结构形式。小净距隧道成洞面不在同一断面时，一侧洞口宜采用明洞，将两侧洞门设在同一断面上。滑坡地段一般不宜修建明洞，但若采取综合整治措施能确保明洞结构安全稳定时，可修建抗滑明洞。抗滑明洞应按支挡工程设计，其构造应确保滑坡体稳定与明洞安全。

明洞施工方法的选择，应根据地形、地质条件、结构形式等因素确定。独立式明洞可采用明挖法或盖挖法施工；接长式明洞可按照开挖与衬砌的施工顺序，分为全部明挖先墙后拱法、上部明挖先拱后墙法及部分明挖墙拱交错法三种：

1. 全部明挖先墙后拱法

适用于埋置深度较浅，边仰坡开挖后能暂时稳定，或已成路堑中增建明洞地段。开挖程序如图 6-25 所示。从上向下分台开挖，先做好两侧边墙，再做拱圈，最后做防水层及洞顶回填。

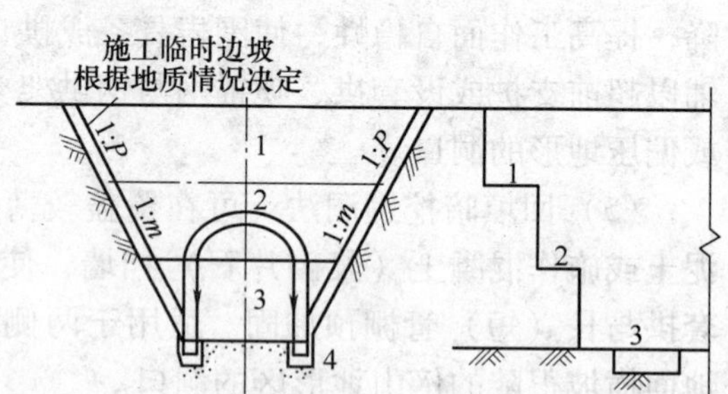

图 6-25 全部明挖先墙后拱法

2. 上部明挖先拱后墙法

适用于明洞位于岩层破碎，路堑边坡较高，全部明挖可能引起坍塌，但拱脚岩层承载力较好，能保证拱圈稳定的地段。开挖程序如图 6-26 所示。起拱线以上部分，采用拉槽法，开挖临时边坡、仰坡。当临时边坡、仰坡不够稳定时，采用喷锚网加固坡面。先做好拱圈，然后开挖下部断面，再做边墙，拱脚处应设连续的纵向钢筋混凝土托梁，并使混凝土与两侧岩石密贴。

3. 墙拱交错法

适用于半路堑、原地面边坡陡峻，由于地形限制不能先做拱圈；或由于外侧地层松软，先做拱圈可能发生较大沉陷，先墙后拱亦有困难时。

施工程序如图6-27所示。

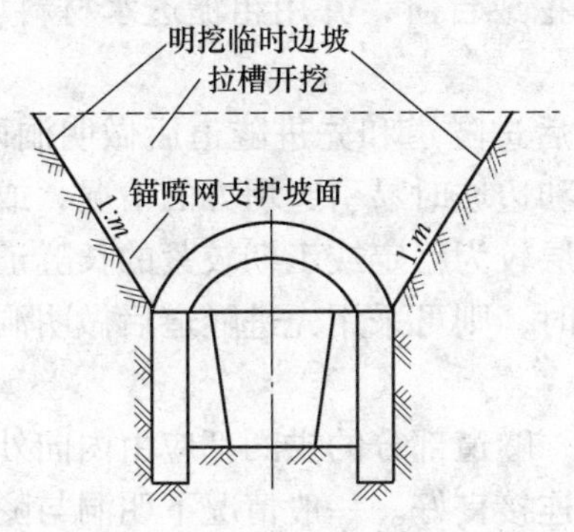

图6-26 上部明挖先拱后墙法

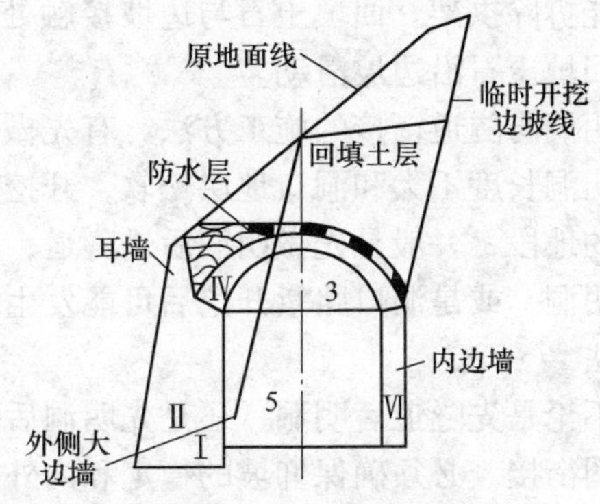

图6-27 墙拱交错法

1）先挖出外侧墙基坑Ⅰ，然后将外侧墙Ⅱ砌筑（或模筑）至设计标高。

2）开挖内侧起拱线以上部分3，挖除后立即架立拱架灌注拱圈Ⅳ，如有耳墙时，同时做好耳墙。

3）在拱内落底5，应随落随加支护，以保持内侧边坡的稳定。

4）开挖内边墙马口，逐段施作内边墙Ⅵ，然后进行拱顶回填，并做防水层。

先拱后墙法施工的路堑式明洞，如开挖后发现地层松软，难于承受拱圈压力时，或先墙后拱法，路堑边坡明挖过深可能引起边坡坍塌等不安全情况时，均可采用挖开法或拉槽法灌筑边墙。施工步骤为：一般开挖至起拱线后，先间隔挖开或横向与中线垂直间隔拉槽，灌注部分边墙，再做拱圈，拱脚处应加纵向钢筋以形成钢筋混凝土托梁。最后挖马口做其余边墙。

明洞大多数修筑于地质较差、地形陡峻的地段，受力条件复杂。施工中特别应注意安全和结构的稳定。开挖前要做好全部临时排水系统，适当选择施工方法，要按设计要求正确测定中线和标高，放好边桩和内、外墙的位置。认真处理基础。明洞边墙基础承载力必须保证达到设计要求；有地下水流时，要相应采取措施，如夯填厚度不小于10cm的碎石层或扩大基础以提高其承载力；若为岩石地基则应挖至表面风化层以下的0.25m以下。明洞衬砌其拱圈要按断面要求，制作定型挡头板，内、外模及骨架，加强各部内、外模支撑，防止变形及位移。采用墙拱交错法施工时，要有保证拱脚稳定，防止拱圈沉落的措施。

明洞顶回填土石主要是起缓和边、仰坡上的落石、坍塌和支挡边坡稳定的作用。应按设计厚度和坡度进行施工。回填土石应在做好防水层，衬砌达到设计强度的70%时，才能开始施工。路堑式明洞拱背回填应对称分层夯实，每层厚度不宜超过0.3m；其两侧回填土的土面高差不得大于0.5m；回填至拱顶后须满铺分层填筑；拱顶填土高达0.7m以上才能拆除拱架。采用推土机等大型机械回填时，应先用人工夯填一定的厚度后，方可使用机械在顶部进行作业，并于机械回填全部完成后才能拆除拱架。回填土石与边坡接触处，要挖成台阶，并用粗糙透水材料填塞，防止回填土石沿边坡滑动。

明洞与隧道衔接的施工方法，有先做明洞后进隧道和先进隧道后做明洞两种。对于明洞长度不大和洞口地层松软，开挖仰坡和边坡时易引起坍方的情况，或在已坍方的地段，一般是先做明洞后进隧道；当地层较为稳定或工期较紧的长隧道设有较长明洞，或是洞口路堑开挖后可能发生坍塌时，则可采用先进隧道后做明洞的施工方法。

不论是先隧道后明洞，还是先明洞后隧道，隧道部分的拱圈都应由内向外和明洞拱圈衔接。必须确保仰坡的稳定和内外拱圈连接良好。一般情况下明洞与隧道的衔接部位是结构防水的薄弱部位，施工时应把隧道的洞身衬砌向明洞方向延长一定长度，以达到整体防水效果。

6.7 隧道爆破施工

在目前条件下，开挖隧道的主要方法仍然是钻孔爆破法，钻眼爆破掘进是一般山岭隧道最常采用的掘进方式。开挖工作包括钻眼、装药、爆破等几项工作内容，对于开挖工作应做到下面几点要求：

1）按设计要求开挖出断面（包括形状、尺寸、表面平整、超挖、欠挖等要求）。

2）石渣块度（石渣大小）便于装渣作业。

3）掘进速度快，少占作业循环时间。

4）爆破在充分发挥其能力的前提下，减少对围岩的震动破坏，减少对施工用具设备及支护结构的破坏，并尽量节省爆破器材消耗。

6.7.1 岩石爆破破岩机理

炸药的爆炸反应是有机物的氧化还原反应，具有高温、高压和高速度的特点。炸药的爆炸过程是爆轰波的传播过程，也是爆炸生成气体和初始做功的过程。当炸药埋置岩石内部爆炸后，瞬间对周围岩石产生强烈冲击，在岩体内产生冲击压力波，是一个压缩应力波。紧靠药包周围的岩石直接受到炸药爆轰压力的作用，它的压力很高，可达几万至几十万个大气压，任何岩石都经受不住这样大的压力，将使药包周围内的岩石被击得粉碎，形成一个粉碎区，如图6-28所示。

在应力波以药包为中心向外传播的过程中，将迫使岩石质点作径向移动，假定该点所受压缩应力为 σ_c，则在该点切线方向上引起拉应力 σ_p。岩石属一种脆性材料，其抗拉强度远小于抗压强度，仅为其抗压强度的 1/15 ~ 1/20，所以岩石极易受拉破坏。当该点所引起的 σ_p 大于岩石的抗拉强度时，岩石被拉断，因此药包周围将产生一系列的放射状径向裂缝，这种裂缝一直伸展到拉应力小于岩石的抗拉极限强度处为止。

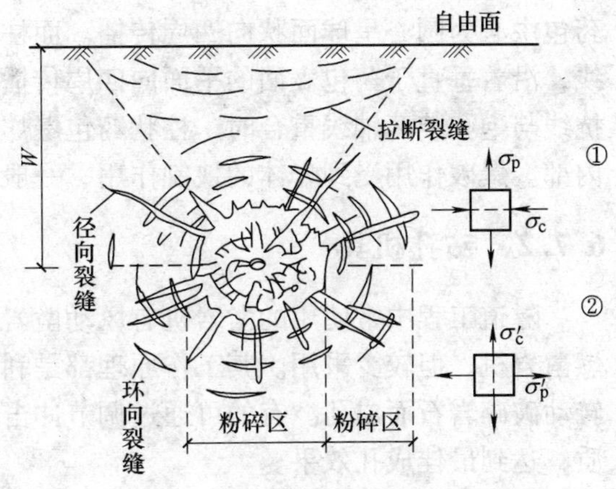

图 6-28 岩石爆破破岩过程

在爆轰波冲击围岩的同时，高温高压的爆生气体也急剧膨胀，从而加强了冲击破坏作用，加剧了裂缝的扩大与发展，同时迫使已破碎岩石作径向向前移动，但离药包较远一些的地方为原岩体而无处移动，这样将会在药包附近岩石内暂时储存一部分能量（称为弹性波）。随着时间的消逝，爆生气体的温度和压力迅速下降，在药包中心将形成一个应力降低区，被强烈压缩的岩石即行卸载，原储存的弹性能释放，这些原受压岩石便向药包中心处移动。在移动过程中，岩石发生切向压缩，在压缩应力 σ_c'的作用下引起拉应力 σ_p'，当此拉应力超过岩石抗拉强度时，岩石被拉断，这样会在药包周围形成环状裂缝。这些径向裂缝和环状裂缝即构成了药包周围的破碎区。

当药包处于自由面附近时，药包中心至自由面的最短距离称为最小抵抗线，压缩应力波自药包中心向外传播到自由面后，产生反射，压缩波反射成拉伸波，此时便有一个拉伸应力由自由面向药包中心传播，由于自由面岩石处于双向应力状态，其强度比三向应力状态低；当反射的拉伸应力大于该处岩石的抗拉强度时，岩石则被拉断，在自由面附近的岩石形成一系列张拉裂缝。当最小抵抗线合适时，自由面所产生的裂缝和药包周围的裂缝贯通，在爆生气体膨胀做功的作用下将把已破碎的岩石抛出原岩体而形成一个爆破漏斗。

总结上述破岩过程可知，除在药包周围为受压破坏以外，岩石的主要破坏是由于受拉而致。因此，为防止岩石的破碎，除降低拉应力值以外，应尽量避免受拉状态。相反，为形成大体积破坏则应尽量创造受拉条件。自由面的存在改变了岩石所处的应力状态，并造成受拉破坏的条件，因此可利用岩石抗拉强度小的性质而获得大体积的破坏。

当炮眼装药长度远大于横截面的直径时，形成圆柱状延长药包，简称柱状药包，它是工程爆破中应用最为广泛的药包。球形药包爆炸应力波的传播方向，是以药包中心为圆心呈球面状向四周传播。而柱状药包爆炸应力波则是以药包轴线为轴线，沿着垂直于药包表面的平面向四周传播。当炮孔方向垂直于临空面，即最小抵抗线与炮孔装药轴线重合时，柱状药包爆炸作用力的方向平行于临空面而指向岩体内部。爆破作用受到岩体的挟制作用，一般仍能形成倒圆锥漏斗，易残留炮窝。

6.7.2 钻孔机具

隧道工程中常使用的凿岩机有风动凿岩机和液压凿岩机，另有电动凿岩机和内燃凿岩机，但较少采用。其工作原理都是利用镶嵌在钻头体前端的凿刃反复冲击并转动破碎岩石而成孔。有的可通过调节冲击功大小和转动速度以适应不同硬度的石质，达到最佳成孔效果。

1. 风动凿岩机

风动凿岩机俗称风钻，主要是手持式气腿凿岩机，它以压缩空气的膨胀为驱动力。它具有结构简单，使用灵活方便、安全，制造维修简便的优点，如图 6-29 所示。但风动凿岩机也存在缺点，如压缩空气的供应设备比较复杂，工人劳动强度大，机械效率低，能耗大，噪声大，凿岩速度比液压凿岩机低。

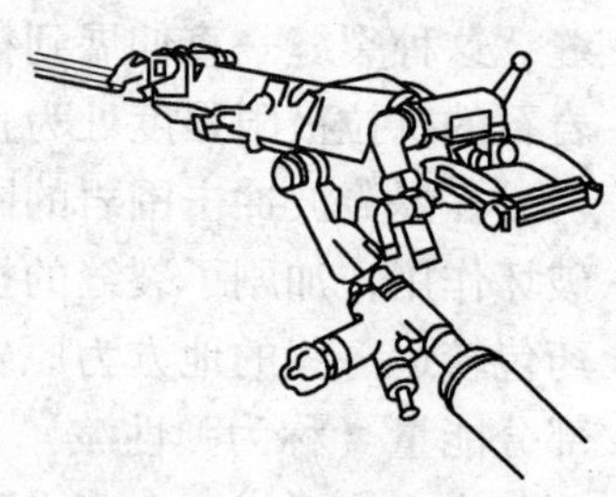

图 6-29 风动凿岩机

2. 液压凿岩机

液压凿岩机以电力带动高压油泵，通过改变油路，使活塞往复运动，实现冲击作用。液压凿岩机与风动凿岩机比较，具有动力消耗少、凿岩速度快、凿岩功效高、环境保护效果较好等特点。

3. 凿岩台车

将多台液压凿岩机安装在一个专门的移动设备上，实现多机同时作业，集中控制，称为液压凿岩台车。图 6-30 所示是工程中应用较多的实腹结构轮胎走行的全液压凿岩台车。

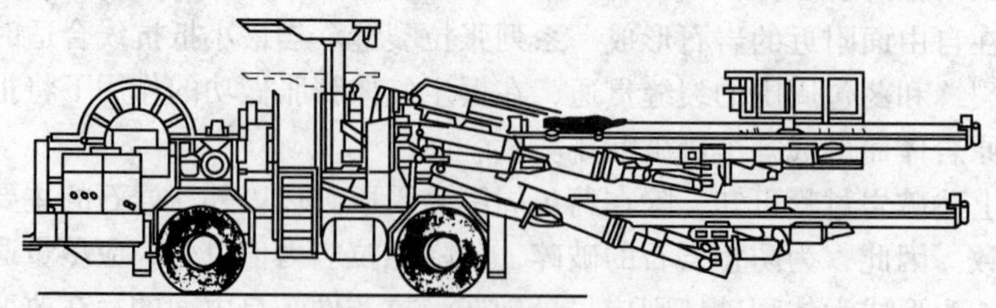

图 6-30 液压凿岩台车

6.7.3 炮眼布置

隧道开挖爆破的炮眼数目与隧道断面的大小有关，多在几十至数百范围内。炮眼按其所在位置、爆破作用、布置方式和有关参数的不同可分为掏槽眼、辅助眼和周边眼，如图6-31所示。

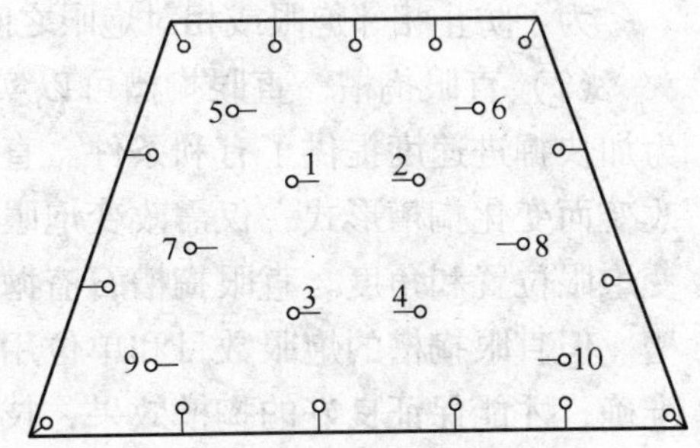

图6-31 炮眼布置

注：1~4为掏槽炮眼，5~10为辅助炮眼，其余为周边炮眼。

1. 掏槽眼布置

掏槽眼的作用是将开挖面上某一部位的岩石掏出一个槽，以形成新的临空面，为其他炮眼的爆破创造有利条件。掏槽炮眼一般要比其他炮眼深10~20cm，以保证爆破后开挖深度一致。

根据坑道断面、岩石性质和地质构造等条件，掏槽眼排列形式有很多种，总的可分成斜眼掏槽和直眼掏槽两大类，如图6-32所示。

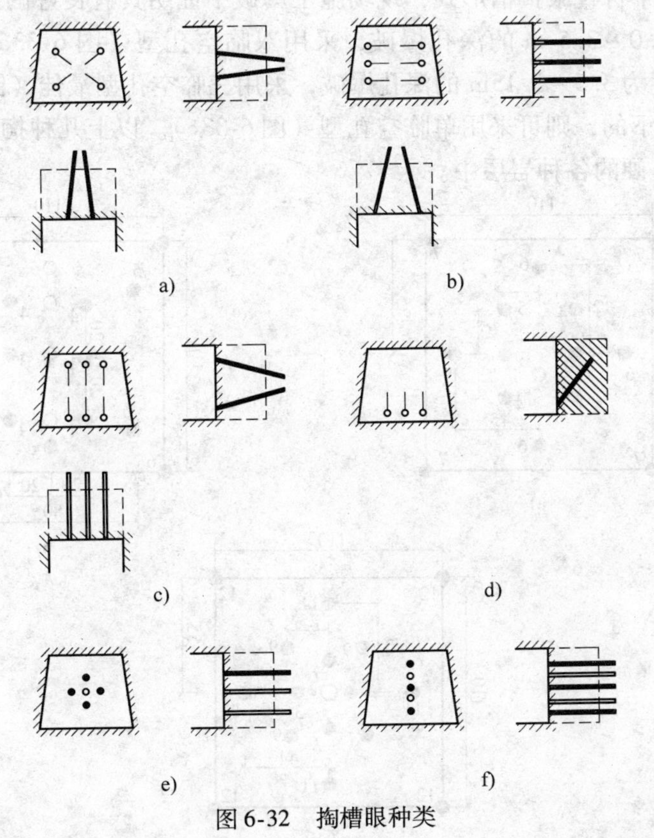

图6-32 掏槽眼种类

(1) 斜眼掏槽　其特点是掏槽眼与开挖面斜交。常用的有锥形掏槽、楔形掏槽、单向掏槽。其中最常用的是竖楔形掏槽（图6-32b）。斜眼掏槽的优点是可以按岩层的实际情况选择掏槽方式和掏槽角度，容易把岩石抛出，而且所需掏槽眼的个数较少。缺点是眼深受坑道断面尺寸的限制，也不便于多台钻机同时凿岩。

为了防止相邻炮眼或相对炮眼之间的殉爆，装药炮眼之间的距离不能小于20cm。

（2）直眼掏槽　直眼掏槽可以实行多机凿岩、钻眼机械化和深眼爆破，从而为加快掘进速度提供了有利条件。直眼掏槽凿岩作业比较方便，不需随循环进尺的改变而变化掏槽形式，仅需改变炮眼深度；而斜眼掏槽则要随循环进尺的不同而改变炮眼位置和角度。直眼掏槽石渣抛掷距离也可缩短。所以目前现场多采用直眼掏槽。但直眼掏槽的炮眼数目和单位用药量要增多，炮眼位置和钻眼方向也要求高度准确，才能保证良好的掏槽效果，技术比较复杂。

直眼掏槽的形式很多，过去常用的有：龟裂掏槽、五梅花掏槽和螺旋掏槽。

近年来，由于重型凿岩机投入施工，尤其是能钻直径大于100mm的大孔的液压钻机投入施工以后，直眼掏槽的布置形式有了新发展。目前现场多采用大孔中空（即临空孔）平行直眼掏槽形式，现场施工爆破中证明具有良好的掏槽效果。对于钻孔深度为3.0～3.5 m的深孔爆破，采用双临空孔型（图6-33a），爆破效果最佳；钻孔深度为3.5～5.15m的深孔爆破，采用三临空孔型最佳（图6-33b）；钻孔深度在3m以下的，则可采用单临空孔型（图6-33c）。以上几种掏槽形式基本上适用于中硬和坚硬的各种岩层中。

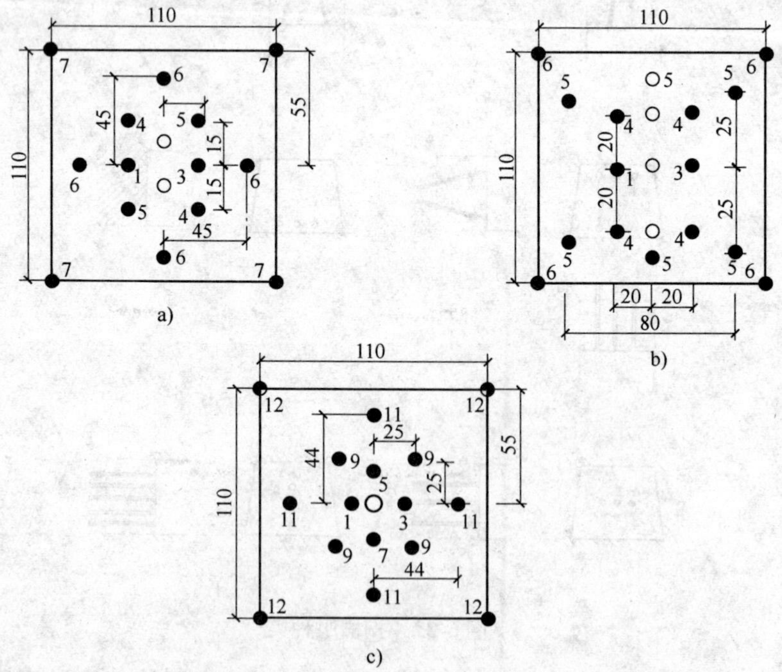

图6-33　炮眼布置形式（单位：cm，炮眼旁数字为毫秒雷管段别）
a）双临空孔型　b）三临空孔型　c）单临空孔型

实践证明：直眼掏槽的爆破效果与临空孔的数目、直径及其与装药眼的距离密切相关。在硬岩爆破中，效果随空眼至装药眼中心距离 W 与空眼直径 ϕ 的比值而有很大变化。如 $W>2\phi$，爆破后岩石仅产生塑性变形，而不能产生真正的破碎；$W=0.70\sim1.5\phi$ 之间时效果最好，为破碎抛掷型掏槽；眼距过小时，爆炸作用有时会将相邻炮眼中的炸药（主要指粉状硝铵类炸药）“挤实”，使之因密度过高而拒爆。为保证空眼所形成的空间足够供岩石膨胀，在考虑临空孔数目时，一般要求所形成的空间不小于装药眼至空眼间的岩柱体积的10%~20%。

2. 辅助眼布置

辅助眼的作用是进一步扩大掏槽体积和增大爆破量，并为周边眼创造有利的爆破条件。其布置主要是解决间距和最小抵抗线问题，这可以由工地经验决定。最小抵抗线约为炮眼间距的60%~80%。

3. 周边眼布置

周边眼的作用是爆破后使坑道断面达到设计的形状和规格。周边眼原则上沿着设计轮廓均匀布置，间距和最小抵抗线应比辅助眼的小，以便爆出较为平顺的轮廓。眼口距设计轮廓线约0.1~0.2m，便于钻眼。

周边眼的底端，对于松软岩层应放在设计轮廓线以内，对于中硬岩层可放在设计轮廓线上，对于坚硬岩层则应略超出设计轮廓线。为了避免欠挖，底板眼底端一般都超出设计轮廓线。

6.7.4 周边眼的控制爆破

在隧道爆破施工中，首要的要求是炮眼利用率高，开挖轮廓及尺寸准确，对围岩震动小。按通常的周边炮眼布置，若全断面一次开挖，常常难以爆破出理想的设计断面，对围岩扰动又大。采用光面爆破与预裂爆破技术，可以控制爆破轮廓，尽量保持围岩的稳定。

光面爆破是指爆破后断面轮廓整齐，超挖和欠挖符合规定要求的爆破。其主要标准是：

1）开挖轮廓成型规则，岩面平整。

2）岩面上保存50%以上孔痕，并无明显的爆破裂缝。

3）爆破后围岩壁上无危石。

隧道施工中采用光面爆破，对围岩的扰动比较轻微，围岩松弛带的范围只有普通爆破法的1/9~1/2；大大地减少了超欠挖量，节约了大量的混凝土和回填片石，加快了施工进度；围岩壁面平整、危石少，减轻了应力集中现象，避免局部坍落，增进了施工安全，并为喷锚支护创造了条件。

光面爆破的优点，在完整岩体中可以从直观感觉中明显地看到。在松软的、特别是不均质和构造发育的岩体中采用光面爆破时，表面效果看起来较差，但对于减轻对围岩的震动破坏，减少超挖和避免冒顶等方面，其实质作用是很大的。所以从围岩稳定性着眼，越是地质不良地段，越要采用光面爆破。

1. 光面爆破的基本原理

实现光面爆破，就是要使周边炮眼起爆后优先沿各孔的中心连线形成贯通裂缝，然后由于爆炸气体的作用，使裂解的岩体向洞内抛散。裂缝形成的机理，国内外进行过不少研究，但目前还缺乏一致的认识。有代表性的理论有三种，一种是认为成缝主要是由于爆破应力波的动力作用引起的，提出了应力波理论；另一种则认为裂缝主要是由于爆破高压气体准静应力的作用引起的，提出了静压力破坏理论；第三种是应力波与爆破气体压力共同作用理论，这是更多的人赞同的一种理论。

2. 光面爆破的主要参数及技术措施

确定合理的光面爆破参数，是获得良好的光面爆破效果的重要保证。光面爆破的主要参数包括周边眼的间距、光面爆破层的厚度、周边眼密集系数、周边眼的线装药密度等。影响光面爆破参数选择的因素很多，主要有地质条件、岩石的爆破性能、炸药品种、一次爆破的断面大小及形状等；其中影响最大的是地质条件。光面爆破参数的选择，目前还缺乏一定的理论公式，多采用经验方法。为了获得良好的光面爆破效果，可采取以下技术措施：

（1）适当加密周边眼　周边眼孔距适当缩小，可以控制爆破轮廓，避免超欠挖，又不致过大地增加钻眼工作量。孔间距的大小与岩石性质、炸药种类、炮眼直径有关，一般为$E=(8\sim18)d$，其中E为孔距（图6-34），d为炮眼直径。一般情况下，坚硬或破碎的岩石宜取小值，软质或完整的岩石宜取大值。

（2）合理确定光面爆破层厚度　所谓光面爆破层，就是周边眼与最外层辅助眼之间的一圈岩石层。光面爆破层厚度就是周边眼的最小抵抗线（图6-34）。周边眼的间距E与光面爆破层厚度W有着密切关系，通常以周边眼密集系数K表示，$K=E/W$。必须使应力波在两相邻炮眼间的传播距离小于应力波至临空面的传播距离，即$E<W$。所以K是小于1的变量，国内外大量工程实践的经验是取$K=0.8$左右，光面爆破层厚度W一般取50～90cm。

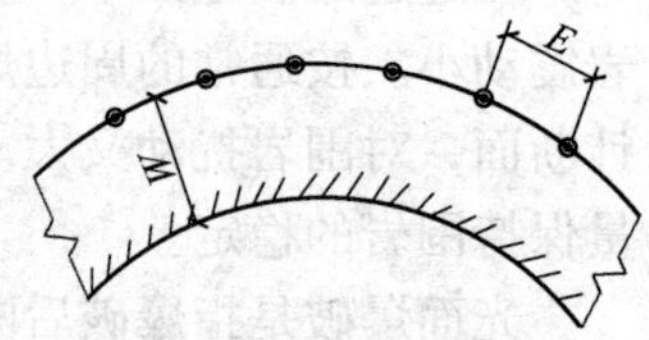

图6-34　光面爆破厚度与周边眼的关系

（3）合理用药　用于光面爆破的炸药，既要求有较高的破岩应力能，又要消除或减轻爆破对围岩的扰动，所以宜采用低猛度、低爆速、传爆性能好的炸药。但在炮眼底部，为了克服眼底岩石的挟制作用，应改用高爆速炸药。

周边眼的装药量是光面爆破参数中最重要的一个参数，通常以线装药密度表示。线装药密度是指炮眼中间正常装药段每米长的装药量。恰当的装药量应是既要具有破岩所需的应力能，又不造成围岩的破坏，施工中应根据孔距、光面爆破厚度、石质及炸药种类等综合考虑确定装药量。

（4）采用小直径药卷不耦合装药结构　在装药结构上，宜采用比炮眼直径小的小直径药卷连续或间隔装药。药卷与炮眼壁间留有空隙，称之为不耦合装药结构。炮眼直径与药卷直径之比称为不耦合系数。光面爆破的不耦合系数最好大于2，但药卷直径不应小于该炸药的临界直径，以保证稳定起爆。当采用间隔装药时，相邻炮眼所用药串的药卷位置应错开，以便充分利用炸药效能。

（5）保证光面爆破眼同时起爆　各炮眼的起爆时差超过0.1s时，就同于单个炮眼爆破。使用即发雷管与导爆索起爆是保证光面爆破眼同时起爆的好方法，同段毫秒雷管起爆次之。

（6）要为周边眼光面爆破创造临空面　在开挖程序和起爆顺序上予以保证，并应注意不要使先爆落的石渣堵死周边眼的临空面。一个均匀的光面爆破层是有效地实现光面爆破的重要一环，应对靠近光面爆破层的辅助眼的布置和装药量给予特殊注意。

3. 预裂爆破

预裂爆破实质上也是光面爆破的一种形式，其爆破原理与光面爆破原理相同。只是在爆破的顺序上，光面爆破是先引爆掏槽眼，接着引爆辅助眼，最后才引爆周边眼；而预裂爆破则是首先引爆周边眼，使沿周边眼的连心线炸出平顺的预裂面。由于这个预裂面的存在，对后爆的掏槽眼和辅助眼的爆炸波能起反射和缓冲作用，可以减轻爆炸波对围岩的破坏影响，爆破后的开挖面整齐规则。由于成洞过程和破岩条件不同，在减轻对围岩的扰动程度上，预裂爆破较光面爆破的效果更好一些。所以预裂爆破很适用于稳定性差而又要求控制开挖轮廓的软弱岩层。但预裂爆破的周边眼间距和最小抵抗线都要比光面爆破的小，相应地要增多炮眼数量，钻眼工作量增大。

与光面爆破一样，要达到理想的预裂效果，关键在于保证连心线上的预裂面产生贯通裂缝，形成光滑的岩壁。但由于预裂爆破受到只有一个临空面条件的制约，采取的爆破参数及技术措施均较光面爆破的要求更严。

6.8　装渣与运输

将开挖的石渣迅速装车运出洞外，是提高隧道掘进速度的重要环节，出渣是隧道作业的基本作业之一。出渣作业往往占全部开挖作业时间的40%~60%，影响着隧道的施工速度的快慢。因此，正确选择并准备足够的装渣运输机械和运输车辆，确定合理的装渣方案，维修好线路，减少相互干扰，提高装渣效率是加快隧道施工速度，尤其是加快长大隧道施工速度的关键。

在选择出渣方式时，应对隧道或开挖坑道断面的大小、围岩的地质条件、一次开挖量、机械配套能力、经济性及工期要求等相关因素综合考虑。出渣作业可以分解为：装渣、运渣、卸渣三个环节。

6.8.1 装渣

装渣就是把开挖下来的石渣装入运输车辆。

1. 渣量计算

出渣量应为开挖后的虚渣体积，可按下式计算

$$Z = R\Delta LS$$

式中 Z——单循环爆破后石渣量（m^3）；

R——岩体松胀系数，见表6-2；

Δ——超挖系数，视爆破质量而定，一般可取1.15～1.25；

L——设计循环进尺（m）；

S——开挖断面面积（m^2）。

表6-2 岩体松胀系数 R 值

岩石类别	Ⅵ		Ⅴ		Ⅳ	Ⅲ	Ⅱ	Ⅰ
土石名称	砂砾	黏性土	砂夹卵石	硬黏土	石质	石质	石质	石质
松胀系数 R	1.15	1.25	1.35	1.3	1.6	1.7	1.8	1.85

2. 装渣方式

装渣的方式可采用人力装渣或机械装渣。人力装渣劳动强度大、速度慢，仅在短隧道缺乏机械或断面小而无法使用机械装渣时，才考虑采用。机械装渣速度快，可缩短作业时间，目前隧道施工中常用，但仍需配少数人工辅助。

3. 装渣机械

装渣机械的类型很多，按其扒渣机构形式可分为：铲斗式、蟹爪式、立爪式、挖斗式。铲斗式装渣机为间歇性非连续装渣机，有翻斗后卸、前卸和侧卸式三个卸渣方式。蟹爪式、立爪式和挖斗式装渣机是连续装渣机，均配备刮板（或链板）转载后卸机构。

装渣机的走行方式有轨道走行和轮胎走行两种。也有配备履带走行和轨道走行两套走行机构的。轨道走行式装渣机须铺设走行轨道，因此其工作范围受到限制。但有些轨道走行式装渣机的装渣机构能转动一定角度，以增加其工作宽度。必要时，可增铺轨道来满足更大的工作宽度要求。轮胎走行式装渣机移动灵活，工作范围不受限制。但在有水土质围岩的隧道中，有可能出现打滑和下陷。

装渣机扒渣的方式不同，走行方式不同，装备功率不同，则其工作能力各不相同。装渣机的选择应充分考虑围岩及坑道条件、工作宽度及其与运输车辆的匹配和组织，以充分发挥各自的工作效能，缩短装渣的时间。

隧道施工中几种常用的装渣机有：

(1) 翻斗式装渣机　这种装渣机多采用轨道走行机构。它是利用前方的铲斗铲起石渣，然后后退并将铲斗后翻，把石渣倒入停在机后的运输车内（图6-35）。

图6-35　翻斗式装渣机

翻斗式装渣机构造简单，操作方便，采用风动或电动，对洞内无废气污染。但其工作宽度一般只有1.7～3.5m，工作长度较短，须将轨道延伸至渣堆，且一进一退间歇装渣，工作效率较低，其斗容量小，工作能力较低，一般只有30～120m³/h，主要适用于小断面或规模较小的隧道中。

(2) 蟹爪式装渣机　这种装渣机多采用履带走行，电力驱动。它是一种连续装渣机，其前方倾斜的受料盘上装有一对由曲轴带动的扒渣蟹爪。装渣时，受料盘插入岩堆，同时两个蟹爪交替将岩渣扒入受料盘，并由刮板输送机将岩渣装入机后的运输车内（图6-36）。

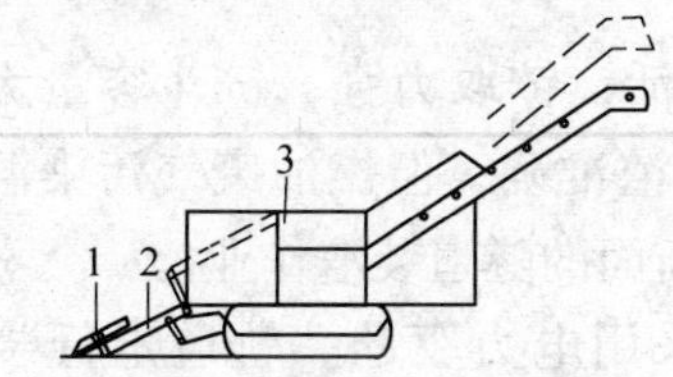

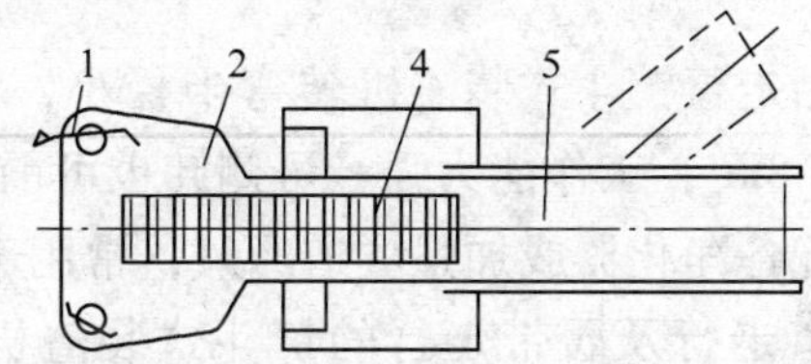

图6-36　蟹爪式装渣机

1—蟹爪　2—受料盘　3—机身　4—链板输送机　5—带式输送机

因受蟹爪拨渣限制，岩渣块度较大时，其工作效率显著降低，故主要用于块度较小的岩渣及土的装渣作业。工作能力一般为60～80m³/h。

(3) 立爪式装渣机　这种装渣机多采用轨道走行，也有采用轮胎走行或履带走行的。以采用电力驱动、液压控制较好。装渣机前方装有一对扒渣立爪，可以将前方或左右两侧的石渣扒入受料盘，其他同蟹爪式装渣机（图6-37）。立爪扒渣的性能较蟹爪式的好，对岩渣的块度大小适应性强，轨道走行时，其工作宽度可达到3.8m，工作长度可达到轨端前方3.0m，工作能力一般在120～180m³/h之间。

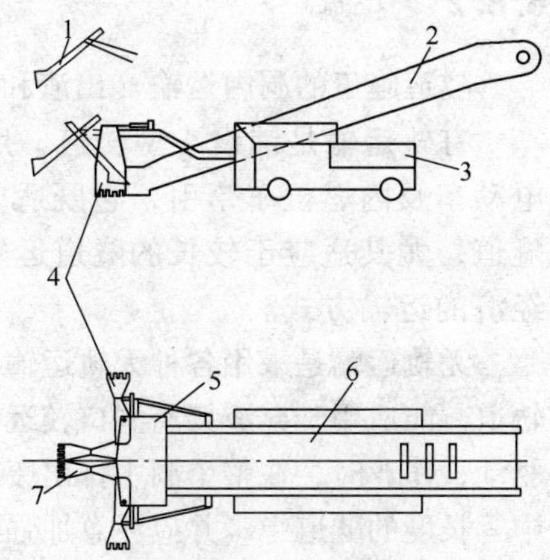

图6-37　立爪式装渣机

1—立爪　2、6—链板输送机　3—机体　4—立爪（左右位置）　5—机架　7—立爪（前方位置）

(4) 挖斗式装渣机　这种装渣机是近几年发展起来的较为先进的隧道装渣机。其扒渣机构为自由臂式挖掘反铲，其他同蟹爪式装渣机，并采用电力驱动和全液压控制系统，配备轨道走行和履带走行两套走行机构。

(5) 铲斗式装渣机　这种装渣机多采用轮胎行走，也有采用履带或轨道走行的。轮胎走行的铲斗式装渣机多采用铰接车身，燃油发动机驱动和液压控制系统(图6-38)。

图6-38　轮胎走行铲斗式装渣机

轮胎走行铲斗式装渣机转弯半径小，移动灵活；铲取力强，铲斗容量大，达0.76~3.8m^3；工作能力强，可侧卸也可前卸，卸渣准确；但燃油废气污染洞内空气，须配备净化器或加强隧道通风，常用于较大断面的隧道装渣作业。

轨道走行及履带走行的铲斗式装渣机，多采用电力驱动。轨道走行装渣机一般只适用于断面较小的隧道中，履带走行的大型电铲则适用于特大断面的隧道中。

6.8.2　运输

隧道施工的洞内运输（出渣和进料）可以分为有轨运输和无轨运输两种方式。

有轨运输是铺设小型轨道，用轨道式运输车出渣和进料。有轨运输多采用电动车及内燃机车牵引，它既适应大断面开挖的隧道，也适用于小断面开挖的隧道，尤其适应于较长的隧道运输（3km以上），是一种适应性较强的和较为经济的运输方式。

无轨运输是采用各种无轨运输车出渣和进料。其特点是机动灵活，不需要铺设轨道，能适用于弃渣场离洞口较远和道路坡度较大的场合。缺点是由于多采用内燃驱动，作业时，在整个洞中排出废气，污染洞内空气，故一般适用于大断面开挖和中等长度的隧道中，并应注意加强通风。

运输方式的选择应充分考虑与装渣机的匹配和运输组织，还应考虑与开挖速度及运量的匹配，以尽量缩短运输和卸渣时间。必要时应作技术经济合理性分析，以求方案最佳。

1. 有轨运输

（1）运输车辆 常用的轨道式运输车辆有斗车、梭式矿车和槽式列车。

斗车结构简单，使用方便，适应性强。斗车运输是较经济的运输方式。按其容量大小可分为小型斗车（容量小于3m³）和大型斗车。小型斗车轻便灵活，满载率高，调车便利，一般均可人力翻斗卸渣。在无牵引机械时还可以人力推送，它是最常用的运输车辆。大型斗车单车容量较大，可达20m³，须用动力机车牵引；并配用大型装渣机械装渣才能保证快速装运；对轨道要求严格；但可以减少装渣中调车作业次数，而缩短装渣时间。

梭式矿车采用整体式车体，下设两个转向架，车箱底部设有刮板式或链式转载机构，便于将整体车厢装满和转载或向后卸渣。它对装渣机械要求条件不高，能保证快速运输，但机构复杂，使用费较高。

槽式列车是由一个接渣车、若干个仅有两侧侧板而没有前后挡板的斗车单元和一个卸渣车串联组成的长槽形列车，在其底板处安装有贯通整个列车的链板式输送带。使用时由装渣机向接渣车内装渣，装满接渣车后，开动链板传送带使石渣在列车内移动一个车位，如此反复装移石渣，即可装满整个列车。卸渣时采取类似的操作，由卸渣车将石渣卸去。

（2）有轨运输牵引类型 常用的轨道式牵引机车有电动车、内燃机车，主要用于坡度不大的隧道运输牵引。当采用小型斗车和坡度较缓的短隧道施工时，还可以采用人力推送。电动车牵引无废气污染，但蓄电池须充电，能量有限。必要时可增加电动车台数，以保证行车速度和运输能力。内燃机车牵引能力较大，但增加洞内噪声污染和废气污染。必要时，须配备废气净化装置和加强通风。

（3）单线运输 单线运输能力较低，常用于地质条件较差或小断面开挖的隧道中。单线运输时，为调车方便和提高运输能力，在整个路线上应合理布设会让站（错车道）。会让站间距应根据装渣作业时间和行车速度计算确定，并编制和优化列车运行图，以减少避让等时间。会让站的站线长度应能够容纳整列车，并保证会车安全，如图6-39所示。

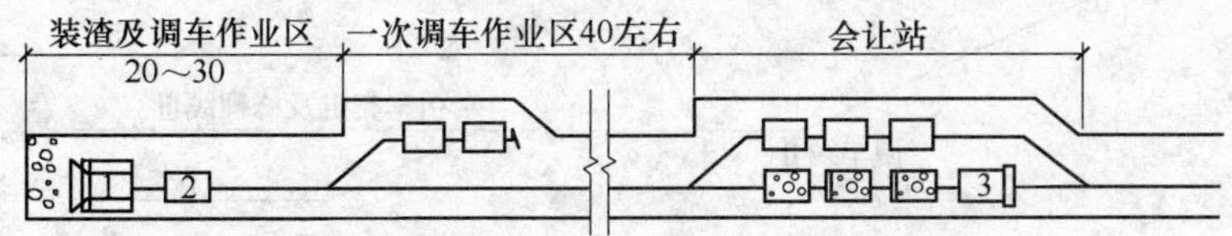

图6-39 单线运输轨道布置（尺寸单位：m）

1—翻斗式装渣机 2—斗车 3—牵引电动车

（4）双线运输 双线运输时，进出车分道行驶，无须避让等待，故通过能力较单线有显著提高。为了调车方便，应在两线间合理布设渡线。渡线间距应根据工序安排及运输调车需要来确定，一般间距为100～200m，或更长，并每隔2～3组渡线设置一组反向渡线，如图6-40所示。

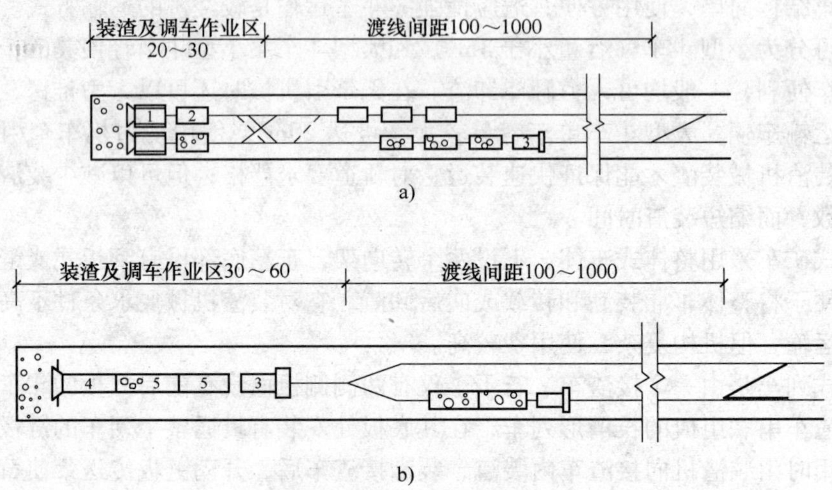

图6-40　双线运输轨道布置（尺寸单位：m）

a）双机装渣　b）单机装渣

1—翻斗式装渣机　2—斗车　3—牵引电动车　4—立爪装渣机　5—梭式矿车

（5）洞口轨道布置　洞口外轨道布置包括卸渣线、上料线、修理线、机车整备线以及调车场等。

卸渣线应搭设卸渣码头，其重车方向应设置一段0.5%～1.0%的上坡，并在轨端加设车挡，以保证卸渣车列安全。其他各线均应满足使用要求，如图6-41所示。

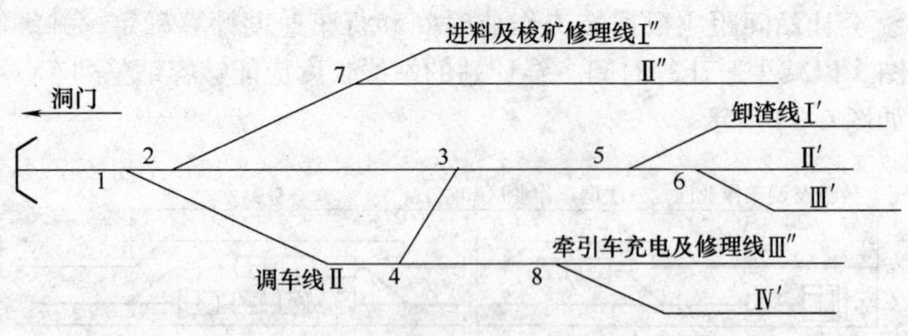

图6-41　洞口外轨道布置

（6）轨道铺设要求　轨距常用的有600mm、762mm和900mm三种。双线线间净距不小于20cm；单线会让站线间净间距不小于40cm。车辆距坑道壁式支撑净间距不小于20cm；双线不另设人行道；单线须设人行道，其净宽不小于70cm。

轨道平面最小曲线半径，在洞内应不小于机车车辆轴距的7倍；洞外不小于10倍；使用有转向架的梭式矿车时，最小曲线半径不小于12m，并应尽量使用较大的曲线半径。洞内轨道纵坡按隧道坡度设置。洞外轨道除卸渣线设置上坡外，其余尽量设置为平坡或0.5%以下的纵坡。

轨道铺设可利用开挖下来的碎石渣作为道砟，并铺设平整、顺直、稳固。若有变形和位移，应及时养护和维修，保证线路处于良好的工作状态。

2. 无轨运输

无轨运输主要是指汽车运输。随着大型装载机械及重载自卸汽车的研制和生产，近年来无轨运输在隧道掘进中得到了越来越广泛的应用。无轨运输不需要铺设复杂的运输轨道，具有运输速度快、管理工作简单、配套设备少等特点。但由于内燃机排放大量废气，对洞内空气污染较为严重，尤其在长大隧道中使用，需要有强大的通风设施。

自卸汽车又称翻斗车。在隧道施工中，应选用车身较短、车斗容量大、转弯半径小、车体坚固、轮胎耐磨、配有废气净化装置、并能双向驾驶的自卸汽车，以增加运行中的灵活性，避免洞内回车和减轻对洞内空气的污染。

由于无轨运输采用的装渣、运渣设备都是自配动力，属自行式，其调车作业主要是解决回车、错车和装渣场地问题。根据不同的隧道开挖断面和洞内运输距离，常用的调车方式有：

1）有条件构成循环通路时，最好制定单向行驶的循环方案，以减少回车、错车需用场地及待避时间。

2）当开挖断面较小，只能设置单车通道而装渣点距洞口又较近时，可考虑汽车倒行进洞至装渣点装渣，正向开行出洞，不设置错车、回车场地。如果洞内运行距离较长时，可在适当位置将导洞向侧壁加宽构成错车、回车场地，以加快调车作业。

3）当隧道开挖断面较大，足够并行两辆汽车时，应布置成双车通道，在装渣点附近回车，空车、重车各行其道，可以提高出渣速度。

4）在采用装渣机装渣、汽车运输的情况下，要充分利用双方都有机动能力的特点，可以采取双方同时机动或一方机动，另一方固定的方式进行装渣。

6.9 初期支护

在地层中开挖出导坑后，出现了岩壁临空面，改变了围岩的应力状态，产生了趋向隧道内的变形位移。同时，由于开挖扰动以及随时间推移的变形量的增长，又降低了围岩的强度。当围岩应力超过围岩强度时，围岩的变形发展过大，从而造成失稳，其表现通常为围岩向洞内的挤入、张裂、沿结构面滑动，甚至最后发生坍塌。围岩的变形是个动态过程。对于坚硬稳固的围岩，开挖成洞后其强度足以承受重分布后的应力，因而不会造成失稳，但对于破碎、软弱围岩，开挖后随着暴露时间的增加，变形随着发展，会造成失稳，尤其是在隧道拱部、洞口、交叉洞以及围岩呈大面积平板状且结构面发达的部位，更易失稳。

为了有效地约束和控制围岩的变形，增强围岩的稳定性，防止塌方，保证施工和运营作业的安全，必须及时、可靠地进行支护。根据围岩的不同稳定状态由喷射混凝土、锚杆、钢筋网、钢支撑等按不同组合形式进行初期支护。为保证隧道投入使用后的稳定、耐久、减少阻力和美观等，一般要修筑混凝土或钢筋混凝土二次衬砌。为了保证在软弱破碎围岩中隧道开挖面的稳定性或控制隧道产生过大的变形，则需要对围岩采取预加固措施以提高其自稳能力。

初期支护是一个总称，它有不同的组合形式，包括喷射混凝土支护、喷射混凝土 + 钢筋网支护、喷射混凝土 + 锚杆支护、喷射混凝土 + 锚杆 + 钢筋网支护、喷射混凝土 + 锚杆 + 钢筋网 + 钢拱架支护、超前小导管（超前管棚） + 喷射混凝土 + 锚杆 + 钢筋网 + 钢拱架支护等六种主要形式。支护参数（喷层厚度、锚杆长度、网径、钢拱架间距、超前小导管长度等）和形式的选择是比较灵活的，应根据工程所处的工程地质与水文地质条件、工程的重要性等因素合理选择。初期支护的核心是喷射混凝土和锚杆支护。

6.9.1 喷射混凝土

喷射混凝土是把掺有速凝材料的混凝土，用喷射机械通过一定的压力喷射到地下工程开挖后的壁面上，从而快速形成具有一定强度的支护结构。喷射混凝土具有与围岩密贴并能和围岩共同迅速产生承载能力、形成支护结构、共同变形等特性，能很快抑制地层变位，对于施工安全十分有利。

喷射混凝土可分为干喷、潮喷和湿喷三种方式，采用何种方式，应根据工程的实际情况选择。

1. 干喷法

用搅拌机将骨料和水泥拌和后，投入喷射机料斗，同时加入速凝剂，将混合料输出，在喷头处加水喷出，干喷法由于粉尘和回弹量大已很少采用。

2. 潮喷法

将骨料预加水，一般加到砂的含水率为 6% 以下、石的含水率为 2% 以下，使骨料浸润成潮湿状，用手可握成团而不散，再在喷头处加水喷射，从而可减少在上料和喷射时的粉尘。喷射工艺流程与干喷类似，如图 6-42 所示。回弹可控制到 15% 左右。由于该法不需要增加设备，只是在干喷的基础上对砂、石加水处理，所以目前应用非常普遍。

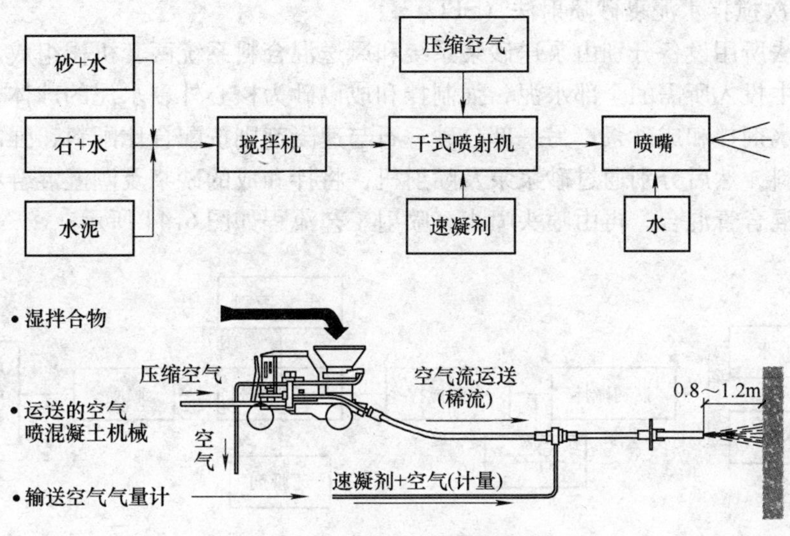

图 6-42 潮喷法工艺流程

3. 湿喷法

用喷射机将拌和好的混凝土送至喷头，在喷头处添加速凝剂喷出，喷射工艺流程如图 6-43 所示。该法所需设备较多，使用成本高。

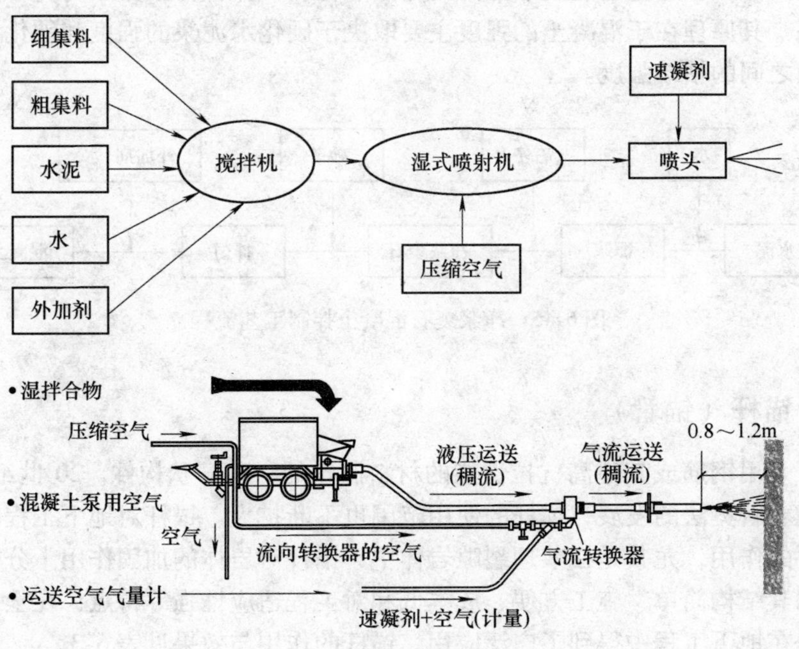

图 6-43 湿喷法工艺流程

4. 二次搅拌水泥裹砂喷射法（SEC）

此方法所用设备分别由泵送砂浆系统和风送混合料系统两套机械组成。在拌湿的部分砂中投入所需的全部水泥，强制拌和成以砂为核心外裹水泥的球体，再二次加水与减水剂拌和成砂浆；另一部分砂、石与速凝剂则按配合比配料，强制拌和成潮湿混合料，然后分别通过砂浆泵及喷射机，将拌和成的砂浆及潮湿混合料由高压胶管送到混合管混合，再由喷头喷出，喷射工艺流程如图6-44所示。

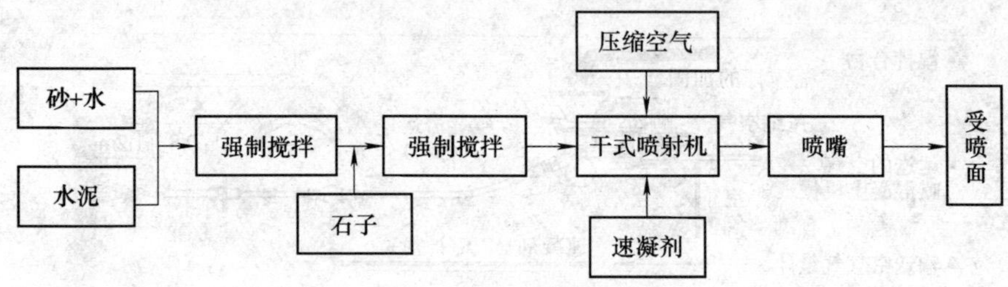

图6-44 水泥裹砂法工艺流程

在二次投料工艺中，还有净浆裹石工艺拌制喷料，其流程如图6-45所示。净浆裹石法是将水泥按一定的水灰比拌成黏稠状的灰浆，再投入粗骨料，使石子表面包裹上一层低水灰比的水泥浆，然后再投入砂子、剩余水及外加剂拌匀即成。与SEC工艺一样，该工艺也能使水泥得到充分水化，在拌合物中分布均匀，使混凝土强度提高。其原理在于混凝土的强度主要取决于硬化水泥浆的强度和硬化水泥浆与骨料界面之间的粘结强度。

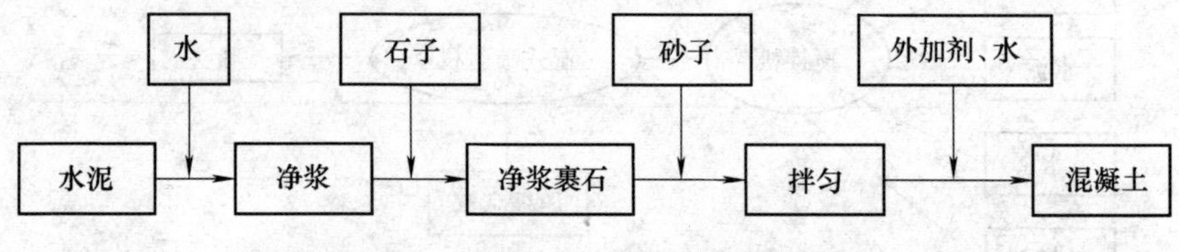

图6-45 净浆裹石混凝土拌制工艺流程

6.9.2 锚杆（锚管）

锚杆是用钢筋或其他高抗拉性能的材料制作的一种杆状构件。20世纪60年代末期，随着新奥法的发展，锚杆的使用范围也不断扩大。锚杆对地下工程的稳定性起着重要的作用，尤其是在节理裂隙岩体中，锚杆对岩体的加固作用十分明显。锚杆支护以其结构简单、施工方便、成本低和对工程适应性强等特点，在土木工程领域尤其是在地下工程中得到了广泛应用。锚杆的作用与效果见表6-3。

表6-3 锚杆的作用与效果

锚杆的作用与效果	概念图
① 支撑围岩。锚杆能限制约束围岩施加压力，从而使处于二轴应力状态的洞室内表面附近的围岩保持三轴应力状态，因而能制止围岩强度的恶化	轴力N 喷射混凝土 内压力p_i
② 加固围岩。由于系统锚杆的加固作用，使围岩中，尤其是松动区的节理裂隙、破裂面等得以联结，因而增大了锚固区围岩的强度（即c、ϕ值）。锚杆对加固节理发育的岩体和围岩松动区是十分有效的，有助于裂隙岩体和松动区形成整体，成为“加固带”	L L_1 加固带
③ 提高层间摩阻力，形成“组合梁”。对于水平或缓倾斜的层状围岩，用锚杆群能把数层岩层连在一起，增大层理间摩阻力，从结构力学观点来看，就是形成“组合梁”	P σ P σ
④“悬吊”作用。“悬吊”作用是指为防止个别危岩的掉落或滑落，用锚杆将其同稳定围岩联结起来。这种作用主要表现在加固局部失稳的岩体	

锚杆的种类很多，根据施工方法、锚固方式及材质的不同，可以有很多类型。按照锚固形式可划分为全长粘结型、端头锚固型、摩擦型和预应力型四种。

(1) 全长粘结型锚杆　价廉、施作简单，适用于围岩变形量不大的各类地下工程的永久系统支护。

(2) 端头锚固型锚杆　安装后能立即提供支护抗力，并能对围岩施加不大的预应力，适用于坚硬裂隙岩体中的局部支护和系统支护，当用作永久支护时，须采取灌浆或其他防腐措施。

(3) 摩擦型锚杆　安装后可立即提供抗力，其最大特点是能对围岩施加三向预应力，韧性好，适于软弱破碎、塑性流变围岩及经受爆破震动的矿山巷道工程。

(4) 预应力型锚杆或锚索　可对围岩施加较大的预应力，适于大跨度高边墙隧道的系统支护及加固大的不稳定块体的局部支护。

6.9.3 钢架和钢筋网施工

钢架是在喷锚网支护中作为加强承载能力的构件。当喷锚网支护所组成的初期支护结构不能及时安全地承受开挖所引起的围岩压力，围岩不能自稳，顶部锚杆又无法及时施作，工作面必须采取超前支护时，必须设置钢架。钢架只能在开挖超前支护中先承受松动围岩的压力，钢架架立后必须在最短时间内喷射混凝土覆盖，使喷射混凝土和钢架共同受力，尽快提高承载能力，使承载力的增长速度大于围岩压力的增长速度，做到安全施工。钢架一般与超前支护配合，目前常用的有型钢钢架和网构钢架两种。

型钢钢架是由工字钢或钢轨制造而成的刚性拱架。这种钢架的刚度和强度大，可作临时支撑并单独承受较大的围岩压力，也可设于混凝土内作为永久衬砌的一部分。钢架的最大特点是架设后能够立即承载，因此多设在需要立即控制围岩变形的场合，在Ⅴ、Ⅵ级软弱破碎围岩中或处理塌方时使用较多。钢架与围岩间的空隙难以用喷射混凝土紧密充填，与喷射混凝土粘结也不好，导致钢架附近喷射混凝土出现裂缝。

网构钢架是由钢筋经冷弯成形后焊接而成，其断面形状有圆形、门形、三边形、四边形等。断面有 3 根和 4 根主筋组成的两种形式，4 主筋式的每根钢筋相同，在等高情况下，其抗弯和抗扭惯性矩大于 3 主筋式。主筋直径不宜小于 22mm；断面高度应与喷射混凝土厚度相适应，一般为 120 ~ 180mm；主筋和连系钢筋的连接方式较多，主要采用图 6-46 所示的形式，连系钢筋直径不宜小于 10mm；接头形式一般有连接板焊于主筋端部，通过螺栓将两段钢架连接板紧密地连在一起的螺栓连接板接头，以及套管螺栓直接套在主筋上，将两段钢架连接在一起的套管螺栓接头。

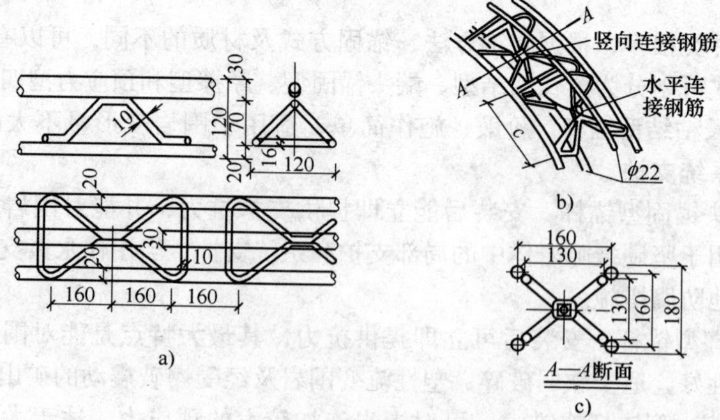

图 6-46 网构钢架构造

网构钢架能够很好地与喷射混凝土一起与围岩密贴，喷射混凝土能够充满钢架及其与围岩的空隙，且能和锚杆、超前支护结构连成一体，支护效果好。

钢筋网一般和喷射混凝土、钢架配合使用。钢筋网一般是在施工前预先做好后运到工作面铺设的，用 ϕ4mm 或 ϕ6mm 的圆钢筋事先定位焊加工成 150mm × 150mm 的片状网格，钢筋网片不宜过大，一般为 1m ×2m。若需双层铺设时，可将两层交错排列而形成 75mm ×75mm 的网格。

钢筋网的铺设应注意以下几点：钢筋网应与锚杆、钢架或其他锚固装置连接牢固；片状钢筋网的搭接长度不小于 200mm；钢筋网必须用喷射混凝土覆盖，且至少要厚 20mm。

6.10 监控量测与数据分析

科学技术的发展与试验测试技术的发展息息相关，历史上一些科学技术的重大突破都是得益于试验测试技术的发展，因此，试验测试技术是认识客观事物最直接、最有效的方法；试验测试技术是解决科学技术疑难问题的必要手段；试验测试对保证工程质量，促进科学的发展具有越来越重要的地位和作用。量测技术在土建工程中同样也占有重要的地位，它在各类工程建筑，尤其是在地下工程中已成为一个不可缺少的组成部分，特别是随着新奥法在地下工程中的推广和普及，量测的地位更显关键和重要。

早期地下工程的建设完全依赖于经验，19 世纪初才逐渐形成自己的理论，开始用于指导地下结构设计与施工，但由于理论的理想化，使得理论上的结构模型和计算方法不可能与现场完全相吻合。于是在重大或长大隧道中，及时掌握现场的第一手资料，然后进行动态分析，也就成了施工控制的重要项目之一，因此施工量测项目越发显得突出和重要了。

为了验证设计和计算是否合理，运营是否安全，施工和科研工作者们对于各种工程试验与测试技术的研究和应用越来越感到需要。作为用于量测的测试元件及仪器经历了从机械或纯光学式到机、电、光结合式的发展；量测数据的采集由刻度式直读发展为数字式直读，目前已广泛采用计算机自动采集；随着改善和提高施工环境的呼声日见高涨，非接触量测方式的研究已受到一定的重视。

隧道施工中监控量测技术大致分为三类：第一类是测量和预报技术，如 GPS 定位系统、全站仪、陀螺经纬仪、垂直对准仪、地质物探仪和地质超前预报仪等。第二类是监控围岩及支护结构变形的量测技术，如周边收敛、拱顶下沉、地表下沉、钢筋受力、锚杆拉力计，位移计，测斜仪，岩土压力和断面量测等。第三类是施工环境监控技术，如粉尘仪、水质理化检验、温湿微风仪、γ 射线监测仪、有害有毒气体监测仪、瓦斯检定器和甲烷自动检测报警器等。本节重点介绍围岩及支护结构监控量测技术。

6.10.1 现场监控量测设计

采用新奥法设计和施工的隧道，必须将现场监控量测列入设计文件，并在施工中实施。现场监控量测是判断围岩和隧道的稳定状态、保证施工安全、指导施工顺序、进行施工管理、提供设计信息的重要手段。

1. 现场监控量测的主要任务

1）保证隧道和围岩的稳定，确保施工安全。掌握围岩和支护的动态，按照动态管理量测断面的信息，正确而经济地施工。

2）经过分析处理与必要的计算和判断量测数据，预测和确定隧道最终稳定时间、指导施工工序和施做二次衬砌的时间。

3）信息反馈修正设计。根据隧道开挖后围岩稳定性的信息，进行综合分析，检验和修正施工前的预设计。

4）积累资料。已有工程的量测结果可应用到其他类似的工程中，作为设计和施工的依据。

2. 现场监控量测的质量要求

1）能快速埋设测点：地下工程在开挖工序中，四周2倍洞径范围内受开挖影响最大。而测点一般是开挖后埋设的，为尽早获得围岩开挖初始阶段的变形动态，测点应紧靠工作面尽快埋设，尽早量测，一般应安设在距掌子面2m范围内，在开挖后24h内，下次爆破前测取初读数。

2）每次量测的时间尽可能短，量测数据准确可靠、直观，不必复杂计算即可直接应用。

3）量测元件有良好的防震、防冲击波的能力，在埋设后能长期有效工作。

4）量测元件有足够精度。

3. 现场监控量测的项目

监控量测的项目应根据地下工程的地质条件、围岩类别、围岩应力分布情况、坑道跨度、埋深、工程性质、开挖方法、支护类型等因素而定。

以监控地下结构物稳定性为目的的项目包括：地质和支护状况观察、周边收敛量测、拱顶下沉量测、地表及地中下沉量测、围岩内部位移量测、围岩松弛范围量测、衬砌内的应力和应变量测、喷层表面应力量测、接触应力量测和锚杆轴力量测。

以监控质量为目的的项目包括：锚杆拉拔力量测、喷射混凝土与岩石粘结力试验、喷射混凝土强度质量的控制和单轴抗压极限强度的验收、喷射混凝土厚度检查、喷射混凝土粉尘测定、初期支护外观与隧道断面尺寸的检验、二次衬砌混凝土抗压强度的检查和二次衬砌厚度的检查。

从国内外的有关规程来看，上述量测内容并非每一种规程全部都有，并且各种规程所含项目均是有选择地进行量测。量测项目分为必测项目和选测项目，必测项目是为保证隧道围岩稳定和反映设计、施工状态而进行的日常量测，一般情况下均应量测；选测项目是为未开挖地段的设计、施工，为未来施工计划的确定，在专为设计和科研目的而开辟的隧道试验段或试验洞内进行的项目。

4. 监控量测计划的制订

现场监控量测计划应综合施工、地质、测试等方面的意见，由设计人员完成。量测计划应根据隧道地质和地形条件、支护类型和参数、施工方法和其他有关条件制订。量测计划一般应包括下列内容：

1）监控量测的项目、方法及量测断面选定，断面内测点数量和位置、量测频率、量测仪器和元件的选定及其精度、测点埋设时间等。

2）量测数据记录表格式、表达量测结果的格式，量测数据精度确认的方法。

3）量测数据处理的方法，并进行试算；量测数据大致范围，作为判断异常的依据；从初期量测值预测最终位移值的方法，综合判断隧道最终稳定的标准。

4）异常情况的对策，对围岩的支护结构力学动态进行评价的反馈方法和信息反馈修正设计的内容。

5）传感器的埋设设计，包括埋设方法、步骤、各部分尺寸及回填浆液配比、工艺选定与工程施工进度的衔接等。

6）固定测试元件的结构设计和测试元件附件的设计：一般应保证测点的空间或平面位移准确，使测到的力和变形方向明确，防震、安全可靠，包括钻孔内和钻孔口部分和引出线的布线方法、量测测试仪器对环境的要求。

7）量测断面布置图和文字说明。

8）监控量测设计说明书。说明书的主要内容包括：目的意义、监控量测的主要内容和使用的仪器设备；资料整理的内容和要求；人员、经费安排；安全措施等内容。

由于开挖工作面是不断推进的，所得的量测信息也是不断变化的，使得信息设计施工管理是动态的。大量的信息需要不断地计算和推断，因此，为了及时利用量测信息，应使用微型计算机和绘图仪进行数据处理和施工管理。

6.10.2 现场监控量测

现场监控量测是在隧道施工过程中，对围岩和支护系统的稳定状态进行监测，为初期支护和二次衬砌的参数调整提供依据，它是新奥法的重要内容之一，是隧道采用新奥法施工的一个必不可少的重要环节。新奥法基本理论是动用各种手段（开挖方法、支护形式、量测及地层预处理等）抑制围岩变形，最大限度地利用围岩自身的承载能力，使隧道施工更安全、更经济。而其安全性和经济性是通过现场监控量测围岩、支护的变形信息，并及时反馈到下一阶段的设计和施工中来实现的。因此，快速、准确地进行现场监控量测和信息反馈，是应用新奥法施工的关键。

现场监控量测的项目及内容见表6-4。

表6-4　现场监控量测的项目及内容

序号	量测主要项目	类别	量 测 仪 器	要求掌握的主要内容
1	地质和支护状况	A	目测	1. 开挖面围岩的自立性；2. 岩质、破碎带、褶皱、节理等情况；3. 核对围岩类别及风化变质情况；4. 地下水情况；5. 支护变形情况、开裂情况；6. 洞口浅埋段地表下沉情况
2	周边收敛位移	A	收敛计	根据变形收敛情况判断：1. 围岩和稳定性；2. 支护设计和施工方法的合理性；3. 模筑二次衬砌时间
3	拱顶下沉	A	水准仪、挂钩式钢卷尺、水准尺	监视拱顶的绝对下沉值，了解断面变化情况，判断拱顶的稳定性，防止塌方
4	洞口段地表沉陷	B	水准仪、水准尺	判断隧道开挖对地表产生的影响及防止沉陷措施的效果
5	锚杆拉拔试验	B	拉拔计	根据拉拔力确认锚杆锚固方法及其长度的合理性

量测断面间距一般为10～20m，洞口、斜井岔口等地段量测断面间距加密为5m，进口浅埋地段地表下沉量测断面间距取5m。全断面开挖时水平收敛基线布置3条，起拱线处水平布1条，起拱线下2m布置1条，轨面线以上1m布置1条；台阶法开挖时，在起拱线上1m处布置1条，起拱线下1m处布置1条，轨面以上1m处水平布置1条。拱顶下沉测点的位置在每个断面内也布置3点。

1. 周边水平位移量测

周边水平收敛值是围岩变形最明显的体现，也是判断围岩动态的最主要的量测项目。目前，它是信息反馈中所采用的主要量测信息。

采用隧道净空变化测定计（俗称收敛计）进行量测，它的基本原理是采用一根在弹簧作用下被拉紧的带状钢卷尺作为传递位移的媒介，通过百分表测读隧道周边两点相对位置的变化，从而计算出该两点基线方向上的相对位移。

测点埋设采用风钻或钢钎凿ϕ40mm深200mm的孔，先用水泥砂浆灌满后再插入测点固定杆，尽量使同一基线两测点的固定方向在同一直线上。等砂浆凝固后，即可进行量测工作。

2. 拱顶下沉量测

拱顶位移的测点用钢丝或ϕ6mm钢筋弯成三角钩制作，用砂浆固定在围岩或混凝土表层。测点的大小要适中，过小测量时不易找到；过大爆破时易被打坏。支护结构施工时要注意保护测点，一旦发现测点被埋掉，要尽快重新设置，以保证数据不中断。

采用水准仪、水准尺、挂钩式钢卷尺配合测量拱顶下沉，精度可达1~2mm，水准基点放在洞内、洞外均可。量测时用一把2~4m长的挂钩式钢卷尺挂上即可。拱顶下沉量测示意如图6-47所示。

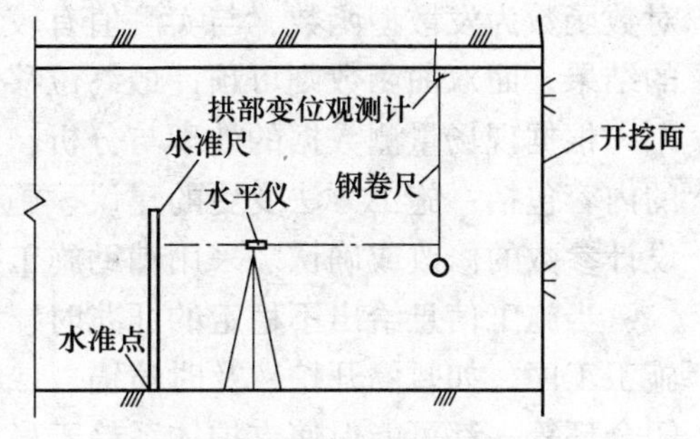

图6-47　拱顶下沉量测示意

3. 地表下沉量测

一般地表下沉量测断面间距5m，与洞内收敛、拱顶下沉量测断面里程对应。测点尽量集中设在隧道中线附近。

地表下沉量测在开挖面前方2B或$H+h_1$处开始进行（图6-48），直到开挖面后方约3B~5B处，地表下沉基本停止为止，量测频率原则上取1~2次/d。

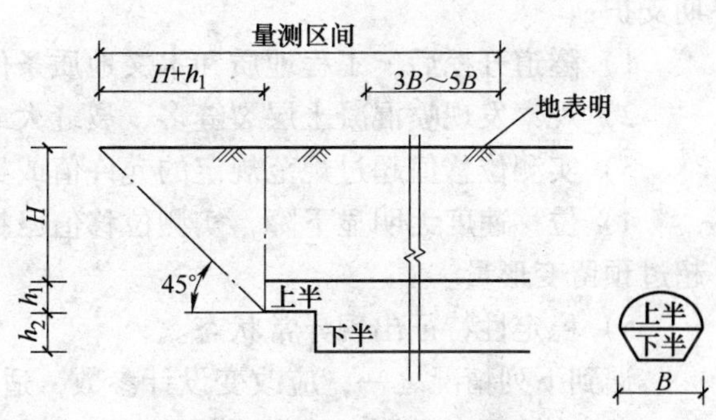

图6-48　地表沉降量测区间

采用水准仪和水准尺配合测定地表沉降，精度可达2~4mm。采用经纬仪将所有测点布设于同一直线上。测点钢筋安设就位后，表面需磨平，并用铁钉等锐器在其表面冲眼标记。

4. 锚杆拉拔试验

锚杆效果的判定是新奥法确保施工质量很重要的一环。拉拔力试验是检查锚杆锚固效果的主要方法。每安装300根锚杆，抽样三根作为一组进行拉拔力试验。当设计变更或材料变更时，再抽样一组进行试验。锚杆拉拔力试验采用拉拔计进行。

6.10.3　监测数据的分析、反馈

现场量测数据应及时进行处理与分析，量测数据中存在偶然误差，具有一定的离散性，难以找出规律，所以应对量测数据进行回归分析，位移—时间曲线最能直接明确地反映围岩和支护受力状态随时间的变化情况。

进行数据处理或回归分析可选用下面三种非线性函数中精度最高者进行回归分析，观测数据不宜少于25个。

（1）对数函数　$u=A+B/\lg(1+t)$。

（2）指数函数　$u=A(1-e^{-Bt})$。

（3）双曲函数　$u=t/(A+Bt)$。

回归结果表明：对数函数用于初期变形可取得较高的回归精度；基本稳定后因对数函数为发散型函数，与实测值有较大偏差，而此时采用指数函数可获得较满意的结果；而双曲函数则可预计最终位移值。

根据现场量测数据的处理与分析，进行信息反馈修正设计，信息反馈修正设计的内容包括：施工方法变更的建议、施工工序的更改、预留变形量的修改或确认、设计参数的修改或确认、采用辅助施工措施的建议等。

当施工信息给出不稳定的征兆时，应检查是否是由于工序不当所造成的。改变施工工序，如暂停开挖、及时喷锚、二次喷混凝土紧跟或提前施作、仰拱及早形成闭合环等，都可能促使支护体系趋于稳定。

遇下列情况之一，应立即采取补强措施，并改变施工方法或改变参数，增强初期支护：

1）隧道开挖后，工程地质和水文地质条件、围岩类别比预计的要差。

2）观察发现喷混凝土层裂缝多，裂缝大或不断扩展。

3）实测位移值超过规范规定的允许值或类似条件下的隧道位移值时。

4）位移速度无明显下降，实测位移值已接近规范规定的允许值。位移量可能超过预留变形量。

5）稳定性特征出现异常状态。

遇到下列情况之一，应改变设计参数，适当降低初期支护级别。

1）确认围岩类别，工程地质及水文地质条件比预计有明显好转或有具体工程类比。

2）初期支护未全部完成，位移已收敛达到施作二次衬砌的指标。

3）初期支护全部施作完毕，位移量远小于规范规定允许位移时，降低其他地段初期支护设计。

6.11 二次衬砌

隧道工程结构一般采用复合式衬砌支护结构——初期支护和二次模筑衬砌。其中初期支护承受施工过程中所产生的全部基本荷载，二次模筑衬砌则作为提高结构安全度的储备结构。初期支护和二次模筑衬砌共同承受特殊荷载，如地震荷载、人防荷载等。二次模筑衬砌一般是在初期结构变形基本稳定后开始施作。根据工程承受的荷载情况和工程的重要性，二次模筑衬砌又可分为混凝土二次模筑衬砌和钢筋混凝土二次模筑衬砌。

二次模筑混凝土衬砌施工应遵循以下原则：

1）隧道衬砌的施工，其中水平、断面尺寸和净空大小均需符合设计要求。

2）确保衬砌不侵入隧道建筑限界，允许在放样时将设计的衬砌轮廓尺寸扩大5cm或按设计要求办理。

3）整体式衬砌施工中，在围岩变化处应设沉降缝，洞口尚应根据地震波影响和气候条件设置伸缩缝，对以上各缝及衬砌施工缝，均应进行防水处理。

4）衬砌所用原材料的储运均应符合有关规定。

6.11.1 模筑混凝土的材料与级配

模筑混凝土的材料与级配，应符合隧道衬砌的强度和耐久性要求，同时必须重视其抗冻、抗渗和抗侵蚀性。

拌制混凝土的水泥，可用硅酸盐水泥、普通硅酸盐水泥、火山灰质硅酸盐水泥、粉煤灰硅酸盐水泥和快硬硅酸盐水泥等，必要时也可采用其他特种水泥；拌制混凝土的细骨料应采用坚硬耐久、粒径在5mm以下的天然砂或机制砂。砂中不应有黏土团块、炭煤、石灰、杂草等有害物质混入；石子应为坚硬耐久的碎石、卵石或两者的混合物。颗粒级配为连续级配。当通过试验，具有充分技术、经济依据时，也可采用其他的颗粒级配；拌和混凝土的水要符合相关规范的要求，应进行水的化学成分分析。凡能供饮用的水，均可拌制混凝土。

为了改善和提高混凝土的各种技术性能，以满足施工工艺和工程质量要求，可在拌制混凝土时适当掺入各种类型的化学外加剂。也可在拌制混凝土时掺入具有胶凝性和填充性的混合材料，以改善混凝土的技术性能，满足施工工艺要求和节省水泥。

6.11.2 模筑混凝土衬砌的施工

模筑混凝土衬砌是隧道施工的一个重要部分，衬砌施工质量直接影响隧道的使用寿命。因此，施工中必须满足设计要求，严格遵照JTG F60—2009《公路隧道施工技术规范》的规定，以确保工程质量。

衬砌施工顺序，目前多采用由下到上、先墙后拱的顺序连续浇筑。在隧道纵向，则需分段进行，分段长度一般为8～12m。在全断面开挖成形或大断面开挖成形的隧道衬砌施工中，则应尽量使用模板台车灌注混凝土整体衬砌。模筑混凝土衬砌施工工艺流程如图6-49所示。

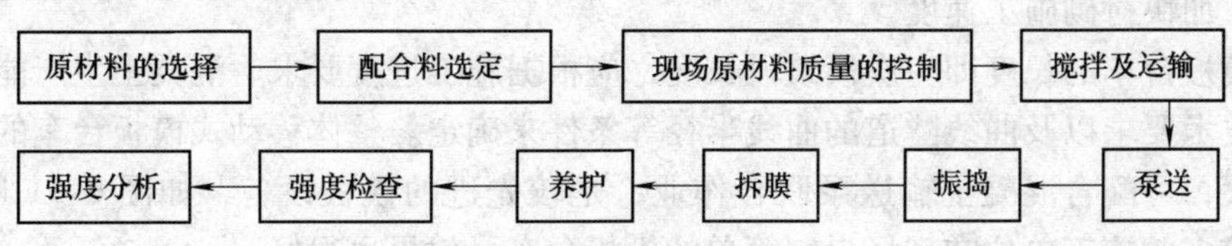

图6-49 模筑混凝土衬砌施工工艺流程

1. 衬砌施工的准备工作

在衬砌工作开始前，要进行中线和水平测量，检查开挖断面是否符合设计要求，欠挖部分应予修凿。然后放线定位，架设衬砌模板支架或拱架。

先墙后拱法施工，应按线路中线确定边墙模板的设计位置。然后搭设工作平台灌注边墙混凝土（图6-50）。整个支架模板系统必须牢靠，以免灌注混凝土时发生变形、移动和倾倒；特别应防止支架模板系统向隧道内凸出而使衬砌侵入限界。灌注前应清除边墙基底的虚渣和污物，排净积水。

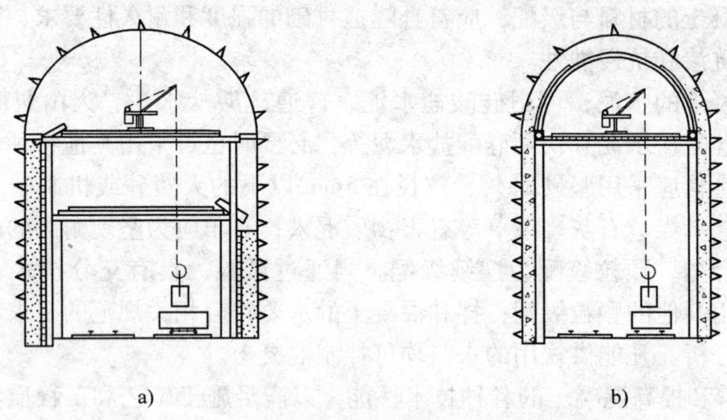

图6-50 搭设工作平台灌注边墙混凝土和拱部混凝土

a）灌注边墙混凝土 b）灌注拱部混凝土

拼装式拱架模板常将整榀拱架分解为2~4节，进行现场组装。为减少安装和拆卸工作量，可以做成简易移动式拱架，即将几榀拱架连成整体，并安设简易滑移轨道。拼装式拱架模板的灵活性大，适应性强，尤其适用于曲线地段。因其安装架设较费时费力，故生产能力较模板台车低。在中小型隧道及分部开挖时，使用较多。传统的施工方法中，因受开挖方法及支护条件的限制，其衬砌施工多采用拼装式拱架模板。

整体移动式模板台车采用大块曲模板、机械或液压脱模机、背附式振捣设备集装成整体，并在轨道上走行，有的还设有自行设备，从而缩短立模时间，墙拱连续浇筑，加快衬砌施工速度。

模板台车的长度即一次模筑段长度，应根据施工进度要求、混凝土生产能力和浇筑技术要求以及曲线隧道的曲线半径等条件来确定。整体移动式模板台车的生产能力大，可配合混凝土输送泵联合作业，是较先进的模板设备，如图6-51所示。我国较多的施工单位在现场自制简单的模板台车，效果也很好。

2. 混凝土的制备与运输

在混凝土制备中应严格按照选定的原材料配合比配料，特别要严格控制加水

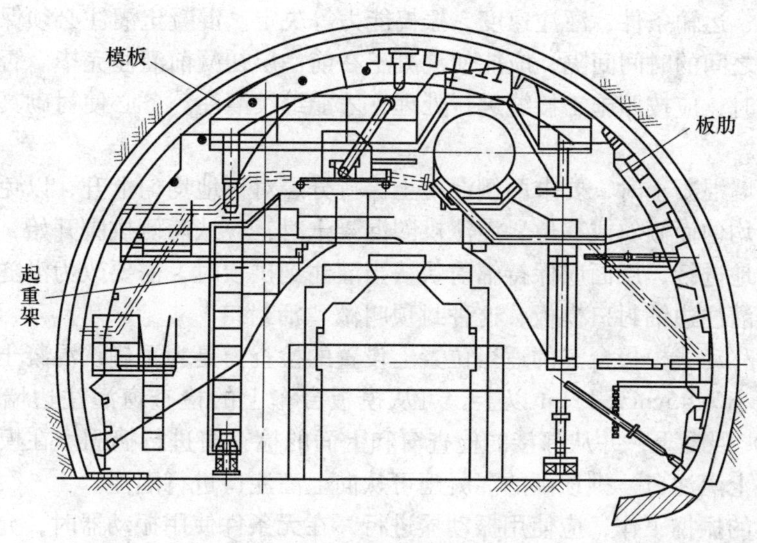

图6-51 整体移动式模板台车

量，保证水灰比的正确性。使混凝土硬化后能获得设计所要求的强度和耐久性，又使拌合物具有施工要求的和易性。

混凝土的拌和，一般应采用机械搅拌。搅拌机有自落式和强制式两类，前者适于拌和低流动性和塑性混凝土，后者适用于拌和干硬性混凝土。隧道工程中大多采用自落式鼓筒搅拌机。混凝土拌和要保证足够的搅拌时间，应搅拌至各种组成材料混合均匀，颜色一致，石子表面应被砂浆包裹。如出料情况不符合上述要求，可适当延长搅拌时间。

混凝土可在设于隧道洞口外的中心搅拌站制备；当隧道较长时，也可在洞内设临时搅拌站进行拌和工作。把混凝土输送到灌注地点的运输工具，可结合工地情况选用，常用的有斗车、手推车、自卸汽车、搅拌车、吊筒、吊斗、带式输送机和输送泵等。

3. 混凝土的灌注

混凝土衬砌在灌注以前，必须做好对灌注段的清理检查，灌注后还须切实做好捣固工作。认真地做好这两项工作，才能保证衬砌混凝土的密实性和整体性，拆模后混凝土表面平整光滑，无蜂窝、麻面，内实外光，衬砌内轮廓线能满足净空限界要求。

混凝土灌注前应按规范规定和设计要求对灌注混凝土地段的地基、基岩、旧混凝土面进行清理和准备工作。必须清除基底虚渣和污物，排除基坑积水。模板和钢筋上的杂物应清除干净。模板接合如有缝隙应嵌塞严密，防止模板走动和漏浆。

混凝土灌注时的自由倾落高度不宜超过2m。混凝土应分层灌注，每层厚度根据拌和能力、运输条件、灌注速度、振捣能力等决定。混凝土灌注必须保证其连续性。灌注层之间的时间间隔，应能使混凝土在前一层初凝前灌注完毕。否则，如必须中断灌注时，应按照施工接缝进行处理，才能继续灌注。务必使衬砌具有较好的整体性。

灌注边墙混凝土时，要求两侧混凝土保持分层对称地均匀上升，以免两侧边墙模板受力不均匀而倾斜或移位。灌注拱圈混凝土时，应从两侧拱脚开始，同时向拱顶分层对称地进行，层面应保持辐射状。当灌注到拱顶时，需要改为沿隧道纵向进行灌注，边灌注边铺封口模板，这种封顶叫做“活封口”。

在整体移动式模板台车的适当位置上设置的检查窗是为了确认混凝土的捣固状态，窗的大小为45cm×45cm以上。可从模板台车上的检查窗灌注边墙和拱下部（除拱顶部）混凝土，并从邻接的检查窗和上面的检查窗进行捣固。在模板台车拱顶部设有向上灌注口，拱顶部的混凝土可从向上灌注口进行灌注。

混凝土的振捣工作，应使用振动器进行，在无条件使用振动器时，允许人工振捣。振动器振捣可产生强烈的机械振动，克服混凝土拌合物颗粒间的摩擦力和粘结力，增强了砂浆的流动性，使骨料滑动下沉，使砂浆填满骨料间的空隙，气泡上浮；同时也使拌合物填满模板的各个角落。

振动器按工作方式分有插入式内部振动器、表面（平板）振动器、附着式振动器等。隧道衬砌混凝土施工中应用最多的是插入式振动器。振动延续时间，应保证混凝土获得足够的密实度，但也要防止振动过量。若用人工振捣时，应保证振捣密实。

4. 混凝土养护与拆模工作

为保证混凝土有良好的硬化条件，防止早期干缩产生裂纹，应在灌注后，根据气候条件，使用适当的材料覆盖混凝土的外露面，洒水养护，并做好受冻害范围的防寒保温工作。洒水养护时间，应根据养护地段的气温、空气相对湿度和使用的水泥品种来确定。硅酸盐水泥、普通水泥拌制的混凝土不得少于7昼夜，掺用外加剂或有抗渗要求的混凝土不得少于14昼夜。表面浇水次数应以能使混凝土表面具有足够的湿润状态为宜。

拱架、墙架和模板的拆除时间，应根据围岩压力、衬砌部位、环境温度、所用水泥品种和强度等级等因素确定，并应在满足有关的施工规则要求时方可拆模。拆模顺序一般应为后支的先拆，先支的后拆；先拆出非承重部分，后拆除承重部分。重大、复杂的模板拆除应有拆模方案。

5. 衬砌灌注中若干问题的处理

要使衬砌灌注质量良好，还须处理好如下几个问题：

（1）回填与压浆　隧道拱圈和边墙背后的空隙必须回填密实，并应与混凝土灌注工作同时进行。在浇筑衬砌混凝土时，虽然要求将超挖部分回填，但由于操作方法方面的原因，其中有些部位并不可能回填得很密实。这种情况在拱顶背后一定范围内较为明显。因此，这些部位应进行压浆处理，以使衬砌与围岩密贴，防止围岩进一步变形。压浆工作应在衬砌达到设计强度后或拱架拆除前及时进行，每段长度为20~30m，在衬砌两侧同时自下而上压注。

（2）仰拱的灌注 若设计无仰拱，则铺底通常是在拱墙修筑好且开挖完毕后进行，以避免与拱墙衬砌和开挖作业的相互干扰。若设计有仰拱，说明侧压和低压较大，则应及时修筑仰拱使衬砌环向封闭，避免边墙挤入造成开裂甚至失稳。但仰拱和底板施工占用洞内运输道路，因此，应对仰拱和底板的施作时间、分块施工顺序和与运输的干扰问题进行合理安排。

灌注仰拱时必须把隧道底部的虚渣、杂物及淤泥清除干净。仰拱超挖部分，若在允许范围内，应用与仰拱同级的混凝土回填。超出允许范围的部分，应用浆砌片石或片石混凝土回填密实。

为施工方便，仰拱和底板可以合并浇筑，但应保证仰拱混凝土强度符合设计要求。待仰拱和底板纵向贯通，且混凝土达到一定强度后，方能允许车辆通行。

6.12 辅助坑道

一般隧道开挖是从两洞口相向掘进开挖，或从其中一个洞口单向掘进。但特长隧道因工期、经济、施工、地形、环境等条件限制，有必要分成多个工作区段进行施工，多数情况下要设辅助工作坑道。此外，为了保证隧道营运期间的安全，也需要设置安全避难通道。

辅助坑道按坡度区分为横洞、平行导坑、斜井和竖井。选择哪种形式，取决于地形、地质、工期、通风需要、运输能力及安全等级等。

1. 横洞

横洞是在隧道侧面修建的与之相交的坑道，一般高速公路上的双洞隧道，在两隧道之间采用横洞连接，傍山沿河隧道在侧向覆盖层较薄处具备设置横洞条件。它比斜井、竖井在作业方面及安全方面都优越，不必采用特殊的机械和设备。所以除因地形等条件，长度需很大外，希望尽量采用横洞作为工作坑道。

2. 平行导坑

平行导坑是与主隧道平行修建的坑道，对于长大越岭隧道，由于地形限制或运输道路条件限制等无法采用横洞、竖井或斜井等辅助坑道时，可采用平行导坑方案。平行导坑距离正洞15~20m，可以根据地质情况、围岩稳定情况和施工方法等考虑，平行导坑底面标高低于隧道底面标高0.2~0.6m，有利于正洞的排水和运输，纵坡原则上与主隧道一致，平行导坑与主隧道之间每隔120~180m设置一横通道，横通道与隧道中线的夹角一般以40°~45°为宜，夹角过小则夹角中围岩易塌，且增加了横通道长度。

平行导坑在隧道施工中的作用有增加工作面，超前地质预报，有利于施工通风、排水、降水和测量等，解决运输干扰，加快施工进度。平行导坑在隧道建成后可作为隧道运营期间的安全避难通道。

3. 竖井

竖井的位置选择必须考虑地形、地质，与主坑道的衔接、完工后的处理等条件来决定。特别是设在山谷部分的竖井多数较短，要研究防止井口附近地表水和泥沙流入的措施。当存在平面位置稍偏离一点，即有可能产生大的地质变化的情况时，必须重视地质调查。

竖井与主隧道的衔接方式有设置在主隧道的正上方和不从主隧道设置两种。若设在主隧道正上方时，坑底设备必须设在主坑道内，而且与主隧道联结处理上会产生困难。一般当竖井深度小时，可设于主隧道上方，当主隧道为山岭隧道时，则不设于主隧道上方比较合理。

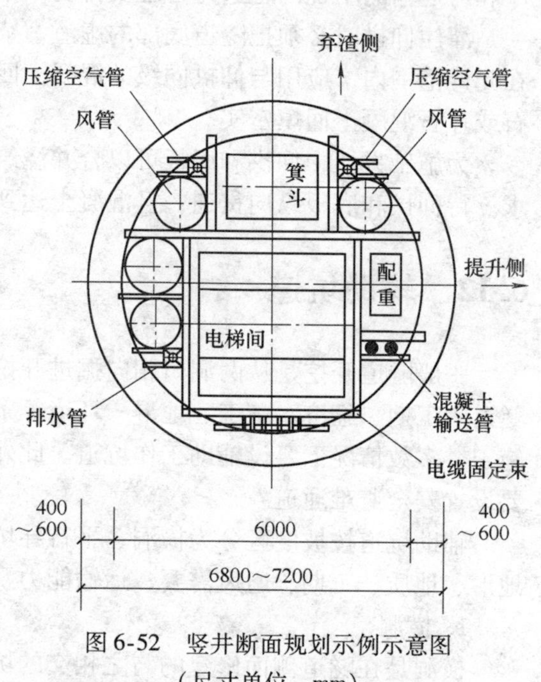

图 6-52 竖井断面规划示例示意图（尺寸单位：mm）

竖井断面的内部空间，应考虑搬运设备，作业通路，其他各种设备等的大小和形状来决定。断面形式通常为圆形，但深度小时，也有矩形的情况。最小断面尺寸由升降车、吊桶等搬运设备，通过竖井机械的最大尺寸，电梯，非常时期使用的出入井设备，给水排水管路、压缩空气管路等的大小、配置等，竖井和联络坑道的衔接部分的构造等来研究决定，如图 6-52 所示。

竖井的支护和衬砌，应考虑地质、深度、断面形状、使用时间、目的、施工方法等进行设计。采用圆形断面时，支撑多数采用四根“H”型钢组成的环接杆件；也有采用衬圈板的例子。另外固结度低的浅地层竖井，一般采用挡土结构明挖法施工。关于衬砌厚度设计没有权威性的计算公式，但对直径 6m 左右的竖井实际采用 40～60cm。

在竖井中主隧道开挖的出渣方式有升降车和箕斗方式两种。升降车方式是向箱形的升降车直接装载运渣推车，用卷扬机提升至地面。工作人员、材料也以升降车运送。箕斗方式是用钢制的吊斗、渣罐，上下间隔向井外运送的方式；工作人员和材料以另外的升降车设备运送。升降车方式不需要进行渣石倒装，但需大型的卷扬设备。箕斗方式的箕斗到达坑底才能装渣；所以竖井深度大时，是有缺点的。因此一般采用升降车方式。

坑底设备有装渣设备和抽水设备。装渣设备在箕斗方式时，由渣罐、手推车倒转装置、装渣设备组成。规模和容量决定于地质，主隧道的施工方法，掘进工期等因素。

升降车方式时，因直接向推车装渣，不需要特别的设备。抽水设备要根据预测的涌水量，并考虑设备的保养、故障、停电等来决定贮水槽、抽水泵、排水管、泵室的配置。

4. 斜井

斜井是在隧道侧面上方开挖的与之相连的倾斜坑道。确定斜井位置时考虑以下因素：洞口设置在地形简单，地质良好，涌水量不大的位置；能保证洞外渣罐、卷扬机等洞外设备布置的用地需要；与主隧道连接要合适，长度尽可能短，能提供适合运输方式的坡度。在规划坡度和断面时，重要的是要注意不给主隧道的作业造成障碍和制约。

斜井坡度如过陡，接近竖井，在运输上会不方便；过缓则存在加长的问题。坡度主要应决定于主隧道开挖出渣的运输方式，若采用输送带方式时，决定于限制渣石滑滚的条件，一般标准在1/4（约14°）以下。斜坡道方式时，采用箕斗和渣罐用卷扬机提升，坡度可比采用输送带时陡些，但必须从安全和卷扬机能力来考虑决定。另外，当主隧道开挖方式是全断面或上部半断面超前施工法，斜井采用轮胎运输时，从自卸汽车走行性能和通风来考虑，希望坡度缓些，采用1/7左右（约9°）的实例较多。

斜井的断面由出渣运输设备，搬入主坑道使用的机械，钢支撑，混凝土输送、排水用的配管、送排风管，电气配线（电力、照明、信号）和用于工作的通道等，同时考虑各种余量，综合研究得出必要的最低限度的尺寸大小。另外施工用的斜井是临时设施，所以没有必要做全断面衬砌，可以相应于地质情况，在需要的位置上进行衬砌。

安装在主隧道的坑底设备根据主隧道的施工方法，斜井的运输方式的不同，在构造上是有差别的。采用输送带方式时，在斜井底部水平坑道内设渣石转运等设备。水平坑道部分的长度，除考虑渣石转运设备外，还要考虑临时堆放的材料，充电、集水槽等设施来决定，一般多在50～100m。采用斜坡道有轨运输方式时，因坑底设备简单，水平坑道可短些。采用轮胎运输方式时更简单，约10m可满足要求。斜井实际采用的断面如图6-53所示。

5. 用于通风的竖井

公路隧道通风设备规模的决定，是以汽车排放的有害物质即对生理上有害的一氧化碳和在走行上产生视觉障碍的烟雾为对象的，因此随着隧道长度和交通量的增加，所需通风设备的送风量也增加。所需通风管道设在中间竖井（包含斜井和横洞）中，并由它进行被污染空气和新鲜空气的交换处理。

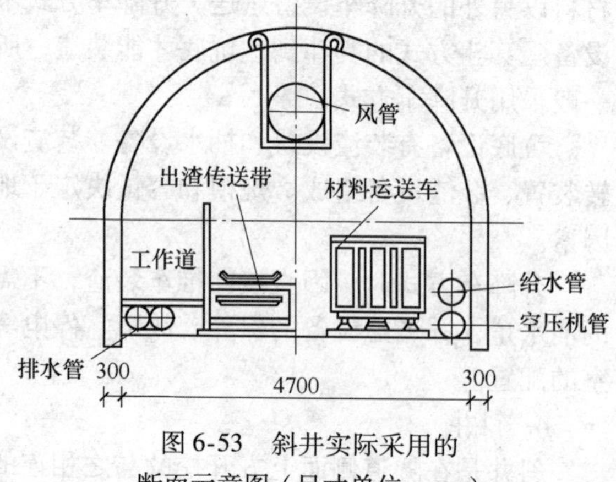

图 6-53 斜井实际采用的断面示意图（尺寸单位：mm）

公路隧道的通风方式，随着隧道长度、交通量的增大，在通风效果方面一向认为较为有利的是半横向、横向通风方式，而采用竖井的横向通风方式的竖井位置，决定着最佳通风设备的选择。

通风竖井的位置，在横向通风时，最恰当的地点是在通风量的分区点上。采用纵向通风方式时，是污染空气（CO 或烟雾）允许含量界限的位置。另外，山岭隧道的竖井位置受地形、地质条件、周围的环境条件、气象条件等各种制约，所以也有必要将竖井选定在能限制通风动力损失最低的位置上。再有通风动力设备由于竖井延长加大而增大，将需要建立地下通风站。所以设置通风竖井的隧道通常为大断面的地下结构，这在地质条件存在困难时，竖井位置选择就必须进行综合的研究。

通风竖井的断面，一般采用圆形，其大小由隧道所需的通风量来决定。管道内的风速一般为 20m/s 左右。但断面除按通风决定的面积外，同时要考虑通风竖井内的电缆布设。在延长较短的竖井设地面通风站时，应设置检查通道（升降电梯）等的空间，规划时必须综合考虑决定。

第7章　隧道特殊地质地段施工

7.1 概　述

在修建隧道的过程中，常遇到一些不利于施工的特殊地质地段，如膨胀土围岩、黄土、溶洞、断层、松散地层、流砂、岩爆等。在开挖、支护和衬砌过程中，由于各种因素的影响都可能发生土石坍塌、坑道支撑变形和衬砌结构断裂等情况，严重影响施工进度、安全和质量。隧道若穿越含有瓦斯的地层，更严重地威胁着施工安全。

隧道通过特殊地质地段施工时应注意以下几点：

1）施工前应对设计所提供的工程地质和水文地质资料进行详细分析，深入细致地作施工调查，制定相应的施工方案和措施，备足有关机具及材料，认真编制和实施施工组织设计，使工程达到安全、优质、高效的目的。反之，即便地质并非不良，也会因准备不足，施工方法不当或措施不力导致施工事故，延误施工进度。

2）特殊地质地段隧道施工以“先治水、短开挖、弱爆破、强支护、早衬砌、勤检查、稳前进”为指导原则。在选择和确定施工方案时，应以安全为前提，综合考虑隧道工程地质及水文地质条件、断面形式、尺寸、埋置深度、施工机械装备、工期和经济的可行性等因素而定。同时应考虑围岩变化时施工方法的适应性及其变更的可能性，以免造成工程失误和增加投资。

3）隧道开挖方式是采用钻爆开挖法、机械开挖法，还是采用人工和机械混合开挖法，都应视地质、环境、安全等条件来确定。如用钻爆法施工时，采用光面爆破和预裂爆破技术，既能使开挖轮廓线符合设计要求，又能减少对围岩的扰动破坏。爆破应严格按照钻爆设计进行施工，如遇地质变化应及时修改完善设计。

4）隧道通过自稳时间短的软弱破碎岩体，浅埋软岩和严重偏压、岩溶流泥地段，砂层，砂卵（砾）石层，断层破碎带以及大面积淋水或涌水地段时，为保证洞体稳定可采用超前锚杆、超前小钢管、管棚、地表预加固地层和围岩预注浆等辅助施工措施，对地层进行预加固、超前支护或止水。

5）为了掌握施工中围岩和支护的力学动态及稳定程度，以及确定施工工序，保证施工安全，应实施现场监控量测，充分利用监控量测指导施工。对软岩浅埋隧道须进行地表下沉观测，这对及时预报洞体稳定状态，修正施工方案都十分重要。

6）特殊地质地段隧道，除大面积淋水地段、流砂地段，穿过未胶结松散地层和严寒地区的冻胀地层等，施工时应采取相应的措施外，均可采用锚喷支护施工。

爆破后如开挖工作面有坍塌可能时，应在清除危石后及时喷射混凝土护面。如围岩自稳性很差，开挖难以成形，可沿设计开挖轮廓线预先设置超前锚杆。锚喷支护后仍不能提供足够的支护能力时，应及早装设钢架支撑加强支护。

7）当采用构件支撑作临时支护时，支撑要有足够的强度和刚度，能承受开挖后的围岩压力。围岩出现底部压力，产生底膨现象或可能产生沉陷时应加设底梁。当围岩为松软破碎时，应先护后挖，暴露面应用支撑封闭严密。根据现场条件，可结合管棚或超前锚杆等支护，形成联合支撑。支撑作业应迅速、及时，以充分发挥构件支撑的作用。

8）围岩压力过大，支撑受力下沉侵入衬砌设计断面，必须挑顶（即将隧道顶部提高）时，应先挑顶后扩挖。当扩挖后发现顶部下沉时，应立好拱架和模板，先灌注满足设计断面部分的拱圈，待混凝土达到所需强度并加强拱架支撑后，再行挑顶灌注其余部分。挑顶作业宜先护后挖。

9）对于极松散的未固结围岩和自稳性极差的围岩，当采用先护后挖法仍不能开挖成形时，宜采用压注水泥砂浆或化学浆液的方法，以固结围岩，提高其自稳性。

10）采用模筑衬砌施工时，当拱脚、墙基松软时，灌注混凝土前应采取措施加固基底。衬砌混凝土应采用高强度等级或早强水泥，提高混凝土等级，或采用掺速凝剂、早强剂等措施，提高衬砌的早期承载能力。仰拱施工，应在边墙完成后抓紧进行，或根据需要在初期支护完成后立即进行，使衬砌结构尽早封闭，构成环形，改善受力状态，以确保衬砌结构的长期稳定坚固。

7.2 膨胀土围岩

膨胀土指土中黏土矿物成分主要由亲水性矿物组成，同时具有吸水显著膨胀软化和失水收缩硬裂两种特性，且具有湿胀干缩往复变形的高塑性黏性土。决定膨胀性的亲水矿物主要是蒙脱石黏土矿物。

我国是世界上膨胀土分布面积最广的国家之一。现已发现有膨胀土发育的地区达20余个省、市、自治区，遍及西南、西北、东北、长江与黄河中下游及东南沿海地区。其中，主要有：云南、贵州、四川、湖北、安徽、广东、广西、陕西、山西、河南、山东和河北等省区，分布十分广泛。

1. 膨胀土围岩的特性

穿过膨胀土地层的隧道，常常可以见到开挖后不久围岩因开挖而产生变形，或者因浸水而膨胀，或因风化而开裂等现象。使坑道的顶部及两侧向内挤入，底部膨起，随着时间的增长导致围岩失稳，支撑、衬砌变形和破坏。这些现象说明膨胀土围岩性质是极其复杂的，它与一般土质的围岩性质有着根本的区别。膨胀土围岩的基本特性，主要有以下三方面：

1）膨胀土围岩大多具有原始地层的超固结特性，使土体中储存有较高的初始应力。当隧道开挖后，引起围岩应力释放，强度降低，产生卸荷膨胀。因此，膨胀土围岩常常具有明显的塑性流变特性，开挖后将产生较大的塑性变形。

2）膨胀土中有各种形态发育的裂隙，形成土体的多裂隙性。膨胀土围岩实际上是土块与各种裂隙和结构面相互组合形成的膨胀土体。由于膨胀土体在天然原始状态下具有高强度特性，隧道开挖后洞壁土体失去边界支撑而产生胀缩，同时因风干脱水使原生隐裂隙张弛，使围岩强度急剧衰减。因此，隧道施工开挖过程中，常有初期围岩变形大，发展速度快等现象。

3）膨胀土围岩因吸水而膨胀，失水而收缩，土体中干湿循环产生胀缩效应。胀缩效应一是使主体结构破坏，强度衰减或丧失，围岩压力增大。二是造成围岩应力变化，无论膨胀压力或收缩压力，都将破坏围岩的稳定性，特别是膨胀压力将对增大围岩压力起叠加作用。

2. 膨胀土围岩对隧道施工的危害

由于膨胀土围岩的特殊工程地质性质及其围岩压力特性，使膨胀土的隧道围岩具有普遍开裂、内挤、坍塌和膨胀等变形现象。膨胀土隧道围岩变形常具有速度快、破坏性大、延续时间长和整治较困难等特点。施工中常见下列几种情况：

1）围岩裂缝：隧道开挖后，由于开挖面上主体原始应力释放产生胀裂；另外，因为表层土体风干而脱水，产生收缩裂缝。同时，两种因素都可以使土中原生隐裂隙张开扩大。沿围岩周边产生裂缝，尤其在拱部围岩容易产生张拉裂缝与上述裂缝贯通，形成局部变形区。

2）坑道下沉：由于坑道下部膨胀土体的承载力较低，加之上部围岩压力过大，而产生坑道下沉变形。坑道的下沉，往往造成支撑变形、失效，进而引起主体坍塌等现象。

3）围岩膨胀突出和坍塌：膨胀土开挖过程中或开挖后，围岩产生膨胀土变形，周边土体向洞内膨胀突出，开挖断面缩小。在土体丧失支撑或支撑力不够的状态下，由于围岩压力和膨胀压力的综合作用，使土体产生局部破坏，由裂缝发展到出现溜塌，然后逐渐牵引周围土体连续破坏，形成坍塌。

4）底膨：隧道底部开挖后，洞底围岩的上部压力解除，又无支护体约束的条件下，由于应力释放，洞底围岩产生卸荷膨胀；加之坑道积水，使洞底围岩产生浸水膨胀。因而造成洞底围岩膨出变形。

5）衬砌变形和破坏：在先拱后墙法施工中，拱部衬砌完成后至开挖马口的这段时间，由于围岩和膨胀压力，常常产生拱脚内移，同时发生不均匀下沉，拱脚支撑受力大，发生扭曲、变形或折断。拱顶受挤压下沉，也有向上凸起。拱顶外缘经常出现纵向贯通拉裂缝，而拱顶内缘出现挤裂、脱皮、掉块现象。在拱腰部位出现纵向裂缝，这些裂缝有时可发展到张开、错台。当采用直墙时，边墙常受膨胀侧压而开裂，甚至张开、错台，少数曲墙也有出现水平裂缝的情况。当底部未做仰拱或仅做一般铺底时，有时会出现底部膨起，铺底被破坏的现象。

3. 膨胀土围岩的隧道施工要点

(1) 加强调查、量测围岩的压力和流变　在膨胀土地层中开挖隧道，除了认真实施设计文件所提出的技术要求外，在施工过程中应对围岩压力及其流变情况进行充分的调查和量测，分析其变化规律。对地下水亦应探明分布范围及规律，了解水对施工的影响程度，以便根据围岩动态采取相应的施工措施。如原设计难以适应围岩动态情况，也可据此作适当修正。

(2) 合理选择施工方法　膨胀土隧道围岩压力的施工效应，是导致隧道变形病害的主要原因。采用合理的施工方法，对隧道的稳定性有着十分重要的作用。因此，在施工中应以尽量减少对围岩产生扰动和防止水的浸湿为原则，所以宜采用无爆破掘进法，如采用掘进机、风镐、液压镐等开挖。在开挖过程中尽可能缩短围岩暴露时间，并及时衬砌，以尽快恢复洞壁因土体开挖而解除的部分围岩应力，减少围岩膨胀变形。开挖方法宜不分部或少分部，多采用正台阶法、侧壁导坑法和“眼镜法”。正台阶法适用于跨度小的隧道，它分部少相互干扰小，且能较早地使支护（衬砌）闭合。侧壁导坑法和“眼镜法”较适用于跨度较大的隧道，它具有防止上半断面支护（衬砌）下沉的优点，但全断面闭合时间较迟，必须注意防止边墙混凝土受压向隧道内挤。

(3) 防止围岩湿度变化　隧道开挖后，膨胀土围岩风干脱水或浸水，都将引起围岩体积变化，产生胀缩效应。因此，隧道开挖后应及时喷射混凝土，封闭和支护围岩。在有地下水渗流的隧道，应切断水源并加强洞壁与坑道防水、排水措施，防止施工积水对围岩的浸湿等。如局部渗流，可采用注浆堵水阻止地下水进入坑道或浸湿围岩。

(4) 合理进行围岩支护　膨胀土围岩支护必须适应围岩的膨胀特性。喷锚支护作为开挖膨胀土围岩的施工支护，可以加强围岩的自承能力，允许有一定的变形而又不失稳。采用喷锚支护，应紧跟开挖，必要时在喷射混凝土的同时采用钢筋网，也可采用钢纤维混凝土提高喷层的抗拉和抗剪能力。当膨胀压力很大时，可用锚喷及钢架或格栅联合支护，在隧道底部打设锚杆，也可以在隧道顶部打入超前锚杆或小导管支护。膨胀土围岩隧道的支护，尽可能使其在开挖面周壁上迅速闭合。如果是台阶开挖，可在上半部开挖后尽快作出半部闭合，使围岩尽早受到约束。总之，不论采用哪一种类型的支护，都必须根据工程实际情况及围岩变形状态而定。

膨胀土围岩隧道开挖后，围岩向内挤压变形一般是在四周同时发生，所以施工时要求隧道衬砌及早封闭。从理论上讲，拱部、边墙及仰拱宜整体完成，衬砌受力条件最好。但受施工条件的限制往往难以实现。因此，在灌注拱圈部分时，应在上台阶的底部先设置临时混凝土仰拱或喷射混凝土作临时仰拱，以使拱圈在边墙、仰拱未完成前，自身形成临时封闭结构。然后当进行下部台阶施工时，再拆除临时仰拱，并尽快灌注永久性仰拱。

7.3　黄土地质

黄土是在干燥气候条件下形成的一种具有褐黄、灰黄或黄褐等颜色，并有针状大孔、垂直节理发育的特殊性土。黄土在我国分布较广。黄河中游的河南西部、山西南部、陕西和甘肃的大部分地区为我国黄土和湿陷性黄土的主要分布区，这些地区的黄土分布厚度大、地层全而连续，发育亦较典型。

1. 黄土对隧道施工的影响

（1）黄土节理　在红棕色或深褐色的古土壤黄土层，常具有各方向的构造节理，有的原生节理呈 X 形，成对出现，并有一定延续性。在隧道开挖时，土体容易顺着节理张松或剪断。如果这种地层位于坑道顶部，则极易产生“塌顶”。如果位于侧壁，则普遍出现侧壁掉土，若施工时处理不当，常会引起较大的坍塌。

（2）黄土冲沟地段　隧道在黄土冲沟或塬边地段施工时，当隧道在较长的范围内沿着冲沟或塬边平行走向，而覆盖较薄或偏压很大的情况下，容易发生较大的坍塌或滑坡现象。

（3）黄土溶洞与陷穴　黄土溶洞与陷穴是黄土地区经常见到的不良地质现象，隧道若修建在其上方，则有基础下沉的危害。隧道若修建在其下方，常有发生冒顶的危险。隧道若修建在其邻侧，则有可能承受偏压。

（4）水对黄土隧道施工的影响　在含有地下水的黄土层中修建隧道，由于黄土在干燥时很坚固，承压力也较高，施工可顺利进行。当其受水浸湿，呈不同程度的湿陷后，会突然发生下沉现象，使开挖后的围岩迅速丧失自稳能力，如果支护措施满足不了变化后的情况，极容易造成坍塌。

施工中洞内排水不良，道路会泥泞难行，不论是无轨还是有轨运输都会给道路的维护、机械的使用与保养、隧道的铺底或仰拱施工作业等方面带来很大的困难。

2. 黄土隧道的施工方法

黄土隧道施工，应做好黄土中构造节理的产状与分布状况的调查。对因构造节理切割而形成的不稳定部位，在施工时加强支护措施，防止坍塌，以保安全施工。

施工中应遵循“短开挖、少扰动、强支护、实回填、严治水、勤量测”的施工原则，紧凑施工工序，精心组织施工。

开挖方法宜采用短台阶法、分部开挖法和环形开挖留核心法，初期支护应紧跟开挖面施作。黄土围岩开挖后暴露时间过长，围岩周壁风化至内部，围岩体松弛加快，进而发生坍方。因此，宜采用复合式衬砌，开挖后以喷射混凝土、锚杆、钢筋网和钢支撑做初期支护，以形成严密的支护体系。必要时可采用超前锚杆、管棚支撑加固围岩。在初期支护基本稳定后，进行永久支护衬砌。衬砌背后回填要密实，尤其是拱顶回填。

做好洞顶、洞门及洞口的防水、排水系统工程，并妥善处理好陷穴、裂缝，以免地面积水侵蚀洞体周围，造成土体坍塌。在含有地下水的黄土层中施工时，洞内应施作良好的排水设施。水量较大时，应采用井点降水等法将地下水位降至隧道衬砌底部以下，以改善施工条件、加快施工速度。在干燥无水的黄土层中施工，应管理好施工用水，不使废水漫流。

3. 黄土隧道施工的注意事项

1）施工中如发现工作面有失稳现象，应及时用喷射混凝土封闭、加设锚杆、架立钢支撑等加强支护。试验表明，在黄土隧道中喷射混凝土和砂浆锚杆作为施工临时支护效果良好。

2）施工时特别注意拱脚与墙脚处断面，如超挖过大，应用浆砌片石回填。如发现该处主体承载力不够，应立即采取相应措施进行加固。

3）黄土隧道施工，宜先做仰拱，如果不能先做仰拱时，可在开挖与灌注仰拱前，为防止边墙发生向内位移，应加设横撑。

4）施工中如发现不安全因素时，应暂停开挖，加强临时支护，以便采取适应性的工序安排。

7.4 溶洞处理措施

岩溶是指可溶性岩层，如石灰岩、白云岩、白云质灰岩、石膏、岩盐等，受水的化学和机械作用产生沟槽、裂缝和空洞以及由于空洞的顶部塌落使地表产生陷穴、洼地等现象和作用。溶洞是以岩溶水的溶蚀作用为主，间有潜蚀和机械塌陷作用而造成的基本沿水平方向延伸的通道。溶洞是岩溶现象的一种。

我国石灰岩分布极广，常会遇到溶洞。因此，在这些地区修建隧道，必须予以注意。

1. 溶洞的类型及对隧道施工的影响

溶洞一般有死、活、干、湿、大、小几种。死、干、小的溶洞比较容易处理，而活、湿、大的溶洞，处理方法则较为复杂。

当隧道穿过可溶性岩层时，有的溶洞岩质破碎，容易发生坍塌。有的溶洞位于隧道底部，充填物松软且深，使隧道基底难于处理。有时遇到填满饱含水分的充填物溶槽，当坑道掘进至其边缘时，含水充填物不断涌入坑道，甚至使地表开裂下沉，山体压力剧增。有时遇到大的水囊或暗河，岩溶水或泥沙夹水大量涌入隧道。有的溶洞、暗河迂回交错、分支错综复杂、范围宽广，处理十分困难。

2. 隧道遇到溶洞的处理措施

隧道通过岩溶区，应查明溶洞分布范围和类型，岩层的完整稳定程度、填充物和地下水情况，据以确定施工方法。对尚在发育或穿越暗河、水囊等地质条件复杂的岩溶区，应查明情况审慎选定施工方案。对有可能发生突然的大量涌水、流石、流泥、崩坍落石等，必须事先制定措施，确保施工安全。

隧道穿过岩溶区，如岩层比较完整、稳定，溶洞已停止发育，有比较坚实的填充，且地下水量小，可采用探孔或物探等方法，探明地质情况，如有变化便于采取相应的措施。如溶洞尚在发育或穿越暗河、水囊等岩溶区时，则必须探明地下水量大小、水流方向等，先要解决施工中的排水问题，一般可采用平行导坑的施工方案，以超前钻探方法，向前掘进。当出现大量涌水、流石、流泥、崩坍落石等情况时，平导可作为泄水通道，正洞堵塞时也可利用平导在前方开辟掘进工作面，不致正洞停工。

岩溶地段隧道常用处理溶洞的方法，有“引、堵、越、绕”四种。

(1) 引　遇到暗河或溶洞有水流时，宜排不宜堵。应在查明水源流向及其与隧道位置的关系后，用暗管、涵洞、小桥等设施宣泄水流或开凿泄水洞将水排出洞外（图7-1)。当岩溶水流的位置在隧道顶部或高于隧道顶部时，应在适当距离处，开凿引水斜洞或引水槽，将水位降低到隧底标高以下，再行引排。当隧道设有平行导坑时，可将水引入平行导坑排出。

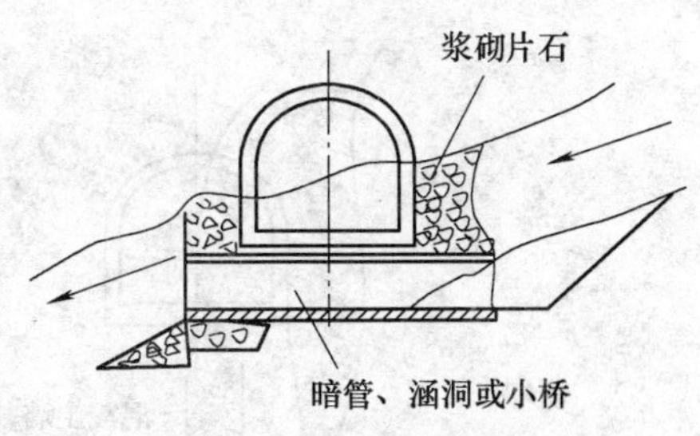

图7-1　宣泄水流示意图

(2) 堵　对已停止发育、跨径较小，无水的溶洞，可根据其与隧道相交的位置及其充填情况，采用混凝土、浆砌片石或干砌片石予以回填封闭；或加深边墙基础，加固隧道底部（图7-2)。当隧道拱顶部有空溶洞时，可视溶洞的岩石破碎程度在溶洞顶部采用锚杆或锚喷网加固，必要时可考虑注浆加固并加设隧道护拱及采用拱顶回填进行处理（图7-3)。

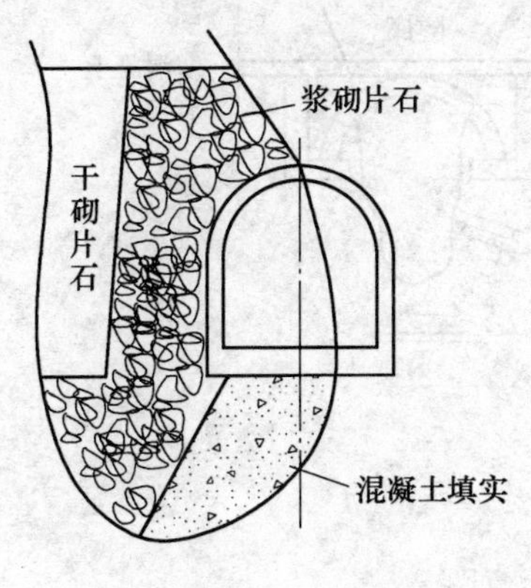

图7-2　溶洞堵填示意图

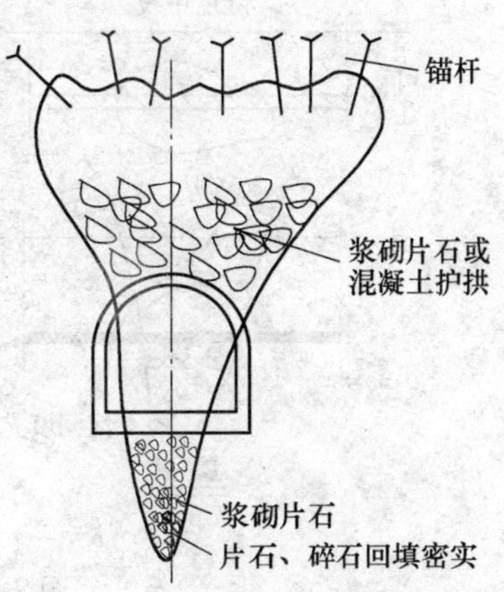

图7-3　喷锚加固与护拱示意图

（3）越　当隧道一侧遇到狭长而较深的溶洞，可加深该侧的边墙基础通过（图7-4）。隧道底部遇有较大溶洞并有流水时，可在隧道底部以下砌筑圬工支墙，支撑隧道结构，并在支墙内套设涵管引排溶洞水（图7-5）。隧道边墙部位遇到较大、较深的溶洞，不宜加深边墙基础时，可在边墙部位或隧底以下筑拱跨过（图7-6）。当隧道中部及底部遇有深狭的溶洞时，可加强两边墙基础，并根据情况设置桥台架梁通过。隧道穿过大溶洞，情况较为复杂时，可根据情况，采用边墙梁、行车梁等，由设计单位负责特殊设计后施工。

（4）绕　在岩溶区施工，个别溶洞处理耗时且困难时，可采取迂回导坑绕过溶洞，继续进行隧道前方施工，并同时处理溶洞，以节省时间，加快施工进度。绕行开挖时，应防止洞壁失稳。

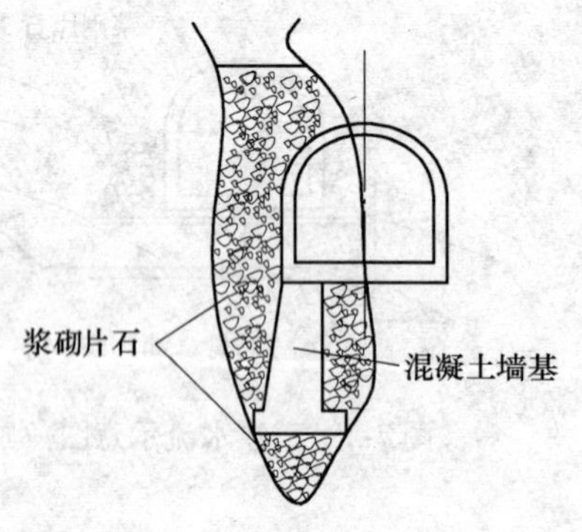

图7-4　加深边墙基础示意图

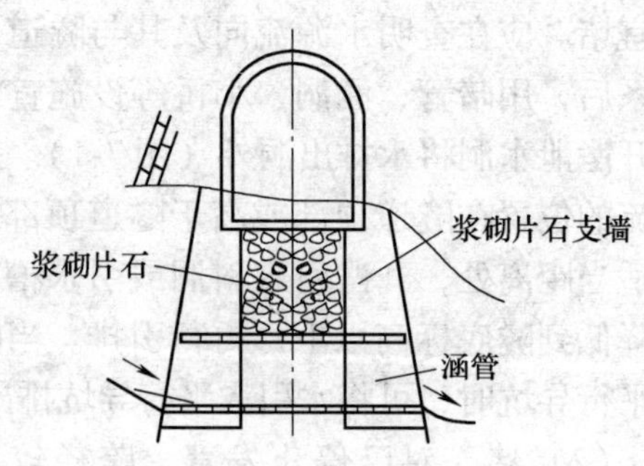

图7-5　支墙内套设涵管示意图

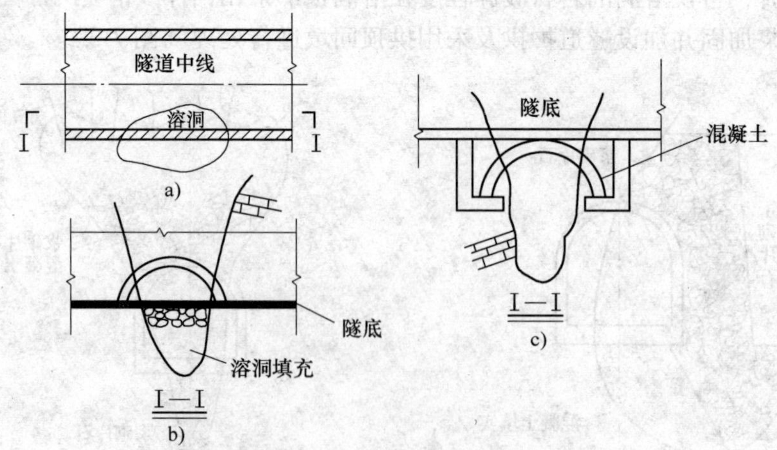

图7-6　筑拱跨过示意图

a）平面图　b）溶洞填充　c）隧底以下筑拱

3. 溶洞地段隧道施工的注意事项

1）当施工达到溶洞边缘，各工序应紧密衔接，支护和衬砌赶前。同时应利用探孔或物探作超前预报，设法探明溶洞的形状、范围、大小、充填物及地下水等情况，据以制定施工处理方案及安全措施。

2）施工中注意检查溶洞顶部，及时处理危石。当溶洞较大较高且顶部破碎时，应先喷射混凝土加固，再在靠近溶洞顶部附近打入锚杆，并应设置施工防护架或钢筋防护网。

3）在溶蚀地段的爆破作业应尽量做到多打眼、打浅眼，并控制爆破药量减少对围岩的扰动。防止在一次爆破后溶洞内的填充物突然大量涌入隧道，或溶洞水突然袭击隧道，造成严重损失。

4）在溶洞充填体中掘进，如充填物松软，可用超前支护施工。如充填物为极松散的砾石、块石堆积或流塑状黏土及砂黏土等可于开挖前采用地表注浆、洞内注浆或地表和洞内注浆相结合加固。如遇颗粒细、含水量大的流塑状土壤，可采用劈裂注浆技术，注入水泥浆或水泥水玻璃双液浆进行加固。

5）溶洞未做出处理方案前，不要将弃渣随意倾填于溶洞中。因弃渣覆盖了溶洞，不但不能了解其真实情况，反而会造成更多困难。

7.5 松散地层和流砂

7.5.1 松散地层

松散地层结构松散，胶结性弱，稳定性差，在施工中极易发生坍塌，如极度风化破碎已失岩性的松散体、漂卵石地层、砂夹砾石和含有少量黏土的土壤以及无胶结松散的干砂等。隧道穿过这类地层，应减少对围岩的扰动，一般采取先护后挖，密闭支撑，边挖边封闭的施工原则，必要时可采用超前注浆改良地层和控制地下水等措施。

隧道穿过松散地层，主要施工方法包括以下几种：

1. 超前支护

隧道开挖前，先向围岩内打入钎、管、板等构件，用以预先支护围岩，防止坑道掘进时岩体发生坍塌。主要方法有超前锚杆、超前小钢管注浆和超前管棚法。

爆破前，将超前锚杆或小钢管打入掘进前方稳定的岩层内，末端支撑在拱部围岩内的悬吊锚杆或格栅拱支撑上，使其起到支护掘进进尺范围内拱部上方，有效地约束围岩在爆破后的一定时间内不发生松弛坍塌的作用。超前锚杆宜采用早强型砂浆锚杆，以尽早发挥超前支护作用。

超前管棚法适用于围岩为砂黏土、黏砂土、亚黏土、粉砂、细砂、砂夹卵石夹黏土等非常散软、破碎的土壤，钻孔后极易塌孔的地层。管棚长度应按地质情况选用，应保证开挖后管棚有足够的超前长度。为增加管棚刚度，可在钢管内灌入混凝土或注入水泥砂浆。在地层中建立起一个临时承载棚，在其防护下施工。

2. 超前小导管预注浆

超前小导管预注浆是沿开挖外轮廓线，以一定角度打入管壁带孔的小导管，并以一定压力向管内压注水泥或化学浆液的措施。它既能将洞周围岩体预加固，又能起超前预支护作用。此法适用于自稳时间很短的砂层、砂卵（砾）石层等松散地层施工。

3. 降水、堵水

松散地层中含水，对隧道施工的危害极大。排除施工部位的地下水，有利于施工。降水、堵水的方法较多，如可在洞内或辅助坑道内采用井点降水。在埋深较浅的隧道中，可用深井泵降水，在洞外地面隧道两侧布点进行。

当地下水丰富，而且排水条件或排水费用太高时，经过技术、经济比选，可采用注浆堵水措施。注浆堵水又分地面预注浆和洞内开挖工作面预注浆，采用哪种方法，应根据隧道埋深、工程地质和水文地质情况、钻孔和压浆设备能力以及技术、经济、工期等方面进行综合分析。

7.5.2 流砂

流砂是砂土或粉质黏土在水的作用下丧失其粘聚力后形成的，多呈糊浆状，对隧道施工危害极大。由于流砂可引起围岩失稳坍塌，支护结构变形，甚至倒塌破坏，因此，治理流砂必先治水，以减少砂层的含水量为主。宜采取以下措施进行治理：

1）加强调查，制订方案。施工中应调查流砂特性、规模，了解地质构成、贯入度、相对密度、粒径分布、塑性指数、地层承载力、滞水层分布、地下水压力和透水系数等，并制定出切实可行的治理方案。

2）因地制宜，综合治水。隧道通过流砂地段，处理地下水的问题，是解决隧道流砂、流泥施工难题中的首要关键技术。施工时，因地制宜，采用“防、截、排、堵”的治理方法。

防——建立地表沟槽导排系统及仰坡地表局部防渗处理，防止降雨和地表水下渗。

截——在正洞之外水源一侧，采用深井降水，将储藏丰富构造裂隙水，通过深井抽水排走，减少正洞的静水和动水压力，对地下水起到拦截作用。

排——有条件的隧道在正洞水源下游一侧开挖一条洞底低于正洞仰拱的泄水洞，用以降排正洞的地下水，或采用水平超前钻孔真空负压抽水的办法，排出正洞的地下水。

堵——采用注浆方法充填裂隙，形成止水帷幕，减少或堵塞渗水通道。

以上几种施工方法，应根据工程地质、水文地质条件和地下水的性质、类型、赋存部位以及工期要求和经济效益等因素综合分析，合理选用。

3）先护后挖，加强支护。开挖时必须自上而下分部进行，先护后挖，密闭支撑，边挖边封闭，遇缝必堵，严防砂粒从支撑缝隙中溢出。也可采用超前注浆，以改善围岩结构，用以水泥浆或水泥水玻璃为主的注浆材料注入或用化学药液注浆加固地层，然后开挖。

在施工中应观测支撑和衬砌的实际沉落量的变化，及时调整预留量。架立支撑时应设底梁并纵横、上下连接牢固。拱架应加强刚度，架立时设置底梁并垫平楔紧，拱脚下垫铺牢固。支撑背面用木板或型钢板遮挡，严防流砂从支撑间溢出。在流砂溢出口附近较干燥围岩处，应尽快打入锚杆或喷射混凝土，加固围岩，防止溢出扩大。

4）尽早衬砌，封闭成环。流沙地段，拱部和边墙衬砌混凝土的灌注应尽量缩短时间，尽快与仰拱形成封闭环。这样，即使围岩中出现流砂也不会对洞身衬砌造成破坏。

7.6 岩爆

埋藏较深的隧道工程，在高应力、脆性岩体中，由于施工爆破扰动原岩，岩体受到破坏，使掌子面附近的岩体突然释放出潜能，产生脆性破坏，这时围岩表面发出爆裂声，随之有大小不等的片状岩块弹射剥落出来，这种现象称之岩爆。岩爆有时频繁出现，有时甚至会延续一段时间后才逐渐消失。岩爆不仅直接威胁作业人员与施工设备的安全，而且严重地影响施工进度，增加工程造价。

1. 隧道内岩爆的特点

1）岩爆在未发生前并无明显的预兆，虽然经过仔细找顶并无空响声。一般认为不会掉落石块的地方，也会突然发出岩石爆裂声响，石块有时应声而下，有时暂不坠落。这与塌顶和侧壁坍塌现象有明显的区别。

2）岩爆时，岩块自洞壁围岩母体弹射出来，一般呈中厚边薄的不规则片状，块度大小多呈几厘米长宽的薄片，个别达几十厘米长宽，严重时，上吨重的岩石从拱部弹落，造成岩爆性坍方。

3）岩爆发生的地点，多在新开挖工作面及其附近，个别的也有距新开挖工作面较远处。岩爆发生的频率随暴露的时间延长而降低。一般岩爆发生在半月之内，但是也有滞后一个月甚至数月发生岩爆的现象。

2. 岩爆产生的主要条件

国内外的专家研究结果表明，地层的岩性条件和地应力的大小是产生岩爆与否的两个决定性因素。从能量的观点来看，岩爆的形成过程是岩体中的能量从储存到释放直至最终使岩体破坏而脱离母岩的过程。因此，岩爆是否发生及其表现形式就主要取决于岩体中是否储存了足够的能量，是否具有释放能量的条件及能量释放的方式等。

3. 岩爆的防治措施

岩爆产生的前提条件取决于围岩的应力状态与围岩的岩性条件。在施工中控制和改变这两个因素就可能防止或延缓岩爆的发生。因此，防治岩爆发生的措施主要有二：一是强化围岩，二是弱化围岩。

强化围岩的措施很多，如喷射混凝土或喷钢纤维混凝土、锚杆加固、锚喷支护、锚喷网联合、钢支撑网喷联合，紧跟混凝土衬砌等。这些措施的出发点是给围岩一定的径向约束，使围岩的应力状态较快地从平面转向三维应力状态，以达到延缓或抑制岩爆发生的目的。

弱化围岩的主要措施是注水、超前预裂爆破、排孔法、切缝法等。注水的目的是改变岩石的物理力学性质，降低岩石的脆性和储存能量的能力。后三者的目的是解除能量，使能量向有利的方向转化和释放。据文献介绍，切缝法和排孔法能将能量向深层转移。围岩内的应力，特别是在切缝或排孔附近周边的切向应力显著降低。同时，围岩内所积蓄的弹性应变能也得以大幅度地释放，因而可有效地防治岩爆。

4. 岩爆地段隧道施工的注意事项

1）如设有平行导坑，则导坑应掘进超前正洞一定距离，以了解地质，分析可能发生岩爆的地段，为正洞施工达到相应地段时加强防治，采取必要措施。

2）爆破应选用预先释放部分能量的方法，如超前预裂爆破法、切缝法和排孔法等，先期将岩层的原始应力释放一些，以减少岩爆的发生。应严格控制用药量，以尽可能减少爆破对围岩的影响。

3）根据岩爆发生的频率和规模情况，必要时应考虑缩短爆破循环进尺。初期支护和衬砌要紧跟开挖面，以尽可能减少岩层的暴露面和暴露时间，防止岩爆的发生。

4）岩爆引起坍方时，应迅速将人员和机械撤到安全地段；采用摩擦型锚杆进行支护，增大初锚固力；采用钢钎维喷射混凝土，抑制开挖面围岩的剥落；挂钢筋网或用钢支撑加固；充分做好岩爆现象观察记录；采用声波探测预报岩爆。

7.7 高地温

隧道通过高温、高热地段，会给施工带来困难。一般在火山地带的地区修建隧道或地下工程会遇到高温高热的情况，如日本某地的发电厂工程的隧道，其围岩温度高达175℃。更甚者，在高温隧道中发生过施工人员由于地层喷出热水或硫化氢等有害气体，而烫伤或中毒。

1. 高地温的热源

地热的形成按热源分类，可分为三大类：即地球的地幔对流；火山岩浆集中处的热能及放射性元素的裂变热成为热源。其中，对隧道工程造成施工影响的，主要是火山的热源和放射性元素的裂变热源。

由于火山供给的热（地下的岩浆集中处的热能）而产生热水，热水（泉水）成为热源，又将热供给周围的岩层。隧道或地下工程穿过这种岩层，就有高温、高热的现象发生。

根据日本文献介绍，由于地壳内岩石中含有放射性物质，其裂变热产生地温，地下增温率以所处的深度不同而异，其平均值为3℃/100m。东京大学内测定的实例表明，该处地下增温率为2.2℃/100m。假定地表温度为15℃，地下增温率以3℃/100m计，覆盖层厚1000m深处的地温则为45℃。日本某地质调查所对30处深层热水地区调查的结果显示，在平原地区认为不受火山热源的影响，其地下2000m深处的温度为67～136℃。这说明如果覆盖层很厚即使没有火山热源供给也有产生高温、高热问题的可能性。

2. 高地温地段隧道施工的措施

1）为保证隧道施工人员进行正常的安全生产，我国有关部门对隧道施工作业环境的卫生标准都有规定。如铁道部规定，隧道内气温不得超过28℃；原交通部规定，隧道内气温不宜高于30℃。国外的资料介绍，日本规定隧道内温度低于37℃。

2）为达到规定的标准，在施工中一般采取通风、洒水及通风与洒水相结合的措施。地温较高时，可采用大型通风设备予以降温。地温很高时，在正洞开挖工作面前方的一段距离，利用平导超前钻探，如有热水涌出，可在平导内增建降水、排水设施和排水钻孔，以降低正洞的水位。如正洞施工中仍有热水涌出时，可采用水玻璃水泥等药液注浆，以发挥截水及稳定围岩的作用。

3）高温地段的衬砌混凝土：在高温的岩体及喷混凝土上浇筑二次衬砌混凝土时，即使厚度再薄，水化热也不易释放。由于混凝土里面和表面的温差，在早龄期有可能存在裂缝。因此，对二次混凝土衬砌应采取防止裂缝的措施。

为了防止高温时的强度降低，应选定合适的水灰比，并考虑到对温泉水的耐久性，宜采用高炉矿渣水泥。混凝土配合比和掺合剂应做试验优选。把一般衬砌混凝土的浇筑长度适当缩短。

在防水板和混凝土衬砌之间设置隔热材料，可隔断从岩体传播来的热量，使混凝土内的温度应力降低。用防水板和无纺布组合成缓冲材料，由于与喷混凝土隔离，因此，混凝土衬砌的收缩可不受到约束。

4）根据坑道内的高温程度、劳动强度和劳动效率，确定劳动工时，保障施工人员的健康和安全。在高温条件下施工除采用降温措施外，还应注意中暑症的防治工作。

7.8 瓦斯地层

瓦斯是地下坑道内有害气体的总称，其成分以沼气（甲烷 CH_4）为主，一般习惯即称沼气为瓦斯。当隧道穿过煤层、油页岩或含沥青等岩层，或从其附近通过而围岩破碎、节理发育时，可能会遇到瓦斯。如果洞内空气中瓦斯含量已达到爆炸限度，与火源接触就会引起爆炸，对隧道施工会带来很大的危害和损失。所以在有瓦斯的地层中修建隧道，必须采取相应措施，才能安全顺利施工。

1. 瓦斯的性质

1）瓦斯（沼气）为无色、无臭、无味的气体，与碳化氢或硫化氢混合在一起，有类似苹果的香味。由于空气中瓦斯含量增加，氧气相应减少，很容易使人窒息或发生死亡事故。

2）瓦斯对空气的相对密度为 0.554，仅为空气一半，所以在隧道内，瓦斯容易存在于坑道顶部，其扩散速度比空气大 1.6 倍，很容易透过裂隙发达、结构松散的岩层。

3）瓦斯不能自燃，但极易燃烧，其燃烧的火焰颜色，随瓦斯含量的增大而变淡，空气中含有少量瓦斯时火焰呈蓝色，含量达5%左右时，火焰呈淡青色。

2. 瓦斯的燃烧和爆炸性

当坑道中的瓦斯，含量小于5%遇到火源时，瓦斯只是在火源附近燃烧而不会爆炸；瓦斯含量在5%～6% 到 14%～16%时，遇到火源具有爆炸性；瓦斯含量大于14%～16%时，一般不爆炸，但遇火能平静地燃烧，瓦斯爆炸含量界限见表 7-1。

表 7-1 瓦斯爆炸含量界限

瓦斯含量（%）	爆炸界限
5～6	瓦斯爆炸下界限
14～16	瓦斯爆炸上界限
9.5	爆炸最强烈
8.0	最易点燃
低于5.0、大于14～16	不爆炸，与火焰接触部分燃烧

瓦斯燃烧时，遇到障碍而受压缩，即能转燃烧为爆炸。爆炸时能产生高温，封闭状态的爆炸（即容积为常数），温度可达2150～2650℃，能向四周自由扩张时的

爆炸（即压力为常数），温度可达1850℃。坑道中发生瓦斯爆炸后，坑道中完全无氧，而充满氮气、二氧化碳及一氧化碳。这些有害气体很快传布到邻近的坑道和工作面，凡是来不及躲避的人，都会中毒窒息，甚至死亡。

瓦斯爆炸时，爆炸波运动造成冲击波在前，火焰在后，冲击波遇到积存瓦斯，使它先受到压力，然后火焰点燃发生爆炸。第二次瓦斯受到的压力比原来的压力大，因此爆炸后的破坏力也更剧烈。

3. 瓦斯放出的类型

从岩层中放出瓦斯，可分为三种类型：

（1）瓦斯的渗出　瓦斯缓慢地、均匀地、不停地从煤层或岩层的暴露面的空隙中渗出，延续时间很久，有时带有一种嘶音。

（2）瓦斯的喷出　比瓦斯渗出强烈，从煤层或岩层裂缝或孔洞中放出，喷出的时间有长有短，通常有较大的响声和压力。

（3）瓦斯的突出　在短时间内，从煤层或岩层中，突然猛烈地喷出大量瓦斯，喷出的时间，可能从几分钟到几小时，喷出时常有巨大轰响，并夹有煤块或岩石。

以上三种瓦斯放出形式，以第一种放出的瓦斯量为大。

4. 防止瓦斯事故的措施

1）隧道穿过瓦斯溢出地段，应预先确定瓦斯探测方法，并制定瓦斯稀释措施、防爆措施和紧急救援措施等。

2）隧道通过瓦斯地区的施工方法，宜采用全断面开挖，因其工序简单、面积大、通风好，随掘进随衬砌，能够很快缩短煤层的瓦斯放出时间和缩小围岩暴露面，有利于排出瓦斯。上下导坑法开挖，因工序多，岩层暴露的总面积多，成洞时间长，洞内各工序交错分散，易使瓦斯分处积滞含量不匀。采用这种施工方法，要求工序间距离尽量缩短，尽快衬砌封闭瓦斯地段，并保证混凝土的密实性，以防瓦斯溢出。

3）加强通风是防止瓦斯爆炸最有效的办法。把空气中的瓦斯含量吹淡到爆炸含量以下的1/5～1/10，将其排出洞外，有瓦斯的坑道，决不允许用自然通风，必须采用机械通风。通风设备必须防止漏风，并配备备用的通风机，一旦原有通风机发生故障时，备用机械能立即供风。保证工作面空气内的瓦斯含量在允许限度内。当通风机发生故障或停止运转时，洞内工作人员应撤离到新鲜空气地区，直至通风恢复正常，才准许进入工作面继续工作。

4）洞内空气中允许的瓦斯含量应控制在下述规定：洞内总回风风流中小于0.75%；从其他工作面进来的风流中小于0.5%；掘进工作面2%以下；工作面装药爆破前1%以下。如瓦斯含量超过上述规定，工作人员必须立即撤到符合规定的安全地段，并切断电源。

5）开挖工作面风流中和电动机附近20m以内风流中瓦斯含量达到1.5%时，必须停工，停机，撤出人员，切断电源，进行处理；开挖工作面内，局部积聚的瓦斯含量达到2%时，附近20m内，必须停止工作，切断电源，进行处理；因瓦斯含量超过规定而切断电源的电气设备，都必须在瓦斯含量降到1%以下时，方可开动机器。

6）瓦斯隧道必须加强通风，防止瓦斯积聚。由于停电或检修，使主要通风机停止运转，必须有恢复通风、排出瓦斯和送电的安全措施。恢复正常通风后，所有受到停风影响的地段，必须经过监测人员检查，确认无危险后方可恢复工作。所有安装电动机和开关地点的20m范围内，必须检查瓦斯，符合规定后才可起动机器。局部通风机停止运转，在恢复通风前，亦必须检查瓦斯，符合规定方可开动局部风机，恢复正常通风。

7）如开挖进入煤层，瓦斯排放量较大，使用一般的通风手段难以稀释到安全标准时，可使用超前周边全封闭预注浆。在开挖前沿掌子面拱部、边墙、底部轮廓线轴向辐射状布孔注浆，形成一个全封闭截堵瓦斯的帷幕。特别对煤层垂直方向和断层地带进行阻截注浆，其效果会更佳。开挖后要及时进行喷锚支护，并保证其厚度，以免漏气和防止围岩的失稳。

8）采用防爆设施。遵守电气设备及其他设备的保安规则，避免产生电火，瓦斯散发区段，使用防爆安全型的电气设备，洞内运转机械须具有防爆性能，避免运转时产生高温火花；凿岩时用湿式钻岩，防止钻头产生火花，洞内操作时，防止金属与坚石撞击、摩擦产生火花；爆破作业，使用安全炸药及毫秒电雷管，采用毫秒雷管时，最后一段的延期时间不得超过130ms。爆破电闸应安装在新鲜风流中，并与开挖面保持200m左右距离；洞内只准用电缆，不准使用皮线。使用防爆灯或蓄电池灯照明；铲装石渣前必须将石渣浇湿，防止金属器械摩擦和撞击产生火花。

5. 严格执行有关制度

1）瓦斯检查制度。指定专人、定时和经常进行检查，测量风流和瓦斯含量，严格执行瓦斯允许含量的规定。瓦斯检查手段可采用瓦斯遥测装置、定点报警仪和手持式光波干涉仪。发现异常情况，应及时报告技术主管负责人，采取处理措施。

2）洞内严禁使用明火，严禁将火柴、打火机、手电筒及其他易燃品带入洞内。

3）进洞人员必须经过瓦斯知识和防止瓦斯爆炸的安全教育。抢救人员未经专门培训不准在瓦斯爆炸后进洞抢救。

4）瓦斯检查人员必须挑选工作认真负责、有一定业务能力、经过专业培训、考试合格者。

施工时要按照瓦斯防爆的技术安全规则与有关制度严格执行。

7.9 坍方处理

隧道开挖时，导致坍方的原因有多种，概括起来主要有两类，一是自然因素，即地质状态、受力状态、地下水变化等；二是人为因素，即不适当的设计，或不适当的施工作业方法等。由于坍方往往会给施工带来很大困难和很大经济损失，需要尽量注意排除会导致坍方的各种因素，尽可能避免坍方的发生。

1. 发生坍方的主要原因

(1) 不良地质及水文地质条件　隧道穿过断层及其破碎带，或薄层岩体的小曲褶、错动发育地段，一经开挖，潜在应力释放快、围岩失稳，小则引起围岩掉块、坍落，大则引起坍方。当通过各种堆积体时，由于结构松散，颗粒间无胶结或胶结差，开挖后引起坍塌。软弱结构面发育或泥质充填物过多，均易产生较大的坍塌；隧道穿越地层覆盖过薄地段，如在沿河傍山地段、偏压地段、沟谷凹地浅埋和丘陵浅埋地段极易发生坍方；水是造成坍方的重要原因之一，地下水的软化、浸泡、冲蚀、溶解等作用加剧岩体的失稳和坍落。岩层软硬相间或有软弱夹层的岩体，在地下水的作用下，软弱面的强度大为降低，因而发生滑坍。

(2) 隧道设计考虑不周　隧道选定位置时，地质调查不细，未能作详细的分析，或未能查明可能坍方的因素。没有绕开可以绕避的不良地质地段；缺乏较详细的隧道所处位置的地质及水文地质资料，引起施工指导或施工方案的失误。

(3) 施工方法和措施不当　施工方法与地质条件不相适应，地质条件发生变化，没有及时改变施工方法；工序间距安排不当，施工支护不及时，支撑架立不合要求；地层暴露过久，引起围岩松动、风化、导致坍方；喷锚支护不及时，喷射混凝土的质量、厚度不符合要求；没有按规定进行量测，或信息反馈不及时，决策失误、措施不力；围岩爆破用药量过多，因震动引起坍塌；对危石检查不重视、不及时，处理危石措施不当，引起岩层坍塌。

2. 预防坍方的施工措施

1) 隧道施工预防坍方，选择安全合理的施工方法和措施至关重要。掘进到地质不良、围岩破碎地段，应采取“先排水、短开挖、弱爆破、强支护、早衬砌、勤量测”的施工方法。必须制定出切实可行的施工方案及安全措施。

2) 加强坍方的预测。为了保证施工作业安全，及时发现坍方的可能性及征兆，并根据不同情况采用不同的施工方法及控制坍方的措施，需要在施工阶段进行坍方预测。

在掘进工作面采用探孔对地质情况或水文情况进行探察，同时对掘进工作面应进行地质素描，进行掘进前方有无可能发生坍方的超前预测。定期和不定期地观察洞内围岩的受力及变形状态；检查支护结构是否发生了较大的变形；观察岩层的层理、节理裂隙是否变大，坑顶或坑壁松动掉块；喷射混凝土是否发生脱落；以及地表是否下沉等。

按时量测观测点的位移、应力，对测得数据进行分析研究，及时发现不正常的受力、位移状态及有可能导致坍方的情况。

采用地震测量原理制成的灵敏的专用仪器或通过测量岩石的声波分析确定岩石的受力状态，并预测坍方。发现征兆应高度重视及时分析，采取有力措施处理隐患，防患于未然。

3）加强初期支护，控制坍方。当开挖出工作面后，应及时有效地完成喷锚支护或喷锚网联合支护，并应考虑采用早强喷射混凝土、早强锚杆和钢支撑支护措施等。这对防止局部坍塌，提高隧道整体稳定性具有重要的作用。

3. 隧道坍方的处理措施

1）隧道发生坍方，应及时迅速处理。处理时必须详细观测坍方范围、形状，坍穴的地质构造，查明坍方发生的原因和地下水活动情况，经认真分析，制定处理方案。处理坍方应先加固未坍塌地段，防止继续发展。

发生小坍方时，纵向延伸不长、坍穴不高，首先加固坍体两端洞身，并抓紧喷射混凝土或采用锚喷联合支护封闭坍穴顶部和侧部，再进行清渣。在确保安全的前提下，也可在坍渣上架设临时支架，稳定顶部，然后清渣。临时支架待灌注衬砌混凝土达到要求强度后方可拆除。

发生大坍方时，坍穴高、坍渣数量大。坍渣体完全堵住洞身时，宜采取先护后挖的方法。在查清坍穴规模大小和穴顶位置后，可采用管棚法和注浆固结法稳固围岩体和渣体，待其基本稳定后，按先上部后下部的顺序清除渣体，采取短进尺、弱爆破、早封闭的原则挖坍体，并尽快完成衬砌，如图 7-7 所示。

发生坍方冒顶时，在清渣前应支护陷穴口，地层极差时，在陷穴口附近地面打设地表锚杆，洞内可采用管棚支护和钢架支撑。洞口坍方一般易坍至地表，可采取暗洞明作的办法。

2）处理坍方的同时，应加强防水、排水工作。坍方往往与地下水活动有关，治坍应先治水。防止地表水渗入坍体或地下，引截地下水防止渗入坍方地段，以免坍方扩大。

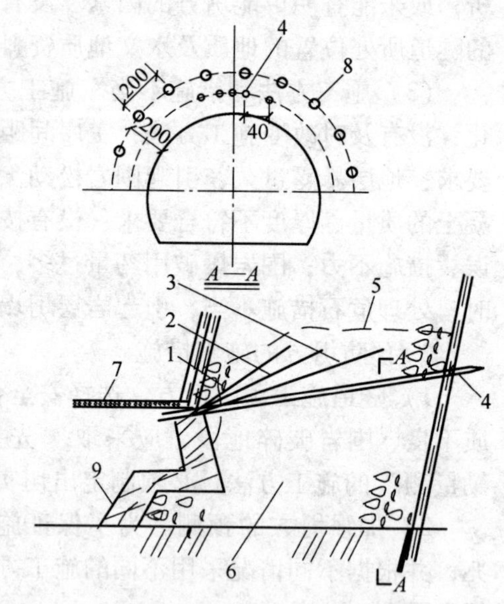

图 7-7 大规模坍方处理实例示意图
1—第一次注浆 2—第二次注浆 3—第三次注浆 4—管棚 5—坍线 6—坍体 7—初期支护 8—注浆孔 9—混凝土封堵墙

处理地表沉陷和裂缝，用不透水土壤夯填紧密，开挖截水沟，防止地表水渗入坍体；坍方通顶时，应在陷穴口地表四周挖沟排水，并设雨棚遮盖穴顶。陷穴口回填应高出地面并用黏土或圬工封口，做好排水；坍体内有地下水活动时，应用管槽引至排水沟排出。防止坍方扩大。

3）坍方地段的衬砌，应视坍穴大小和地质情况予以加强。衬砌背后与坍穴洞孔周壁间必须紧密支撑。当坍穴较小时，可用浆砌片石或干砌片石将坍穴填满；当坍穴较大时，可先用浆砌片石回填一定厚度，其以上空间应采用钢支撑等顶住稳定围岩；特大坍穴应作特殊处理。

4）采用新奥法施工的隧道或有条件的隧道，坍方后要加设量测点，增加量测频率，根据量测信息及时研究对策。浅埋隧道，要进行地表下沉测量。

第 8 章 隧道掘进机施工

8.1 概述

隧道掘进机施工法是用隧道掘进机切削破岩，开凿岩石隧道的施工方法。隧道掘进机（简称 TBM）是一种机械化的隧道掘进设备。在机械施工中，很长一段时期，把在土质隧道中采用的机械称为盾构，而把在岩质隧道施工中的机械称为掘进机或者岩石掘进机。由于机械制造技术的快速发展，这种区分越来越不明显，因此目前多把盾构和隧道掘进机一并称为盾构掘进机。

20 世纪 30 年代，随着掘进机技术的迅速发展和机械性能的日益完善，隧道掘进机施工得到了快速发展。掘进机施工有着钻爆法施工不可比拟的优点。在世界科技飞速发展的今天，更使掘进机有了广阔的使用条件。虽然钻爆法仍是当前山岭隧道施工中最普遍使用的方法，而且掘进机也不能取代钻爆法施工，但用掘进机施工的隧道数量不断上升，特别是在欧美国家，由于劳动力昂贵，掘进机施工已成为进行施工方案比选时必须考虑的一种方案。

用掘进机完成的大型隧道，如英法海峡铁路隧道，三座平行的各长约 50km 的隧道，使用了 11 台掘进机，用三年多时间，即修建完成。另外如长度 19km 的瑞士费尔艾那隧道，其中有约 9.5km 用掘进机施工，于 1997 年 4 月贯通。瑞士穿越阿尔卑斯山的新圣哥达（Gotthard）铁路隧道，长约 57km，采用掘进机施工。在美国，芝加哥 TARP 工程是一项庞大的污水排放和引水地下工程，有排水隧道大约 40 多千米，全部采用掘进机施工。

在我国，铁路隧道采用掘进机施工始于 20 世纪 70 年代，但由于机械性能很差，得不到发展。改革开放以来，在一些水利工程上引入了外商承包，他们采用了掘进机施工，如意大利 CMC 公司曾在甘肃引大入秦和山西万家寨引水工程中用掘进机施工引水隧道获得成功。1997 年，我国西安至安康铁路秦岭特长隧道首次引入德国维尔特（Wirth）公司 TB880E 型隧道掘进机。该铁路隧道长 18.5km，开挖直径 8.8m。可以预言，随着科技发展进步的步伐加快和掘进机技术本身的不断发展完善，今后会有很多数量的隧道采用掘进机法施工。

8.1.1 隧道掘进机施工特点

隧道掘进机是一种专用的开挖设备。它利用机械破碎岩石，完成开挖、出渣及混凝土管片安装的联合作业，连续不断地进行掘进。此修筑隧道的方法，也称为TBM法。与钻爆法开挖隧道施工过程相比，使用掘进机开挖隧道的特点在于施工过程是连续的，具有隧道工程“工厂化”的特点。

随着现代技术的发展，特别是近几十年来，掘进机不仅能在岩石整体性及磨蚀性强的条件下工作，也能在稳定条件差的地层中施工，从而被许多隧道作为主要施工方案进行比选。

钻爆法施工和掘进机施工有着不同的适用范围和优劣。钻爆法施工适用范围广，不受隧道断面尺寸和形状的限制；对各类围岩均能适用，当地质条件变化时，施工工艺可机动灵活随之变化；施工设备的组装和工地之间的转移简单方便；多年来已积累了丰富宝贵的施工经验，形成了科学完整的工艺，这些是人们普遍认同的优势。但它同时也存在施工工序多，施工过程中各工序干扰大，开挖速度低、超（欠）挖严重，爆破时对围岩扰动大，施工安全性差，作业场所环境恶劣、工人劳动强度大等难以克服的缺点，此外由于开挖速度低，在较长隧道施工时，往往需要采用辅助坑道来增加开挖工作面，从而增加了工程造价。

采用掘进机开挖隧道，具有一次成洞；洞壁光滑；施工质量好；连续作业，速度快；劳动条件好；对围岩的损伤小，几乎不产生松弛，掉块、崩塌的危险小；衬砌支护质量好，超挖小、衬砌也省；震动、噪声小；减少辅助工程等一系列优越性。

隧道掘进机购置费和运输、组装解体等的费用高，机械的设计制造时间长，初期投资高；施工途中不能改变开挖直径；掘进机施工方式一经确定，就不可能像钻爆法施工那样自由变更施工方法，难以适应复杂的地质变化情况；对断层、破碎带和软弱层，掘进困难；开挖断面的大小、形状变更困难。

8.1.2 隧道掘进机类型

隧道掘进机分为全断面和悬臂式两大类。全断面掘进机（Tunnel Boring Machine）又分开敞式和护盾式两类。护盾式又分单护盾和双护盾。目前使用的主要是全断面掘进机，悬臂式尚处在发展的初期阶段。

开敞式掘进机适合于硬岩隧道的开挖。开敞式和护盾式掘进机的区别在于开敞式掘进机在开挖中依靠撑于岩壁上的水平支撑提供设备推力和扭矩的支撑反力，开挖后的围岩暴露于机械四周。而护盾掘进机则可在掘进中利用尾部已安装的衬砌管片作为推进的支撑，围岩由于有护盾防护，在护盾长度的范围内，不暴露，因此护盾掘进机更适用于软岩。

单护盾掘进机适用于软岩地层以及自稳时间相对较短的地质条件较差的地层，如图8-1所示。单护盾掘进机在掘进和安装衬砌管片时是依次顺序进行的，即不能同时作业。掘进中，它依靠后部的推进千斤顶顶推已安装好的衬砌管片（图8-2）得以向前掘进，掘进停止后，利用管片安装机将分成若干块的一环管片安装到隧道上。

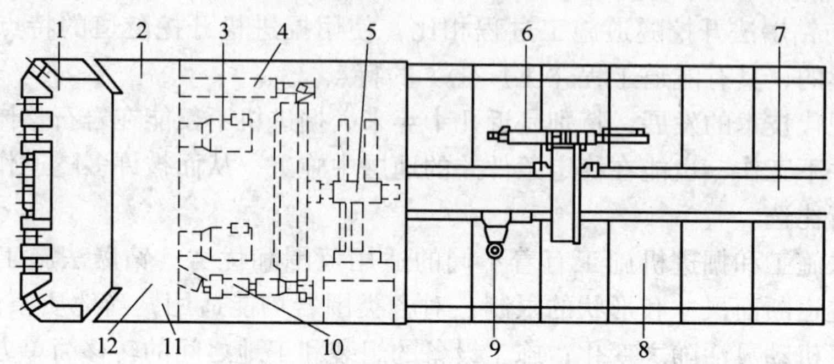

图 8-1 单护盾掘进机示意图

1—刀盘 2—护盾 3—驱动组件 4—推进千斤顶 5—管片安装器 6—超前钻机 7—出渣输送机 8—拼装好的管片 9—提升机 10—铰接千斤顶 11—主轴承、大齿圈 12—刀盘支撑

双护盾掘进机在软岩及硬岩中都可以使用，如图 8-3 所示。在自稳条件不良的地层中施工时，其优越性更突出，它与单护盾掘进机的区别在于增加了一个护盾。在硬岩中施工时利用水平支撑，支撑洞壁传递反力，所以它既可利用尾部的推力千斤顶顶推尾部安装好的衬砌管片推进，也可以在利用水平支撑进行开挖时，同时安装衬砌管片，因此，双护盾掘进机使开挖和安装衬砌管片的停机换步时间大大缩短。

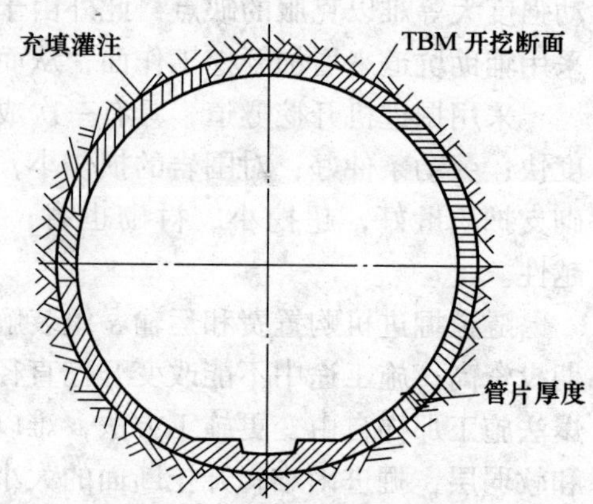

图 8-2 全周预制钢筋混凝土管片衬砌示意图

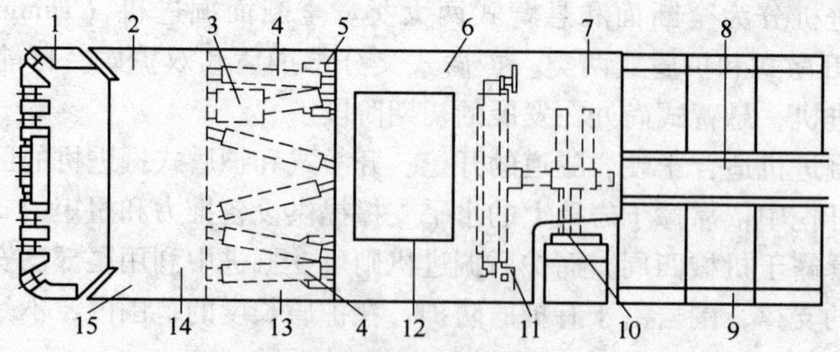

图 8-3 双护盾掘进机示意图

1—刀盘 2—前护盾 3—驱动组件 4—推进油缸 5—铰接油缸 6—撑靴护盾 7—尾护盾 8—出渣输送机 9—拼装好的管片 10—管片安装机 11—辅助推进靴 12—撑靴 13—伸缩护盾 14—主轴承大齿圈 15—刀盘支撑

8.2　开敞式掘进机

目前世界上生产的开敞式掘进机基本有单支撑和双支撑两种形式。单水平支撑掘进机如图8-4所示。它的主梁和大刀盘支架是掘进机的构架，为所有的其他构件提供安装支点。大刀盘支架的前部安装主轴承和大内齿圈，它的四周安装了刀盘护盾，利用可调式顶盾、侧盾和下支撑保持与开挖洞面的浮动支撑，从而保证了大刀盘的稳定。主梁上安装推力千斤顶和支撑系统。由于采用了一对水平支撑，因此它在掘进过程中，方向的调整是随时进行的，掘进的轨迹是曲线。单支撑式掘进机主轴承多为三轴承组合，驱动装置直接安装在刀盘的后部，故机头较重，刀盘护盾较长。

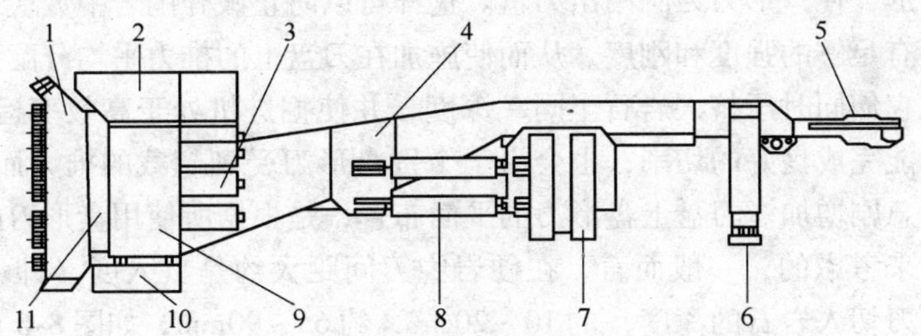

图8-4　单水平支撑掘进机示意图

1—刀盘　2—拱顶护盾　3—驱动组件　4—主梁　5—出渣输送机　6—后下支撑　7—撑靴　8—推进千斤顶　9—侧护盾　10—下支撑　11—刀盘支撑

双水平支撑掘进机如图8-5所示。在主机架中间有两对水平支撑，它可以沿着镶着滑板的主机架前后移动。主机架的前端与大刀盘、轴承、大内齿圈相连接，后端与后下支撑连接，推进千斤顶借助水平支撑推动主机架及大刀盘向前，布置在水平支撑后部的驱动装置通过传动轴将扭矩传到大刀盘。在掘进中由两对水平支撑撑

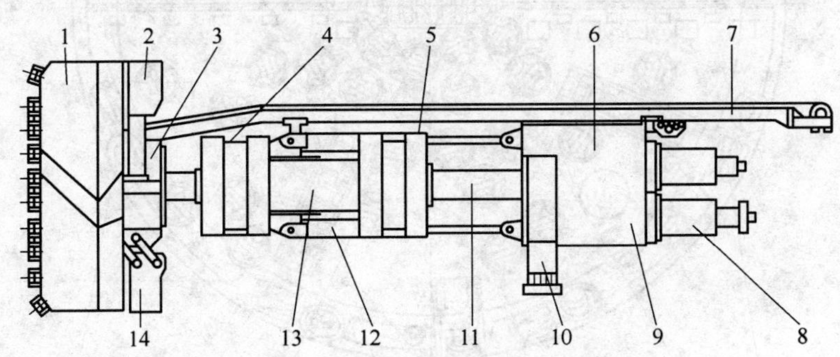

图8-5　双水平支撑掘进机示意图

1—刀盘　2—顶护盾　3—轴承外壳　4—前水平支撑　5—后水平支撑　6—齿轮箱　7—出渣输送机　8—驱动电动机　9—星形变速箱　10—后下支撑　11—扭矩筒　12—推进千斤顶　13—主机架　14—仰拱刮板（前下支撑）

紧洞壁，因此掘进方向一经定位，只能沿着直线掘进，只有在重新定位时，才能调整方向，所以掘进机轨迹是折线。

开敞式掘进机结合工程实践取得丰富经验，仍在不断改进和发展。如双水平支撑，有的改为X形支撑，也有将大刀盘三轴承组合形成前后两组轴承的简支型。

8.2.1 刀盘

刀盘是钢结构焊接件，其前端是加强了的双层壁，通过溜渣槽与后隔板相连接，刀盘后隔板用螺栓与刀盘轴承连接。刀盘上装有若干个盘形滚刀用于挤压切削岩石，同时在前端还装有径向带齿的石渣铲斗用于软岩开挖。刀座是刀盘的一部分，做成凹形，使盘形刀刀圈凸出刀盘。这样可以防止破碎围岩中大块岩石阻塞刀盘。刀盘具有足够的强度和刚度。从而使施加在刀盘上的推力平均分配到全部盘形滚刀上，使它们同时压挤入岩石至同一深度，并使掘进机处于高效率运转状态下。否则不仅不能完成良好的切削，也会由于个别盘形刀受到超载的推力而过早损坏，使刀具费用急剧增加。刀盘上盘形刀的平面布置，是根据所使用盘形刀的类型和合理的刀间距来考虑的，一般而言，在硬岩中刀间距大约是贯入度（即大盘每转动一圈，盘形刀切入岩石的深度）的10~20倍，约65~90mm，如图8-6所示。在一

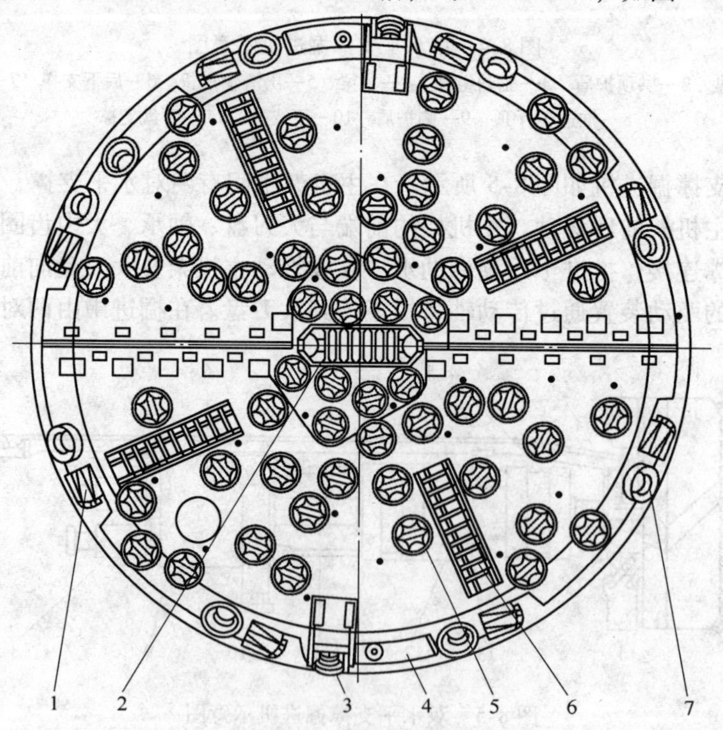

图8-6 刀盘示意图

1—铲斗 2—中心刀 3—扩孔边刀 4—扩孔刮渣器 5—面刀 6—铲齿 7—边刀

定刀间距下，刀盘直径与盘形刀的数量关系如图 8-7 所示。开挖下来的石渣利用刀盘圆周上的若干铲斗和刮渣器以及刀盘正面上的径向渣口，经刀盘内部的导引板将石渣通过漏斗传送到主机胶带输送机上。

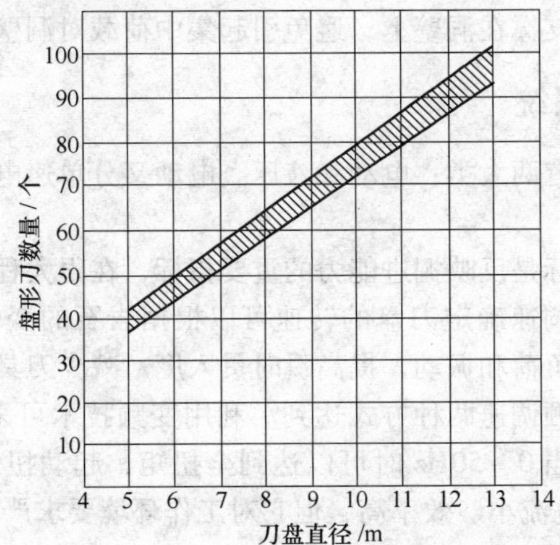

图 8-7　刀盘直径与盘形刀数量关系曲线

8.2.2　支撑和推进系统

支撑系统是掘进机的固定部分。当掘进时，它支撑掘进机的重量并将开挖推力和扭矩传递给岩壁形成反力。不同结构形式的掘进机，支撑系统对掘进方向的控制不同。双水平支撑的开敞式掘进机在换步时，利用后下支撑来调整机器的方位，一经确定，刀盘只能按预定方向掘进，如图 8-8所示。

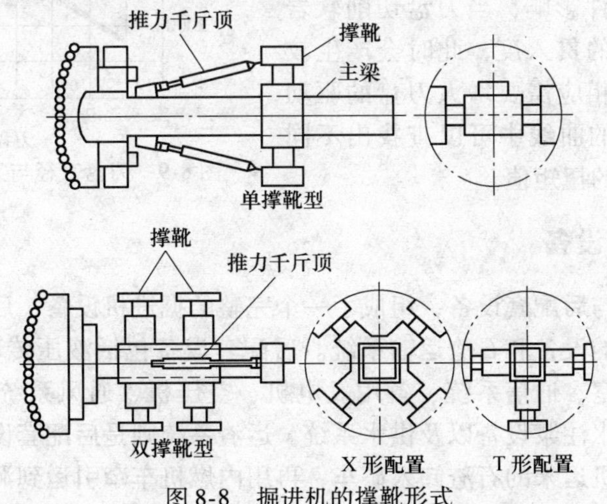

图 8-8　掘进机的撑靴形式

一般掘进机能提供的支撑反力应是刀盘额定推力的 3 倍左右，足够大的支撑反力能保证在强大推力下掘进时，刀盘足够的稳定和有正确的导向，并有利于刀具减少磨耗。开挖刀盘推进力是按照每把盘形刀所能承受的推力和盘刀数量来决定的，目前较为成熟的17in（1in＝0.0254m）盘形刀，可承受的推力为250kN。支撑靴借助球形铰自动均匀地支撑在洞壁上，避免引起集中荷载对洞壁的破坏。

8.2.3 刀盘驱动系统

刀盘的驱动方式有两大类：电动和液压。电动又分单速电动机、双速电动机和调频电动机。

掘进机贯入度指标是反映掘进能力的重要指标，在很大程度上取决于刀盘的转速和推力。采用无级调速确定刀盘的转速可以根据岩石的变化而产生最大的适应性，有效地控制刀盘负荷和振动，提高瞬时贯入度，减少刀具的磨耗。无级调速可以通过液压传动和变频调速两种方式达到。利用变频技术可采用标准工业电动机，它具有较高的惯性，当0～50Hz时可以达到全扭矩，起动扭矩瞬时可以达到额定扭矩的170%，起动电流小、效率高，但它对工作环境要求严格。液压驱动方式技术上成熟，起动扭矩大，但效率低，维修相对比电动机繁杂。双速电动机通过变换极对数达到两挡变速，它体积较大，起动电流大，但结构简单，可靠性高。

刀盘的转速主要是受盘形刀材料及岩石破碎速度影响而决定，一般控制其边刀线速度不超过2.5m/s。刀盘转动时所具有的扭矩受地质条件影响，当刀盘切削软岩时，应具有较高的贯入度，此时会产生较大的滚动阻力，相应需要增大刀盘的驱动扭矩。从图8-9的曲线中可以查找出不同直径刀盘应具有的扭矩值。

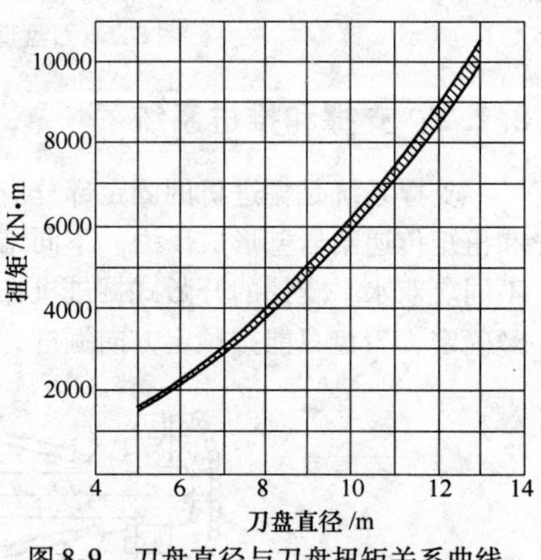

图8-9　刀盘直径与刀盘扭矩关系曲线

8.2.4 后配套设备

掘进机主机与后配套设备，组成了一个完整的掘进机设备，后配套设备主要是为主机提供供给的设备和石渣运输系统。后配套设备包括液压传动站、变电设备、开关柜、主驾驶室、通信系统、备用发电机、空压机、通风系统、喷射混凝土设备、围岩加固堵水注浆设备以及供水系统。运渣系统则是后配套设备上的胶带输送机，将主机输送机运来的石渣卸入矿车，再用内燃机车牵引运到洞外。

后配套设备安装在一轨道平台车上，小断面掘进机受开挖隧道空间的限制，考虑采用单线运渣轨道。而较大断面的掘进机，有可能采用双线运渣轨道布置。由于开挖的隧道是圆形，所以铺设轨道时，一般先将预制的仰拱块安装在隧道底部。仰拱块上预留排水槽、钢拱架沟槽及预埋轨道螺栓扣件。因此轨道的铺设延伸，不仅能保证轨道的铺设精度，同时也提高了出渣列车的运行稳定和速度。运渣列车由铺设于隧道的轨道上，通过后配套设备尾部的爬轨斜坡道进入平台车上的轨道系统，如图8-10所示。

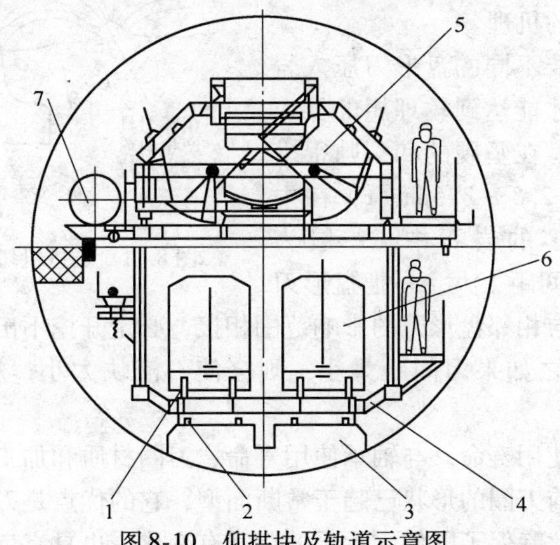

图8-10　仰拱块及轨道示意图

1—车辆车轮及平台车上轨道　2—仰拱块上轨道及平台车车轮　3—仰拱预制块　4—后备套平台车
5—石渣分配系统　6—矿车　7—通风管道

后配套平台车上安放通风管、接力风机。供应新鲜空气的主风机安放在洞外，通过风管与后配套上的接力风机连接。在掘进机施工中，隧道通风考虑的主要因素是施工人员的需要、设备运输中产生的热量、岩石破碎中以及喷射混凝土中产生的粉尘、内燃机设备产生的废气等。

后配套平台车上安放供水、排水设备。供水设备的作用是对盘形刀进行冷却；刀盘内腔室的水雾除尘；液压系统对油的冷却；对驱动电动机的水冷以及必要的空气冷却等。为了提高供水压力，往往在水箱上设置增压水泵，一般用水量可按每开挖$1m^3$岩石需要$0.5m^3$左右估算。隧道开挖中排水至关重要，必须采取强制排水措施防止积水对主机的漫浸，尤其在安放仰拱块时，更需要将水排净。顺坡开挖时，应充分利用仰拱块上的排水沟，反坡开挖时，应设多处积水槽、多处水泵站排水至洞外。

8.3　掘进施工

8.3.1　破岩机理

掘进机切削破碎岩石的机理是它在掘进时盘形刀沿岩石开挖面滚动，同时通过刀盘均匀地在每个盘形刀上对岩面施加压力，形成滚动挤压切削而实现破岩。刀盘每转动一圈，将贯入岩面一定深度，在盘形刀刀刃与岩石接触处，岩石被挤压成粉末，从这个区域开始，裂缝向相邻的切割槽扩展，进而形成片状石渣。图 8-11 显示了掘进机切削岩石的机理。

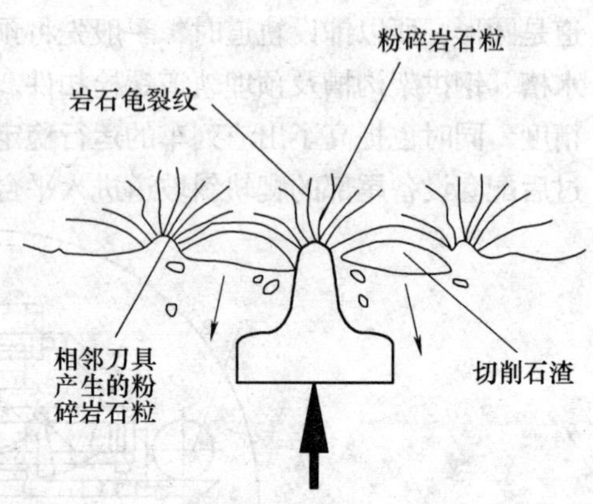

图 8-11 掘进机切削岩石机理示意图

不同的岩石需要不同的盘形刀压入岩石的最低压强值，才能达到较理想的贯入深度。而贯入深度，在坚硬的和裂隙很少的岩石中，一般为 2.5～3.5mm/r，在中等坚硬和裂隙较多的岩石中，一般为 5～9mm/r。如果刀间距太大，一把盘形刀产生的压力达不到与相邻盘形刀的影响范围相接，必定开挖不出片状石渣，从而使开挖效率降低。反之如果刀间距太小，则会使石渣块太小，从而浪费了设备的功率。

单个盘形刀的使用寿命，与轴承使用寿命、刀圈材质和加工质量以及它在刀盘上的位置有关。目前刀圈的形状已趋于常断面型，它的优点是刀圈尖端宽度在磨损后仍保持不变，因此确保了既使它承受的荷载有变化，也具有良好的贯入速度，从而提高了切割速度并降低了刀具的消耗。

掘进机施工不仅要注意岩石的抗压强度，还应注意岩石的磨蚀性以及岩体的裂隙程度，当岩体节理裂隙面间距越大时，切割也就越困难。关于裂隙度与盘形刀的磨损规律，我国还无研究成果，随着掘进机施工工程的增多，将会总结出一些规律。

8.3.2 掘进作业

1. 掘进循环过程

图 8-12 所示为开敞式掘进机单下支撑掘进作业循环过程的示意图，图 8-13 所示为开敞式掘进机双下支撑掘进作业循环过程的示意图，从图中看出：

1）掘进循环开始时，水平支撑已移动到主机架的前端，将撑靴撑紧在洞壁上。仰拱刮板与仰拱处的岩面轻微接触，收回后下支撑，此时大刀盘可以转动，推进千斤顶将转动的大刀盘向前推进一个行程，此即是掘进状态。

2）在向前推进到达推进千斤顶行程终点处，结束开挖，大刀盘停止转动，放下后下支撑，同时仰拱刮板支撑大刀盘，此时整个机器的重量全部由前、后支撑支撑。

3）收回两对水平支撑靴，移动水平支撑到主机架的前端。掘进机掘进方向的调整可以通过后下支撑进行水平、垂直的调整，达到调整目标。

4）当水平支撑移到前端限位后，又重新撑紧在洞壁上。此时收回后下支撑，

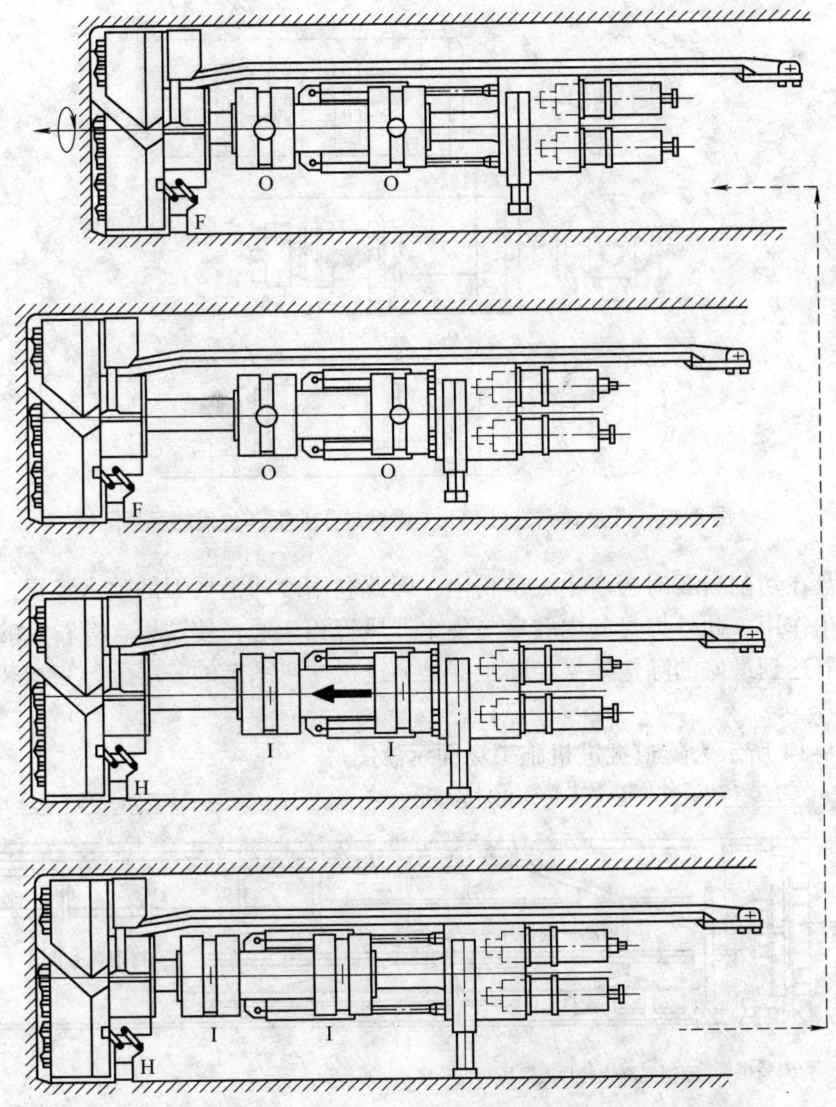

图 8-12　开敞式掘进机单下支撑掘进作业循环过程的示意图
F—浮动状态　H—支撑状态　O—支撑状态　I—移动状态

仰拱刮板与仰拱又转换成浮动接触状态。此时掘进机准备进行下一个掘进循环。

2. 出渣与除尘

沿着刀盘周围布置的刮板和铲斗，把切削下来的石渣从开挖断面的底部铲起，并在刀盘转动中随刀盘送到顶部，然后沿着刀盘内渣槽落到输送机上方的渣斗内，再通过胶带输送机送到后配套上的矿车中，掘进机只要开动，胶带输送机就不停地运转。

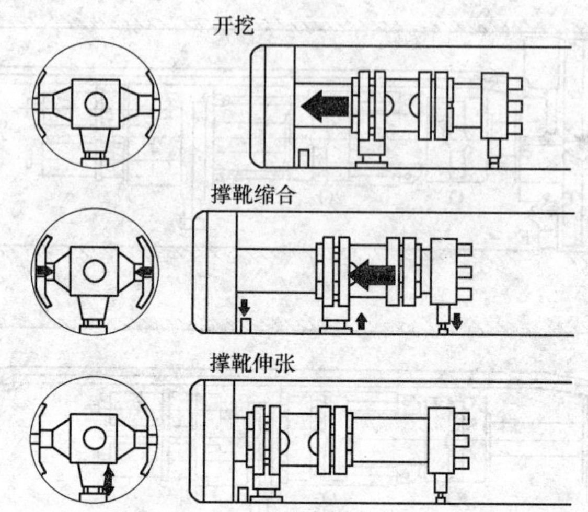

图 8-13　开敞式掘进机双下支撑掘进作业循环过程的示意图

刀盘在切削岩石时会产生大量粉尘，因此利用冷却盘形刀的喷水装置，起到一定的除尘作用。此外刀盘的内腔室与集尘器风管相连通，使这里含有粉尘的空气通过集尘器达到最好的除尘效果。除尘器是掘进机通风系统的一部分，它安装在后配套上。

图 8-14 所示为隧道掘进机施工场面示意图。

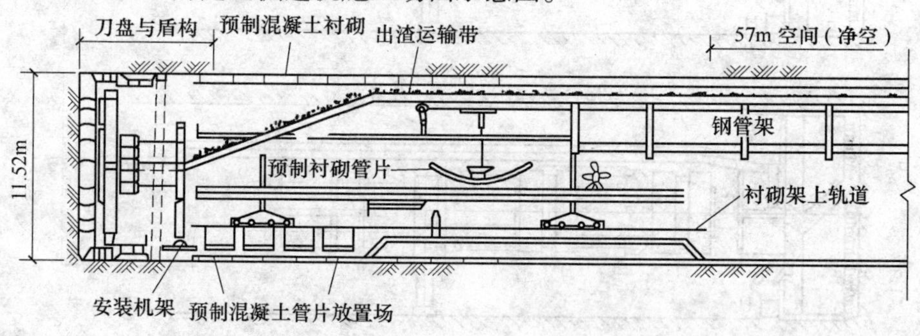

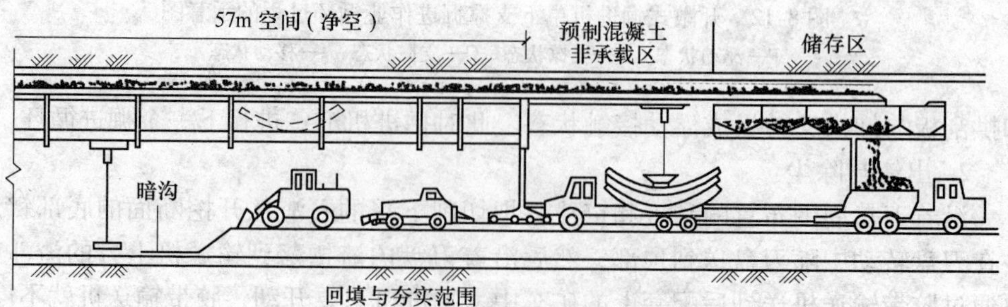

图 8-14　隧道掘进机施工场面示意图

8.3.3 施工管理

采用掘进机开挖隧道，实现隧道施工的工厂化，是一个大的管理系统工程。提高施工现场管理和设备管理水平，是提高掘进机施工效率和效益的基础。

从工程实例可知，使用同一型号的掘进机，在相同地质条件下，由于管理的原因而造成不同的纯掘进时间。如材料供应不及时，可能造成仰拱块不能及时铺设，延误轨道的延伸，进而影响到掘进机下一个循环的进行。任何设备的故障都会直接影响到掘进机的运行。

把整个有效的作业时间作为纯掘进时间是不可能的，因为停机不掘进时间包括换步更换支撑时间、检查和更换刀具时间、维修保养时间、对围岩进行支护时间，作业造成的停机以及供料、出渣原因造成的停机和工地组织造成的停机等都在每日工作时间内。据国外统计，在一般地质条件下，掘进机净掘进时间在50%左右是较为理想的。

提高设备完好率是提高净掘进时间的基础。强化维修保养，每班、每日、每周都必须进行预防性维修和某些部件的修理是必需的，只有坚持做好预防性维修才能保证掘进机利用率。

加强掘进机的管理，必须注意对刀具的管理，这是因为刀具消耗占据隧道开挖成本的很大部分。如不适当地提高推力，虽可提高净开挖速度，但刀具费用会急剧增长，因此选择合理的掘进系数可以节省刀具费用的支出。除进行定时刀具检查外，有经验的司机会掌握刀具的磨损规律，及时进行更换和调换。如果只换上一把新刀，而它周围的刀具磨损已超过限度，则新刀就会更多地承担刀盘传给它的推力，使其磨损加快。

配件供应是一大问题。为此必须弄清掘进机的易损件和故障较多配件的名称和更换周期，确定一个合理的配件储备量，避免临时急用时无配件或造成配件仓库积压。

工作人员与钻爆法相比有大量减少。国外一般每作业班只配15人左右。工作人员必须明确岗位及岗位工作内容和职责。按标准化作业规程进行施工操作。工作班之间的交接制度要严格执行。不把上一班存在的问题遗留到下一班，如有遗留，必须相互交接清楚。

对地质施工描述应加强，按地质变化随机应变。特别要做好不同围岩情况下的初期支护或临时支护，不允许冒险作业。地质超前预报工作要加强。可用超前钻机、地震波反射法及地质雷达法等物探方法，在洞内对掌子面前方30~50m范围内的地质条件作出预报，以提前安排作业措施（这一点要比钻爆法重要得多）。

对隧道的控制测量和施工测量要提高精度等级要求，因为圆形断面一旦形成，很难再调整中线和标高。

对电力供应的要求要比钻爆法高得多，因此必须建立专门的电力供应机构，确保供电质量。多次停电，电压不稳，电压降太大等都会影响工作。

掘进机施工的施工准备工作，特别是洞口平纵面条件、作业场地条件、大型临时工程等，都比钻爆法复杂，而这些准备工作有任何一环节不完成，就不能正式进行开挖作业，因此必须统筹安排，精心设计，严格施工，在正式开挖前全部作到位。

8.4 掘进机施工配套的支护形式

用掘进机施工的隧道，其衬砌结构一般是由临时或初期支护和二次衬砌组成。初期或临时支护是隧道开挖中保证掘进期围岩稳定和掘进机顺利掘进所不可缺少的。

采用掘进机施工，由于开挖工作面被掘进机主体充塞，对围岩很难进行直接观察和判断，而且造成进行支护的位置相对于开挖面滞后一段距离。因此不同形式的掘进机，也要求采用不同的支护形式。一般在充分进行地质勘探后，在隧道设计时，就应确定基本支护形式。如引水隧道，为保证输水的可靠性，要求支护对围岩有密封性，所以大都采用护盾式掘进机进行管片衬砌的结构形式。对于一般公路、铁路隧道，除进行临时支护外，视地质情况采用二次喷射混凝土或二次模筑混凝土作为永久衬砌。

8.4.1 管片式衬砌

使用护盾掘进机时，一般采用圆形全周管片式衬砌。管片式衬砌适合软弱围岩，特别是当围岩允许承载力很低，撑靴不能支撑岩面时，可利用尾部推力千斤顶，顶推已安装的管片获得推进反力。当撑靴可以支撑岩面时，双护盾掘进机可以使掘进和换步同时进行，提高了循环速度；利用管片安装机安装管片速度快、支护效果好、安全性强，但是它的造价高。为了防水的需要，管片之间要安装止水条，并需在管片外缘和洞壁间隙压入豆石和注浆。

为了预制管片，需要在工地建设混凝土制品工厂。如果工地施工场地允许，最好设在现场，以方便运输。

8.4.2 二次模筑混凝土

使用开敞式掘进机，一般是随开挖先施作临时支护，然后进行二次模筑混凝土永久性衬砌，如图 8-15 所示。为了保证掘进机的高速度掘进，而不可能使开挖作业与模筑混凝土衬砌作业同时进行。此外，在机械上部进行衬砌作业，会给掘进机设备代来严重的混凝土污染，因此只在刀盘后部只进行必要的临时支护，如锚杆、喷射混凝土、架钢拱架。

二次混凝土衬砌，根据地质条件也有用喷射混凝土作为永久衬砌的，如瑞士弗尔艾那铁路单线隧道，采用二次喷射混凝土为永久衬砌，在喷射混凝土中安装了钢网，加入了钢纤维。多数隧道往往采取二次模筑混凝土衬砌，使用穿行式模板台车，进行永久衬砌的灌注。根据设计的断面形状，制造模板台车，这与钻爆法施工一致。值得注意的是二次衬砌完成后，掘进机在完成掘进任务后，不可能从原路退出，只有在完成开挖位置进行扩大洞室，在隧道内进行拆卸掘进机部分机件（如大刀盘的解件），才有可能退出。如果用一台掘进机从进口一直掘进到出口时，则不会发生洞内拆卸问题。

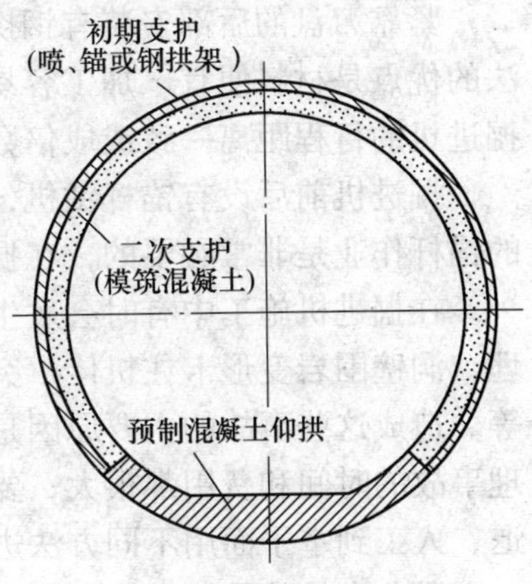

图 8-15　模筑混凝土衬砌

二次模筑混凝土的拌和工厂、输送车、混凝土泵等与钻爆法施工一样。

8.4.3　不良地质地段辅助支护

一般而言，掘进机特别是开敞式掘进机施工，最好用于地质条件较好的隧道。如果地质条件太差，需要过多的辅助作业来保证掘进机施工，就不能发挥掘进机速度快、效率高的优势。同时，辅助作业的进行也受掘进机的充塞影响而困难，造成费用过高、延长工期，因而也就没有必要使用掘进机施工了。

任何一座隧道，难免会出现一些局部地质较差地段，因此掘进机必须具备通过不良地质地段的能力。为了满足不良地质的要求，掘进机可以安装一些辅助设备进行特殊功能作业。

加装的地质超前钻机安装在主机顶部，大刀盘后部的平台上，它在主机停机时进行掌子面前 30m 的超前钻孔，以预报前方地质情况，为掘进提供可靠消息。超前钻机还具备注浆和安装管棚的功能，以对围岩进行预先加固，使掘进机具备自我加固前方不良地质地段的能力和自我通过能力，如图 8-16 所示。

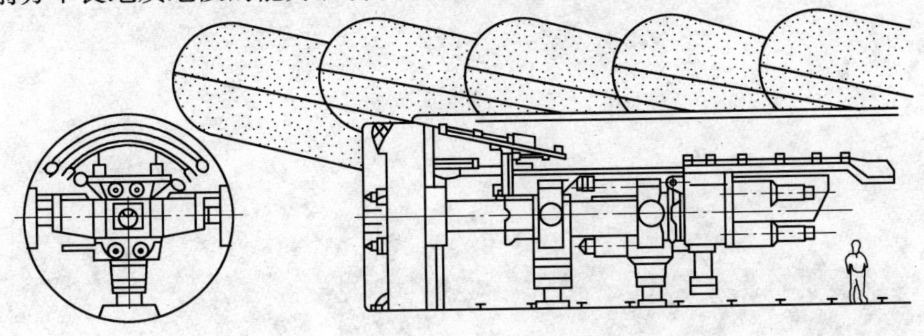
图 8-16　从掘进机内进行的超前支护示意图

紧靠刀盘的后部安装有钢拱环安装器，利用工字钢拱环形成支护结构，这种方法的优点是材料便宜、加工容易、安装速度快、支护效果及时。钢拱环的间距要与掘进机的行程距离一致或成倍数关系，在预制仰拱块上要留有安放拱环的沟槽。

掘进机前后设有锚杆钻机，以满足对围岩进行锚杆支护作业的需要。拱顶部分的锚杆作业是非常必要的，在掘进的同时，锚杆作业应能同时进行。

在掘进机施工中有时会发生一些意外的事故。如开挖面大规模坍方造成机件被埋，洞壁围岩变形卡住机体，突发的大量涌水淹没机体和工作面挤出迫使机体后移等。造成这些事故的主要原因是事先地质勘察不明，施工地质预报不及时。停工处理事故的时间和费用都很大，要引起特别注意和避免。处理方法主要是将掘进机后退，人工到掌子面用不同方法进行加固处理，以便让掘进机步进通过。

避免事故的最根本途径仍然是做好地质勘察和施工地质超前预报工作。在国内外曾有掘进机施工失败的报道。在大块卵石层和溶洞群特殊地质情况下，不宜用掘进机施工。遇有膨胀性很高的膨胀岩土时，由于围岩变形很大，必须采取有效措施，才能保证顺利施工。在瓦斯地层中修建隧道，钻爆法已有了一套较为安全成熟的规则，但在掘进机施工中，则报道不多。

第9章 隧道施工辅助作业

隧道施工中，开挖、出渣、初期支护及内层衬砌等称为基本作业。为基本作业提供必要的施工条件，并直接为基本作业服务的其他作业，称为辅助作业。辅助作业内容主要有：压缩空气供应、施工供水与排水、施工供电与照明以及施工通风与防尘。

9.1 压缩空气供应

在隧道施工中，常用的以压缩空气为动力的风动机械有凿岩机、混凝土喷射机、锻钎机、压浆机等，这些风动机械所需的压缩空气是由空气压缩机（以下简称空压机）生产，并通过高压风管输送给风动机械的。

风动机械都需要在一定的风压和风量条件下才能正常工作。因此，应该注意保证压缩空气具有足够的工作风压和工作风量，同时还应尽量减少管路损失，以节约能源，降低消耗。

9.1.1 空压机站的生产能力

压缩空气由空压机生产供应，空压机一般集中安设在洞口外附近的空压机站内，空压机站的生产能力取决于耗风量的大小，并考虑一定的备用系数。耗风量应包括隧道内同时工作的各种风力机械的生产耗风量和由储气筒到风动机械沿途的损失，因而空压机站的生产能力（或供风能力）Q 可用下式来计算：

$$Q = (1 + K_{备})(\sum qK + q_{漏})k_{m} \tag{9-1}$$

式中 $K_{备}$——空压机的备用系数，一般采用75% ~90%；

$\sum q$——风动机械所需风量，可查阅风动机具性能表（m^3/min）；

$q_{漏}$——管路及附件的漏耗损失，其值为：$q_{漏} = a\sum L$（m^3/min）；

a——每千米漏风量，平均为1.5 ~2.0m^3/min；

L——管道总长（km）；

K——同时工作系数，见表9-1；

k_{m}——所处海拔高度对空压机生产能力的影响系数，见表9-2。

表9-1 同时工作系数

机具类型	凿岩机		装渣机		锻钎机	
同时工作台数	1 ~10	11 ~30	1 ~2	3 ~4	1 ~2	3 ~4
K	1.00 ~0.85	0.85 ~0.75	1.00 ~0.75	0.70 ~0.50	1.00 ~0.75	0.65 ~0.50

表 9-2 海拔高度影响系数

海拔高度/m	0	305	610	914	1219	1524	1829	2134	2438	2743	3048	3658	4572
k_m	1.00	1.03	1.07	1.10	1.14	1.17	1.20	1.23	1.26	1.29	1.32	1.37	1.43

根据计算确定空压机站的生产能力后，可选择合适的空压机和储气筒。当一台空压机的排气量不能满足供风需要时，可选择多台空压机形成空压机组。空压机站设备能力应能满足同时工作的各种风动机械最大耗风量和风压的要求。此时，为便于操作和维修，宜采用同类型的空压机，考虑在施工中风量负荷的不均匀，为避免空压机的回风空转，可选择一台较小排气量（一般为其他空压机容量的一半）的空压机进行组合。

空压机一般分为电力和内燃两类。一般短隧道宜采用内燃空压机，长隧道宜采用电动空压机。当施工初期电力缺乏时，长隧道也可采用内燃空压机过渡。空压机站应设在空气洁净、通风良好、地基稳固且便于设备搬运之处，并尽量靠近洞口，以缩短管路，减少管道漏风损耗。当有多个洞口需集中供风时，应选择在适当位置，使管路损耗尽量减少，应靠近用风量较大的洞口。长隧道及特长隧道可将空压机站布设在洞内适当位置。空压机站应有具体的防水、降温和防雷击设施。

9.1.2 高压风管道的设置

高压风管道的选择应满足工作风压不小于 0.5MPa 的要求，空压机生产的压缩空气的压力一般在 0.7 ~ 0.8MPa，为保证工作风压，钢管终端的风压不得小于 0.6MPa，通过胶皮管输送至风动机械的工作风压不小于 0.5MPa。

压缩空气在输送过程中，由于管壁摩擦、接头、阀门等产生阻力，其压力会减小，一般称压力损失，根据达西公式，钢管的风压损失 Δp 可按下式进行计算：

$$\Delta p = \lambda \frac{L}{d} \cdot \frac{V^2}{2g} \gamma \times 10^{-6} \tag{9-2}$$

式中 λ——摩阻系数，见表 9-3；

L——送风管路长度（包括配件当量长度，见表 9-4，m）；

d——送风管内径（m）；

g——重力加速度，采用 9.81m/s²；

V——压缩空气在风管中的速度（m/s），根据风向和风管面积可得；

γ——压缩空气的重度。

大气压强下，温度为 0℃时，空气重度为 12.9N/m³；温度为 t 时，其重度则为 $\gamma_t = [12.9 \times 273℃/(273℃ + t)]\ \mathrm{N/m^3}$，此时，压力为 p 的压缩空气重度 $\gamma = \gamma_t \times (p + 0.1\mathrm{MPa})/0.1\mathrm{MPa}$，其中，$p$ 为空压机生产的压缩空气的压力。

计算的压力损失值若过大，则需选用较大管径的风管，从而减小压力损失值，使钢管末端风压不得小于 0.6MPa。

胶皮风管连接钢管与风动机械，由于其压力损失较大，一般应尽量缩短其使用的长度，从而保证压缩空气的工作压力不小于 0.5MPa，胶皮风管的压力损失值见表 9-5。

表 9-3　风管摩阻系数 λ 值

风管内径/mm	50	75	100	125	150	200	250	300
λ	0.0371	0.0324	0.0298	0.0282	0.0264	0.0245	0.0234	0.0221

表 9-4　配件折合成管路长度　（单位：m）

钢管直径/mm	球心阀	闸门阀	丁字管	异径管	45°弯头	90°弯头	135°弯头	逆止阀
25	6.0	0.3	2.0	0.5	0.2	0.9	1.4	—
50	15.0	0.7	4.0	1.0	0.4	1.8	2.8	3.2
75	25.0	1.1	7.0	1.7	0.7	3.2	4.9	—
100	35.0	1.5	10.0	2.5	1.0	4.5	7.0	7.5
150	60.0	2.5	17.0	4.0	1.7	7.7	12.0	12.5
200	85.0	3.5	24.0	6.0	2.4	10.8	16.8	18.0
300	—	6.0	40.0	10.0	4.0	18.0	28.0	30.0

表 9-5　压缩空气通过胶皮管的压力损失　（单位：MPa）

通过风量/ (m^3/min)	胶管内径/mm	胶管长度/m					
		5	10	15	20	25	30
2.5	19	0.008	0.018	0.020	0.035	0.040	0.055
	25	0.004	0.008	0.013	0.017	0.021	0.030
3	19	0.010	0.020	0.030	0.050	0.060	0.075
	25	0.006	0.012	0.018	0.024	0.040	0.045
4	19	0.020	0.040	0.055	0.080	0.100	0.110
	25	0.010	0.025	0.040	0.050	0.060	0.075
10	50	0.002	0.004	0.006	0.007	0.010	0.015
20	50	0.010	0.020	0.035	0.050	0.055	0.065

高压风管道的安装使用，应符合下列规定：

1）管道敷设要求平顺、接头密封、防止漏风；凡有裂纹、创伤、凹陷等现象的钢管不能使用。

2）在洞外地段，风管长度超过500m、温度变化较大时，宜安装伸缩器；靠近空压机150m以内，风管的法兰盘接头宜采用耐热材料制成垫片，如石棉衬垫等。

3）压风管道在总输出管道上，必须安装总闸阀以便控制和维修管道；主管上每隔300~500m应分装闸阀；按施工要求，在适当地段（一般每隔60m）加设一个三通接头备用；管道前端至开挖面距离宜保持30m左右，并用高压软管连接分风器；分部开挖法通往各个工作面的软管长度不宜大于50m，与分风器连接的胶皮软管长度不宜大于15m。

4）主管长度大于1000m时，应在管道最低处设置油水分离器，定期放出管中聚积的油水，以保持管内干燥与清洁。

5）管道安装前应进行检查，钢管内部不得留有残杂物和其他脏物；各种闸阀在安装前应拆开清洗，并进行水压强度试验，合格者方能使用。

6）管道在洞内应敷设在电缆、电线的另一侧，并与运输轨道有一定距离，管道高度一般不应超过运输轨道的轨面，若管径较大超过轨面，应适当增加距离。如与水沟同侧时不应影响水沟排水。

7）洞内风管不应妨碍运输、影响边沟施工；管道使用时，应有专人负责检查、养护。

9.2 施工供水和排水

隧道施工时，由于凿岩、防尘、灌注衬砌及混凝土养护、洞外空压机冷却等工作都需要大量用水，施工人员在生活中也需要用水，因此要设置相应的供水设施。与此同时，洞内耗用的水流失在工作面上，如在含地下水的地层中施工，则大量地下水还会向洞内渗流排泄。为了保证隧道施工顺利进行，除做好供水工作外，应特别注意做好防水、排水工作。

9.2.1 水质要求

凡无臭味、不含有害矿物质的洁净天然水，都可以作为施工用水，饮用水的水质则要求更为新鲜清洁。无论生活饮用水还是施工用水，均应做好水质化验工作。参照国家水质标准，施工用水水质要求见表9-6，生活用水卫生标准限值见表9-7。

表9-6 施工用水水质要求

用水范围	水质项目	允许最大值
混凝土作业	硫酸盐含量	不大于1000mg/L
	pH值	不得小于4
	其他杂质	不含油、糖、酸等
湿式凿岩与防尘	细菌总数	在37℃培养24h每毫升不超过100个
	大肠菌总数	每升水中不超过3个
	浑浊度	不大于5mg/L，特殊情况不大于1000mg/L

表9-7 生活饮用水卫生标准限值

项目	允许最大值	项目	允许最大值
色度（铂钴色度单位）	15	铅(mg/L)	0.01
浑浊度（散射浑浊度单位）/NTU	1 水源为净水技术条件限制时为3	砷(mg/L)	0.01
肉眼可见物	无	氧化物(mg/L)	250
臭和味	无异臭、异味	铜(mg/L)	1.0
菌落总数/(CFU/mL)	100	锌(mg/L)	1.0
总大肠菌群/(MPN/100mL或CFU/100mL)	不得检出	铁(mg/L)	0.3
耐热大肠菌群/（MPN/100mL或CFU/100mL)	不得检出	pH	不小于6.5且不大于8.5
大肠埃希氏菌/(MPN/100mL或CFU/100mL)	不得检出	挥发酚类(以苯酚计)/(mg/L)	0.002
总硬度（以$CaCO_3$计)/(mg/L)	450		

9.2.2 用水量估算

用水量主要包括施工用水、生活用水和消防用水。

1. 施工用水

施工用水与工程规模、机械化程度、施工进度、人员数量和气候条件等有关，因而用水量的变化幅度较大，难以准确估计，一般根据经验估计。

2. 生活用水

随着隧道施工工地卫生要求的提高，生活设施（如洗衣机）配置增多，耗水量也相应增多，因而生活用水量也有一定的变化，但变化幅度不大，一般可按下列参考指标估算：生产工人平均为0.10~0.15m^3/d；非生产工人平均为0.08~0.12m^3/d。

3. 消防用水

由于施工工地住房多为临时住房，相应标准较低，除按消防要求在设计、施工及临建布置等方面做好防火工作外，还应按临时建筑房屋每 3000m^2 消防耗水量 15～20L/s、灭火时间为 0.5～1.0h 计算消防用水储备量，以防不测。

9.2.3 供水方式及供水设备

1. 供水方式

供水方式主要根据水源情况而定，常用水源有山上泉水、河水和钻井取水。水自流引导或机械提升到贮水池存储，并通过管路送达使用地点。个别缺水地区，则用汽车运水或长距离管道供水。

2. 贮水池

贮水池一般修建在洞口附近山上，并应避免设在隧道顶上或其他可能危及隧道安全的位置，其高差应能保证最高用水点的水压要求。当采用机械或部分机械提升时，应备有抽水机。

水池位置至配水点的高差 H 的计算，可按下式进行：

$$H \geqslant 1.2h + \alpha h_f \tag{9-3}$$

式中 h——配水点要求水头（m），如湿式凿岩需要水压为 0.3MPa，则 $h=30$m；

α——水头损失系数（按管道水头损失 5%～10%计算），$\alpha=1.05$～1.10；

h_f——管道内水头损失（m），确定出用水量（一般按 m^3/h 计算）后，选择钢管管径，按钢管水力计算而得，有关手册列有钢管水力计算表可供参考。

贮水池构造力求简单不漏水，基础应置于坚实地层上，一般可采用石砌，根据地形条件用埋置式（图 9-1）。当地形条件受限制，不能埋置时，也可采用修建水塔或用钢板焊接水箱等方式。

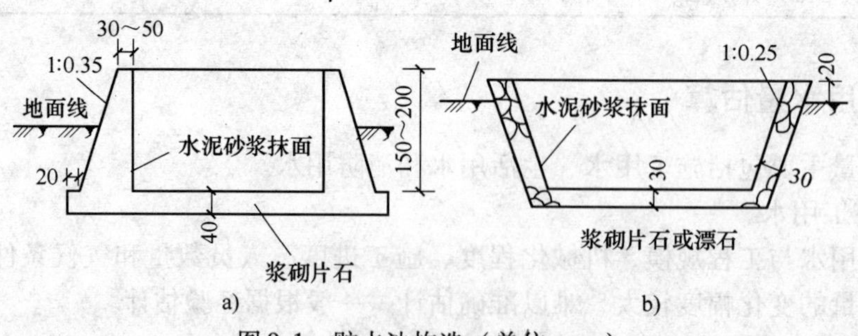

图 9-1 贮水池构造（单位：cm）

a）石砌半埋置式 b）石砌埋置式

利用高山自流水供水，水源流量大于用水高峰流量时，水池存水能得到及时补充，则水池容积一般为 20～30 m^3；如水源流量小于用水量，则需根据每班用水量并考虑必要贮备来计算水池容积。水池的容积大小应与抽水设备、集中用水量相配合，以满足施工的需要。

$$V = 24\alpha C(Q_c + Q_s) \tag{9-4}$$

式中　V——水池容积（m^3）；

α——调节系数，一般用1.10~1.20；

C——贮水系数（为水池容积与昼夜用水量之比），昼夜用水量小于1000m^3时，采用1/4~1/6，昼夜用水量在1000~2000m^3时，用1/6~1/8；

Q_c——生产用水量（m^3/h）；

Q_s——生活用水量（m^3/h）。

3. 水泵与泵房

扬程H按下式计算：

$$H = h' + \alpha h_f \tag{9-5}$$

式中　h'——水池与水源之间的高差（m）；

α及h_f同式（9-3）。

根据扬程及选用的钢管直径可选择合适的水泵。常见水泵有单级悬臂式离心水泵和分段式多级离心水泵，其规格性能可查阅有关手册。

临时抽水泵房的要求，可按临时房屋的有关规定办理。水泵在安装前，应按图样检查基础的位置，预留管道孔洞等各部分尺寸是否符合要求。水泵底座位置经校核后，方能灌注水泥砂浆并固定地脚螺栓。

9.2.4　供水管道布置

供水管道布置符合下列规定：

1）管道敷设要求平顺、短直且弯头少，平路管径尽可能一致，接头严密，不漏水。

2）管道沿山顺坡敷设悬空跨距大时，应根据计算设立支柱承托，支撑点与水管之间加木垫；严寒地区应采取埋置或包裹等防冻措施，以防水管冻裂。

3）水池的输出管应设总闸阀，以便维修和控制管道，干路管道每隔300~500m应安装闸阀一个。管道闸阀布置还应考虑一旦发生管道故障（如断管）能够暂时由水池或水泵房供水的布置方案。

4）给水管道不应该安设在供电线路的同一侧，并应不妨碍运输和行人。一般应设专人负责检查养护（可与压风管道共同组织一个养护维修工班）。

5）管道前端至开挖面，一般保持的距离为30m，用直径50mm高压软管接分水器，中间预留的异径三通至其他工作面供水使用软管连接，其长度不宜超过50m。

6）如利用高山水池，其自然压头超过所需水压时，应进行减压。一般是在管道中段设中间水池作为过渡站，也可直接利用减压阀来降低管道中水流的压力。

9.2.5 施工排水

施工中应对洞内的出水部位、水量大小、涌水情况、变化规律、补给来源等做好观测和记录。预防涌水淹没洞室，危及人员、设备和环境安全，影响施工质量和工程进度。隧道排水不得直接排入饮用水源。施工期间的排水包括洞外排水和洞内排水两部分。

1. 洞外排水

做好洞口的防洪和排水设施，以免雨季到来时山洪或地面水流入洞口，对于斜井、竖井尤应多加注意。将地表上与地下水有直接补给关系的洼地或泄水缝用黏土回填密实。必要时做截水沟截留引排。

2. 洞内排水

洞内水主要来源于地下水和施工用水。对于有污染性的施工用水，按环境保护要求经净化处理后方能排入河流。

根据掘进方向与路线坡度之间的关系，施工期间的洞内排水，可分为顺坡排水和反坡排水两种方式。

顺坡排水即进洞上坡，一般只需设侧边排水沟，其坡度一般不小于0.5%，使水顺坡自然排出洞外即可。若利用平行导坑排水时，则平导应较正洞低0.2~0.6m，使正洞的水通过横通道引入平导排出。

反坡排水即进洞下坡，此时水向工作面汇集，需要使用抽水机进行排水。反坡排水可采用分段开挖反坡侧沟方式排水，在侧沟每一分段上设一集水坑，用抽水机把水排出洞外，如图9-2所示，L_k 为集水坑间距，一般在隧道较短、坡度较小时采用。

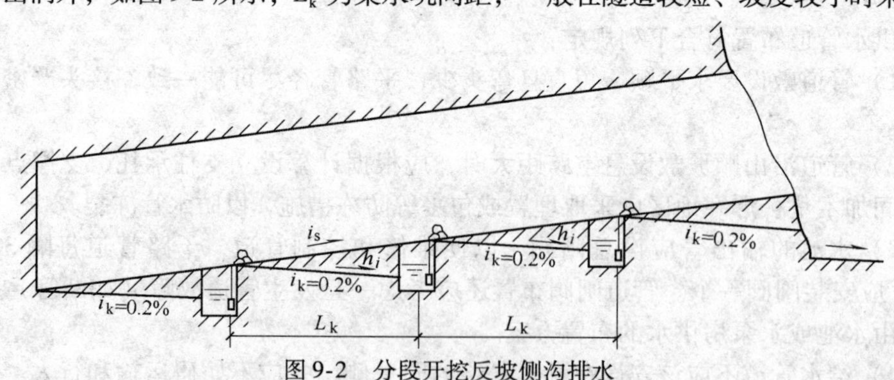

图9-2 分段开挖反坡侧沟排水

集水坑间距 L_k 用下式计算：

$$L_k = h/(i_x + i_s) \tag{9-6}$$

式中 h——水沟最大开挖深度，一般不超过0.7m；

i_x——线路坡度；

i_s——水沟底坡度，不小于0.3%。

分段开挖反坡侧沟排水方式的优点是工作面无积水，抽水机位置固定，不需水管。缺点是用抽水机多且要开挖反坡水沟。一般在隧道较短，线路坡度较小时采用。

另外一种反坡排水方式是隔较长距离开挖集水坑。开挖面的积水用小水泵抽到最近的集水坑内，再用主抽水机将水抽出洞外，如图9-3所示。

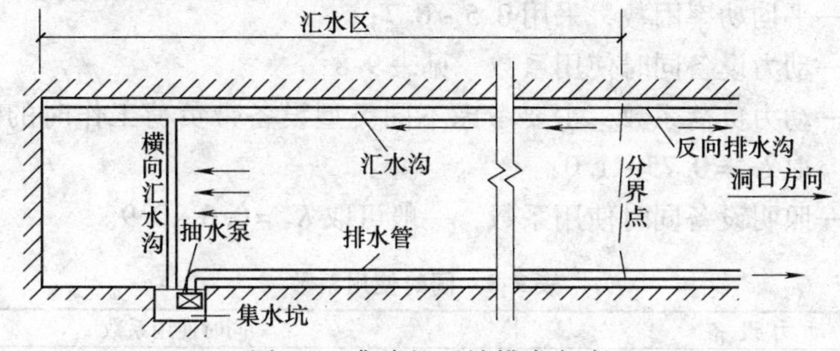

图9-3 集水坑反坡排水方式

集水坑反坡排水方式的优点是所需抽水机少，但要安装水管，抽水机也要随开挖面掘进而拆迁前移。在隧道较长、涌水量较大时使用。

应当注意的是，进洞下坡施工的隧道，应配备足够的排水措施（留一定的备用抽水机）。必要时应在开挖面上钻深井探水，防止突然遇到地下水囊、暗河等淹没坑道造成事故。

9.3 供电及照明

随着隧道施工机械化程度的提高，隧道施工的耗电量也越来越大，且负荷集中。同时为保证施工质量和施工安全，对隧道施工供电的可靠性要求也越来越高，因而施工供电显得越来越重要。

9.3.1 施工总用电量估算

在施工现场，电力供应首先要确定总用电量，以便选择合适的发电机、变压器、各类开关设备和线路导线，做到安全、可靠供电，减少投资，节约开支。确定现场供电负荷的大小时，不能简单地将所有用电设备的容量相加。因为在实际施工中，并非所有设备都同时工作，另外，处于工作状态的用电设备也非处在额定工作状态。工地施工用电量，常采用估算公式进行计算。

1. 同时考虑施工现场的动力和照明

$$S_{总} = K \cdot \frac{\sum P_1 \cdot K_1}{\eta\cos\varphi} \cdot K_2 + \sum P_2 \cdot K_3 \tag{9-7}$$

式中 $S_{总}$——隧道施工总用电量（kV·A）；

K——备用系数，一般取1.05~1.10；

$\sum P_1$——全工地动力设备的额定输出功率总和（kW）；

$\sum P_2$——全工地照明用电量总和（kW）；

η——动力设备的平均效率，采用0.83～0.88；通常取$\eta=0.85$进行计算；

$\cos\varphi$——平均功率因数，采用0.5～0.7；

K_1——动力设备同时使用系数，见表9-8；

K_2——动力负荷系数，主要考虑不同类型设备带负荷工作时的情况，一般取$K_2=0.75\sim1.0$；

K_3——照明设备同时使用系数，一般可取$K_3=0.6\sim0.9$。

表9-8 同时使用系数

动力设备	同时使用系数
通风机	0.8～0.9
施工电动机械	0.65～0.75

注：根据同时用电机械的台数选取，一般10台以下取低限，10台以上取高限。

2. 只考虑动力负荷

当照明用电量相对于动力用电量所占比例较少时，为简化计算，可在动力用电量之外再加10%～20%，作为施工总用电量，其计算式如下：

$$S_{动}=\frac{\sum P_i}{\eta\cos\varphi}\cdot K_1\cdot K_2 \tag{9-8}$$

$$S_{总}=(1.1\sim1.2)S_{动} \tag{9-9}$$

式中 $S_{动}$——施工现场动力设备所需的用电量；

其他符号含义同式（9-7），但当使用大型用电设备时，K_1可取1.0计算。

9.3.2 供电方式

隧道施工供电方式有自设发电站供电和地方电网供电。一般尽量采用地方电网供电，只有在地方供电不能满足施工用电需要，或施工现场距离地方电网太远时，才设自发电站供电。此外，自发电可作为备用，在地方电网供电不稳定时，或在有些重要施工场所还需设置双回路供电网时，保证供电的稳定性。由于绝大多数情况下采用地方电网供电，故主要介绍变电站的有关内容。

一般变压器容量应按电气设备总用量确定，即应根据上述估算的施工总用电量来选择变压器，施工总用电量占变压器容量的60%左右为佳。具体可按下述方法进行计算确定：

配电电动机械的单台最大容量占总用电量的1/5及以下时，变压器最大容量S_e为

$$S_e=\sum P_1\cdot K_1/(\eta\cos\varphi) \tag{9-10}$$

配备电动机械的单台最大容量占总用电量的1/5以上时，变压器最大容量S_e为

$$S_e = 5\sum P_1 \cdot K_1 \cdot \mu/(\eta\cos\varphi) \tag{9-11}$$

式中 μ——配备电动机械最大一台的容量与总用电量的比值；

其他符号同式（9-7）。

根据上述计算确定需要的变压器的容量后，从变压器产品目录中选用适当型号和规格的配电变压器即可。

变压器位置的确定应考虑便于运输、运行和检修，同时应选择安全可靠的地方，因此应满足以下几个方面：

1）隧道洞外变电站，宜设在洞口附近，并应靠近负荷集中地点和设在电源线同一侧。

2）变电站（变压器）应选择在高压线附近。

3）变压器应安设在供电范围的负荷重心，使其投入运行时线路损耗最小，并能满足电压要求。当配电电压在380V时，供电半径不应大于700m，一般供电半径以500m为宜。即高压变电站之间的距离，一般为1000m左右。

4）洞内变压器应安设在干燥的避车洞或不用的横向通道处，变压器与周围及上下洞壁的距离不得小于30cm，并按规定设置安全防护措施。

9.3.3 供电线路布置及导线选择

1. 线路电压等级

隧道供电电压，一般是三相四线400/230（V）。长大隧道可用6~10kV，动力机械的电压标准是380V；成洞地段照明电压可采用220V，工作地段照明和手持电动工具按规定选用安全电压供电。

2. 导线选择

当供电线有电流时，由于导线具有阻抗，会产生电压降落，使线路末端电压低于首端电压。线路始末两端电压的差称为线路电压损失，俗称电压降。根据施工规则规定，选用的导线断面应使末端电压不超过额定电压的10%及国家对经济电流密度的规定（表9-9），线路电压降可按下式计算：

表9-9 导线的经济电流密度 （单位：A/mm^2）

导线类型	铜导线	铝导线
经济电流密度	1.40	0.90

$$\Delta U_1 = \frac{54lI}{1000I_i S} \tag{9-12}$$

$$\Delta U_3 = \frac{934lI}{1000I_i S} \tag{9-13}$$

式中 ΔU_1——按单相电路计算电压降（V）；

ΔU_3——按三相电路计算电压降（V）；

l——送电距离（m）；

I——线路通过电流（A）；

I_i——经济电流密度（A/mm^2）；

S——导线截面积（mm^2）。

根据上述公式可以计算出所需导线截面积，选择各种不同规格的导线。但一般不宜通过加大导线截面减小电压降的方式以增加送电线路距离。

3. 供电线路布置

在成洞地段用400/230V供电线路，一般采用塑料绝缘铝绞线或橡皮绝缘铝芯线架设；开挖、未衬砌地段以及手提灯应使用铜芯橡皮绝缘电缆。布置路线时应注意以下几点：

1）输电干线或动力、照明线路安装在同一侧时，必须分层架设，其原则是高压在上，低压在下；干路在上，支路在下；动力线在上，照明线在下。且应在风、水管路相对的一侧。

2）隧道内配电线路分低压进洞和高压进洞两种，一般隧道在1000m以下（独头掘进时），采用低压进洞，电压为400V，配电变压器设在洞外；当隧道在1000m以上时则采用高压进洞，以保证线路终端电压不致过低。高压进洞电压一般为10kV，配电变压器设在洞内。

3）根据隧道作业特点，电力线路架设分两次进行。在进洞初期，先用橡套电缆架设临时电路，随着工作面的推进，在成洞地段用橡皮绝缘线架设固定线路，换下电缆供继续前进的工作面使用。

4）洞内敷设的高压电缆，在洞外与架空高压线连接时，应安装相同点等级的阀型避雷器一组及开关设备。架设低压线路进空洞时，在洞口的电杆上，应安装低压阀型避雷器一组。

5）不允许将通电的多余电缆盘绕堆放，以免引起电缆过热发生燃烧和增加线路电压降。

6）低压进洞导线敷设方式分垂直、水平两种。水平排列占空间较大，影响大型施工机械通过，故一般采用垂直排列（图9-4a）。垂直排列时，采用针式绝缘子固定，线间距为0.2m，下部导线离

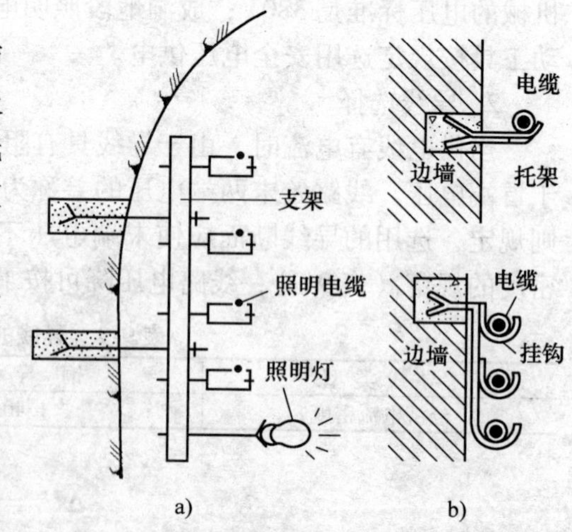

图9-4 低压导线敷设及高压电缆悬挂方法

a）低压导线垂直敷设 b）高压电缆悬挂

地面大于或等于3m，横担间距一般为10m。高压进洞电缆一般采用明敷设。明敷设是将电缆架设在明处，根据不同地段的具体条件，可分别用金属托架、挂钩、木耳子或帆布带等固定（图9-4b）。电缆线离地面大于或等于3.5m，横担间距一般为3～5m。

7）线路需分支时，分支至所接设备的连接应使用橡套电缆，且每一分支线应在接头与所接设备之间安装开关和熔断器；照明线路则仅在总分支接头处设置开关和熔断器。分支接头处应按规定搭接，并用绝缘胶布包缠。

9.3.4 普通光源施工照明

作业地段照明必须使用安全变压器，其容量不宜过大，输入电压为220V，输出电压最好有36V、32V、24V、12V四个等级，以便按工作面的安全因素要求选用照明电压，并应装有按电源电压下降而能调整的插头。

根据隧道施工规范要求，不同地段的照明布置见表9-10。在主要交通道、竖井、涌水较大的抽水站、高压变压站等重要地点，应设事故照明自动线路装置，以保安全。

表9-10 隧道施工洞内照明要求

工作地段		灯头距离/m	悬挂高度/m	灯泡容量/W
施工作业面		不少于15W/m^2（断面较大时可适当采用投光灯）		
开挖地段和作业地段		4	2～2.5	60
运输巷道		5	2.5～3	～60
特殊作业地段或不安全因素较多地段		2～3	3～5	100
成洞地段	用白炽灯时	8～10	4～5	60
	用荧光灯照明时	20～30	4～5	40
竖井内		3	—	60

9.3.5 新光源照明

普通光源一般使用的是白炽灯或荧光灯管，优点是价格低，使用方便，但其耗电量大且亮度较弱。新光源大幅度地增加了施工工作面的场地照度，为施工人员创造了一个明亮的作业环境，以保证操作质量；新光源安全性好，节约用电效果明显，使用寿命长，维修方便。新光源在洞内外照明布置要求见表9-11。

表 9-11 新光源洞内外照明布置

工作地段	照明布置
开挖面后 40m 以内作业段	两侧用 36V、500W 卤钨灯各 2 盏（或 300W 卤钨灯 7 盏，以不少于 2000W 为准），灯泡距离隧道底面高 4m
开挖面后 40 ~ 100m 区段	安设 2 盏 400W 高压钠灯和 2 盏 400W 钠铊铟灯，间距约 15m，灯泡距隧道底面高 5m
开挖面后的 100m 至成洞末端	每隔 40m，左右侧各设计 400W 高压钠灯 1 盏
模板台车衬砌作业段	台车前台 10 ~ 15m，增设 400W 高压钠灯各 1 盏，台车上亮度不足时，增设 36V、300W 或 500W 卤钨灯
成洞地段	每隔 40m 安装 400W 高压钠灯 1 盏
斜井、竖井井深掌子面及喷湿凝土作业面	使用 36V、500W 或 36V、300W 卤钨灯，已施工井身部分选用小功率 110V 高压钠灯，间距：混合井 300m 安装 1 盏，主副井每 25m 安装 1 盏
洞外场地	每隔 200m 安装高压钠灯 1 盏

9.3.6 安全用电

安全用电是保证人身安全和高速度、高质量完成施工任务的主要措施之一。防止触电事故，主要依靠健全的规章制度和完善的技术措施。常采用的技术措施除使用安全电压外，还需采取绝缘、屏护、遮拦、隔离、接地等安全技术措施。

1. 安全作业要求

有关安全作业，除应遵守电工安全作业规程外，重点应注意以下几点：

1）线路接头不允许有裸露，要经常检查，发现裸露应及时包扎。

2）各种电流负荷保护装置不得随意加大其容量，不得用任何其他金属丝代替熔丝。

3）电工人员操作时必须戴绝缘手套和穿绝缘胶靴。

4）在需要触及导电部分时，必须先用测电器检查，确认无误后，才能开始工作，并事先将有关的开关切断封锁，以防误合闸。

5）一切电气设备的金属外壳或构架都必须进行妥善接地。

2. 接地

在隧道施工中需要接地的设施有：与电动机连接的金属构架、变压器外壳、配电箱外壳、起动器外壳、高压电缆的金属外皮、低压橡套电缆的接地芯线（即连接变压器中性点的中性线）、风水管路、轨道及洞内临时装设的金属支架等。

接地是由高压电缆外皮和低压电缆的接地芯线以及所有明线架设的中性线连接成一个总的接地网络，在网路上分别连接上述需要接地的设施，构成一个具有多处接地装置的接地系统。不用高压供电的隧道，应在 400/230V 进线端设置中心接地装置。

9.4　通风与防尘

9.4.1　隧道施工作业环境

隧道施工中，由于炸药爆炸、内燃机械的使用、开挖时地层中放出有害气体以及施工人员呼吸等因素，使洞内空气十分污浊，对人体的影响较为严重。通风可以有效地降低有害气体的含量，供给足够的新鲜空气，稀释并排除有害气体和降低粉尘含量，降低洞内温度、湿度，改善劳动条件，保障作业人员的身体健康。

按照有关规定，隧道施工作业环境必须符合下列卫生标准：

1）坑道中氧气含量按体积计，不得低于20%。

2）粉尘允许含量为每立方米空气中含10%以上游离二氧化硅的粉尘为2mg；含10%以下游离二氧化硅的水泥粉尘为4mg；二氧化硅含量在10%以下，不含有毒物质的矿物性和动植物性的粉尘为10mg。

3）有害气体一氧化碳（CO）质量浓度不大于30mg/m^3，当作业时间短暂时，一氧化碳质量浓度可放宽。作业时间在1h内为50mg/m^3，在0.5h以内为100mg/m^3，在15～25min内为200mg/m^3，在上述条件下反复作业时，两次作业时间间隔必须在2h以上；二氧化碳（CO_2）按体积计不得超过0.5%；氧化物换算成二氧化氮（NO_2）应在5mg/m^{3}以下。

4）瓦斯（CH_4）按体积计不得大于0.5%。

5）洞内工作地点的空气温度，不得超过30℃（铁路隧道不得超过28℃）。

6）洞内工作地点噪声，不宜大于90dB。

9.4.2　通风方式

施工通风方式应根据隧道的长度、掘进坑道的断面大小、施工方法和设备条件等诸多因素来确定。在施工中，有自然通风和强制机械通风两类，其中自然通风是利用洞室内外的温差或风压来实现通风的一种方式，一般仅限于短直隧道，且受洞内外气候条件的影响极大，因而完全依赖于自然通风的情况是较少的，绝大多数隧道均应采用强制机械通风。

1. 机械通风方式的种类

机械通风方式，可分为管道通风和巷道通风两大类，而管道通风根据隧道内空气流向的不同，又可分为压入式（图9-5）、吸出式（图9-6）和混合式（图9-7）三种。

通风方式根据通风机（以下简称风机）的台数及其设置位置、风管的连接方法又分为集中和串联（或分散）式；还可根据风管内的压力分为正压型和负压型。

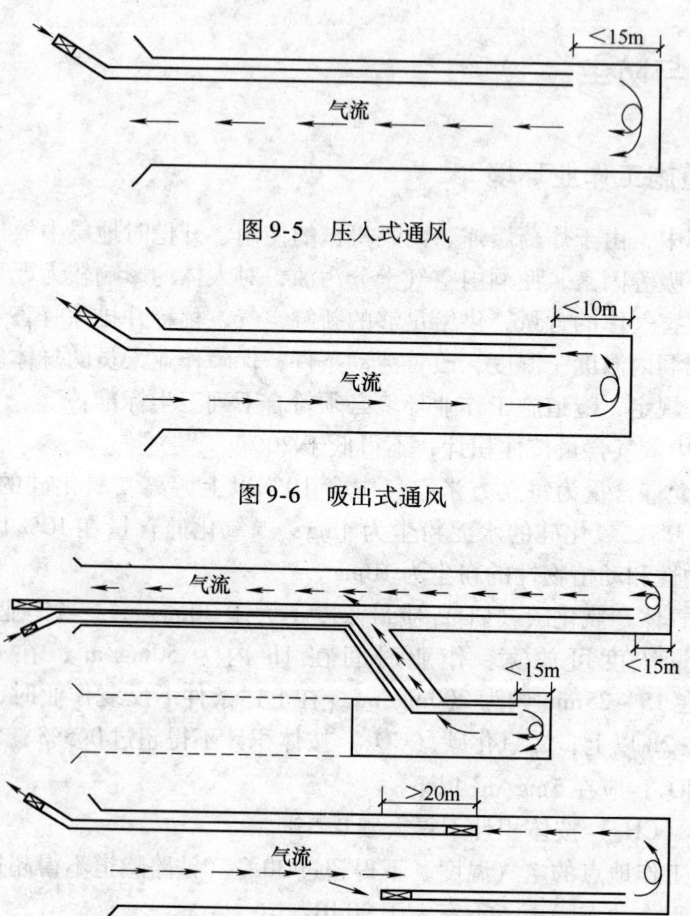

图 9-5　压入式通风

图 9-6　吸出式通风

图 9-7　混合式通风

巷道式通风方式是利用隧道本身（包括成洞、导坑及扩大地段）和辅助坑道（如平行导坑）组成主风流和局部风流两个系统互相配合而达到通风目的。以设有平行导坑的隧道为例来说明组成一个风流循环系统。在平行导坑的侧面开挖一个通风洞，通风洞口安装主通风机，平导洞口设置两道风门，除最里面一个横通道作为风流通道外，其余横通道全部设风门或砌筑堵塞。当主通风机向外抽风时，平导内就产生负压，洞外新鲜空气就向洞内补充，由于平导口及横通道全部封门关闭或砌堵，新鲜空气只得由正洞进入，直至最前端横通道，带动污浊气体经平导进入通风洞排出洞外，形成循环风流，以达到通风目的。

另外，巷道通风还有风墙式、通风竖井、通风斜井、横洞等。但随着我国目前巷道式通风独头掘进技术的提高，开挖面积大，通风方式更趋向于采用大功率、大管径的压入式通风。秦岭隧道Ⅱ线平导，开挖面积 $28m^2$，独头掘进 9.5km，通风设计分为两个阶段，第一阶段采用PF—110SW55型风机、$\phi 1.3$m的PVC塑布软风管的单压力式通风，通风长度可达6km；第二阶段在4.5~5km处设通风站，采用混合式通风，通风长度可达10km，充分说明了压入式通风方式的优点。

2. 通风方式的选择原则

通风方式的选择应针对污染源的特性，尽量避免成洞地段的二次污染，且应有利于快速施工。因而在选择时应遵循以下原则：

1）自然通风因其影响因素较多，通风效果不稳定且不易控制，故除短直隧道外，应尽量避免采用。

2）压入式通风又称为射流纵向式通风，能将新鲜空气直接输送至工作面，有利于工作面施工，但污浊空气将流经整个通道。若采用大功率、大管径，其适用范围较广。

3）吸出式通风的风流方向与压入式相反，但其排烟速度慢，且易在工作面形成炮烟停滞区，故一般很少单独使用。

4）混合式通风集压入式和吸出式的优点于一身，但管路、风机等设施增多，在管径较小时可采用，若有大管径、大功率风机时，其经济性不如压入式。

5）利用平行导坑作巷道通风，是解决长隧道施工通风的方案之一，其通风效果主要取决于通风管理的好坏。若无平行导坑，如断面较大，可采用风墙式通风。

6）选择通风方式时，一定要选择合适的通风机和风管设备，同时要解决好风管的连接问题，尽量减少漏风率。

7）搞好施工中的通风管理，对设备要定期检查，及时维修，加强环境监测，使通风效果更加经济合理。

9.4.3 通风设计

施工通风设计的目的是为了供给洞内所需的新鲜空气，选择合适的通风机，以便布置合理的通风管道，从而满足施工作业环境的要求。

1. 风量的计算

隧道施工的风量计算，因施工方法、隧道断面、爆破器材、炸药种类、施工设备等不同而变化。目前所用的通风计算公式大都是从矿井通风及铁路运营通风的计算公式类比而来或直接引用。一般按以下几个方面计算并取其中最大的数值，再考虑漏风因素进行调整，并加备用系数后，作为选择风机的依据。

（1）按洞内同时工作的最多人数计算

$$Q = kmq \tag{9-14}$$

式中 Q——所需风量（m^3/min）；

k——风量备用系数，常取$k=1.1\sim1.2$；

m——洞内同时工作的最多人数；

q——洞内每人每分钟需要吸入新鲜空气量，通常按 $3m^3/min$ 计算。

（2）按同时爆破的最多炸药计算　由于通风方式不同，计算方法也各不相同，以下分别介绍。

1）巷道式通风

$$Q = 5Ab/t \tag{9-15}$$

式中　A——同时爆破的炸药量（kg）；

b——1kg 炸药折合成一氧化碳的体积，一般采用 $b = 40L/kg$；

t——爆破后的通风时间（min）。

2）管道通风

① 压入式通风

$$Q = 7.8\sqrt[3]{AS^2L^2/t} \tag{9-16}$$

式中　S——坑道断面面积（m^2）；

L——坑道长度（m）；

其他符号同前。

② 吸出式通风

$$Q = 15\sqrt{ASL_{散}/t} \tag{9-17}$$

式中　$L_{散}$——爆破后炮烟的扩散长度（m），非电起爆 $L_{散} = 15 + A$(m)，电雷管起爆 $L_{散} = 15 + A/5$(m)；

其他符号同前。

③混合式通风

$$Q_{混压} = 7.8\sqrt[3]{AS^2L_{入口}{}^2/t} \tag{9-18}$$

$$Q_{混吸} = 1.3Q_{混压}$$

式中　$Q_{混压}$——压入风量；

$Q_{混吸}$——吸出风量；

$L_{入口}$——压入风口至工作面的距离，一般采用 25m 计算；

其他符号同前。

（3）按内燃机作业废气稀释的要求计算

$$Q = n_i A \tag{9-19}$$

式中　n_i——洞内同时使用内燃机作业的总功率（kW）；

A——洞内同时使用内燃机每 1kW 所需的风量，一般用 $3m^3/min$ 计算。

（4）按洞内允许最小风速计算

$$Q = 60VS \tag{9-20}$$

式中　V——洞内允许最小风速（m/s），全断面开挖时为 0.15m/s，其他坑道为 0.25m/s；

S——坑道断面积（m^2）。

2．漏风计算

通风机的供电量（$Q_{供}$）除满足上述计算的需要风量外，还应考虑漏失的风量，即

$$Q_{供}=PQ \tag{9-21}$$

式中 Q——前述计算结果的最大值，称计算风量；

P——漏风系数，管道通风时，根据风管材料不同可分别由表9-12、表9-13、表9-14中查得，巷道式通风常采用1.2～1.3。

表9-12 胶皮风管漏风系数

风管延长/m	50	100	150	200	250	300	400	500
漏风系数 P	1.04	1.08	1.11	1.14	1.16	1.19	1.25	1.30

表9-13 金属风管漏风系数

风管延长/m	风管每节为3m及下列直径时的漏风系数			风管每节为4m及下列直径时的漏风系数		
	0.5	0.7	0.8	0.5	0.7	0.8
100	1.02 1.09	1.01 1.04	1.01 1.03	1.02 1.06	1.01 1.03	1.01 1.02
200	1.08 1.27	1.05 1.16	1.03 1.16	1.06 1.19	1.02 1.11	1.02 1.06
300	1.16 1.51	1.09 1.29	1.06 1.18	1.10 1.37	1.06 1.22	1.04 1.12
400	1.25 1.82	1.15 1.46	1.10 1.32	1.16 1.61	1.10 1.34	1.06 1.23
500	1.36 2.25	1.21 1.62	1.14 1.45	1.25 1.88	1.14 1.51	1.08 1.32
600	1.49 2.76	1.28 1.93	1.19 1.57	1.27 2.22	1.18 1.66	1.12 1.45
700	1.63 3.44	1.36 2.20	1.27 1.79	1.48 2.60	1.28 1.85	1.16 1.56
800	—	1.45 2.63	1.33 2.05	—	1.30 2.13	1.22 1.74
900	—	1.54 2.89	1.36 2.25	—	1.39 2.28	1.25 1.87
1000	—	1.65 3.42	1.50 2.52	—	1.46 2.62	1.28 2.07

表 9-14 聚氯乙烯塑料风管漏风系数

风管直径/m \ 风管延长/m	100	200	300	400	500	600	700	800	900	1000
0.5	1.019	1.045	1.091	1.145	1.157	1.230	1.280	—	—	—
0.6	1.014	1.036	1.071	1.112	1.130	1.180	1.201	1.330	—	—
0.7	1.010	1.028	1.053	1.080	1.108	1.145	1.188	1.237	1.288	1.345
0.8	1.008	1.022	1.040	1.067	1.090	1.126	1.153	1.195	1.229	1.251

对于长距离大风量供风，目前一般采用 PVC 塑布胶管，管路直径大于 1m。由于采用长管节（20 ~ 50m），可大大降低了接头漏风，漏风以管壁为主。如选用优质管路，在良好管理的条件下，每百米漏风率一般可控制在 2% 以下，其漏风系数可由送风距离及每百米漏风率计算而得。

若处于高山地区，由于大气压强降低，供风量尚需要进行风量修正，即

$$Q_{高} = 100Q_{正}/P_{高} \tag{9-22}$$

式中 $Q_{高}$——高山修正后的供风量（m^3/min）；

$P_{高}$——高山地区大气压（kPa），见表 9-15；

$Q_{正}$——正常条件下的供风量，即上述 $Q_{供}$。

表 9-15 海拔高度与大气压的关系

海拔高度/m	1500	2000	2500	3000	3500	4000	4500	5000
大气压强/kPa	82.9	77.9	73.2	68.8	64.6	60.8	57.0	53.6

3. 风压计算

在通风过程中，要克服风流沿途所受阻力，保证将所需风量送到洞内，并达到规定的风速，则必须要有一定的风压。因此，风压计算的目的是确定通风机本身应具备多大的压力才能满足通风的需要。

气流所受到的阻力有摩擦阻力、局部阻力（包括断面变化处阻力、分岔阻力、拐弯阻力）和正面阻力，其计算可用下式表示：

$$h_{机} \geqslant h_{总阻}$$

$$h_{总阻} = \sum h_{摩} + \sum h_{局} + \sum h_{正} \tag{9-23}$$

式中 $h_{机}$——通风机的风压；

$h_{总阻}$——风流受到的总阻力；

$h_{摩}$——气流经过各种断面的管（巷）道时产生的摩擦阻力；

$h_{局}$——气流经过断面变化、拐弯、分岔等处分别产生的阻力；

$h_{正}$——巷道通风时受运输车辆堵塞而产生的阻力。

（1）摩擦阻力（$h_{摩}$） 摩擦阻力是管道（巷道）周壁与风流相互摩擦以及风

流中分子间的挠动和摩擦而产生的阻力，也称沿程阻力。

根据流体力学的达西公式可以导出隧道通风的摩擦阻力公式

$$h_{摩}=\lambda\frac{LV^2}{2gd}\cdot\gamma \tag{9-24}$$

式中 $h_{摩}$——摩擦阻力（Pa）；

λ——达西系数；

L——风管长度（m）；

V——风流速度（m/s）；

d——风管直径（m）；

g——重力加速度（m/s^2）；

γ——空气重度（N/m^3）。

任意形状时 $d=4S/U$（U 为风道周边长度，S 为风管面积）代入上式有

$$h_{摩}=\frac{\lambda\gamma}{8g}\cdot\frac{LU}{S}\cdot V^2$$

若风道流量为 Q（m^3/s），则将 $V=Q/S$，再另 $a=\frac{\lambda\gamma}{8g}$，称为摩擦阻力系数（单位为 $N\cdot s^2/m^4$），见表9-16、表9－17，将 a、V 代入上式有：

$$h_{摩}=aLUQ^2/S^3 \tag{9-25}$$

表9-16 管道摩擦阻力系数 （单位：$N\cdot s^2/m^4$）

风管	直径/mm	a	浸胶风管			
			雷诺数 Re	a	雷诺数 Re	a
金属管	500	0.0035	1×10^5	0.0096	6×10^5	0.0035
	600	0.0032	2×10^5	0.0063	7×10^5	0.0032
	700	0.0030	3×10^5	0.0051	8×10^5	0.0030
	800	0.0025	4×10^5	0.0042	9×10^5	0.0029
塑料管	500	0.0016	5×10^5	0.0038	10×10^5	0.0029
	600	0.0015				
	700	0.0013	$Re=dv\rho/\eta$，其中 d 为管径，v 为流速，ρ 为流体密度，η 为流体粘度			
	800	0.0013				

表9-17 巷道摩擦阻力系数 （单位：$N\cdot s^2/m^4$）

巷道特征	a 值	巷道特征	a 值
混凝土衬砌成洞地段	0.004～0.005	拱部扩大已完成，无支撑地段	0.012～0.016
块石砌筑成洞地段	0.006～0.008	导坑，无支撑地段	0.016～0.020
砌拱已完成与未开挖地段	0.010～0.012	导坑，有支撑无中间立柱地段	0.020～0.025
拱部扩大已完成，有扇形支撑地段	0.020～0.030	导坑，有支撑，有中间立柱地段	0.030～0.040

（2）局部阻力（$h_{局}$） 风流经过风管的某些局部地点（如断面扩大、断面减小、拐弯、交叉等）时，由于速度或方向发生突然变化而导致风流本身产生剧烈的冲击，由此产生的风流阻力称局部阻力。

以风流突然扩大为例来分析局部阻力的计算。设空气自小断面 S_1 流到大断面 S_2，小断面中的风速为 V_1，到大断面中流速必然降为 V_2，这时所产生的能量损失可按下式计算：

$$h_{大} = (V_1 - V_2)\gamma/(2g) \tag{9-26}$$

$$S_1V_1 = S_2V_2,\ V_2 = S_1V_1/S_2$$

即

$$h_{大} = (1 - S_1/S_2)^2 V_1{}^2\gamma/(2g)$$

令

$$\zeta_{大} = (1 - S_1/S_2)^2$$

则有

$$h_{大} = \zeta_{大} V_1^2\gamma/(2g) \tag{9-27}$$

类似于断面扩大时的局部阻力分析，也适用其他几种不同情况，用 Q/S 代替 V_1，γ 取 2N/m^3，局部阻力公式为

$$h_{局} = 0.612\zeta Q^2/S^2 \tag{9-28}$$

式中 ζ——局部阻力系数，见表 9-18，其他符号同前。

表 9-18 局部阻力系数

<table>
<tr><td rowspan="2">管（巷）道形式</td><td colspan="6">阻力系数（ζ）</td></tr>
<tr><td>拐弯角度 a / 拐弯半径 R/管径 d</td><td>30°</td><td>45°</td><td>60°</td><td>90°</td><td>120°</td></tr>
<tr><td rowspan="2">圆弧形</td><td>1.5</td><td>0.08</td><td>0.11</td><td>0.14</td><td>0.175</td><td>0.20</td></tr>
<tr><td>2.0</td><td>0.07</td><td>0.10</td><td>0.12</td><td>0.15</td><td>0.17</td></tr>
<tr><td rowspan="7">折角形</td><td>a</td><td>10°</td><td>20°</td><td>30°</td><td>40°</td><td>50°</td></tr>
<tr><td>ζ</td><td>0.018</td><td>0.070</td><td>0.164</td><td>0.359</td><td>0.494</td></tr>
<tr><td>a</td><td>60°</td><td>70°</td><td>80°</td><td>90°</td><td>100°</td></tr>
<tr><td>ζ</td><td>0.654</td><td>0.818</td><td>1.145</td><td>1.471</td><td>1.800</td></tr>
<tr><td>a</td><td>110°</td><td>120°</td><td>130°</td><td>150°</td><td>170°</td></tr>
<tr><td>ζ</td><td>2.130</td><td>2.620</td><td>2.845</td><td>3.600</td><td>5.070</td></tr>
<tr><td colspan="6">如为圆形则需除以 1.22</td></tr>
<tr><td>直角三通</td><td colspan="6">ζ = 1.5</td></tr>
<tr><td>锐角三通</td><td colspan="6">a = 45° ~ 60° ζ = 1.5</td></tr>
<tr><td>直通</td><td colspan="6">ζ = 1.0</td></tr>
<tr><td rowspan="2">变径直通</td><td>面积比</td><td>0.2</td><td>0.4</td><td colspan="2">0.5</td><td>0.8</td></tr>
<tr><td>ζ</td><td>0.64</td><td>0.36</td><td colspan="2">0.25</td><td>0.04</td></tr>
<tr><td>由洞口进入成洞</td><td colspan="6">0.60</td></tr>
<tr><td>由成洞进入扩大及下导坑</td><td colspan="6">0.46</td></tr>
<tr><td>由上导坑进入漏斗孔</td><td colspan="6">0.77</td></tr>
</table>

（续）

管（巷）道形式	阻力系数（ζ）					
	拐弯角度 a / 拐弯半径 R/管径 d	30°	45°	60°	90°	120°
由漏斗孔进入导坑	2.00					
由导坑单道断面进入双道断面	1.70					
由导坑双道断面进入单道断面	1.00					
由平导进入通风洞	0.50					

（3）正面阻力（$h_{正}$） 当通风面受阻时，会在受阻区域出现过风断面先减小后增大这一现象，相应地会增加风流阻力，一般可用下式计算：

$$h_{正}=0.612\phi S_{m}Q^{2}/(S_{1}-S_{m})^{3} \tag{9-29}$$

式中 ϕ——正面阻力系数。当列车行走时，$\phi=1.5$；斗车停放时 $\phi=0.5$，斗车停放间距超过1m时则逐渐相加；

S_{m}——堵塞物最大迎风面积（m^{2}）；

其他符号同前。

4. 通风机的选择

通风机有轴流式和离心式两类，在隧道施工通风中主要采用轴流式通风机。选择时，按 $Q_{机}\geqslant 1.1Q_{供}$（1.1是风量储备系数，$Q_{供}$则为前述计算结果）及 $h_{机}\geqslant P\sum h$（P 为漏风系数，$\sum h=\sum h_{摩}+\sum h_{局}+\sum h_{正}$），在通风机性能表中选择风机。此外，根据具体情况，还可以选用具有吸尘、防爆和低噪声等特性的风机。

5. 风机、风管布置及安装

通风机应安装于稳固的基础或台架上，基础或台架要能承受机体重量及其运行时产生的振动。风机进气口应安装喇叭口，以提高吸入的效率。注意风机进气口附近不要放置液体和固体物品，以免被吸入造成风机损坏。

隧道内的风管，应布设在不妨碍运输作业、衬砌作业的空间处。如隧道拱顶中央、隧道中部或靠边墙墙角等处。一般在拱顶中央处通风效果较佳。在衬砌模板台车附近，不要使风管急剧转弯，以减少风压损失。

风管安装要牢固，以免受到冲击振动而发生移动、掉落。一般采用夹具将其固定在锚杆或钢拱架等构件上。若无锚杆或钢拱架，可设置小型膨胀螺栓，并悬挂承力索，然后用吊钩将风管悬挂在承力索上。

风管的连接应密贴，以减少漏风，一般硬管用密封带或垫圈，软管则用紧固件连接。风、水、电管线布置示例如图9-8所示。

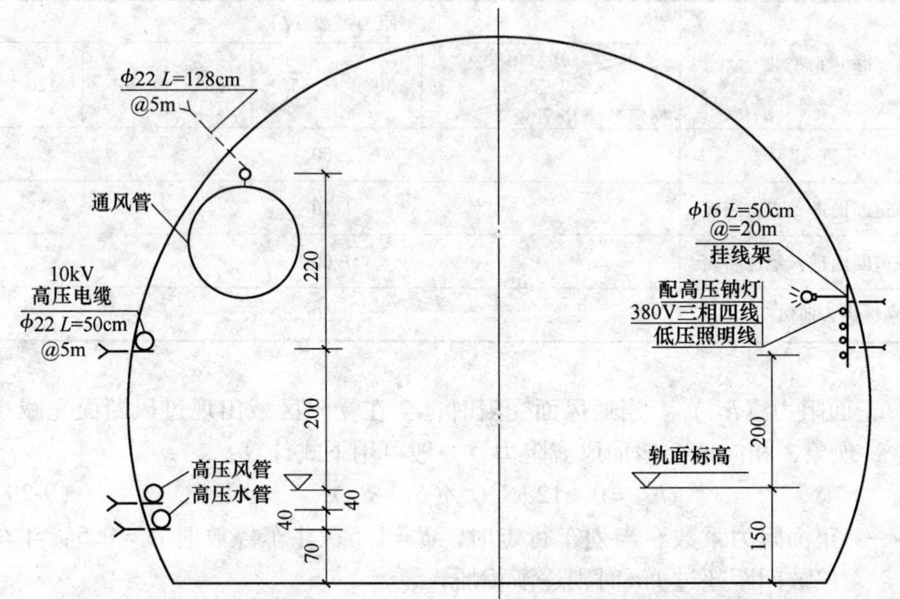

说明：
1. 本图尺寸除注明者外，其余均以厘米计；
2. 高压风水管采用φ150mm钢管；
3. 严格按图中尺寸点画锚杆眼或挂钩眼；
4. 横通道内，高压风水管走线路右侧，正洞内走方向左侧，在正洞与横通道结合部正洞侧设过河管；
5. 通风管挂钩圆环平行于横断面，方便风管挂设；通风管外缘距岩面保持20～30cm。

图9-8　风、水、电管线布置示意图

9.4.4 防尘措施

在隧道施工中，由于凿岩、爆破、装渣、喷射混凝土等原因，在洞内空气中漂浮着大量的粉尘。这些粉尘对施工人员的身体健康危害极大，特别是粒径小于10μm的粉尘，极易被人吸入，沉积于支气管或肺泡表面。隧道施工人员常见的硅肺病就是因此而形成的，此病极难治愈，病情严重发展会使肺功能完全丧失而死亡，因此，防尘工作是十分必要的。

目前，在隧道施工中采取的防尘措施是综合性的，湿式凿岩、机械通风、喷雾洒水以及个人防护相互结合，综合防尘。

1. 湿式凿岩

湿式凿岩是在钻眼过程中利用高压水湿润粉尘，使其成为岩浆流出炮眼，防止了岩粉的飞扬。根据现场测试，这种方法可降低粉尘量80%。目前，我国产生使用的各类风钻都有给水装置，使用方便。

对于缺水、易冻害或岩石不适于湿式钻眼的地区，可采用干式凿岩孔捕尘，其效果也较好。

2. 机械通风

施工通风可以稀释隧道内的有害气体，给施工人员提供足够的新鲜空气，同时也是防尘的基本方法。因此，除爆破后需要通风外，还应保持通风的经常性，这对于消除装渣运输中产生的粉尘是十分必要的。

3. 喷雾洒水

喷雾一般在爆破时实施，主要是防止爆破中产生的粉尘含量过大。喷雾器分两大类：一种是风水混合喷雾器，另一种是单一水力作用喷雾器。前者是利用高压风将流入喷雾器中的水吹散而形成雾粒，更适合于爆破作业时使用。后者则无需高压风，只需一定的水压即可喷雾，且这种喷雾器便于安装，使用方便，可安装于装渣机上，故适合于装渣机作业时使用。

洒水是降低粉尘含量的简单而有效的措施，即使在通风较好的情况下，洒水降尘仍然需要。因为单纯加强通风，还会吹干湿润的粉尘而重新飞扬。对渣堆洒水必须分层撒透，一般每吨岩石洒水的耗水量大致为 10 ~ 20L，如果岩石湿度较大，水量可适当减少。

4. 个人防护

对于防尘而言，个人防护主要指佩带防护口罩，在凿岩、喷混凝土等作业时还要佩带防噪声的耳塞及防护眼镜等。

第 10 章　隧道防水、排水设计与施工

隧道工程处于岩土层中，修建后成为所穿过山体附近地下水集聚的通道。当隧道穿过或靠近含水地层时，时刻受到地下水的渗透作用，如隧道的防水及排水设施不完善，地下水就会侵入隧道，发生隧道渗漏水病害。工程中有“十隧九漏”之说，特别是长大越岭隧道，一般水量较大，危害也甚。如京广线大瑶山隧道、南岭隧道、贵昆线梅花山隧道、浑白线枫叶岭隧道、京原线驿马岭隧道等，在施工期间及交付运营后，都曾发生过严重水害。

隧道水害对隧道稳定、洞内设施、行车安全、地面建筑和隧道周围水环境产生诸多不良影响甚至威胁，影响内部结构及附属设施，降低使用寿命，严重时将危害到隧道工程的运营安全。因此，研究隧道水害成因，进行合理的防水、排水技术设计，采用正确的方法、工艺进行整治，成为隧道设计、施工和养护的重要内容。

10.1　隧道防水、排水设计

10.1.1　隧道水害的类型及成因

1. 隧道水害类型及其危害

隧道水害主要指围岩的地下水和地表水直接或间接地以渗漏或涌出的形式进入隧道内造成的危害。隧道水害主要有以下几种类型：

（1）隧道渗漏水和涌水　隧道漏水按其发生的部位和流量可分为拱部渗水、滴水、漏水成线和成股射流，边墙渗水、淌水，少数隧道有涌水病害。隧道渗漏按水源补给分为地下水补给和地表水补给两种，地下水补给有稳定的地下水源补给，其流量四季变化不大；地表水补给流量随地表水季节性变化而变化。同一渗漏水处也可能有两种补给水源。

隧道渗漏水对隧道稳定、洞内设施、行车安全、地面建筑和隧道周围水环境产生诸多不良影响甚至威胁。渗漏水促使混凝土衬砌风化、剥蚀，造成衬砌结构破坏；渗漏水还会软化围岩，引起围岩变形；有些隧道渗水中含有侵蚀性介质，造成一般的衬砌混凝土和砌筑砂浆腐蚀损坏，降低衬砌的承载能力；在寒冷和严寒地区，隧道漏水会造成边墙结冰、拱部挂冰，侵入隧道建筑限界，还会造成衬砌冰胀裂损。

渗漏水加快内部设备（通信、照明等）锈蚀，影响设备的正常使用，缩短线

路设备的使用寿命，增加维修费用。

水害引发的路基下沉、基底裂损、翻浆冒泥等病害，冻胀引发的洞内线路起伏不平，以及洞内漏水潮湿降低路面粘结力，均会影响行车安全；水害使电绝缘失效、短路、跳闸，影响安全运营，引发漏电伤人事故；少数隧道暴雨后隧道铺底破损涌水，淹没路基，影响行车安全；严重渗漏水引发地面和地面建筑物的不均匀沉降和破坏；隧道渗漏造成地表水和含水层水大量流失，破坏周围水环境。

(2) 衬砌周围积水　衬砌周围积水是指隧道中地表水或地下水向隧道周围渗流汇集，形成积水，如不能迅速排走，会引起很多病害。例如，水压较大时导致衬砌破裂；围岩浸水软化，承载力降低，对衬砌压力加大；膨胀性围岩体积膨胀，导致衬砌破裂；寒冷地区引发冻胀病害等。

(3) 潜流冲刷　潜流冲刷指由于地下水渗流和流动而产生的冲刷和溶蚀作用，其危害主要表现为衬砌基础下沉，边墙开裂或仰拱下沉开裂；围岩滑移错动导致衬砌变形开裂；超挖围岩回填不实或未全部回填者，引起围岩坍塌，导致衬砌破坏。

(4) 施工隧道水害　施工隧道水害主要指隧道施工过程中围岩的地下水或部分地表水以渗漏或涌出方式进入隧道内造成的危害。施工隧道水害轻则造成洞内空气潮湿，影响施工人员身体健康，机械设备锈蚀，绝缘设备失效，电路短路，漏电伤人；重则威胁人员安全，冲毁洞内机械设备，造成塌方，淹没工作面，中断施工，造成重大经济损失，危害环境，如大瑶山隧道因突水造成斑古坳竖井淹没，丧失作用。

2. 隧道水害的成因

隧道水害的成因主要是因为修建隧道破坏了山体原始的水系统平衡，隧道成为所穿过山体附近地下水集聚的通道。当隧道围岩与含水地层连通，而衬砌的防水及排水设施、方法不完善时，必然要发生隧道水害。总的来说隧道水害可以归结为以下几个方面原因：

(1) 隧道穿过含水的地层　当隧道穿过含水地层时，因为隧道开挖造成地层结构的破坏，大量层间水涌出，造成隧道周围水压过大，引起隧道水害。常见的含水地层有：砂类土和漂卵石类土含水地层；节理、裂隙发育，裂隙水的岩层；有充水的溶槽、溶洞或暗河等与隧道相连的石灰岩、白云岩等可溶性地层。

(2) 隧道衬砌防水及排水设施不完善　隧道衬砌防水、排水设施不完善，衬砌背后积水会通过缝隙或渗透造成隧道渗漏水。常见的防水、排水设施不完善主要体现为隧道衬砌防水、排水设施不全；混凝土衬砌施工质量差，蜂窝、孔隙和裂缝多，自身防水能力差；防水层（内贴式、外贴式或中间夹层）施工质量不良或材质耐久性差，经使用数年后失效；混凝土的工作缝、伸缩缝、沉降缝等未做好防水处理；衬砌变形后，产生的裂缝渗透水；衬砌背后的暗沟、盲沟、无衬砌的辅助坑道、排水孔、暗槽等年久失修阻塞。

隧道建设过程分为勘测、设计、施工和验收等阶段，在每个阶段或材料供应等关键环节出现问题，均可能引发隧道水害。

10.1.2 防水、排水设计

1. 隧道防水、排水设计的原则和要求

隧道防水、排水应遵循“防、排、截、堵结合，因地制宜、综合治理”的原则，保证隧道结构物和营运设备的正常使用和行车安全。隧道防水、排水设计应对地表水、地下水妥善处理，洞内外应形成一个完整通畅的防水、排水系统。

高速公路、一级公路、二级公路隧道防水、排水应满足拱部、边墙、路面和设备箱洞不渗水；有冻害地段的隧道衬砌背后不积水，排水沟不冻结；车行横通道、人行横通道等服务通道拱部不滴水，边墙不淌水。

三级公路、四级公路隧道应做到拱部、边墙不滴水，路面不积水，设备箱洞不渗水；有冻害地段的隧道衬砌背后不积水，排水沟不冻结。

当采取防水、排水工程措施时，应注意保护自然环境。当隧道内渗漏水引起地表水减少，影响居民生产、生活用水时，应对围岩采取堵水措施，减少地下水的渗漏。

2. 洞外防水、排水

(1) 洞外防水　洞外防水设计是指设计合理的隧道洞外地表水防水措施，防止地表水下渗或向隧道洞口汇集。隧道洞顶地表水下渗会大量补充地下水，使隧道围岩内地下水增加，水压升高，水量增大，给洞内防水、排水带来不良影响，因此，应采取措施防止地表水下渗。在隧道洞口区域，地表水容易通过边仰坡向洞门汇集，地表水的浸泡、冲刷容易引起边仰坡失稳滑塌、洞门失稳或开裂等事故，因此，也应该采取措施防止地表水向洞口汇集。常用的洞外防水措施有洞顶地表防水、洞门防水、明洞防水等措施。

1）洞顶地表防水。当灌溉渠道通过隧道顶部时，若其渗流影响较大时，可改变灌渠位置或予以适当铺翻。当隧道洞顶及其附近有井、泉、池塘、水田等时，应分析因修建隧道而造成地表水和地下水降低、流失、井泉干枯影响居民生活和农田灌溉的可能性，并应采取相应措施防止水土流失。

隧道设计应重视防止地表水的下渗，可采用填充、铺砌、勾补、抹面等措施处理，对洞空穴、钻孔等应采用防水材料充填密实，并加以封闭，必要时隧道进出口段一定范围的地表应采用注浆措施加固。当洞顶有沟谷通过，且沟底岩石节理裂隙发育，确认地表水对隧道影响较大时，可采用浆砌片石铺砌沟底，铺砌厚度不小于30cm，当沟底岩石破碎或隧道埋深浅时，应结合隧道支护设计，采用注浆措施加固。

2）洞门防水。削竹式洞门宜沿洞脸环向设置一定高度的钢筋混凝土帽石，防止雨水漫流污染洞门，影响美观；带有翼墙的各类隧道洞门及明洞洞门，洞顶仰坡坡脚至洞门墙背的水平距离不应小于150cm，洞门端墙与仰坡之间水沟的沟底至衬砌拱顶外缘的高度不应小于100mm，洞门端墙顶面应高出仰坡50cm以上。

3）明洞防水。明洞外缘防水宜全断面铺设宽幅高分子柔性防水卷材。洞顶回填土石表面，应铺设黏土隔水层，且应与边坡搭接良好，防止地表水渗入，隔水层表面宜种草防护，防止雨水冲刷。在明洞与洞门、明洞与暗洞搭接处，采取可靠的变形缝防水措施，一般采用中埋式止水带防水，搭接结构外缘铺设防水层。

（2）洞外排水 洞外排水应根据地形、地质、气象等情况，结合环境保护全面规划，综合治理，因地制宜地设置疏水、截水、引水设施。

1）洞顶排水。洞顶排水主要通过修筑截水沟来实现。洞顶截水沟是修筑在距洞门边仰坡一定距离外（一般不应小于5m，黄土地区不小于10m），环抱隧道洞门的截水沟，修筑洞顶截水沟的主要目的是截断洞口边仰坡地表水来源，防止地表水冲刷边仰坡和洞门区域。截水沟一般采用浆砌片石铺砌，厚度不小于30cm，断面形式以梯形为主，石质地段可采用矩形。截水沟一般沿等高线向路线一侧或两侧排水。截水沟坡度根据地形设置，但不应小于0.5%，以免淤积，当纵坡过陡时，应设置急流槽或跌水。在地面自然坡度陡于1：1时，截水沟应做成阶梯式，以减少冲刷。土质地段水沟纵坡大于20%或石质地段水沟纵坡大于40%时，应设置抗滑基座，以确保纵向稳定。截水沟断面应根据流入截水沟的汇水区流量确定。水沟深度应高出计算水位20cm，一般底宽和深度均不小于60cm。长度应使边仰坡坡面不受冲刷为宜，下游应将水引至适当地点排泄，避免冲刷山体。流量较大时，不宜将水引入路基排水边沟排泄，应根据地形将水引至附近沟谷或涵洞排泄。

2）洞口段排水。在洞门顶部设置截水沟截流洞口边仰坡漫流下来的地表水，防止水流在洞门处下渗或冲刷洞门结构，影响洞门结构安全、行车安全和美观。

3）明洞排水。明洞开挖边坡以外应设置天沟。路堑对称型、偏压型拱式明洞均应于洞顶设置纵向排水沟，其沟底坡度与路线一致且不小于5%。洞顶排水沟一般采用矩形或梯形断面，浆砌片石厚度不小于30cm，以防冲刷。明洞防水层外侧应间隔2~3m沿环向设置干砌片石排水盲沟。盲沟宜用土工布包裹，直接将水引至墙脚外侧所设置的纵向排水管中，防止地表水下渗后在回填土石中滞留积蓄，增大水压和明洞荷载。

3. 洞内防水、排水

隧道洞内防水、排水设计可以分成洞内防水设计和洞内排水设计。隧道洞内防水措施主要包括围岩注浆堵水、复合防水层防水和衬砌混凝土防水；洞内排水措施主要有紧贴岩面和初次支护表面的弹簧排水管排水，环向排水盲管、纵向排水管、横向排水管和路基路面排水系统。

（1）防水材料

1）防水卷材。防水卷材是指用特别的纸胎或纺织物，浸透石油沥青、煤沥青及高聚物改性沥青制成的或以合成高分子材料为基料加入助剂及填充料经过多种工艺加工而成的长条形片状成卷供应并起防水作用的产品。它占整个建筑防水材料的80%左右，目前主要包括沥青防水卷材、高聚物改性沥青防水卷材和合成高分子类防水卷材三大类。

沥青防水卷材是在基胎（原纸、纤维织物、纤维毡等材料）上浸涂沥青后，并在表面撒布粉状、粒状、片状或合成分子薄膜等材料制成可卷曲的片状防水材料。其中纸胎沥青防水卷材用于简易防水，临时性建筑防水，防潮及包装，屋面工程和地下工程的多层防水；玻纤布胎沥青防水卷材及玻纤毡胎沥青防水卷材柔性好，拉力大，耐腐蚀，适用于要求强度高及耐真菌性好的防水工程，易于在复杂部位粘贴和密封。主要用于铺设地下防水、防潮层，金属管道的防腐蚀保护层。沥青复合胎柔性防水卷材是以两种材料复合为胎体，以粒料和聚酯为覆面材料，通过浸涂、滚压工艺而制成的防水卷材。具有抗拉强度高，柔韧性、耐久性好等特点，可用于防水等级要求较高的工程。

高聚物改性沥青防水卷材是以高聚物改性的沥青为涂盖层，以纤维织物或纤维毡为胎基，粉状、粒状、片状或合成分子薄膜材料为防粘隔离层制成的防水卷材。具有高温不流淌、低温不脆裂、拉伸强度高、延伸率较大等优异性能。高聚物改性沥青的主导品种是SBS卷材、APP卷材和PVC卷材。SBS卷材属高性能的防水材料，具有沥青防水的可靠性和橡胶的弹性，其延展性、粘附性、抗拉强度都较高。广泛应用于各种类型建筑物的常规及特殊屋面防水、地下室工程防水、防潮及室内游泳池等的防水以及各种水利设施及市政工程防水，尤其适用于寒冷地区以及变形频繁部位的防水。APP卷材性能与SBS改性沥青卷材接近，具有优良的耐热性能、耐紫外线能力，但低温柔韧性较差，广泛用于工业与民用建筑的屋面及地下防水工程，以及道路、桥梁等建筑物的防水，尤其适用于较高气温环境的防水工程。

合成高分子类防水卷材是以合成树脂、合成橡胶或两者的共混体为基料，加入适量的化学助剂、填充剂，采用密炼、挤出或压延等橡胶或塑料的加工工艺所制成的可卷曲的防水卷材（片材），属高档防水材料，可分为橡胶系防水卷材、塑料系防水卷材、树脂橡胶共混系防水卷材。其中三元乙丙橡胶防水卷材（EPDM）是一种重点发展的高档防水卷材，适用于建筑工程的外露屋面防水和大跨度、受震动建筑工程的防水，还有地下室、桥梁、隧道等的防水。树脂橡胶共混防水卷材兼有塑料和橡胶的特点，适用于屋面的外露和非外露防水工程、地下室防水工程、水池等建筑物的防水工程。

隧道采用复合式衬砌时，在初期支护与二次衬砌之间设置防水层，防水层宜采用耐久性能较好的高聚物改性沥青防水卷材或合成高分子防水卷材。隧道工程常用防水卷材的种类和物理力学指标可按表 10-1 ~ 表 10-4 的规定采用。

表 10-1 隧道工程常用的防水卷材种类

分类		代号	主要原材料
均质片	硫化橡胶类	JL1	三元乙丙橡胶
		JL2	树脂橡胶共混
		JL3	氯丁橡胶、氯磺化聚乙烯、氯化聚乙烯等
		JL4	再生胶
	非硫化橡胶类	JF1	三元乙丙橡胶
		JF2	树脂橡胶共混
		JF3	氯化聚乙烯（CPE）等
	树脂类	JS1	聚氯乙烯（PVC）等
		JS2	乙烯乙酸乙烯（EVA）、聚乙烯（PE）等
		JS3	乙烯乙酸乙烯改性沥青共混（ECB）等
复合片	硫化橡胶类	FL	三元乙丙、丁基、氯丁橡胶、氯磺化聚乙烯
	非硫化橡胶类	FF	氯化聚乙烯、三元乙丙、丁基、氯丁橡胶、氯磺化聚乙烯
	树脂类	FS1	聚氯乙烯
		FS2	聚乙烯、乙烯乙酸乙烯改性沥青共混（ECB）等

表 10-2 防水板主要物理力学指标（均质片）

指标		硫化橡胶类				非硫化橡胶类			树脂类		
		JL1	JL2	JL3	JL4	JF1	JF2	JF3	JS1	JS2	JS3
断裂拉伸强度/MPa	常温≥	7.5	6.0	6.0	2.2	4.0	3.0	5.0	10	16	14
	60℃≥	2.3	2.1	1.8	0.7	0.8	0.4	1.0	4	6	5
扯断伸长率（%）	常温≥	450	400	300	200	450	200	200	200	550	500
	-20℃≥	200	200	170	100	200	100	100	150	350	300
撕裂强度/(kN/m) ≥		25	24	23	15	18	10	10	40	60	60
30min 无渗漏/MPa ≥		0.3	0.3	0.2	0.2	0.3	0.2	0.2	0.3	0.3	0.3
低温弯折/℃ ≤		-40	-30	-30	-20	-30	-20	-20	-20	-35	-35

表 10-3 防水板主要物理力学指标（复合片）

项目		硫化橡胶类 FL	非硫化橡胶类 FF	树脂类	
				FS1	FS2
断裂拉伸强度/(N/cm)	常温 ≥	80	60	100	60
	60℃≥	30	20	40	30
扯断伸长率（%）	常温 ≥	300	250	150	400
	-20℃ ≥	150	50	10	10
撕裂强度/kN ≥		40	20	20	20
不透水性、30min 无渗漏/MPa		0.3	0.3	0.3	0.3
低温弯折/℃ ≤		-35	-20	-30	-20

表 10-4 高聚物改性沥青防水卷材的主要物理性能要求

<table>
<tr><th colspan="2" rowspan="2">项 目</th><th colspan="3">性能要求</th></tr>
<tr><th>聚酯毡胎体卷材</th><th>玻纤毡胎体卷材</th><th>聚乙烯膜毡胎体卷材</th></tr>
<tr><td rowspan="3">拉伸性能</td><td rowspan="2">拉力/(N/50mm)</td><td rowspan="2">≥800（纵横向）</td><td>≥500（纵向）</td><td>≥140（纵向）</td></tr>
<tr><td>≥300（横向）</td><td>≥120（横向）</td></tr>
<tr><td>最大拉力延伸率（%）</td><td>≥40（纵横向）</td><td>—</td><td>≥250（纵横向）</td></tr>
<tr><td colspan="2" rowspan="2">低温柔度/℃</td><td colspan="3">≤ -15</td></tr>
<tr><td colspan="3">3mm 厚，$r=15$mm，4mm 厚，$r=25$mm，3s，弯 180°，无裂纹</td></tr>
<tr><td colspan="2">不透水性</td><td colspan="3">压力 0.3MPa，保持时间 30min，不透水</td></tr>
</table>

注：表中 r 为所绕规定圆棒的半径。

隧道防水层与初期支护之间应设置无纺布滤水层，其单位面积质量不宜小于 300g/m^2。无纺布的性能指标可按表 10-5 的规定采用。

表 10-5 无纺布性能指标

项 目	单 位	丙纶无纺布	涤纶无纺布
单位面积质量	g/m^2	350 ± 5	350 ± 5
纵向抗拉强度	N/5cm	900	840
横向拉伸度	N/5cm	950	840
纵向伸长率	—	110%	100%
横向伸长率	—	120%	105%
顶破强度	kN	1.11	0.95
渗透系数	cm/s	5.5×10^{-2}	4.2×10^{-2}

2）结构自防水材料。结构自防水材料又统称刚性防水材料，是指以水泥、砂石为原料，掺入少量外加剂、高分子聚合物等材料，通过调整配合比，抑制或减少孔隙率，增加材料界面间密实性，形成的具有一定抗渗能力的水泥砂浆、混凝土类防水材料，可达到增强混凝土结构自身防水性能的目的。

水泥砂浆类防水材料多作为附加防水层，用于有防水、防潮等要求的地下工程的迎水面和背水面，弥补工程中出现的蜂窝、麻面等缺陷。

混凝土类防水材料是一种既可防水又可兼作承重结构的材料，可用于地下工程及各种防水、输水、贮水结构工程中。具有较高的抗压、抗拉强度，耐久性、抗冻和抗老化性能较好，不燃烧、无毒、无异味，有透气性，材料易得，造价低廉，施工方便，便于修补，综合经济效益好，因此结构自防水材料在国内外防水领域中均是发展方向。

3）防水涂料。主要用于构筑物内外墙防水，装饰工程的防渗、堵漏，综合归纳可以分为有机防水涂料、聚合物水泥防水涂料和无机防水涂料三种。

有机防水涂料主要包括合成橡胶类、合成树脂类和橡胶沥青等。有机防水涂料固化成膜后最终形成柔性防水层，常用于工程的迎水面，充分发挥有机防水涂料在一定厚度时有较好的抗渗性，在基面上（特别是在各种复杂表面上）能形成无接缝的完整的防水膜的长处，又能避免涂料与基面粘结力较小的弱点。冬期施工时，水乳型涂料已不适应，应使用反应型涂料，溶剂型涂料也适合冬期施工使用，但由于溶剂挥发会污染环境，故不宜在封闭的地下工程种使用。氯丁橡胶防水涂料、SBS改性沥青防水涂料等聚合物乳液防水涂料属挥发固化型，聚氨酯防水涂料属反应固化型。

聚合物水泥防水涂料简称JS防水涂料，当前国内聚合物水泥防水涂料发展很快，用量日益增多，日本称此类材料为水凝固型涂料，聚合物水泥涂料是以丙烯酸酯等聚合物乳液和水泥为主要原料，加入其他外加剂制得的双组分水性建筑防水涂料，所用原材料不会对环境和人体健康构成危害。具有比一般有机涂料干燥快、弹性模量低、体积收缩小、抗渗性好等优点，国外称之为弹性水泥防水涂料。

无机防水涂料主要是水泥类无机活性涂料，包括聚合物改性水泥基防水涂料和水泥基渗透结晶型防水涂料，以水泥石英砂等为基材，掺入各种活性化学物质配制的一种新型刚性防水材料，它既可作为防水剂直接加入混凝土中，也可作为防水涂层涂刷在混凝土基面上，借助其中的载体不断向混凝土内部渗透，并与混凝土中某种组分形成不溶于水的结晶体充填毛细孔道，大大提高混凝土的密实性和防水性。无机防水涂料是在水泥中掺有一定的聚合物，不同程度地改变水泥固化后的物理力学性能，但是不适用于变形较大或受振动部位。无机防水涂料由于凝固快与基面有较强的粘结力，与水泥砂浆防水层、涂料防水层粘结性好，最宜用于背水面混凝土基层上做防水过渡层。

4）嵌缝密封材料与止水带。隧道工程用密封材料，主要用于填充构筑物接缝、裂缝、镶嵌部位等，能起到水密、气密性作用。嵌缝材料与密封材料在狭义上有所不同，嵌缝材料只用于裂隙填充，密封材料用于设计上有意安排的接缝，在广义上两者统称嵌缝密封材料，可分为不定型密封材料和定型密封材料。

合成高分子密封材料是以合成分子材料为主体，加入适量化学助剂、填充料和着色剂，经过特定生产工艺而制成的膏状密封材料，以优异的性能，得到了越来越广泛的应用，代表了今后密封材料的发展方向。主要品种有水乳型丙烯酸酯密封膏、磺化聚乙烯嵌缝密封膏、聚氨酯建筑密封膏、聚硫橡胶密封膏和硅酮建筑密封膏。

隧道衬砌结构的变形缝、施工缝等应设置止水带。止水带的类型可根据工程的具体要求选用。隧道用的橡胶止水带的物理力学性能见表10-6。

表 10-6 止水带主要物理力学性能指标

序号	项目		指标		
			变形缝	施工缝	接缝
1	硬度（邵尔 A)/度		60 ±5	60 ±5	60 ±5
2	抗拉强度/MPa	≥	15	12	10
3	扯断伸长率（%）	≥	380	380	300
4	撕裂强度/(kN/m)	≥	30	25	25
5	脆性温度/℃	≤	-45	-40	-40
6	压缩永久变形	70℃ ×24h（%） ≤	30	35	35
		23℃ ×168h（%） ≤	20	20	20

隧道用制品型（PZ）遇水膨胀橡胶应符合表 10-7 规定。

表 10-7 制品型（PZ）遇水膨胀橡胶主要物理力学参数

序号	项目		指标			
			PZ—150	PZ—200	PZ—400	PZ—600
1	硬度（邵尔 A)/度		42 ±7		45 ±7	48 ±7
2	抗拉强度/MPa	≥	3. 5		3	
3	扯断伸长率（%）	≥	450		350	
4	体积膨胀倍率（%）	≥	150	250	400	600
5	低温弯折（-20℃ ×2h）	≤	无裂纹			

隧道用腻子型（PN）遇水膨胀橡胶应符合表 10-8 规定。

表 10-8 腻子型（PN）遇水膨胀橡胶料的主要物理力学性能

序号	项目	指标		
		PN—150	PN—200	PN—300
1	体积膨胀倍率（%）	150	220	300
2	高温流淌性（80℃ ×5h）	无流淌	无流淌	无流淌
3	低温试验（-20℃ ×2h）	无脆裂	无脆裂	无脆裂

（2）洞内防水

1）围岩注浆。围岩注浆堵水即在隧道围岩的富水区段向地层灌注浆液，封堵地层中的渗水裂隙，减少流向隧道的渗水。围岩注浆充填围岩裂隙，封堵渗水通道，在隧道周围形成隔水保护圈，防止地下水外泄并减轻隧道结构防水压力，创造良好的防水、排水条件；同时注浆是较锚喷更为积极主动的加固围岩措施，通过注浆，岩层中的裂隙被浆液充填胶结，强度增加，抵御地压的能力增加，减小了作用在衬砌结构上的永久荷载。因而随着我国经济技术水平的提高和环保意识的增强，围岩注浆堵水应成为我国隧道防水的第一道防线，成为优先选用的主要防水措施。

当隧道施工可能造成水土流失，影响当地居民生产、生活的区段或环境敏感段落时，应在查明地下水流性质的基础上，采取针对性的注浆堵水设计，达到“以堵为主、限量排放”的目标，最大限度地保证当地居民生产、生活用水不受影响。

地下水丰富，且无排水条件或者排水构造造价太高时，以及不允许排水的情况下，可采用注浆堵水。当隧道埋深在50m以内时，可采用地表预注浆；当隧道埋深超过50m时，应采用开挖掌子面预注浆。当隧道施工遇到高压漏水，可能危及施工安全时，应先采用排水方法，尽量降低地下水的压力，然后采用高压注浆进行封堵。

灌浆材料可分为固粒灌浆材料和化学灌浆材料两大类。固粒灌浆材料是由固体颗粒和水组成的悬浮液。它取材方便，造价低，施工简单，并具有较好的防渗或固结能力，但其所能灌填的缝隙宽度却受其固体颗粒的细度限制。固粒灌浆材料有黏土浆、水泥浆、水泥黏土浆和水泥粉煤灰浆4种，为了改善固粒灌浆材料的性能，有时还掺用塑化剂、促凝剂等外加剂。

黏土浆是使用最早的灌浆材料。黏土的颗粒细，透水性小，制成的浆液稳定性好，价格低廉，但其结石强度和粘结力都很低，抗渗压的能力也弱，仅用于低水头的临时性防渗工程中。

水泥浆是目前使用最多的灌浆材料。它的胶结性能好，结石强度高，施工也比较方便，适于灌填宽度大于0.15mm的缝隙或渗透系数大于1m/d的岩层。对具有宽大缝隙的岩石或构筑物、地下水流速或耗浆量很大的岩层灌浆时，常在水泥浆中掺入砂子，以减少浆体结硬时的收缩变形，增加粘结力和减少流失。水泥浆多用于岩石、基础或构筑物的加固及防渗堵漏、堤坝的接缝处理、后张法预应力混凝土的孔道灌浆以及制作压浆混凝土等。

水泥黏土浆综合水泥浆的结石强度高和黏土浆的浆液稳定性好、价格便宜等优点，使用范围比较广，并可根据不同要求选择不同的水泥-黏土配合比。

粉煤灰的颗粒细，与水泥等胶凝材料共同制成的水泥粉煤灰浆稳定性和流动性都较好，在灌浆工程中的应用日趋广泛。

化学灌浆材料是由化学药剂制成的流动性好的液体。用它能灌入比较细微的缝隙，还能根据需要调节凝结时间。化学灌浆材料分无机及有机两种，无机灌浆材料以硅酸钠为主要原料，称硅化用灌浆材料；有机灌浆材料以各种高分子材料为主要原料，目前常用的有环氧树脂、甲基丙烯酸甲酯、丙烯酰胺及聚氨酯等几种。

硅化用灌浆材料有双液法和单液法两种灌注方法，双液法是将硅酸钠和氯化钙两种溶液先后压入，化合后结石强度较高，但由于所用硅酸盐溶液的粘度比较大，一般用于砂质土的加固及防渗；单液法采用比较稀的硅酸钠溶液，其粘度和强度都较低，一般用于黄土或黄土类砂质土的加固。

环氧树脂灌浆材料以环氧树脂为主体，加入一定比例的固化剂、稀释剂、增韧剂等混合而成。环氧树脂硬化后粘结力强，收缩小，稳定性好，是结构混凝土的主要补强材料。一些强度要求高的重要结构物，多采用环氧树脂灌浆。

甲基丙烯酸甲酯堵漏浆液简称甲凝，是以甲基丙烯酸甲酯、甲基丙烯酸丁酯为主要原料，加入过氧化苯甲酰、二甲基苯胺和对甲苯亚磺酸等组成的一种低粘度灌浆材料。其粘度比水低，渗透力很强，可灌入 0.05～0.1mm 的细微裂隙，聚合后强度和粘结力都很高，可用于大坝、油管、船坞和基础等混凝土的补强和堵漏。

丙烯酰胺堵漏浆液简称丙凝，它以丙烯酰胺为基料，以甲醛、过硫酸铵、三乙醇胺、硫酸亚铁、铁氰化钾等为助剂。使用时，将氧化剂和其他材料分别配制成两种溶液，按一定比例同时进行灌注。丙凝浆液的粘度很低，能灌到水泥浆所不能到达的缝隙，然后在缝隙中聚合，变成凝胶体而堵塞渗漏通道。但是丙凝聚合体的强度很低，可以掺加一定量的脲醛树脂，配成强度较高的丙凝灌浆材料，主要用于防渗堵漏工程。

聚氨酯灌浆材料简称氰凝，是由异氰酸酯、聚醚和促进剂等配制而成。采用单液灌注，遇水后立即生成不溶于水的凝胶体并同时放出气体，使浆液膨胀，再次向四周渗透，即具有二次渗透的能力。氰凝最后形成的聚合体的抗渗性强，结石强度高，目前用于地下工程的渗漏缝处理。

表 10-9～表 10-13 为隧道注浆常用材料基本参数。

表 10-9　水泥浆液基本参数

水灰比	密度/(kg/m^3)	水灰比	密度/(kg/m^3)
0.50	1800	1.25	1420
0.60	1715	1.50	1364
0.75	1615	2.00	1285
1.00	1500		

表 10-10　超细水泥浆主要参数

型号		MC—20	MC—18	MC—15	MC—12	MC—10
比表面积/(cm^2/g) ≥		8500	8600	9000	9200	9500
平均粒径/μm ≤		4.0	3.8	3.5	3.2	3.0
最大粒径/μm ≤		20	18	15	12	10
凝胶时间/h	初凝	≥4				
	终凝	≤10				

（续）

型 号			MC—20	MC—18	MC—15	MC—12	MC—10
强度/MPa	抗折≥	≥3d	4.9	5.0	5.5	6.0	7.2
		28d	7.1	7.2	8.0	8.5	9.0
	抗压≥	≥3d	32.0	33.0	35.0	38.0	40.0
		8d	55.0	58.0	64.0	73.0	83.0

表10-11 水泥-水玻璃浆配合比

原 料	规格要求	作 用	用 量	主要功能
水泥	42.5级或52.5级普通硅酸盐水泥	主剂	1	1）凝结时间可控制在几秒到几十分钟范围内 2）抗压强度50～200MPa
水玻璃	模数：2.4～3.4 含量：30～45°Bé	主剂	0.5～1	
氢氧化钙	工业品	速凝剂	0.05～0.20	
磷酸氢二钠	工业品	缓凝剂	0.01～0.03	

表10-12 水溶性聚氨酯浆液性能

项 目	指 标	项 目	指 标
外观	黄色到淡棕色透明状	与混凝土粘结强度/MPa	>1.1
粘度（在20℃时）/cP	100～300	抗渗指标（N/cm^2）	>0.9
密度/(g/cm^3)	1.05～1.12	凝胶时间/s	10～1800
结石体抗压强度/MPa	<1.5	最大吸水率	>15倍

表10-13 丙烯酸盐浆液配合比

材料名称	作 用	配合比		
		Ⅰ	Ⅱ	Ⅲ
丙烯酸盐	主剂	10	12	15
甲西叁丙烯酰胺	交联剂	1	1	2
三乙醇胺	促进剂	1	1	1
过硫酸铵	引发剂	1	1	1
水	溶剂	87	85	81

一种性能良好的注浆材料应具有良好的渗入性、良好的流动性、较好的强度和粘结力、较高的结石率和良好的稳定性。一般情况下应尽可能采用固体颗粒材料，在固粒材料浆不能达到压浆处理的要求，如岩层裂隙细微注浆困难或涌水量大、流速大时，才考虑采用化学浆液。压浆所用材料尚应根据地层条件选择，断层破碎带和砂卵石地层，当裂隙宽度（或粒径）大于1mm，或渗透系数$K \geqslant 5 \times 10^{-4}$m/s时，加固或堵水压浆宜优先选用料源广、价格便宜的单液水泥浆和水泥-水玻璃浆；

断层泥带，当裂隙宽度（或粒径）小于1mm或渗透系数$K \geqslant 1 \times 10^{-5}$m/s时，加固压浆宜优先选用水玻璃类；中、细、粉砂层及细小类型岩层，断层泥段堵水压浆宜选用渗透性好、低毒、遇水膨胀的化学浆液，如聚氨醋类；对于颗粒更小的黏土，采用水泥浆、水泥-水玻璃类，可在水泥浆中加入膨润土、粉煤灰等填料，将使浆液具有触变性能，并能防止材料的分离和水泥颗粒的沉淀。具有触变性能的浆液，其水分不易析出，始终保持很好的流动性，能够有效地扩散浆液。浆液的配方应根据地层情况和凝胶时间要求经试验而定，岩溶地段突泥、突水和裂隙较大的地质构造中，为堵塞突泥、涌水通道，在适应压浆设备的条件下，可用劈裂法代替渗透注浆，劈裂法对注浆材料种类、粘度、颗粒性等方面的要求，不如静压渗透注浆严格。

隧道注浆浆液的压注性和应用范围，不仅取决于浆液本身性能（渗透性、粘度、固体颗粒的粒径和含量、凝胶时间等）和岩层的渗透系数、裂隙大小或岩体颗粒尺寸（如砂层），和注浆压力、泵量、压注方式等注浆工艺也有关。因此，选择时应根据各种因素综合考虑，选用一种或几种最合适的注浆材料和配方，配合使用以充分发挥各种材料的特点，达到合理的技术经济指标。围岩注浆设计需要确定的注浆参数主要有扩散半径、注浆压力、浆液中水泥含量和注浆量。

浆液扩散半径（浆液的有效范围）与岩石裂隙大小、浆液粘度、凝固时间、注浆速度和压力、压注量等因素有关，在孔隙性岩层比较规则、均匀，在岩层裂隙中是不规则的。在其有效扩散范围内浆液充塞、水化后的固体能有效地封堵涌水。浆液的扩散半径随岩层渗透系数、压浆压力、压入时间的增加而增大；随浆液水泥含量和粘度的增加而减小。施工中对压浆压力、浆液水泥含量、压入量等参数可以人为控制与调整，对控制扩散范围可以起到一定调节作用。以水玻璃为主剂的浆液，其有效扩散半径可按表10-14采用；水泥浆液在裂隙岩层中的有效扩散半径可按表10-15的规定采用。

表10-14 水玻璃浆液在不同岩层中的有效扩散半径

岩层类别	砂砾	粗砂	中砂	细砂	淤泥	黏土
有效扩散半径R/m	1.75~2.00	1.20~1.45	0.80~1.00	0.50~0.70	0.50	0.50

表10-15 水泥浆液裂隙岩层中的有效扩散半径

裂隙宽度/mm	<5	5~30	>30
有效扩散半径R/mm	2	4	6

注浆压力大小影响注浆效果，其大小决定于涌水压力（开挖工作面静水压力、突水的动压力）、裂隙大小和粗糙程度、浆液的性质和水泥含量、要求的扩散半径等。一般压力越高，浆液充填饱满，结石体强度高、不透水性好，并能增大扩散半

径以减少注浆孔数。但压力过高，会使裂缝扩大，浆液流失过远以及工作面冒浆等。注浆最大压力（终压）通常根据经验确定，一般比水压高0.2~0.4MPa，如量测水压有困难或不要求准确的终压值，亦可参考下列压浆压力经验公式。

地表注浆

$$P=(0.2\sim0.5)H_1 \tag{10-1}$$

洞内注浆

$$P=(0.2\sim0.5)H_1K \tag{10-2}$$

式中 H_1——孔位至静水位高度；

K——洞内修正系数，$K=1.2\sim2.0$；

P——注浆压力（MPa）。

浆液中水泥含量的选择根据岩层的吸水率 q 来确定。吸水率越大，岩层透水性越强，则浆液宜浓，吸水率 q 为单位时间内每米钻孔在每米水柱压力作用下的吸水量，可通过压水试验按下式计算：

$$q=\frac{Q}{Hh} \tag{10-3}$$

式中 Q——单位时间内钻孔吸水量（L/min）；

H——试验时所使用的压力（10kPa）；

h——试验钻孔长度（m）。

一般水泥浆液起始水泥含量很少采用较稀配比，特别在初期压浆阶段，因稀释浆液，结石率低，并增大扩散半径，延长压浆时间，常用的水泥浆液中水与水泥的质量比范围为1.5∶1~0.5∶1。采用浓浆、高压力，堵水效果好，并能缩短压浆时间。水泥浆液压浆过程中，某一种水泥含量的水泥浆液的吸浆率约为吸水率的80%~85%时，可以认为水泥含量适宜。在某种水泥含量的水泥浆液压浆压力保持不变，吸浆量随压浆时间延长逐渐减少时，或当吸浆量不变而压力却逐渐升高时，均属水泥含量适中，不需改变浆液水泥含量。如果当某一种水泥含量的水泥浆液连续压入20~30min后，压浆压力和吸浆量均无改变和改变不大，可换用较浓一级的浆液。遇有冒浆或岩层破碎带、大裂隙、岩溶发育地层时，应越级加浓，或采用间歇压浆、水泥-水玻璃双液压浆等措施。

为获得良好的堵水效果，必须注入足够的浆液量，确保一定的有效扩散范围。但浆液注入量过大，扩散范围太远，浪费浆液材料。浆液压入量可根据扩散半径及岩层裂隙率进行粗略估算，作为施工参考。

$$Q=\pi R^2H\eta\beta \tag{10-4}$$

式中 R——浆液扩散半径（m）；

H——压浆段长度（m）；

η——岩层裂隙率，一般取1%~5%；

β——浆液裂隙内的有效充填系数，约0.3～0.9，视岩层性质而定。

对于大的溶裂、大的溶洞，裂隙率大于5%时，浆液注入量难以计算，宜用注浆压力控制注浆量，注浆量只能按注浆终压规定值时的注浆总量来决定。

注浆孔的布置应以使各注浆孔浆液扩散范围相互重叠为原则，不宜因出现注浆“盲区”而造成隧道开挖时涌水或塌方，也不宜搭接过多出现浪费。注浆孔布置宜按梅花形或矩形布置，孔间距宜为单孔浆液扩散半径的1.4～1.7倍。注浆顺序不宜采用单向推进压注方式，应按跳孔间隔注浆方式进行。对有地下动水流的特殊情况，应考虑浆液在动水流下的迁移效应，宜从水头高的一端开始注浆。对加固渗透系数相同的土层，应首先完成最上层封顶注浆，再按由下而上的原则进行注浆，以防浆液上冒。若土层的渗透系数随深度增加而增大时，应自下而上进行注浆。注浆时应采用先外围后内部的注浆顺序，若注浆范围以外有边界约束条件（能阻挡浆液流动的障碍物）时，可采用自内侧开始顺次往外侧的注浆方法。

注浆结束标准，一般以两个指标表示，一是最终吸浆量；另一个是达到预定设计压力（即终压）时的持续时间。从理论上最终吸浆量是越小越好，最理想的情况是压至完全不吸浆，但在实际施工中，特别在高压注浆的情况下，是难以做到的，也无此必要。一般结束标准是注浆压力逐步升高，达到设计终压时继续注浆10min以上，实际注浆量与设计注浆量大致接近，注浆结束时的进浆量，宜在30L/min以下。在正常的情况下，一般采用定压注浆，当注浆压力达到或接近设计终压时结束注浆，而当压力接近终压或达到终压的80%时，如出现较大的跑浆，经间歇注浆后达到或接近终压也可结束注浆。整治涌水突泥，其终压值根据客观条件的变化，可选择合理的上限值和下限值与导坑突水量作为终止标准。

注浆段的注浆孔全部注浆完成后，应进行注浆效果检查和评定。对注浆过程中的各种记录资料综合分析，检查注浆压力和注浆量变化是否合理及是否达到设计要求；工作面每段设2～3个检查孔，检查孔应取岩芯，观察浆液充填情况；进行压水检查；采用其他可行的物探方法，辅助检查注浆效果。不合格者应补充钻孔注浆。

2）复合式防水层。采用复合式防水层是复合式衬砌隧道防水、排水的核心内容。防水层由防水板及其垫层组成，防水板的作用是将地层渗水拒于二次衬砌之外，以避免水与二次衬砌接触并通过二次衬砌中的薄弱环节渗入隧道。垫层的主要作用是保护防水板，使防水板免遭尖锐物的刺伤。

隧道初期支护与二次衬砌间的防水层应选用耐老化、耐细菌腐蚀、易操作且焊接时无毒气的高分子柔性防水卷材。防水层在拱部和边墙全断面铺设，对环境要求高、不适宜排水的隧道应采用全封闭的防水衬砌结构。采用高分子柔性防水卷材防水层时，其背面也应铺设排水盲沟或各种排水板。初期支护表面的各种突出物和二次衬砌中预埋的各种构件不能凿穿防水层，必须采用“无钉铺挂”工艺。当无法避免时，该处需作特殊的防水处理。

防水层尽量采用宽幅高分子柔性防水卷材，幅宽5～8m为宜，以减少接缝。抗拉强度纵横向大于或等于14MPa，断裂伸长率大于或等于300%，硬度大于或等于40邵氏度。防水层搭接宽度大于或等于100mm，采用自动爬焊机械双焊缝热融粘结技术，结合部位采用真空加压检测，标准是0.2MPa压力作用下5min内部压力不得小于0.16MPa。喷射混凝土的表面用砂浆罩面，砂浆层可用喷射机喷射，也可用人工抹压或两者结合，使防水层铺设基面平整光滑。喷射混凝土的表面用卵石作粗骨料。当用卵石作粗骨料喷射表层混凝土时，应在初凝前由人工或用机械压抹，使表面平整光滑。

3）防水混凝土。防水混凝土为在0.6MPa以上水压下不透水的混凝土，可通过调整混凝土的配合比或掺加外加剂、钢纤维、合成纤维等，并配合严格的施工及施工管理，减少混凝土内部的孔隙率或改变孔隙形态、分布特征，从而达到防水（防渗）的目的，它是衬砌防水的最后一道防线。按配制方法主要可分为改善级配法防水混凝土、加大水泥用量和使用超细粉填料的普通防水混凝土、掺外加剂的防水混凝土以及采用特种水泥的防水混凝土。

普通防水混凝土所用原材料与普通混凝土基本相同，但两者的配制原则不同。普通防水混凝土主要借助于采用较小的水灰比，适当提高水泥用量、砂率及灰砂比，控制石子最大粒径，加强养护等方法，以抑制或减少混凝土孔隙率，改变孔隙特征，提高砂浆及其与粗骨料界面之间的密实性和抗渗性。普通防水混凝土一般抗渗压力可达0.6～2.5MPa，施工简便，造价低廉，质量可靠，适用于地上和地下防水工程。

外加剂防水混凝土是在混凝土拌合物中加入微量有机物（引气剂、减水剂、三乙醇胺）或无机盐（如氯化铁），以改善其和易性，提高混凝土的密实性和抗渗性，引气剂防水混凝土抗冻性好，适用于抗水性、耐久性要求较高的防水工程。减水剂防水混凝土具有良好的和易性，可调节凝结时间，适用于泵送混凝土及薄壁防水结构。三乙醇胺防水混凝土早期强度高，抗渗性能好，适用于工期紧迫、要求早强及抗渗压力大于2.5MPa的防水工程。氯化铁防水混凝土具有较高的密实性和抗渗性，抗渗压力可达2.5～4.0MPa，适用于水下、深层防水工程或修补堵漏工程。

膨胀水泥防水混凝土是利用膨胀水泥水化时产生的体积膨胀，使混凝土在约束条件下的抗裂性和抗渗性获得提高，主要用于地下防水工程和后灌缝。

4）变形缝和施工缝。混凝土衬砌中的各类缝隙构造是隧道防水的薄弱环节，成为隧道渗漏水的主要发生位置。为了使混凝土衬砌满足变形要求，需要设置变形缝，由于施工停顿，也会产生大量的施工缝，这些缝隙构造都需要进行特殊处理。施工缝有环向与水平之分，其中环向施工缝不可避免，数量多；水平施工缝在特殊情况下出现，数量少，但处理困难。

目前常用的施工缝及变形缝处理措施是设置膨胀橡胶条或止水带（图 10-1）。止水带、膨胀橡胶条应尽量安装在衬砌厚度的中间。止水带安装应平直垂直于工作缝，两端埋设牢固、可靠，膨胀橡胶条在安装前应采取缓膨胀处理措施，避免施工过程中提前膨胀导致防水失败，安装应牢固、可靠。

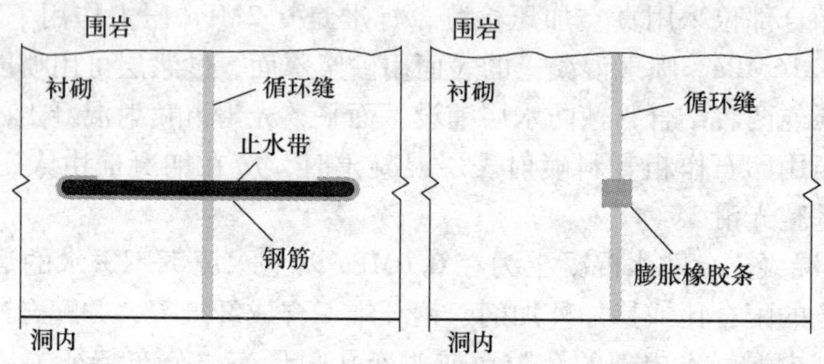

图 10-1　止水带与膨胀橡胶条防水构造

止水带、膨胀橡胶条在地面建筑内应用效果较好，然而在隧道工程中的应用效果并不理想。其主要原因是隧道衬砌的变形缝、施工缝大多为竖直方向，止水带和膨胀橡胶条安装固定困难，安装缺陷较普遍，封堵的地下水缺乏排泄通道，当水压升高时，地下水总能通过缺陷位置等薄弱环节渗出。这也是导致隧道渗漏病害多发的重要原因，因此，目前工程界一直在尝试一些新的工作缝处理方法。

可排水复合橡胶止水带是一种新型止水带，能对渗水进行“先排后堵”。它由绕道、翼缘、膨胀橡胶条和止浆滤水带组成（图 10-2），其中绕道和翼缘构成止水带主体，止浆滤水带粘贴在翼缘上并与绕道形成排水通道。可排水复合橡胶止水带为内置式止水带，设置在衬砌厚度的中间，横断衬砌环向施工缝。当环向施工缝内出现渗水时，渗水沿环向施工缝流至止浆滤水带，由于止浆滤水带可透水，渗水很容易进入排水通道，并由其排入隧道的下部排水系统。如果部分渗水在穿越止浆滤水带时沿止水带与混凝土的间隙横向流动，则会遇到粘贴在止水带翼缘上的遇水膨胀橡胶条的阻挡，遇水膨胀橡胶条遇水后膨胀，使止水带翼缘与混凝土的间隙密实，渗水沿横向流动阻力增大，从而提高了止水带的止水能力。

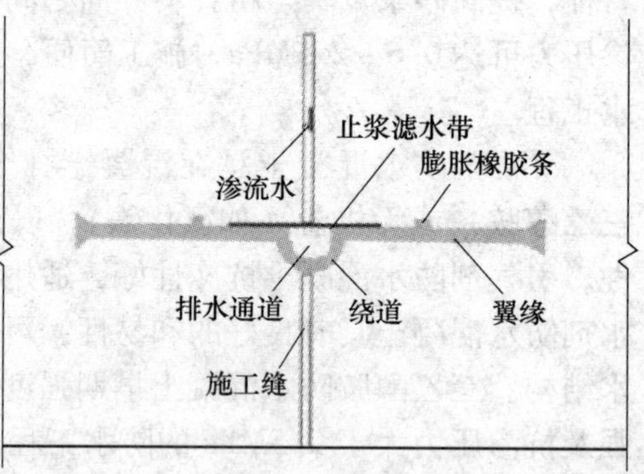

图 10-2　可排水复合橡胶止水带构造及设置

为了使可排水复合橡胶止水带的下排水顺畅流入隧道的排水系统，衬砌环向施

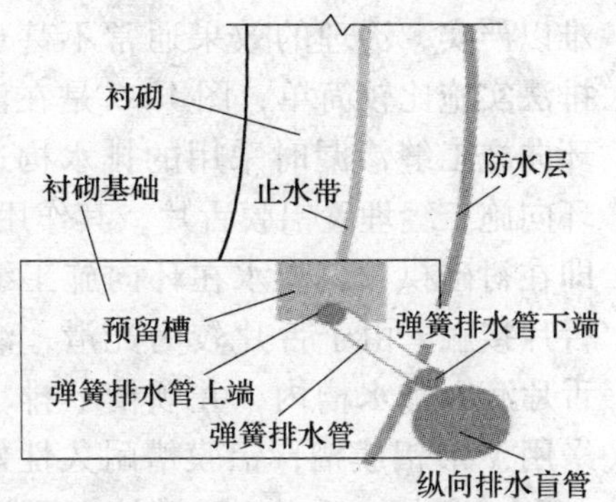

图 10-3　衬砌环向施工缝下部排水构造

工缝下部必须有相应的排水构造（图 10-3）。在衬砌基础内，每道环向施工缝的下方设置一条弹簧排水管，弹簧排水管的下端与纵向排水盲管相通，上端弯折在止水带安装槽内。当止水带下端与弹簧排水管接通后，止水带内的下排水就会顺利流入隧道的纵向排水盲管，并由其排出。从而可实现止水带的无压止水。

连拱隧道中隔墙水平施工缝的渗漏水防治是目前工程上的一个难点，可排水止水带在这种情况下也可发挥作用。在水平施工缝中，可排水止水带亦设置在衬砌厚度的中部（图 10-4）。此时，适宜采用水平型可排水止水带。水平型与基本型的区别在于前者的一侧翼缘被止浆滤水带覆盖至膨胀橡胶条，使该部分翼缘表层可滤水透水。施工中在下部衬砌浇注收尾时，把可排水止水带置于下部衬砌混凝土，将可排水止水带的开口侧朝向围岩，将止浆滤水带的翼缘朝上，并保证止水带与混凝土表面垂直。注意使止水带排水通道的上沿位于（走向）水平的施工缝平面。在（走向）水平施工缝纵剖面上，水平施工缝止水带位于环向施工缝止水带的靠近围岩一侧，施工时将两排水通道连通。此外，为了使水平施工缝的排水通道更容易排水。在施工时宜将止水带的中部略微抬高，使每段水平施工缝的止水带沿纵向与两端有一定的排水坡度。在水平施工缝上，渗水从衬砌外侧向洞内方向流动，当遇到水平可排水止水带的阻挡后，由于止水带上部翼缘覆盖有滤水层，因而渗水会在重力作用下改变方向，向下流入可排水止水带的排水通道，再经水平排水通道纵向流入环向施工缝的排水通道，并由其进入隧道的排水系统。由于水平排水通道的下沿 A 较止水带背面与施工缝的交线 C 高程低，所以即使在 A、B（止水带下翼缘下沿）和 C 之间混凝土不够密实，渗水也不能在无压状态下由 A 经 B 再到 C。所以用可排水止水带防止水平施工缝渗漏是解决隧道水平施工缝渗漏的新途径。

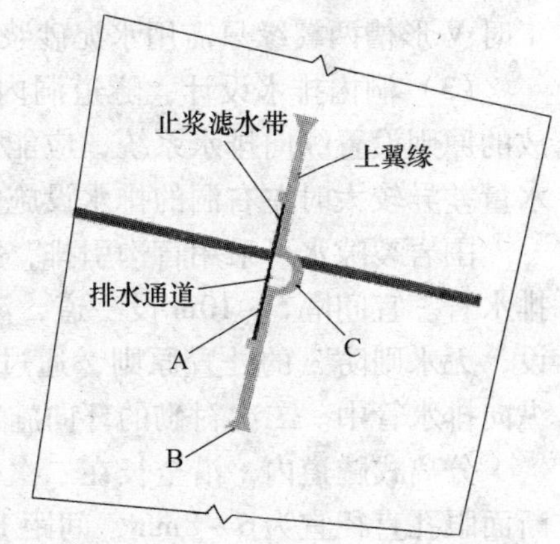

图 10-4　可排水止水带用于水平施工缝

对于运营隧道内已有渗漏水的环向施工缝，由于衬砌随季节变化而胀缩，施工缝的渗漏一般不宜采用注浆的方法进行封堵，而应采用疏排的方式进行处治。常用的疏排方法有两种，即暗排与明排，暗排法需要沿环向施工缝凿槽、埋管和表面封堵，一般来说，费工费时，治理费用较高，并且由于环向施工缝的变形，表面封堵难以严实，治理的效果通常不甚理想。明排法实施比较简单，图10-5是在治理隧道环向施工缝渗漏时采用的排水构造图，沿环向施工缝埋置铝膜舌片，其作用是收水，即在衬砌拱顶，渗水在环向施工缝与铝膜舌片接触，由于舌片较为光滑，渗水会沿舌片滴入排水槽内，并顺槽下排，排水槽采用V形铝膜槽，铝膜槽耐久性好，容易成形，成本较低，V形槽较半圆槽更有利于使下排水集中。由于下排水没有压力，一般不会向V形槽的翼缘扩散，所以施工时V形槽两翼缘只需用水泥砂浆简单封堵即可。

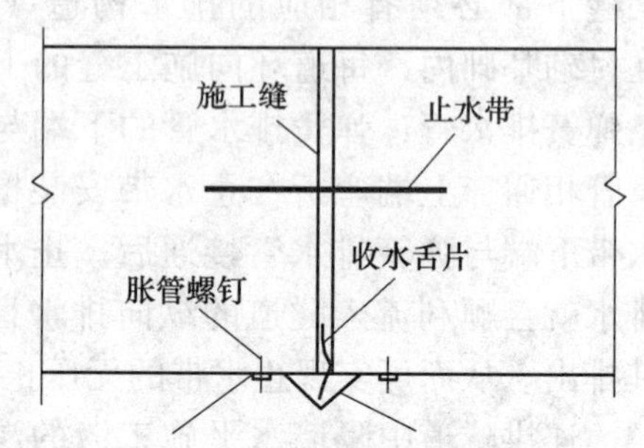

图10-5 V形槽加收水舌片治理施工缝渗漏

（3）洞内排水设计　隧道洞内宜按地下水和运营清洗污水、消防污水分开排放的原则设置纵向排水系统，应能保证排水畅通，避免洞内积水。当隧道左右洞涌水量差异较大时左右洞的排水设施宜分别进行设计。

围岩裂隙水可采用盲沟引排，排水盲沟可采用半圆波纹塑料管、软式透水管等排水管。宜间隔5~10m设一道，渗水量较大时，可予加密设置。应按照“有水则设，无水则防”的处置原则，通过盲沟将水直接排入设于二次衬砌边墙脚外侧的纵向排水管中。二次衬砌的环向施工缝、沉降缝、变形缝处宜加设排水盲沟。

分离式隧道内，沿全长在二次衬砌两侧边墙脚外侧应设置纵向排水圆管，上半断面眼孔直径宜为6~8mm，间距10cm，并用排水管横向连通至中心排水沟或排水边沟，管径应根据水力计算确定。

连拱隧道宜沿全长在中隔墙顶部两侧拱脚和边墙脚附近各设一道纵向排水圆管，并用排水管沿横向、竖向连通至中心排水沟或排水边沟，管径应根据水力计算确定。连拱隧道应尽可能采用夹心式中隔墙形式，以利于设置中隔墙的防水、排水构造。

隧道内宜根据公路等级在行车道边缘设置双侧或单侧排水边沟，并排放清洗消防用水，宜设置中心排水沟排放地下水。边沟宜采用钢筋混凝土结构，中心排水沟可采用上半断面打孔的双壁波纹塑料管或钢筋混凝土管。隧道内路面基层可采用15~20cm厚水泥处治碎石，以利于减少路面冒水和排泄地下水，也可采用12~20cm厚素混凝土，并在基层顶部或底部设置横向排水盲管。

为便于对排水管定期采用管道疏通机疏通，宜在二次衬砌墙脚纵向间隔50~100m对称布设检查维修孔。隧道内行车道边缘排水沟宜每50m设处铁箅子泄水检查孔。中心排水沟可每200~250m设一处沉沙检查井，并应铺设钢筋混凝土盖板。

1）环向排水盲管。环向排水盲管主要用于拱部和边墙衬砌背后，主要排出围岩地下水。排水管的设置视地下水情况灵活安排，如果渗水严重，围岩与初期支护之间和初期支护与防水板之间都应设置，间距可以较小；如果渗水较轻，盲管间距可以加大，或只在支护喷射混凝土与防水板间设置。

2）纵向排水管。纵向排水管是沿隧道纵向设置在衬砌外侧的透水管。纵向排水管的作用是将环向排水管和防水板垫层排下的水汇集，并通过横向排水管排出。

3）横向排水管。横向排水管位于衬砌基础和路面的下部，布设方向与隧道轴线垂直，是连接纵向排水盲管与中央排水管的水力通道。横向排水管通常为硬质塑料管，施工中先在纵向盲管上预留接头，然后在路面施工前接长至中央排水管。对横向盲管的检查，主要是接头应牢靠、密实，保证纵向盲管与中央排水管间水路畅通，严防接头处断裂，由纵向盲管排出的水在路面下漫流，造成路面翻浆冒水，影响行车安全；其次是在横向盲管上部应有一定的缓冲层，以免路面荷载直接对横向盲管施压，造成横向盲管破裂或变形，影响其正常的排水能力。

4）路基路面排水管沟。路基路面排水管沟是将隧道内各种渗水、清洗废水、消防水排出洞外的通道。在南方，由于不考虑管沟抗冻结作用，一般在道路两侧设计路面排水沟作为各种水流共用的外排通道；而在北方，为防止排水管沟在冬季冻结，影响排水效果，一般同时设置路面排水沟和路基排水管，路面排水沟仅作为路面清洗水、消防水的排泄通道，而路基排水管设置在隧道路面中心以下一定深度的路基内。路基路面排水管沟多采用预制混凝土管段按照一定的排水坡度拼装而成。

隧道环向、纵向、横向、路基路面综合防水、排水系统如图10-6所示。

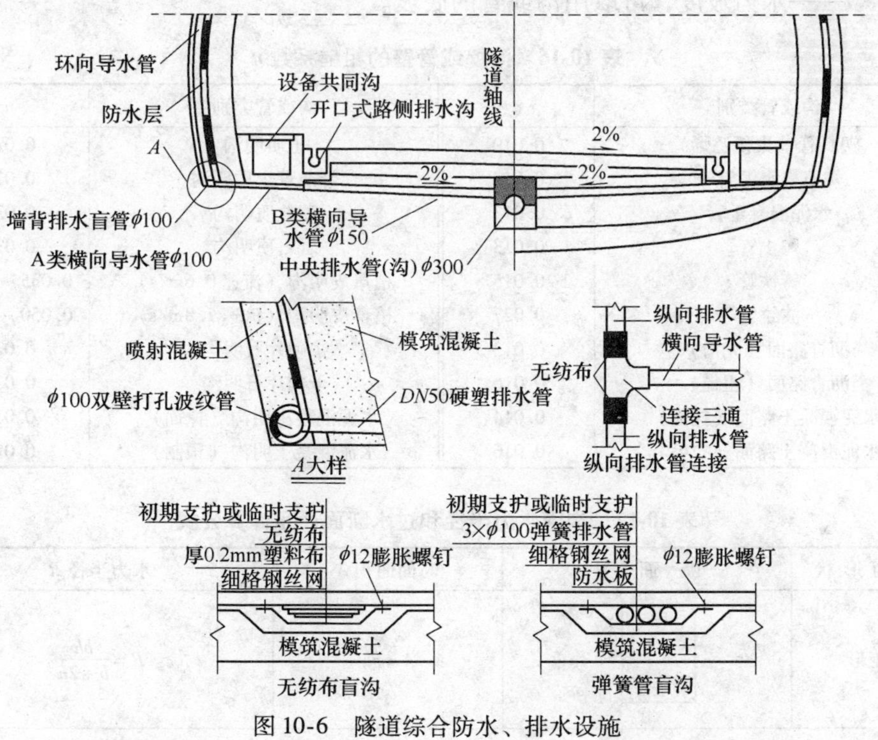

图10-6 隧道综合防水、排水设施

5）排水沟及排水管水力计算。沟和管的水力计算，应依据设计流量确定沟和管所需的断面尺寸，并检查其流速是否在允许范围内。

沟或管的泄水能力可按下式计算：

$$Q_c = vA \tag{10-5}$$

式中 Q_c——沟或管的泄水能力（m^3/s）；

v——沟或管的平均流速（m/s）；

A——过水断面面积（m^2）。

沟或管的平均流速可按下式计算

$$v = \frac{1}{n}R^{\frac{2}{3}}I^{\frac{1}{2}} \tag{10-6}$$

$$R = \frac{A}{\rho} \tag{10-7}$$

式中 n——沟壁或管壁的粗糙系数，可按表 10-16 所列值采用；

R——水力半径（m），各种沟管的水力半径计算公式可采用表 10-17 的规定；

ρ——过水断面上水流所湿润的边界长度（m）；

A——过水断面面积（m^2）；

I——水力坡度，可取用沟或管的底坡。

表 10-16 沟壁或管壁的粗糙系数 n

沟或管类别	n	沟或管类别	n
塑料管（聚氯乙烯）	0.010	土质明沟	0.022
石棉水泥管	0.012	带杂草土质明沟	0.027
水泥混凝土管	0.013	砂粒质明沟	0.025
陶土管	0.013	岩石质明沟	0.035
铸铁管	0.015	植草皮明沟（流速 0.6m/s）	0.035～0.050
波纹管	0.027	植草皮明沟（流速 1.8m/s）	0.050～0.090
沥青路面（光滑）	0.013	浆砌片石明沟	0.025
沥青路面（粗糙）	0.016	干砌片石明沟	0.032
水泥混凝土路面（抹面）	0.014	水泥混凝土明沟（抹面）	0.015
水泥混凝土路面（拉毛）	0.016	水泥混凝土明沟（预制）	0.012

表 10-17 沟管水力半径和过水断面面积计算公式

断面形状	断面图	断面面积 A	水力半径 R
矩形	b, h	$A = bh$	$R = \frac{bh}{b+2h}$

（续）

断面形状	断面图	断面面积 A	水力半径 R
梯形		$A=0.5(b_1+b_2)h$	$R=\dfrac{0.5(b_1+b_2)h}{b_2+h(\sqrt{1+m_1^2}+\sqrt{1+m_2^2})}$
圆形		$A=\dfrac{\pi d^2}{4}$	$R=\dfrac{d}{4}$
半圆形		$A=\dfrac{\pi d^2}{8}$	$R=\dfrac{d}{4}$

沟和管的允许流速应符合：明沟的最小允许流速为0.4m/s，暗沟和管的最小允许流速为0.75 m/s；管的最大允许流速为金属管10 m/s，非金属管5 m/s；明沟的最大允许流速在水深为0.4～1.0 m时，可按表10-18的规定采用；在此水深范围外的允许值，可按表列值乘以表10-19中所列相应的修正系数。

表10-18　明沟的最大允许流速　（单位：m/s）

明沟类型	最大允许流速	明沟类型	最大允许流速	明沟类型	最大允许流速
亚砂土	0.8	浆砌片石	3.0	水泥混凝土	4.0
亚黏土	1.0	黏土	1.2		
干砌片石	2.0	草皮护坡	1.6		

表10-19　最大允许流速的水深修正系数

水深 h/m	<0.4	$0.4<h\leqslant1.0$	$1.0<h\leqslant2.0$	$h\geqslant2.0$
修正系数	0.85	1.00	1.25	1.40

4. 洞内外排水衔接

隧道洞内外连接水沟应设钢筋混凝土盖板，其连接水沟长度应使盖板为整数，计算时盖板间的缝隙可考虑为1cm。洞外路基排水边沟至汇水坑以外不小于2m范围内，除石质坚硬、不易风化者外，均应采用浆砌片石铺砌；连接水沟的侧墙应预留泄水孔，其间距为50～100cm。为保证水流通畅，洞内中心排水沟与路基排水边沟连接的斜水沟与线路中线的夹角以45°为宜，斜水沟应采用内径不小于40cm的预制钢筋混凝土圆管，出口设八字墙或端墙。在寒冷或严寒地区设置保温水沟，出水口采用保温出水口。洞口检查井与洞外暗沟连接时，其连接暗沟应采用内径不小于40 cm的预制钢筋混凝土圆管，为加大水流速度并防止水流冻结，暗沟坡度不小于1%，沟身应设置在当地冻结线以下。当隧道进出口为反坡排水时，路基两侧排水边沟应在洞门位置处采用钢筋混凝土横向排水沟连接，盖板采用铁箅子与横向排水沟连接牢靠，以免水进入隧道和影响行车安全。路基两侧排水边沟其中一侧应沿线路方向设反坡排水，边沟采用浆砌片石或混凝土预制块铺砌。

5. 寒冷和严寒地区排水设计

（1）保温水沟　保温水沟应采用浅埋形式，埋置于隧道内的最大冻结深度以上。水沟所采取的保温措施，应能达到冬季水流不冻结的目的。保温水沟宜用于寒冷地区，最冷月平均气温在 -5 ~ -15℃，冻结深度在 1 ~ 1.5m 范围内，且冬季有水或可能有水的隧道。保温水沟的设置长度应根据隧道长度、地下水量大小、水温、隧道所处地区寒冷季节的主导风向和水沟坡度等因素综合确定，隧道长度小于1000m 时，宜全洞设置；隧道长度大于 1000m 时可在进出口 300 ~ 400m 范围内设置。

保温水沟宜采用侧沟式，其结构形式应与隧道衬砌断面设计相配合。水沟上部宜设双层盖板，在上下两层盖板之间充填保温材料，其厚度不宜小于 35cm，下部为排水沟构造。水沟断面不应小于 30cm^2，沟底纵坡应与隧道纵坡一致。保温材料宜采用 PU 泡沫塑料、沥青玻璃棉、矿渣棉等，并应有防水防潮措施。可将保温材料四周用塑料薄膜或沥青玻璃布包裹封闭，其长度以方便经常性的维修为宜。保温水沟宜间隔 50m 设置检查井，检查井内应设置沉淀池，以方便检查和消淤。

（2）中心深埋水沟　中心深埋水沟是将水沟埋置于和洞内相应的冻结深度以下，充分利用地温达到水沟内水流不冻结的排水目的。中心深埋水沟宜用于严寒地区，经冷月平均气温在 -15 ~ -25℃，冻结深度在 1.5 ~ 2.5m 范围内，且冬季有水的隧道。

中心深埋水沟断面形式的选择，应根据隧道的地质条件确定。其断面尺寸应根据水力计算确定。一般地质条件下，可采用内径不小于 40cm 的预制钢筋混凝土圆管。中心深埋水沟的回填直接影响到水沟的使用功能，水沟宜采用素混凝土基座固定，回填材料除满足保温条件、施工方便外，宜先回填厚度 50cm 粒径 3 ~ 5cm 的碎石层，碎石层至路面面层底面以下均采用水泥处置碎石排水基层材料或素混凝土回填。中心深理水沟应设置沉淀检查井，其间距以 200 ~ 250m 为宜，断面形状宜为圆形，也可采用矩形。为防止水流冻结，检查井下应设双层盖板，在两层盖板之间填塞泡沫塑料或其他保温材料，厚度不应小于 100mm。

（3）防寒泄水洞　防寒泄水洞宜用于严寒地区，最冷月平均气温低于 -25℃，当地黏性土的冻结深度大于 2.5m，或因深埋水沟埋深较大，明挖施工可能影响边墙的稳定性，且冬季有水的隧道。防寒泄水洞宜设置于隧道中心线底部，其衬砌结构尺寸应根据工程地质条件、水文地质条件、埋置深度和公路等级等因素，进行结构计算后确定。设计计算时，可参照隧道的计算方法执行，但应计入洞内动荷载和冻胀力的作用效应。

防寒泄水洞的埋置深度，应保证沟内水流不冻结，且不小于隧址区围岩最大冻结深度，应满足暗挖时不至于引起隧底坍塌的要求，埋置深度不宜过深，避免不必要地延长防寒泄水洞的长度和增加工程造价。防寒泄水洞的断面尺寸应根据实际泄水量及施工条件等因素综合确定，且不宜小于1.8m×1.8m。防寒泄水洞应做模筑混凝土预制块衬砌，Ⅱ~Ⅲ级围岩可采用钢筋混凝土作为永久衬砌，防寒泄水洞的纵坡宜与隧道纵坡相一致。

防寒泄水洞衬砌上应设置足够的泄水孔或较深的泄水钻孔，充分排出地下水。如果围岩中有细小颗粒可能流失时，衬砌背面应设置反滤层。泄水孔直径可采用ϕ100mm，环向间距宜为50~80cm，呈梅花形布置。应沿隧道纵向中心线设钻孔将隧道仰拱底部排水盲沟与泄水洞连通，泄水钻孔的深度、角度、位置应根据地下水量的大小及围岩情况确定，间距宜为8~10m、钻孔ϕ100mm。隧道进出口各300m范围内的防寒泄水洞设置横导洞，横导洞纵向间距宜为30~50cm。衬砌背面盲沟与横导洞应以ϕ100mm的钻孔连通。

防寒泄水洞应设置检查井，间距宜为300m，断面形状为圆形。为防止水流冻结，检查井下应设双层盖板，两层盖板之间应填塞泡沫塑料或其他保温材料，厚度不应小于50cm。寒冷和严寒地区的隧道、深埋水沟、防寒泄水洞、洞外暗沟均应设置保温出水口。出水口处地形较陡且地质条件较好时，可采用端墙式；地形平坦时，应采用圆端掩埋保温包头式。

10.2 隧道防水、排水施工

隧道防水、排水应遵循“防、排、截、堵相结合，因地制宜，综合治理”的原则，保证隧道结构物和营运设备的正常使用和行车安全，并对地表水、地下水妥善处理，形成一个完整通畅的防水、排水系统。

防水板施工前，应复核中线位置和高程，检查断面尺寸，保证衬砌施工后的衬砌厚度和净空满足规范和设计要求。围岩侵入限界部位应清除、整修和补喷。

施工中应对洞内的出水部位、水量大小、涌水情况、变化规律、补给来源等做好观测和记录。预防涌水淹没洞室，危及人员、设备和环境安全，影响施工质量和工程进度。隧道排水不得直接排入饮用水源。

10.2.1 洞外排水施工

1. 洞口及辅助坑道洞（井）口排水施工

边坡、仰坡坡顶的截水沟应结合永久排水系统，在洞口开挖前修建，其出水口应防止水顺坡面漫流，洞顶截水沟应与路基边沟顺接，组成排水系统。应防止水流冲刷弃渣，危害农田和水利设施。洞外路堑向隧道内为下坡时，路基边沟应做成反坡，向路堑外排水。多雨地区，应做好防止洞口仰坡范围内地表水下渗和冲刷的防护措施。

2. 覆盖层较薄和渗透性强的地层地表水处理

洞口附近和浅埋隧道洞顶不得积水。黄土陷穴和岩溶孔洞等特殊地质应按设计要求处理。洞顶上方如有沟谷通过且沟谷底部岩层裂缝较多，地表水渗漏对隧道施工有较大影响时，应及时用浆砌片石铺砌沟底，或用水泥砂浆勾缝、抹面。洞顶附近有井、泉、池沼、水田等时，应妥善处理，不宜将水源截断、堵死。洞顶已有排水沟槽应予整治，确保水流畅通，必要时应进行铺砌。洞顶设有水池时，水池位置宜远离隧道轴线，水池应有防渗措施，对水池溢水应有疏导设施。隧道地表沟谷（槽）、坑洼、钻孔、探坑等，宜采用疏导、勾补、铺砌和填平等措施，废弃的坑洞、钻孔等应填实密闭，防止地表水下渗。

10.2.2 洞内排水施工

1. 洞内反坡排水施工

根据距离、坡度、水量、设备和施工组织布置管路，一次或分段接力将水排出洞外。抽水机的集水坑容积应按实际排水量确定，应设在对施工干扰较小的位置。抽水机功率应大于排水所需功率的20%，并备用抽水机。做好停电时的应急排水准备工作。

2. 洞内渗、涌排水

采用钻孔集中汇流引排渗漏水时，应对钻孔位置、数量、孔径、深度、方向和渗水量等作详细记录，在确定衬砌拱墙背后排水设施时，应考虑上述因素。洞内涌水或地下水位较高时，可采用井点降水法和深井降水法处理。井点降水施工应根据降水要求，选择降水形式、降水设备以及编制降水施工方案；在隧道两侧地表面布置井点，间距宜为25～35m。井底应在隧底以下3～5m；应设水位观测井，及时测定动水位，调整降水参数，保证降水效果；重视降水范围内地表环境的保护，制定量测监控、回灌等措施，预防地表超限下沉。

制定防涌（突）水的安全措施时，应考虑在开挖面布置超前钻孔，预防水囊、暗河、高压涌水等的危害。应对工程地质和水文地质作详细的调查分析，先判明地下水流方向，再确定钻孔位置、方向、数目和钻孔深度。非施工人员必须撤出危险区，应及时测算水量、水压、流速、含泥沙量等，备足配套的抽水设备，水平钻孔钻到预期的深度尚未出水时，可会同设计单位进一步进行地质和水文的勘测工作，重新判定地下水情况。

3. 其他施工过程排水措施

隧道施工有平行导坑或横洞时，应充分利用辅助导坑排水，降低正洞水位，使正洞水流通过辅助导坑引出洞外。必要时应设置永久排水沟，使坑道封闭后能保持水流畅通。

正洞施工由斜井、竖井排水时，应在井底设置集水坑，采用相应扬程的抽水机经管路排出井外。集水坑设置的位置不得影响井内运输和安全。斜井、竖井施工有水时，应随开挖面挖积水坑，根据水量大小采用抽水机或吊桶排出。竖井井壁渗水影响施工时，可用压浆堵水，固结地层后再进行开挖。

隧道通过不透水和透水性强的互层时，应根据设计文件和调查资料提供的情况，在可能进入滞水带前 20 ~ 30m，用深孔钻机钻孔穿入透水层，以利预探和排水。当涌水量很大，用钻孔不能满足排水需要时，应在衬砌完成地段或围岩坚硬稳定地段开挖迂回侧洞，排除滞水带内储水。泄水洞施工前，应参照设计文件提供的水文资料和涌水处理措施确定施工方法。

松散破碎含水地层中，洞内工作面可采用人工降水法。浅埋隧道可采用地表深井降水法减小水压，降低地下水位。当含水量大且地段较长时，可采用超前预注浆堵水。围岩注浆堵水应根据工程地质和水文地质条件，通过试验做出设计，再进行压浆。在施工过程中应修正各项注浆参数，改进操作工艺，提高堵水效果。

10.2.3　防水、排水结构施工

1. 防水混凝土

隧道防水应提高混凝土自防水性能。防水混凝土抗渗等级应符合设计要求。在有冻害地区，防水混凝土的抗渗等级应适当提高。防水混凝土处于侵蚀性介质中时，其耐侵蚀系数不应小于 0.8。

防水混凝土的施工配合比设计应符合每立方米混凝土中水泥和矿物掺加总量不宜小于 320kg；砂率宜为 35% ~45%；水灰比不得大于 0.5；非泵送防水混凝土的坍落度不宜大于 50mm。泵送防水混凝土的坍落度宜为 100 ~ 140mm。坍落度每小时的损失值不应大于 30mm；掺加引气剂的混凝土含气量控制在 3% ~5%；防水混凝土采用预拌混凝土时，缓凝时间宜为 6 ~ 8h。防水混凝土配料应按配合比准确称量。混凝土拌制和浇筑过程控制应符合下列规定：

1）拌制混凝土所用材料的品种、规格和用量，每作业班检查不应少于两次。每盘混凝土各组成材料计量结果的偏差应符合表 10-20 的规定。

表 10-20　混凝土组成材料计量结果的允许偏差（%）

混凝土组成材料	每盘计量	累计计量
水泥、掺合料	±2	±1
粗、细骨料	±3	±2
水、外加剂	±2	±1

2）混凝土在浇筑地点的坍落度，每作业班至少检查两次。混凝土的坍落度试验应符合 GB/T 50080—2002《普通混凝土拌合物性能试验方法标准》的有关规定。混凝土实测的坍落度与要求坍落度之间的偏差应符合表表 10-21 的规定。

表 10-21 混凝土坍落度允许偏差

要求坍落度/mm	允许偏差/mm	要求坍落度/mm	允许偏差/mm
≤40 50～90	±10 ±20	≥100	±30

3）防水混凝土拌合物在运输后如出现离析，必须进行二次搅拌。当坍落度损失后不能满足施工要求时，应加入原水灰比的水泥浆或二次掺加减水剂进行搅拌，严禁直接加水。

4）防水混凝土宜采用高频机械振捣密实，振捣时间宜为 10～30s，以混凝土泛浆和不冒气泡为准，应避免漏振、欠振和超振。掺加引气剂或引气型减水剂时，应采用高频插入式振捣器振捣。

2. 盲管、中心排水管（沟）的施工

排水盲管一般包括环向排水盲管、纵向集水盲管、横向泄水管，三者采用变径三通连为一体，形成完整的排水系统。其中纵向排水盲管在整个隧道排水系统中是一个中间环节，起着承上启下的作用，是关键环节。环向、纵向排水盲管施工主要有钻定位孔、锚栓安装、盲管敷设、安装等环节。

（1）排水盲管及泄水孔布置　环向排水盲管沿纵向设置的间距根据设计要求而定，并根据洞内渗漏水的实际情况，在地下水较大的地段加密设置环向排水盲管。隧道衬砌防水板后环向设置 ϕ50mm 打孔波纹管，环向盲沟纵向间距一般为 8～10m，并根据地下水情况调整。在隧道两侧边墙墙角外侧泄水孔标高处两道环向盲沟之间，设置纵向双壁打孔波纹管盲沟，环向盲沟下端与纵向盲沟两侧进行圆弯接入隧道侧沟。每段纵向盲沟中部设置一处泄水孔连接到隧道侧沟。隧道电缆槽底部均应设置泄水孔连至侧沟，泄水孔纵向间距一般为 3～5m。

对集中出水点，敷设单根排水盲管，并用速凝砂浆将周围封堵，以使地下水从管中集中引出。当隧道一次支护围岩表面有大面积渗漏水，可设双根或多根排水盲管或塑料排水板，将水引入纵向排水盲管。在无渗漏水地段，应根据设计每隔一定间距，在喷层表面安装排水盲管，使隧道在使用期内因地下水的迁移变化而产生的渗漏水能顺利排出洞外。

纵向盲管安设的坡度必须满足设计要求。横向排水盲沟是连接纵向排水管与侧沟或中心排水盲管（沟）的水力通道，一般采用 ϕ100mm PVC 管，其设置应符合设计要求，施工中先在纵向盲管上预留拼接，然后在仰拱及填充混凝土施工前接长至侧沟或中心排水盲管（沟）。

（2）排水盲管施作步骤与方法　按规定画线，以使盲管位置准确合理；钻定位孔，定位孔间距在30~50cm；将膨胀锚栓打入定位孔；用无纺布包住盲管，用扎丝捆好；用卡子卡住盲管，然后固定在膨胀螺栓上。

（3）施工控制要点　排水盲管的管材、直径应符合设计要求，透水孔的规格、间距符合设计要求。画线时注意盲管尽可能走基面的低凹处和有出水点的地方。

盲管尽量与岩壁或喷混凝土壁密贴，与它们支护的间距不得大于5cm，盲管与岩壁或喷混凝土壁脱开的最大长度不得大于10cm，以减小地下水由围岩进入排水盲管的阻力，排水盲管布置应圆顺，不得起伏不平。排水盲管应固定牢固，并采取适当的保护措施，防止水泥浆窜入堵塞排水盲管，确保盲管无泥沙、喷混凝土料或杂物堵塞，泄水孔通畅。排水管路系统的连接应牢固、畅通，纵向排水盲管安装坡度应符合设计要求，通向水沟的泄水管应有足够的泄水坡，通常不小于2%。

中心排水管（沟）直径应符合设计要求。基础的总体坡度、段落坡度、单管坡度应协调一致，并符合设计要求，不得高低起伏。中心排水管（沟）设在仰拱下时，应和仰拱、底板同步施工。初期支护施工时，应注意保护排水盲管。

3. 防水板施工

（1）防水板施工的一般规定　防水板宜选用高分子材料，幅宽2~4m，厚度不宜小于1.5mm，并应符合设计要求，耐刺穿性好、柔性好、耐久性好，塑料防水板的物理力学性能应符合表10-22的要求。

表10-22　塑料防水板主要物理性能

项　目	抗拉强度/MPa	断裂延伸率（%）	热处理时变化率（%）	低温弯折性	抗　渗　性
指标	≥12	≥200	≤2.5	-20℃无裂纹	0.2MPa，24h不透水

防水板铺设应超前二次衬砌施工1~2个衬砌段，并应与开挖掌子面保持一定距离。初期支护表面应平整，无空鼓、裂缝、松酥，对支护表面外露的尖硬物和局部渗漏水处，应先进行处理，不平处用喷射混凝土或砂浆找平。表面平整度宜符合式（10-8）规定。

$$D/L \leqslant 1/6 \tag{10-8}$$

式中　L——初期支护表面相邻两凸面间的距离；

D——初期支护表面相邻两凸面之间岩石凹进去的深度。

（2）基面处理　在铺设防水层之前应对基面（初期支护表面）的渗漏水、外露的突出物及表面凸凹不平处进行检查处理。初期支护为喷钢纤维混凝土时，基面应补喷一层水泥砂浆保护层，以保护防水板不受损伤。渗漏水处宜采用注浆堵水或排水盲管、排水板将水引入侧沟，保持基面无明显渗漏水。对于基面外露的锚杆头、钢管头、钢筋头等突出物应予切除后妥善处理。钢筋网等凸出部分，先切断后用锤铆平，抹砂浆，如图 10-7 所示。

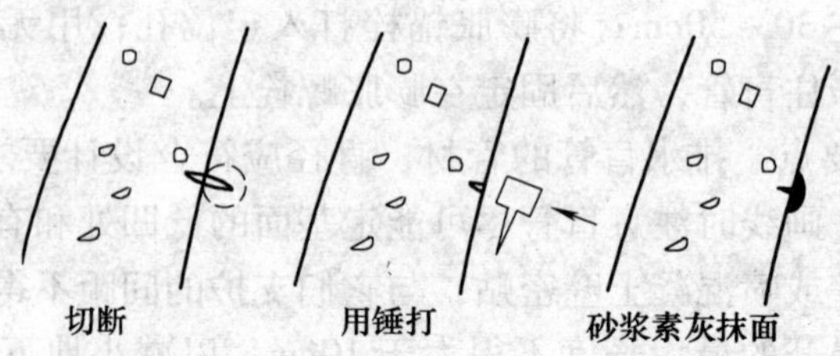

图 10-7　初期支护面处理示意图

有凸出的注浆钢管头时，先切断，并用锤铆平，后用砂浆填实封平，如图 10-8 所示。

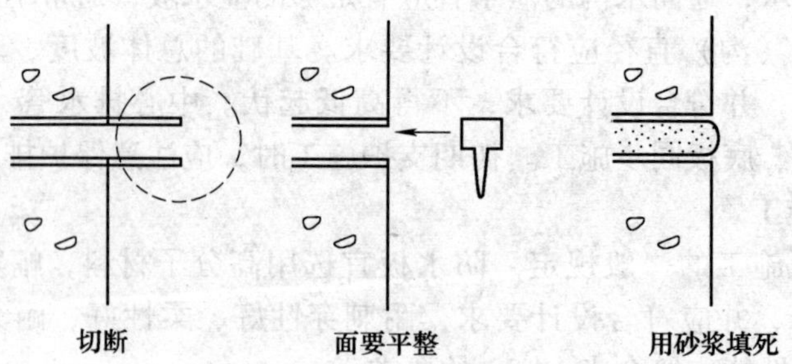

图 10-8　初期支护面处理示意图

锚杆有凸出部位时，螺栓顶预留 5mm 切断后，用塑料帽遮盖，如图 10-9 所示，通过补喷使初期支护表面平整圆顺。

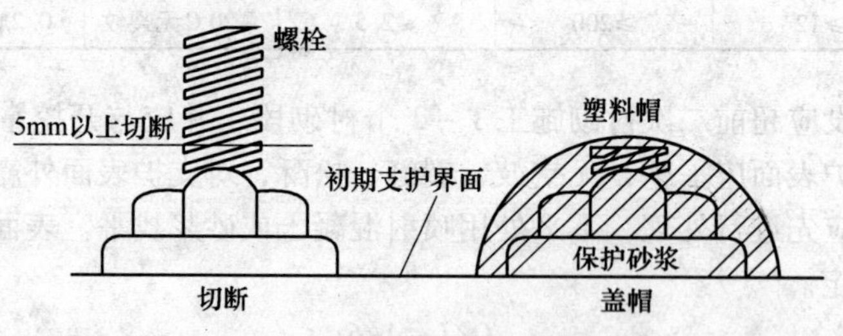

图 10-9　初期支护面处理示意图

（3）防水板铺设工艺　防水板铺设包括铺设准备、缓冲层铺设、防水板铺设、防水板焊接、质量检验等环节。其施工工艺流程如图 10-10 所示。

1）防水板的铺设准备工作。洞外检验防水板及缓冲层材料质量，对检验合格的防水板，用特种铅笔画出焊接线及拱顶分中线，并按每循环设计长度截取，对称卷起备用；铺设防水板的专用台车就位，缓冲层（土工布）和防水板，放在台车的卷盘上；铺设前进行精确放样，进行试铺后确定防水板一环的尺寸，尽量减少接头。

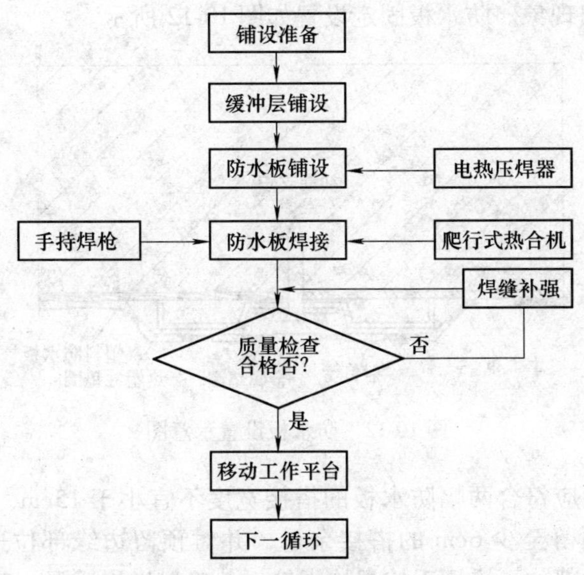

图10-10　防水板施工工艺流程

2）缓冲层铺设。铺设缓冲层时应先在隧道拱顶部位标出纵向中线，并根据基面凹凸留有余量，宜由拱顶向两边铺设。用射钉将热塑性垫圈和缓冲层平顺地固定在基面上（图10-11），固定点间距宜为拱部0.5～0.8m、边墙0.8～1.0m、底部1.0～1.5m，呈梅花形排列，基面凹凸较大处应增加固定点，确保缓冲层与基面密贴，缓冲层搭接宽度不宜小于5cm，一般仅设环向接缝，当长度不够时，设轴向接缝应确保上部（靠近拱部的一张）用下部（靠近底部的一张）缓冲层压紧，铺设的缓冲层应平顺，无隆起，无皱褶。

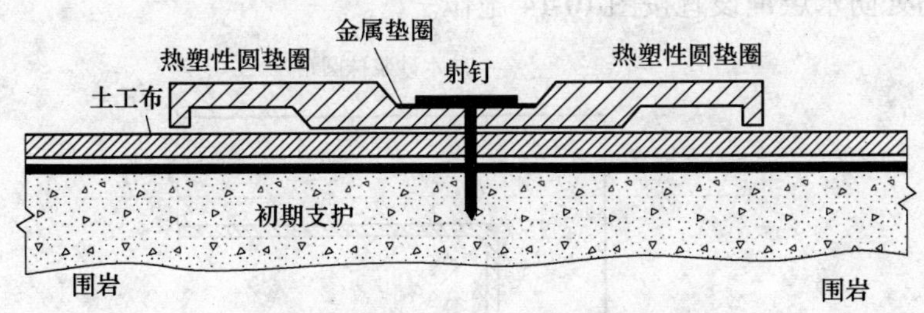

图10-11　热塑性垫圈固定缓冲层示意图

3）防水板铺设。防水板的铺设应采用专用台车从拱部向两侧边墙悬挂进行。下部防水板必须压住上部防水板，铺设松紧应适度并留有余量，确保混凝土浇筑防水板表面与基面密贴。防水板的固定应采用电热压焊器热熔缓冲层热塑性垫圈，使防水板与热塑性垫圈融化粘结为一体。加固后的防水板用手上托或挤压，防水板不会产生绷紧或破损现象。防水板固定设置如图 10-12 所示。

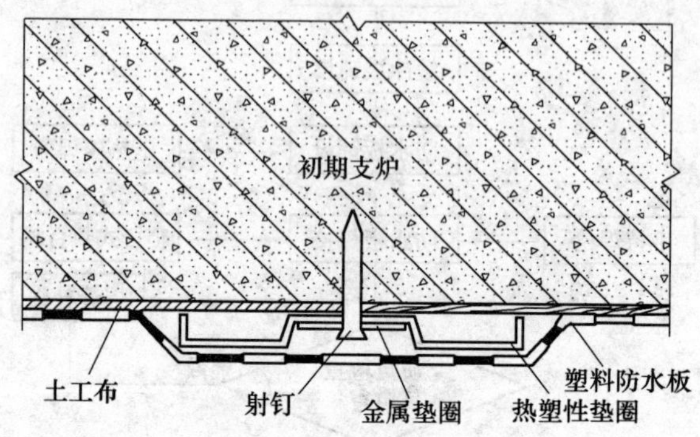

图 10-12 防水板设置示意图

防水板的搭接应符合两幅防水板的搭接宽度不宜小于 15cm，分段铺设的防水板的边缘部位应预留至少 6cm 的搭接余量，并对预留边缘部位进行有效的保护；热合机不易焊接的部位可采用手持焊枪焊接，并确保搭接质量；防水板的接缝应与衬砌施工缝错开 1.0 ~2.0m。防水板搭接如图 10-13 所示。

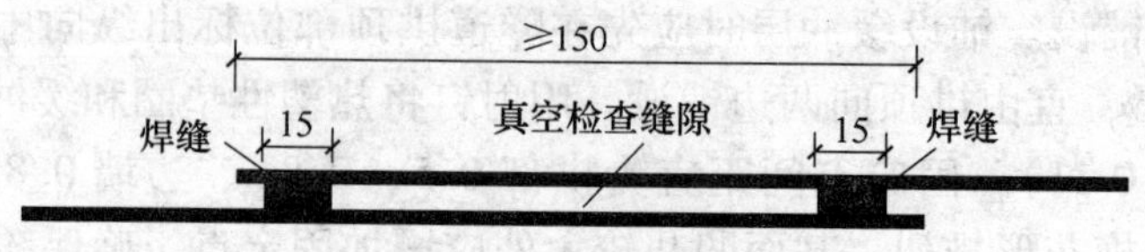

图 10-13 防水板搭接示意图

隧道与避车洞或其他坑道相交处会出现曲线阳角，避车洞与后墙相交处会出现曲线阴角，隧道衬砌大小断面衔接时，堵头墙与衬砌会形成曲线阴角和阳角衔接。对阴、阳角处防水层铺设宜按图 10-14 施作。

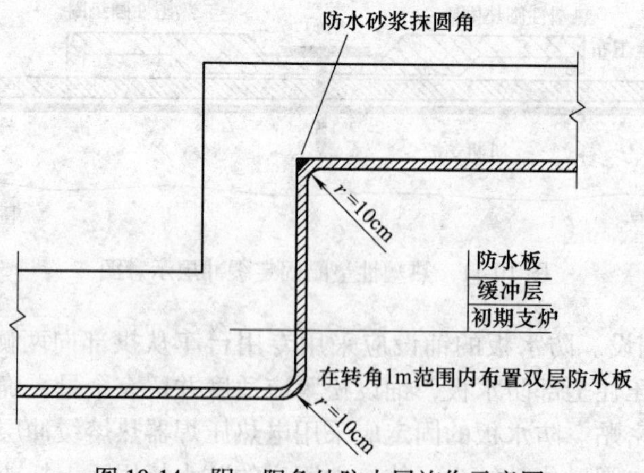

图 10-14 阴、阳角处防水层施作示意图

阴角时防水板弯折前的搭接边长 L 大于弯折后的焊贴边长 I，为使弯折后搭接平展，可在弯折前分成 n 段并于分段处剪成一条缝，弯折后缝边张开成口宽为 $(L-I)/n$ 的三角形缺口，弯折后缺口能平展闭合，达到平顺焊接防水板的目的，如图10-15所示。阳角时防水板弯折前的搭接边小于弯折后的焊贴边，其他做法同阴角做法。

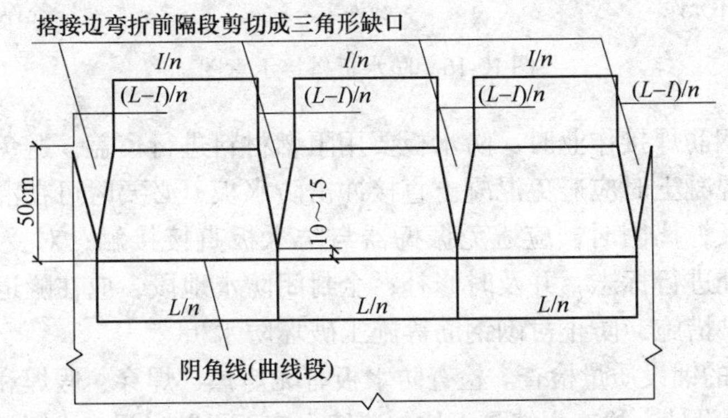

图10-15 阴角处防水板搭接平面展示图

4）防水板的焊接。接缝处必须擦洗干净，且焊缝接头应平整，不得有气泡、褶皱及空隙；应由专业人员负责防水板的焊接以保证焊缝质量，热焊机操作手应经过专业培训，并且人员相对固定；开始焊接前，应在塑料片上试焊，以掌握焊接温度和焊接速度；防水板的焊接应采用双焊缝，以调温、调速热楔式自动爬行式热合机热熔焊接，细部处理或修补可采用手持焊枪焊接；自动爬行式热合机有“温度”和“速度”两个控制因素，焊楔温度高时，焊机行走速度应快，焊楔温度低时，焊机行走速度应慢；单条焊缝有效焊接宽度不应小于15cm。

洞内焊接时，应先将两幅防水板铺挂定位，端头各预留20cm，由一人在焊机前方约50cm处将两端防水板扶正，另一人手握焊机，以试调好的恒定的速度向前行走，中途不能停顿，整条焊缝的焊接应一气呵成。防水板纵向搭接与环向搭接处，除按正常施工外，应再覆盖一层同类材料的防水板材，用热熔焊接法焊接，环向搭接时，下层防水板应压住上层防水板进行焊接。多层防水板焊接时，搭接部位的焊缝必须错开，不得有三层以上的接缝重叠，如图10-16所示。焊缝若有漏焊、假焊应予补焊，若有烤焦、焊穿处，以及外露的固定点，必须用塑料片覆盖焊接。附属洞室处铺设防水板时，先按照附属洞室的大小和形状加工防水板，并与边墙防水板焊接成一个整体，如附属洞室成形不好，须用同级混凝土使其外观平顺后，方可铺设防水板。

5）防水板的保护。已铺好防水板地段严禁用爆破法处理欠挖；材料、工具严禁在已铺好防水板的地段堆放；挡头板的支撑物接触到防水板处必须加设衬垫；绑扎钢筋、安装模板和衬砌台车就位时，应在钢筋保护层垫块外包土工布防止碰撞或

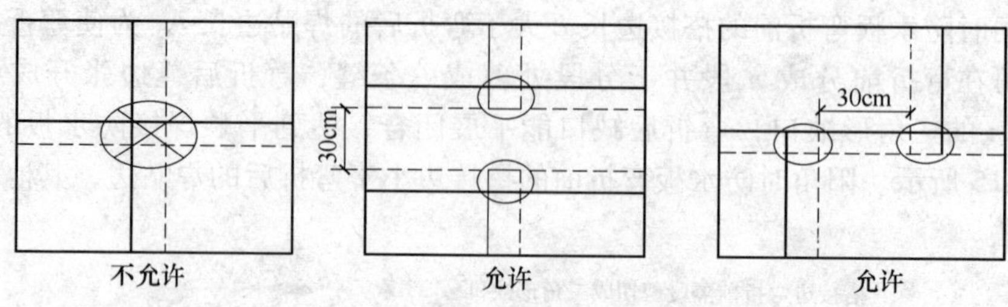

图 10-16　防水板搭接示意图

刮破防水板；钢筋焊接作业时，防水板要用阻燃材料进行覆盖，避免焊接火花损伤防水板；浇筑混凝土时应避免混凝土直接冲击防水板，必要时可在混凝土输送泵出口处设置防护板；捣固时，应避免振捣器与防水板直接接触；对受到损伤的防水板，要在损伤处进行标志，并及时修补；全封闭防水地段，应在隧道底部防水板上采取可靠的保护措施，防止衬砌钢筋等施工破坏防水板。

6）防水板的铺设质量检查。检查防水板有无烤焦、焊穿、假焊和漏焊，检查焊缝宽度是否符合设计，检查焊缝是否均匀连续，表面平整光滑，有无波形断面。防水板的搭接缝焊接质量检查应按充气法检查，将 5 号注射针与压力表连接，用打气筒进行充气，当压力表达到 0. 25MPa 时停止充气，保持 15min，压力下降在 10% 以内，说明焊缝合格；如下降过快，说明焊缝不严。将肥皂水涂在焊缝上，有气泡的地方应重新补焊，直到不漏气为止。检查采取随机抽样方法，环向焊缝每衬砌循环抽试 2 条，纵向焊缝每衬砌循环抽试 1 条。现场检测时，可根据需要抽取完整的环向或纵向焊缝进行检测，充气检测的长度不宜大于 40m，防水板焊缝检查如图 10-17 所示。

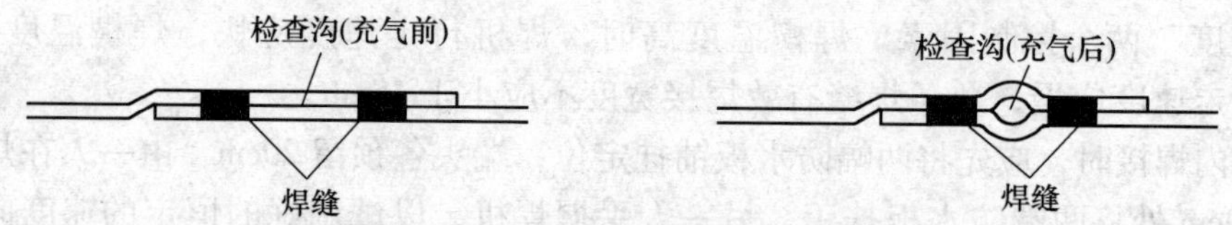

图 10-17　防水板焊缝检查示意图

对防水板补焊处可采用负压检查方法（即真空罩）进行检验，如焊缝密封性不合格应进行再次修补直到检测合格。防水板手工焊缝可观察沿焊缝外边缘是否有溶浆均匀溢出，若有溢出，用平口螺钉旋具沿焊缝外边缘（没有溶浆均匀溢出的部位）稍用力，检查是否有虚焊、漏焊部位，若有漏点，应做好标记并及时修补。防水板所有破损修补处都应再次进行质量检测。

4. 衬砌接缝施工

（1）施工缝和变形缝的设置　边墙纵向施工缝不应留置在剪力与弯矩最大处或底板与边墙的交接处，而应留置在高出底板顶面不小于 30cm，且宜在水沟盖底面以下的墙体；拱墙结合的水平施工缝，宜设在拱墙接缝线以下 15～30cm 处。当墙体有预留孔洞时，施工缝距孔洞边缘不应小于30cm。设置止水条的环向施工缝，宜在端面预留浅槽，槽应平直，槽宽应比止水条宽1~2mm，槽深应为止水条厚度的1/2。施工缝采用中埋式止水带时，应确保其位置准确、牢固可靠，施工中应保持待贴止水条或预设止水带的混凝土界面干净。仰拱不宜留纵向施工缝。

变形缝的位置、宽度、防水构造形式应符合设计要求。变形缝处混凝土结构的厚度不应小于300mm。用于沉降的变形缝的宽度宜为20~30mm，用于伸缩的变形缝的宽度宜小于此值，用于沉降的变形缝允许沉降量差值不应大于30mm，否则应采取特殊措施。变形缝的两侧应平整、清洁、无渗水，变形缝底应先设置与嵌缝材料无粘接能力的背衬材料或遇水膨胀止水条，变形缝嵌缝应密实。

(2) 施工缝和变形缝的施工　先浇混凝土表面必须凿毛，并凿除先浇混凝土表面的水泥砂浆和松软层，用水冲洗干净。凿毛时混凝土必须达到的强度，人工凿毛时为2.5MPa，风动机凿毛时为10MPa。纵向施工缝后浇混凝土前，应在凿毛后的先浇混凝土面上，铺一层厚25~30mm、水胶比较混凝土略小的1∶1水泥砂浆，或铺一层厚约30cm的混凝土，其粗骨料宜比后浇混凝土减少10%，然后按设计要求设置止水条或止水带，再涂刷水泥净浆或混凝土界面处理剂，及时浇筑混凝土。端头模板应支撑牢固，严防漏浆。端头应埋设表面涂有脱模剂的楔形硬木条（或塑料条），形成预留浅槽，其槽应平直，槽宽比止水条宽1~2mm，槽深为止水条厚度的1/2~2/3，将遇水膨胀止水条牢固地安装在预留浅槽内。

浇捣靠近止水带附近的混凝土时，应严格控制浇捣的冲击力，避免力量过大而刺破止水带，同时还必须充分振捣，保证混凝土与止水带紧密结合，施工中如发现有破裂现象应及时修补。二次衬砌脱模后，若发现施工中有走模现象，致使止水带过分偏离中心，则应凿除或填补部分混凝土，对止水带进行纠偏。

(3) 止水带施工　止水带埋设的位置宜按衬砌厚度的一半确定，其安装的径向位置，较设计允许偏差为±5cm，安装的纵向位置允许偏离中心±3cm。止水带应与衬砌端头模板正交，以确保止水带安装方向和质量。止水带的长度应根据施工要求事先向生产厂家定制，尽量避免接头，当确需接头时，应采取搭接、复合连接、对接等形式，如图10-18所示。

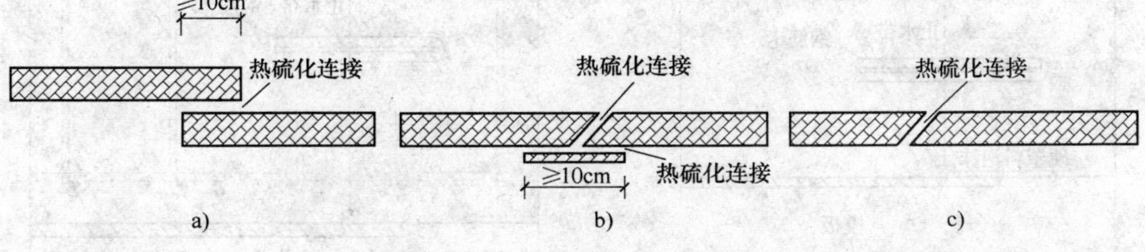

图10-18　橡胶止水带常用接头形式示意图

a) 搭接（推荐形式）　b) 复合连接（推荐形式）　c) 对接

止水带连接前应做好接头表面的清刷与打毛，搭接长度不得小于10cm，宜采用小型热焊机进行焊接，焊缝宽度不得小于50mm。止水带接头必须焊接良好，接头外观应平整光洁。塑料止水带宜采用止水带塑料焊接机进行焊接。橡胶止水带接头宜采用热压机硫化搭接胶合，接头强度不应低于母材的80%。采用冷接法专用粘结剂连接时，搭接长度不得小于20cm，粘结剂涂刷应均匀并压实。

采用中埋式止水带时，应确保位置准确、固定牢靠，其中间空心圆环应与变形缝的中心线重合。中埋式止水带的安装应利用附加钢筋、卡子、钢丝、模板。将止水带固定，宜采用专用钢筋套或扁钢。采用扁钢固定时，止水带端部应先用扁钢夹紧，并将扁钢与结构内钢筋焊牢，固定扁钢用的螺栓间距宜为50cm。中埋式止水带在转弯处应做成圆弧形，橡胶止水条的转角半径不应小于200mm。中埋式水带应固定在挡头模板上，中埋式止水带先施工一侧混凝土时，其端模应支撑牢固，严防漏浆。固定止水带时不能在止水带上穿孔打洞，不得损坏止水带本体部分，应防止止水带偏移，以免单侧缩短，影响止水效果。固定中埋式止水带的方法如图10-19～图10-21所示。

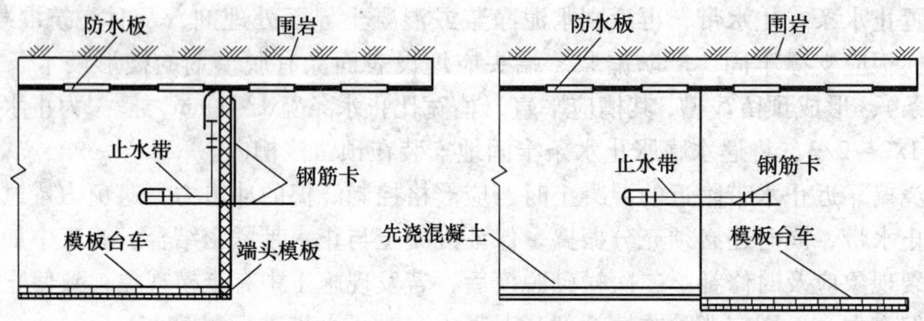

图10-19 固定中埋式止水带方法

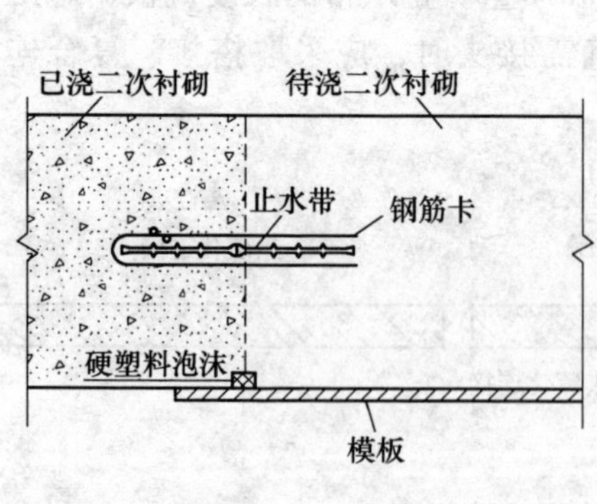

图10-20 在混凝土中固定中埋式止水带

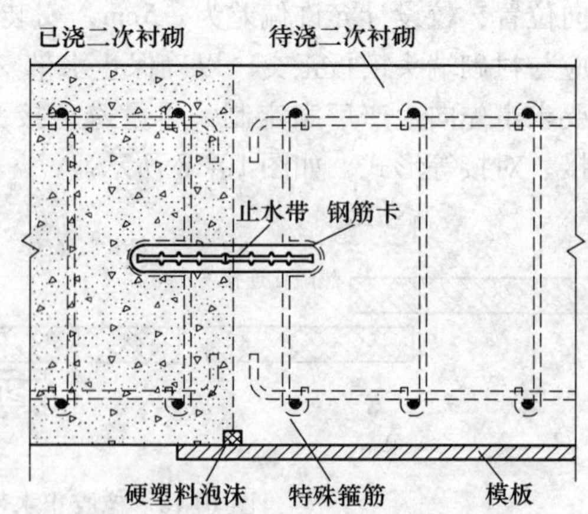

图10-21 在钢筋混凝土中固定中埋式止水带

制品型遇水膨胀止水条的施工应采用预留槽嵌入法。挡头板制作时应考虑预留安装止水条的浅槽。拆除混凝土模板后，修整预留槽，将止水条嵌入槽内，并用配套的胶粘剂或水泥钉固定止水条，再浇筑下一环混凝土。遇水膨胀止水条接头应重叠搭接后再粘接固定，沿施工缝形成闭合环路，其间不得留断点，搭接长度不应小于50mm，如图10-22所示。止水条定位后至浇筑混凝土前，应避免被水浸泡，必要时应加涂缓膨剂，防止其提前膨胀。

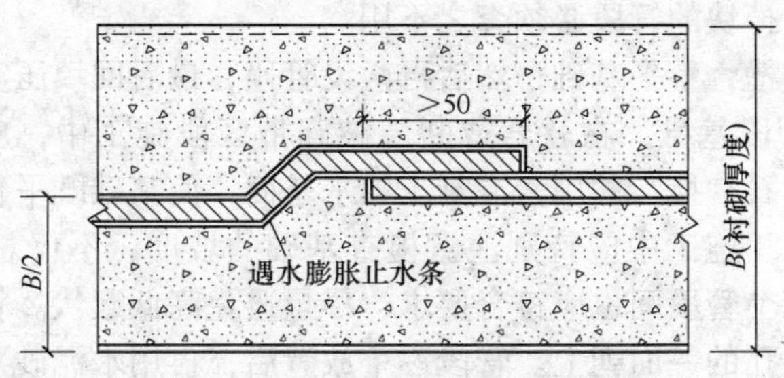

图10-22 遇水膨胀止水条搭接示意图

5. 注浆防水施工

隧道开挖后或初期支护完成后仍存在渗漏水时，应根据地质情况及隧道允许排水量选择径向注浆、局部注浆、回填注浆等注浆防水方案。注浆前，应将钻孔吹洗干净，做压吸浆试验，测定地层的吸浆和扩散、固结情况，防止注浆压力过大，破坏围岩整体性。

在出水点上游钻孔注浆截断水源，并在出水点周围布孔加固围岩，加固深度宜为隧道开挖轮廓线外3～5m。注浆材料宜以水泥类浆液为主，水量较大时宜采用快凝、早强水泥。注浆顺序为由水少处到水多处进行，注浆终压宜为1～2MPa。

初期支护后出现大面积渗漏水，应进行径向注浆或初期支护背后回填注浆。径向注浆孔深应符合设计要求，一般情况下不宜小于3m。初期支护背后回填注浆孔深不应小于0.5m。钻孔注浆顺序应由水少处向水多处进行。注浆材料宜以水泥类浆液为主，可采用快凝早强水泥。注浆终压宜为0.5～1.0MPa。

注浆过程中发生异常情况时，可降低注浆压力、间歇注浆；改变注浆材料、工艺、参数；调整注浆方案。分段注浆各孔段均达到设计终压并稳定10min，且进浆速度小于初始速度的25%，或注浆量不小于设计注浆量的80%。全孔一次性注浆压力达到设计终压并满足设计要求。注浆结束后，宜采取钻孔取芯法对注浆效果进行检查，并测定钻孔出水量，检查孔的数量应不少于注浆孔总数的5%，且不少于3个。当检查孔出水量不大于1.0L/min时，注浆效果满足要求，否则应进行补充注浆和重新检查。注浆钻孔及检查孔应封填密实。

10.2.4 路基路面排水管沟施工

路基排水管一般采用预制管段在现场拼接的方法施工，首先要重视管段的预制，确保管段的尺寸、材料质量和施工质量。在现场拼接前，应再次检查管段质量及预制管段的规整性。用钢直尺量测管段直径，观察管身是否变形或有严重裂缝，检查管身部透水孔是否畅通。用石块轻敲管壁，检查混凝土强度是否满足设计与施工要求，对酥松、掉块的管段必须弃之不用。

施工时先挖基槽，整平基础，然后再敷设管段，最后回填压实。其中最重要的一个环节是处理管段基础。在软岩或断层破碎带区段施工中，应将不良岩（土）体用强度较高的碎石替换，并用素混凝土找平基面，使基础既平整又密实，为管段顺利敷设创造条件。施工中应特别注意检查基础的坡度，不仅总体坡度应符合要求，而且局部的几个管段间也应符合要求，尽量避免高低起伏。管段敷设时，首先要保证将具有透水孔的一面朝上。管段逐个放置后，再用水泥砂浆将段间接缝密封填实。待砂浆凝固后，应逐段进行通水试验，发现漏水，及时处理。之后用土工布覆盖管段透水孔，在横向排水管出口处注意与中央排水管的连接方式。回填时注意保护管段的稳定及其上部透水性。

路面两侧排水沟一般采用现浇方法施工，也有少数采用预制管段现场拼接方法施工。施工时注意侧沟与侧墙应连接牢固，必要时可在墙部加设短钢筋，使墙与沟壁联为一体。侧沟进水孔的孔口端应低于该处路面标高，路面铺筑时不得堵塞孔口。隧道内侧沟旁设有集水井时，宜与侧沟、路面同时施工。应当保证按照设计的结构尺寸、排水坡度进行施工，保证横向排水管与排水沟的顺畅连接。

10.3 隧道渗漏治理

10.3.1 渗漏水治理要点

渗漏水是隧道最为常见的病害之一，由于防水、排水观念和经济技术水平的原因，在很长一段时间里，我国隧道渗漏水现象十分严重，素有“十隧九漏”之称。随着高速铁路和公路隧道的大量修建，隧道防水、排水问题越来越受到重视，隧道防水、排水技术取得了长足的进步，我国隧道渗漏水问题大为改观。但是，截至目前，渗漏水仍是困扰隧道的一大难题。许多公路隧道在竣工后不久就出现渗漏水问题，有些还十分严重，影响了隧道运营环境和结构安全。隧道渗漏水治理应符合以下规定：

1）在渗漏水治理前，掌握并熟悉工程的原防水、排水设计，施工记录和验收资料。对原防水、排水的位置，施工中的防水设计变更，材料选择做到心中有数，可为治理时的方案制定带来帮助。

2）渗漏水治理中要重视排水工作，主要是将水量大的渗漏水排走，目的是减小渗漏水压，给防水创造条件。排水的方法通常有自流排水和机械排水，当地形条件允许时尽可能采取自流排水，只有受到地形条件限制的时候，才将渗漏水通过排水沟引至集水井内，用水泵定期将水排出。

3）防水堵漏时，应尽量选用无毒或低毒的防水材料，以保护施工人员身体和周围环境。为防止污染环境，除了对现场废水、废液妥善处理外，施工时还应对周围饮用水源加强监测。

4）防水施工是技术性强、标准要求高的专业工作，应由有资质等级证书的防水专业施工队伍来承担，操作人员必须经过专业培训，考核合格，并取得建设行政管理部门所发的上岗证方可进行施工。

10.3.2 渗漏水治理措施

1. 大面积的渗漏水

大面积的渗漏水是隧道工程渗漏水的主要表现形式之一，它在渗水的工程中所占比例高达95%以上。造成这类渗水的原因来自设计与施工两方面。表现特征为渗水基面多为麻面，渗水点有大有小且分布密集，渗水面积大。

大面积严重渗漏水一般采用综合治理的方法，即刚柔结合多道防线。首先疏通漏水孔洞，引水泄压，在分散低压力渗水基面上涂抹速凝防水材料，然后涂抹刚柔性防水材料，最后封堵引水孔洞。并根据工程结构破坏程度和需要，采用贴壁混凝土衬砌加强处理。

大面积的轻微渗漏水和漏水点是指漏水不明显，只有湿迹和少量滴水的点。渗水处理一般采用速凝材料直接封堵，也可对漏水点注浆堵漏，然后做防水砂浆抹面或涂抹柔性防水材料、水泥基渗透结晶型防水涂料等。当采用涂料防水时，防水层表面要采取保护措施。

2. 裂缝渗漏水

裂缝渗漏水一般根据漏水量和水压力采取堵漏措施。对于水压较小和渗水量不大的裂缝或空洞，可将裂缝按设计要求剔成较小深度和宽度的“V”形槽，槽内用速凝材料填压密实。对于水压和渗水量都较大的裂缝常采用注浆方法处理。注浆材料有环氧树脂、聚氨酯等，也可采用超细水泥浆液。裂缝渗漏水处理完毕后，表面用掺外加剂防水砂浆、聚合物防水砂浆或涂料等防水材料加强防水。

3. 围岩渗漏水

喷射混凝土和锚杆联合支护，不仅是安全可靠的支护形式，而且是在岩层中构筑地下工程最为优越的衬砌形式。喷锚支护一般作为临时支护来考虑，作为永久衬砌必须解决防水问题。

喷射混凝土施工前，要对围岩渗水情况进行调查，对不同的渗水形式采用不同的防水方法。明显的裂隙渗漏水和点漏水，可采用安置弹簧管、半圆薄钢板、钻孔引流等方法将渗漏水排走。大面积的片状渗漏水，可用玻璃棉等做引水带，紧贴岩壁渗水处，将水引到排水沟内。无明显渗漏水或间歇性渗水地段，可在两层喷射混凝土层间用快凝材料做防水层。当喷射混凝土层有明显的渗漏水时，可采用注浆的方法堵水，注浆孔深度根据裂隙情况而定，一般为1.8~2.0m，常用的注浆材料有水泥-水玻璃、聚氨酯等，注浆压力为0.3~0.5MPa。

4. 变形缝、施工缝、穿墙管及预埋件渗漏水

在隧道工程渗漏水中细部构造部位占主要部分，尤其是变形缝几乎是“十缝九漏”。由于该部位的防水操作困难，质量难以保证，经常出现止水带固定不牢、位置不准确，石子过分集中于止水带附近或止水带两侧混凝土振捣不密实等现象，致使防水失败。施工缝和穿墙管的渗漏水在隧道工程中也比较常见。施工缝、变形缝一般采用综合措施治理，即注浆防水与嵌缝和抹面保护相结合，具体做法是将变形缝内的原密封材料清除，深度约100mm，施工缝沿缝凿槽，清洗干净，漏水较大部位埋设引水管，把缝内主要漏水引出缝外，对其余较小的渗漏水用快凝材料封堵，然后嵌填密封防水材料，并抹水泥砂浆保护层或压上保护钢板，然后注浆堵水。

穿墙管与预埋件的渗水处理，首先将穿墙管或预埋件周围的混凝土凿开，找出最大漏水点后，用快凝胶浆或注浆的方法堵水，然后涂刷防水涂料或嵌填密封防水材料，最后用掺外加剂水泥砂浆或聚合物水泥砂浆进行表面保护。

10.3.3 渗漏治理材料

在隧道工程中，围岩与衬砌之间存在一定的间隙，间隙有大有小，为防止围岩漏水危及衬砌结构，往往根据工程的需要进行注浆处理。注浆时为节省材料，一般是注入水泥浆液，掺有膨润土、粉煤灰等掺合料的水泥浆以及水泥砂浆等粗颗粒材料。

壁内注浆的目的是堵水与加固，封堵混凝土衬砌由于施工缺陷所造成的渗漏水。混凝土是密实性的材料，壁内缺陷很小，粗颗粒的材料如水泥浆液很难达到预期的堵水目的。因此必须选择渗透性能好的灌浆材料，使其在一定压力下渗入衬砌结构内起到堵水加固的作用。超细水泥由于其对环境不存在污染，可以灌入细度模数 $M_K=0.86$ 的特细和粉细砂层以及宽度小于30μm 的裂隙中，并在一些地下工程渗漏水治理中应用，取得了较好的防水效果。所以建议选用超细水泥和目前常用的环氧树脂、聚氨酯等浆液。

防水砂浆抹面防水是我国传统的简便有效的防水方法，特别是在结构自防水或外贴卷材防水失败后，往往用这种方法补救。防水砂浆做法很多，五层抹面是最普

通的方法，它不使用任何防水外加剂，仅利用不同配比的素浆和砂浆分层次交错抹压而成连续封闭的整体防水层，这种方法20世纪40年代就已应用，具有几十年的历史。随着防水技术的发展，普通防水抹面已被掺有各种外加剂、防水剂和聚合物乳液的砂浆所代替，且技术性能有很大进步，施工程序也有所简化。用于防水砂浆外加剂的品种主要有萘磺酸盐、三聚氰胺磺酸盐、松香皂、氯化物金属盐、无机铝盐、有机硅和FS_{102}渗透结晶型等。

聚合物乳液的种类有很多种，但国内常用的主要是聚醋酸乙烯乳液、苯丙乳液、丙烯酸酯共聚乳液、环氧树脂及氯丁胶乳液等。

涂料由于可在各种形状的部位进行涂布施工，因此在隧道工程渗漏水治理中也常用到。目前，防水涂料的种类很多，每种涂料有其一定的使用范围，由于渗漏水治理是在背水面作业，对防水涂料的粘结性有较高要求，应该选择与基面粘结强度高和抗渗性好的材料，使用时应根据隧道工程防水特点、材料性能和近年来的施工实践，灵活选用。

密封材料可分为合成高分子密封材料、高聚物改性沥青密封材料及定型密封材料。地下工程中使用的密封材料为合成高分子密封材料和定型密封材料。合成高分子密封材料多采用硅酮、聚硫橡胶类、聚氨酯类等材料。

定型密封材料的主要品种有遇水膨胀橡胶条、自粘性橡胶止水条等。遇水膨胀橡胶条是以改性橡胶为基料而制成的一种新型防水材料，它一方面具有橡胶制品的优良弹性和延展性，起到弹性密封作用；另一方面当结构变形量超过材料的弹性复原率时，在膨胀倍率范围内具有遇水膨胀的特性，起到以水止水的功能，这种双重止水机理提高了防水效果，目前这种防水材料有各种定型产品。自粘性橡胶是由特种合成橡胶掺入各种助剂加工而成的弹塑性腻子状聚合物，它具有橡胶腻子充填空隙的性能，同时在一定压力下又具有与混凝土良好的粘结性能。它们主要用于隧道工程的变形缝、施工缝、穿墙管等接缝的防水。

10.3.4　渗漏治理的其他规定

明挖法地下工程在回填前，由于地下水位上升，工程浮起破坏事故曾多次发生。如武汉某工程位于亚黏土地区，埋深6.75m，建筑面积850.39m^2，工程为三跨结构。工程主体完工后，尚未回填，大雨将工程全部淹没，工程上浮1.8m，造成工程底板断裂破坏。

各地工程实践表明，地下水位降到工程底部最低标高500mm以下较为合理。如控制距离较小，往往会造成施工困难，而影响地下工程防水质量。

由于一般工程的抗浮力均考虑工程上部覆土的重量，如在防水工程完工而尚未回填时就停止抽水，则有可能由于水位上升而造成工程上浮，导致工程防水层破坏，因此降水作业应直至回填作业完毕为止。

工程实践证明：密实的回填是工程防水的一道防线，而疏松的回填不仅起不到防水作用，还使得回填区成为一个积水区。回填密实程度与回填土的质量有很大关系，因此对土质也相应提出了要求。在工程范围800mm以内宜采用灰土、黏土、亚黏土、黄土回填，考虑到有的地区取土困难，可采用原土，但不得夹有石块、碎砖、灰渣及有机物等，也不得用冻土。采用机械进行回填碾压时，土中产生的压应力随着深度增加而逐渐减小，超过一定深度后，工程受机械回填碾压影响减小，其深度与施工机械、土质、土的含水量等因素有关。

第 11 章　隧道的管理与养护维修

隧道是整条公路的咽喉地段和重点控制工程，它的安全性、可靠性对整条公路的安全畅通起着重要的作用，因此，如何有效保障隧道的安全畅通是公路管理者面临的紧迫问题之一。隧道作为地下管状构造物，空间环境狭窄，存在潜在的交通事故危险，且在隧道内发生事故造成的危害较地面事故大。另外，为隧道运行提供安全保障服务的机电设备系统，如中央控制系统、火灾报警系统、电视监控系统、通信系统等，技术先进又比较复杂，因此，确立何种隧道运营管理体系，如何对各种资源进行合理使用和科学管理将是有效保障隧道的安全畅通，发挥公路高速、高效、舒适、安全作用的关键。

“防治结合、预防为主”是公路养护工作的原则，隧道作为公路的组成部分也须遵循这一原则。隧道养护分土建结构和机电系统两部分，本书着重阐述土建结构。

总之，隧道运营管理与养护的意义在于通过交通法规和科学的管理手段减少在隧道内发生灾害的机会，减轻灾害程度；通过隧道工程检查和维修保证隧道安全运营，保持隧道经常处于完好状态，防止其使用质量下降，并向使用者提供良好的服务。

11.1　公路隧道运营管理系统

11.1.1　公路隧道运营管理系统的特点

公路隧道是公路的特殊构造物。行驶车辆排放出的气态及游离固态微粒混合成的有害废气和车辆携带的尘土及卷起的尘埃，因隧道内空间的限制，往往不能很快扩散、消失。因山体丰富的淅沥水和洞内外温差的作用，使隧道内常常保持很潮湿的环境。因隧道的二次衬砌和隧道内的路面均为刚性体，当重车通过隧道时，洞内振动较大。由于隧道内交通繁忙，加上环境恶劣和空间场地的限制，而使设备的日常维护、故障检修工作困难，劳动强度大而效果较差。

公路隧道运营管理设施种类繁多，主要包括隧道照明系统、隧道通风系统、隧道消防灭火系统、火灾自动检测及手动报警系统、紧急电话系统、隧道无线调度对讲系统、隧道有线及无线广播系统、隧道闭路电视监视系统、交通参数检测及交通控制和信号提供系统、隧道环境参数检测及通风照明控制系统、供配电系统。许多子系统内设备数量大且价格高，投资大，运营维护工作量大。

从公路隧道本身具有的特殊性及隧道运营管理系统的特点，可以看出隧道运营管理设施的设计、设置、系统配备与路段上的交通监控系统，因涉及更多的因素而更为复杂、要求更高。因此，在隧道运营管理系统的设计过程中需根据隧道的土建规模、分期实施方案、投资情况，以及预测的前期交通量和交通量的增长情况，对各个子系统及设备的配置从其实用性、经济性、可靠性、可维护性等诸方面进行比较，分析它们的功能、作用、使用效果和操作维护的方便性，以及其投资和运营费用，从而确定运营管理系统的规模、系统配置和设备数量。在进行隧道运营管理系统总体方案设计时，需认真考虑各个子系统功能的互补性，并分析它们在作用上的重叠性，处理好前期工程中系统的实用可靠性和后期系统的完整性、先进性的关系，使隧道营运管理系统在投资费用、经济效益方面符合我国的经济发展水平，不超出业主的承受能力，在技术功能上既能兼顾前期管理需要又适合将来的升级扩展。

11.1.2 运营管理系统的组成

1. 隧道照明及其控制系统

为了避免车辆高速驶入或驶出隧道时，产生的“黑洞”和“白洞”效应，保障车辆在隧道中的行车安全，在长度超过100m的公路隧道中，应设置白天的照明设施。为达到隧道内安全行车所要求的亮度，需要配置相当数量的照明灯具，而在隧道运营过程中照明设备使用时间长，耗电量大，在隧道的运营成本中占有很大的比例，所以在公路隧道照明系统设计中关键的问题是照明灯具的选择、配置及其控制问题。

(1) 照明光源　照明光源的选择、配置及照明系统的合理控制无论对确保行车安全，提高隧道内的行车舒适性，还是降低运营成本，减少维护工作量，均有着重要的作用。高压钠灯和低压钠灯光效高，高压钠灯约为90～100lm/W，低钠灯可达140lm/W以上，且透雾能力强。但低压钠灯辐射单色黄光，而高压钠灯工作时则发出金白色光，两者的一个共同缺点是显色性差，显色指数只有25～40。这两种光源用于隧道照明，只能达到满足隧道通车观察、看清路上障碍物的目的，对反映隧道内环境的真实性和提高公路隧道通车的舒适性，效果则不够理想。因此，为了更好地改善公路隧道内照明系统的照明效果，可考虑采用新型的照明光源，如单灯混光灯，其混光效果、光效、显色性和节能性等均优于双光源混光灯，且单灯混光灯在使用维护上比双光源混光灯更为简单方便。其中显钠金卤灯的光效及显色性指标均更高，用于隧道照明效果将更好，能获得很好的照明效果和较低的照明费用，但其价格较高。

(2) 照明控制　隧道内的照明控制是根据隧道照明设计中所确定的照明区段、不同时段气候条件下的照明要求，控制各个照明回路的开关，从而达到既满足隧道的照明亮度要求，保证行车安全，又节省能源的目的。其控制方式大致可分为手动控制方式、分段时序控制方式和根据洞内外的亮度值自动控制照明回路的全自动控制方式三种。手动控制方式主要用于公路等级低、隧道长度较短、照明级别低的隧道照明系统，由人工根据不同的时段及天气情况而开关不同的照明配电回路。分段时序控制方式则是采用时序控制器控制隧道照明的各个配电回路，根据一天中不同的时间段而开启（闭合）相应的照明回路，主要用于照明回路较少的短隧道和中长隧道。隧道照明的自动控制方式则是利用光照度计分别采集隧道内外的亮度参数，经对比处理后，由计算机系统或照明控制器自动控制各个照明回路的开关，使洞内的照明亮度与外界自然光的亮度相适应。

2. 隧道通风及其控制系统

（1）通风设施 通风及除尘设施包括风机和静电除尘器。通风方式有纵向、横向、半横向等多种方式。中、长隧道采用射流风机的纵向通风方式就能够满足隧道营运安全对通风的要求。对特长公路隧道采用中间加设通风竖（斜）井的纵向通风方式或加装静电除尘装置亦能满足隧道的通风要求，而很少采用横向通风方式或半横向通风方式。

静电除尘器的主要功能是除去空气中的烟雾，它的应用可减少为排散大量柴油车在隧道中产生的烟雾所需要的通风量。该装置不太适用于路面上尘土较多、野外公路隧道中汽车携带的尘土及交通扬尘很大的地方，因在这样的隧道环境中静电除尘器的效果将大受影响且会大大增加该设备的清理维护工作。

（2）通风控制 通风控制是以CO的允许含量、烟雾透光率允许范围为依据，控制方式可分为人工控制方式和全自动控制方式。人工控制方式就是通过观察检测到的交通量、CO含量等参数，人工手动开启和关闭风机，主要用于公路等级较低，隧道长度较短，风机数量较少的公路隧道中。对于高速公路中的长大公路隧道由于隧道长、交通量大、风机数量多，其通风控制方式一般均采用全自动的控制方式。它通过设置于隧道中的CO和能见度检测仪实时检测隧道中的CO含量和能见度值，按照事先确定的通风控制模型和控制流程科学合理地控制风机的启停，不仅可以保证隧道内的空气环境质量，同时还可节省大量能源和运营成本。

3. 隧道消防灭火系统

设置消防灭火系统是为了保证在因交通事故或车辆故障而引发火灾时，能有效地实施消防灭火行动，即时扑灭隧道中的火灾，减少人员伤亡和财产损失，防止对隧道洞体造成更大的损害而产生严重的后果。500m以上的高等级公路隧道需设置消防设备洞室，长大公路隧道还需设置报警、消防及其他应紧设施，按50m的间距，设置消防设备洞，用于存放灭火器、水龙带、沙桶等灭火器材，并设置消火栓。为此，需沿隧道全线敷设联通各个消火栓的消防供水管并设置消防水池，为当火灾发生时，事故当事人或其他人员进行火灾的初期自救行动和随后由隧道管理所消防人员进行的强劲灭火活动提供可靠的物质保障。对于特长且交通量较大的隧道可考虑设置自动喷淋灭火系统或移动式灭火系统，无需间隔 5~10m 设置自动喷淋消防设施，这是因为隧道内本身具有的易燃、可燃物质不多，所发生的火灾常为交通事故或车辆故障而产生的火灾，此类火灾发生的位置和起火的部位具有区段性和不均匀性，限制了自动喷淋灭火消防系统的效果，采用自动喷淋灭火系统不仅会增加投资，同时为保证其完好性和可靠性，需增加管理、维护工作，因而投资效益比不高。自动喷淋消防系统要真正发挥其自动、快速灭火的优点，需要将自动火灾报警系统与自动消防灭火系统组成联动控制系统。而火灾报警与消防灭火联动控制系统的设计是一项法规、政策性要求很强，技术性也较复杂的工作。目前，国内外的各种火灾自动检测系统，在其可靠性、准确性方面，还不能完全可靠地用于直接启动自动消防联控系统，还需借助闭路电视等设备对火灾事故进行确认，否则隧道内的自动喷淋消防系统如产生误动，不但不能充分发挥其作用，还可能妨碍车辆正常行驶，诱发交通事故。

设计工作应注意不要单纯追求消防技术的先进性，还要强调其可靠性和安全性。同时还应根据公路隧道内发生火灾的频率及其特点，考虑维护水平、维护的方便性和经济性。采用配置各种化学灭火装置、固定消火栓、水龙带及隧道管理专职消防人员的方式，完全能够满足我国采用的 15min 消防的标准。

4. 手动报警按钮、火灾自动检测系统及紧急电话系统

目前国内众多厂家研制生产的在许多民用建筑中广泛采用的各种点式火灾探测器，在其环境适应性、可靠性、可维护性及检测区域方面均难以满足公路隧道内的使用要求。并且由于每个点式火灾探测器检测域的限制，在特长隧道中需安装成百上千个火灾探头，给日常维护和保证其正常工作带来极大不便。对于确需设置火灾自动检测系统的长大公路隧道，可采用适合隧道环境的线缆式火灾探测器，但要特别注意探测器在隧道恶劣环境中工作的可靠性和稳定性。如在隧道中未设置自动火灾检测系统，可依靠手动报警按钮和紧急电话系统向隧道管理控制室报告火灾事故和异常状况。

紧急电话系统技术成熟，设备稳定可靠，维护简单，使用方便。作为异常状况的报警设施，其准确性、可靠性、使用率在各类报警设备中最高，因此在公路隧道中适当增加紧急电话机的设置密度，可大大提高隧道内异常状况报警的方便性和即时性，无需追加更多的投资。因为一般紧急电话系统的容量对公路隧道而言都有较大的富余量，无需增大紧急电话系统的主机容量和增加传输缆线的数量，只要增加紧急电话机部分的投资，就能方便报警，缩短报警时间，准确报告事故种类、性质，便于及时组织有效救援，减少事故损失。

5. 隧道无线移动通信系统

无线移动通信系统可以弥补有线紧急电话系统的不足，使隧道内的各类工作人

员随时随地都能与隧道管理部门保持联系，接受各种指挥调度指令，有效地保证隧道内各项工作的顺利进行，从而方便隧道内各种设备的调试维护，缩短处理各种意外事故的时间，提高工作效率，保证交通畅通。由于电磁波在传输过程中被隧道洞壁吸收和反射，能量损耗较大，传输距离有限，所以隧道内采用无线移动通信系统的关键是选择电磁波在公路隧道内的传输方式。目前主要有如下两种方案：

（1）采用漏泄电缆方案　在隧道侧壁上方纵向架设一漏泄电缆，电磁波沿漏泄电缆传送并均匀辐射于整个隧道区域，在隧道区域横向形成一个均匀的电磁场，隧道区域内各处工作人员的手持电台均能有效、清晰地与无线通信系统内的各方保持通信联络。该无线通信方案信号稳定可靠、质量好，电磁波传输不会受来往车辆的影响。漏泄电缆还可以一缆二用，同时传送无线调频广播信号，通过车上的调频收音机，向驾乘人员播放隧道内行车的各项规定及交通安全信息。此方案技术要求较高，投资成本较大。

（2）采用定向天线方案　在隧道口和隧道内适当位置（根据隧道长度而定）纵向架设隧道无线通信系统定向天线，采用无线方式沿隧道纵向传送电磁波。采用此种电磁波传送方式，通信系统需采用较高的载波频段，一般选择 800MHz 或 900MHz 频段，以便电磁波能传得更远，使有效通信距离能满足使用要求。该方案投资成本较低，但当隧道长度较大时，需在洞内安装中继设备和天线，其易受隧道内腐蚀气体的损害，影响系统的可靠性且不能传送隧道无线调频广播信号。

6. 闭路电视监视系统

闭路电视系统技术成熟、设备可靠。它除了能实时、直观、准确地观察、监视隧道内的交通状况、车流密度及各种信号状态外，还能对隧道内的火灾报警信息、交通阻塞信息等异常事件予以确认。并能为有关部门事后分析处理事故提供直接依据。摄像机的设置原则为无盲角。因此，在洞内一般按每间隔 150m 左右设置一台摄像机。在隧道口设置一台带遥控平台的可变焦彩色摄像机。闭路电视信号传输宜采用光纤视频信号传输系统。虽然其投资成本大约比同轴电缆传输系统高 1/3，但光纤传输系统可免受各种电磁波的干扰，保证信号传输的质量和图像清晰度。

7. 隧道交通检测控制系统

交通检测控制系统收集隧道区域内的交通信息，向驾驶员提供隧道的基本情况、行车要求及异常信息，检测监控隧道内的交通运行状况，合理诱导交通，保障隧道内的行车安全和交通畅通，其主要由车辆检测器、车道指示器、可变限速标志、可变情报板、信号灯和超高检测报警器组成。车辆检测器一般设置于隧道出、入口附近和隧道内，如果交通流量大，需自动检测判断隧道内车辆的拥挤阻塞情况，则需在隧道中每间隔 600m 左右设置一组环形线圈车辆检测器。可变情报板和可变限速标志一般设置在隧道洞口前方（对于特长公路隧道也可在隧道内增设），用于显示有关隧道状态的内容，各种紧急异常信号及行车指令、指挥信息，显示隧道内允许的行车速度。信号灯安装于双洞隧道洞外交叉渡线区域的前方，提前告诉驾驶员隧道当前的营运状态（关闭、单洞单向行车、单洞双向行车），指示驾驶员按当时的营运隧道状态正确行车，以免走错车道，引起延误或诱发交通事故，车道指示器设置于洞口处和隧道内，在隧道内车道指示器按每间隔 300 ~ 500m 一组设置。

11.2 隧道的防灾

11.2.1 隧道火灾概率及特点

据国外 20 世纪 90 年代的统计资料显示，隧道火灾发生的概率是 10 ~ 17 次/(亿车 · km)。由于隧道近似封闭空间，火灾发生较之于正常界面，具有明显的特点。

1）蔓延快，不易控制。隧道因车辆事故、汽车相撞等引起火灾后，除本身携带一定数量的燃油外，有时还运载相当数量的可燃品、化学品、危险品，火势蔓延快，很难加以控制。

2）通道易堵塞。隧道纵深距离窄长，发生火灾时，隧道内大量车辆难以疏散，极易造成堵塞，火势顺着车辆蔓延，扩大损失。

3）浓烟高温，扑救困难。发生火灾后，烟雾迅速向四周扩散，虽有通风设备，也难以及时排出烟雾。当隧道内因车辆碰撞等事故引起大火时，油料燃烧，温度很高，往往使灭火人员无法靠近，以致延长灭火时间，加之出口少，环境恶劣，受空间限制，通信联络困难。隧道大多远离城市，缺乏可靠的水源，灭火条件有限。双向交通隧道、特长隧道内容易产生灭火救援路线与疏散路线、烟气流动路线的交叉，火灾扑救难度极大。

4）供电中断，疏散困难。着火后，可能损毁供电系统，造成供电停止，会给扑救工作带来极大的困难。隧道内通道狭长、照明条件差，着火后能见度低，人员难以及时疏散，易引起人员惊慌，从而造成更大的惨祸。

5）高温有毒烟雾积聚，不易排出。隧道密闭环境，一旦发生火灾，隧道内烟雾大、能见度低、散热慢、温度较高，火灾产生的高温、有毒浓烟迅速积聚，不易排出。不仅严重危害被困人员的生命，而且使消防队员也难以及时施救。

6）起火点附近的隧道承重混凝土容易崩落。由于隧道衬层内常含有水分，当火灾发生时，衬层中的水变成蒸汽，在衬层内快速膨胀，从而产生巨大的压力。国外隧道衬层火灾试验研究表明，混凝土表面温度达到 200℃时，10 ~ 15min 内混凝土衬层就会发生爆裂、崩落。

11.2.2　隧道交通事故特点

隧道交通事故视隧道交通状况、车流量、设计时速等随机性和不确定性因素而具有不可预见性。国内外隧道内交通事故成因统计表明，隧道内发生的交通事故，主要有公路隧道路段超速行驶导致的交通事故；通行车辆自身机械故障引发的交通事故；公路过往通行车辆抛、洒物，导致隧道内通行车辆发生的交通事故。广东汕（头）梅（州）公路一隧道路段交通事故数据显示，2004 年上半年发生在该区域隧道的 10 宗交通事故中超过 60% 是因驾驶员超速行驶引发的交通事故，其中 30% 是因为通行车辆自身机械故障引发的交通事故。

当车流量大或处于交通高峰期隧道内发生火灾或交通事故时，由于隧道内能见度低，疏散通道有限，加之驾驶员对烟火及事故现场的恐惧，更容易出现慌不择路而造成交通堵塞或新的交通事故。隧道越长，车辆疏散所需的时间就越长，极容易发生二次灾害。

11.2.3　隧道安全管理

隧道安全管理包括正常营运及养护作业时和发生事故时的交通组织和安全防护。

隧道洞口周围 200m 范围内，不得挖沙、采石、取土、倾倒废弃物，不得进行爆破作业及其他危及公路隧道安全的活动。

养护作业的安全防护应包括养护作业机械、养护人员的安全防护。养护作业宜选择在交通量较小时段进行。养护维修作业控制区经设定后不得随意变更，作业人员不得在作业控制区外活动或将任何施工机具、材料置于养护维修作业控制区以外。

隧道内发生火灾及重大交通事故或坍塌等突发事件时，养护人员必须立即报警并按消防预案进行救助，并配合有关部门到现场处理事故。事后应尽快清理现场，排除路障，恢复隧道正常通行，并登记相关损失。应认真分析事故原因，恢复或改善隧道的防灾能力。

利用软硬件设施，加强隧道路段突发事件的交通管理工作，防止二次事故的发生。隧道事故无小事，隧道路段发生的事故都可能是重大的、恶性的事故。因此，隧道管理部门要经常加强对隧道路段突发事件防患，做到“隧道安全生产警钟长鸣”。发生突发事件或交通事故时，根据事件的情况、事故特性，有关责任单位要正确履行好自身职责，各司其职，各行其政，及时抵达现场或采取有效避免二次事故发生的措施，率先抵赴现场的人员，要及时将事故的性质、时间等及时通知有关管理部门，达到有效管制，确保过往车辆接受到事故性质、地点、状况的有效指令。为避免二次事故，交通管理有关责任单位要做好交通管制工作，摆放警示标志、标牌，引导过往车辆安全通行。疏散救护工作要有条不紊，责任到人，要将现场人员引导护送向安全区（安全通道），同时要查清现场是否有遗漏人员。

建立隧道管理数据库，提升隧道管理规范化水平。在日常管理中，隧道管理部门要结合实际，翔实记录发生在隧道路段的各类事件、事故，不断总结经验。建立起隧道管理信息数据，将发生在隧道路段的重大、有代表性的各类事件进行归类，汇编成易于一般工作人员理解的工作手册或操作规程，指导实际工作，同时不断更新数据的数量和可靠性。可以将数据纳入计算机及其他隧道管理系统，使其具有良好的人机界面，便于总结、推广。隧道管理部门要定期组织隧道区域突发事件的应急演练，制定预防措施，分析一般事故现场容易忽视的细节，熟练掌握处理事故的要领，提高处理事故的能力。建立隧道路段、隧道群联动应急预案。

11.3 隧道的养护与维修

公路隧道养护工作的内容包括隧道结构，防水、排水设施，附属设施的检查、保养、维修、加固以及隧道安全管理等。公路隧道养护应保持隧道外观整洁、隧道内路面平整、衬砌完整无明显开裂和剥落；标志标线清晰醒目，排水系统良好；对结构物及其附属设施（照明、通风、监控）进行预防性维护和修复，保持良好的技术状况。

公路隧道交付使用后，养护管理部门，首先要熟悉其设计、施工资料，掌握隧道的全面技术状况，制订小修保养、大中修、改善工程计划。在使用过程中要进行经常检查、定期检查和特殊检查工作，及时发现和处理问题，确保安全畅通。隧道日常巡查是隧道日常养护工作的重要内容之一，应予以充分重视，发现隐患及病害应及时处治。

隧道土建结构的养护工作主要分为清洁维护、结构检查、保养维修和病害处治四个部分。养护作业时，应采取必要的安全措施，保证养护作业安全。隧道内清理出的垃圾或废渣严禁随意倾倒，产生的废水严禁随意排放。

11.3.1 清洁维护

清洁维护的工作内容包括扫除隧道内垃圾、清除结构物脏污、清理（疏通）排水设施、保持结构物外观的干净整洁等。土建结构应经常性、周期性地进行清洁维护，其周期应综合考虑隧道状况、交通量大小及组成、结构物脏污程度、清洁方式及效率和环境条件等因素加以确定，并尽量减少对交通营运的干扰。

隧道内路面应定期进行清洁。高速公路隧道的清扫应不少于 1 次/日，其他公路隧道可根据具体情况，确定适宜的清扫频度，但不宜少于 1 次/月。路面清扫宜以机械作业为主，以人工作业为辅。作业时，应注意路面脏污部位的清扫。路面两侧边缘应清扫到位，对紧急停车带、车行横洞洞口应减速慢行清扫，必要时辅以人工清扫。当路面被油类物质或其他化学品沾污时，应及时采取必要的措施清除污垢，并用清洁剂清洗干净。

隧道的顶板和内装应定期进行清洁。顶板的清洁宜不少于1次/2年；内装的清洁宜不少于1次/季度，高速公路隧道内装的清洁宜1次/月。顶板和内装的清洁宜以机械作业为主，以人工作业为辅。采用湿法清洁时，应注意保护隧道内机电设施的安全，防止污水渗入设施内。可根据实际效果选择清洁剂，宜选用中性清洁剂。采用干法清洁时，应严格遵守清扫机械操作规程，既应保证清扫质量，也应避免损伤顶板或内装。清扫时应采取必要的降尘措施。在寒冷地区寒冷季节，宜采用干法清洁。

隧道的排水设施应定期进行清理和疏通。排水设施的清理不宜少于1次/半年。在雨季，应加强对排水设施的检查和清理疏通工作。对纵坡较小的隧道或隧道的洞口区段，应加强其清理和疏通工作，对于窨井和沉沙池，应及时将其底部沉积物清除干净。隧道的标志、标线应定期进行清洁维护，保持其清晰、醒目。标志、标线的清洁应不少于1次/月，当标志牌面或路面标线有污秽，影响其辨认性能时，应及时进行清洗。清洗标志、标线时，应避免损伤其表面覆膜或涂层。

11.3.2 结构检查

结构检查的工作内容包括发现结构异常情况，系统掌握结构技术状况，判定结构物功能状态，确定相应的养护对策或措施。土建结构的检查工作分为日常检查、定期检查、特别检查和专项检查四类。日常检查、定期检查和特别检查的结果，宜按表11-1的规定分为三类判定；专项检查的结果，宜按表11-2的规定分为四类判定。

表11-1 日常、定期和特别检查结果的判定

判定分类	检查结论
S	情况正常，无异常情况，或虽有异常情况但很轻微
B	存在异常情况，但不明确，应作进一步检查或观测以确定对策
A	异常情况显著，危及行人、行车安全，应采取处治措施或特别对策

表11-2 专项检查结果的判定

判定分类	检查结论
B	结构存在轻微破损，现阶段对行人、行车不会有影响，但应进行监视或观测
1A	结构存在破坏，可能会危及行人、行车安全，应准备采取对策措施
2A	结构存在较严重破坏，将会危及行人、行车安全，应尽早采取对策措施
3A	结构存在严重破坏，已危及行人、行车安全，必须立即采取紧急对策措施

当日常检查的判定结果为B时，应进行监视、观测或作特别检查；当特别检查或定期检查的判定结果为B时，应作专项检查。

1. 日常检查

日常检查是对土建结构的外观状况进行的日常巡视检查。通过日常检查，应及时发现早期破损、显著病害或其他异常情况，并确定对策措施。检查的频度应不少于1次/月，高速公路隧道应不少于1次/周。在雨季或冰冻季节，应加强日常检查工作。检查宜采用目测方法，配合以简单的检查工具进行。检查以定性判断为主，检查内容及判定标准宜按表11-3执行。

表11-3 日常检查内容及判定

项目名称	检查内容	判定	
		B	A
洞口	边（仰）坡有无危石、积水、积雪；洞口有无挂冰；边沟有无闭塞；构造物有无开裂、倾斜、沉陷等	存在落石、积水、积雪隐患；洞口局部挂冰；构造物局部开裂、倾斜、沉陷，有妨碍交通的可能	坡顶落石、积水漫流或积雪崩塌；洞口挂冰掉落路面；构造物因开裂、倾斜或沉陷而致剥落或失稳；边沟淤塞，已妨碍交通
洞门	结构开裂、倾斜、沉陷、错台，起层、剥落；渗漏水（挂冰）	侧墙出现起层、剥落；存在渗漏水或结冰，尚未妨碍交通	拱部及其附近部位出现剥落；存在喷水或挂冰等，已妨碍交通
衬砌	结构裂缝、错台、起层、剥落	衬砌起层，且侧壁出现剥落状况，尚未妨碍交通，将来可能构成危险	衬砌起层，且拱部出现剥落状况，已妨碍交通，并有继续恶化的可能
	（施工缝）渗漏水	存在渗漏水，尚未妨碍交通	大面积渗漏水，已妨碍交通
	挂冰、冰柱	存在结冰现象，尚未妨碍交通	拱部挂冰，形成冰柱，已妨碍交通
路面	落物、油污；滞水或结冰；路面拱起、坑洞、开裂、错台等	存在落物、滞水、结冰、裂缝等，尚未妨碍交通	拱部落物，存在大面积路面滞水、结冰或裂缝，已妨碍交通
检修道	结构破损；盖板缺损；栏杆变形、损坏	栏杆变形，损坏；道板缺损；结构破损，尚未妨碍交通	栏杆局部毁坏或侵入建筑限界；道路结构破损，已妨碍交通
排水设施	破损、堵塞、积水、结冰	存在破损、积水或结冰，尚未妨碍交通	沟管堵塞，积水漫流，结冰，设施破损严重，已妨碍交通
吊顶	变形、破损、漏水（挂冰）	存在破损、漏水，尚未妨碍交通	破损严重，或从吊顶板漏水严重，已妨碍交通
内装	脏污、变形、破损	存在破损，尚未妨碍交通	破损严重，已妨碍交通

检查结果应及时填入“日常检查记录表”，翔实记述检查项目的破损类型，估计破损范围和程度以及养护工作量，作出判定分类，并采取相应的对策措施。

2. 定期检查

定期检查是按规定周期对土建结构的基本技术状况进行全面检查。通过定期检查，应系统掌握结构基本技术状况，评定结构物功能状态，为制订养护工作计划提供依据。检查的周期宜为 1 次/年，高速公路隧道应不少于 1 次/年，检查宜安排在春季或秋季进行，新建隧道应在交付使用 1 年时进行首次定期检查。检查宜采用步行方式，配备必要的检查工具或设备，进行目测或量测检查。检查时应尽量靠近结构，依次检查各个结构部位，注意发现异常情况和原有异常情况的发展变化。对于有异常情况的结构，应在其适当位置作出标记。检查结果宜尽可能量化。检查的内容及判定标准宜按表 11-4 执行，应根据隧道的实际情况进行选择。

表 11-4　定期检查内容及判定

项目名称	检查内容	判定	
		B	A
洞口	山体有无滑坡、岩石有无崩塌的征兆；边坡、碎落台、护坡道等有无缺口、冲沟、潜流涌水、沉陷、塌落等	存在滑坡、崩塌的初步迹象，尚未危及交通	山体开裂、滑动，岩体开裂、失稳，已危及交通
	护坡、挡土墙有无裂缝、断缝、倾斜、鼓肚、滑动、下沉或表面风化、泄水孔堵塞、墙后积水、周围地基错台、空隙等	存在此类异常情况，尚未妨碍交通	挡土墙、护坡等产生开裂、变形、位移等，可能对交通构成威胁
洞门	墙身有无开裂、裂缝	墙身存在轻微开裂，尚未妨碍交通	由于开裂，衬砌存在剥落的可能，对交通构成威胁
	衬砌有无起层、剥落	存在起层、剥落，未妨碍交通	在隧道顶部发现起层、剥落，有可能妨碍交通
	结构有无倾斜、沉陷、断裂	墙身存在轻微的倾斜或下沉等，尚未妨碍交通	通过肉眼观察，即可发现墙身有明显的倾斜、下沉等，或洞门与洞身连接处有明显的环向裂缝，有外倾的趋势，对交通构成了威胁
	混凝土钢筋有无外露	存在轻微的外露现象，尚未妨碍交通	混凝土保护层剥落，钢筋外露，受到锈蚀，对交通安全构成威胁
衬砌	衬砌有无裂缝、剥落	在拱顶或拱腰部位，存在裂缝且数量较多，尚未妨碍交通	衬砌开裂严重，混凝土被分割形成块状，存在掉落的可能，对交通构成威胁
	衬砌表层有无起层、剥落	存在起层，并有压碎现象，尚未妨碍交通	衬砌严重起层、剥落，对交通构成威胁
	墙身施工缝有无开裂、错位	存在这类异常现象，尚未妨碍交通	接缝开口、错位、错台等引起止水板或施工缝砂浆掉落，发展下去可能妨碍交通
	洞顶有无渗漏水、挂冰	存在漏水，未妨碍交通，但影响隧道内设备的安全	衬砌大规模漏水、结冰，已妨碍交通

（续）

项目名称	检查内容	判定	
		B	A
路面	路面上有无塌（散）落物、油污、滞水、结冰或堆冰等；路面有无拱起、沉陷、错台、开裂、溜滑	存在此类异常情况，尚未妨碍交通	路面出现严重的拱起、沉陷、错台、裂缝、溜滑，以及漫水、结冰或堆冰等，已妨碍交通
检修道	道路有无毁坏、盖板有无缺损；栏杆有无变形、锈蚀、破损等	道路局部破损，栏杆有锈蚀，尚未妨碍交通	道板毁坏，碎物散落，栏杆破损变形，可能侵入限界，已妨碍交通
排水系统	结构有无破损，中央窨井盖、边沟盖板等是否完好，沟管有无开裂漏水；排水沟（管）、积水井等有无淤积堵塞、沉沙、滞水、结冰等	存在沉沙、积水，尚未妨碍交通	由于结构破损或泥沙阻塞等原因，积水井、排水管（沟）等淤积、滞水，已妨碍交通
吊顶	吊顶板有无变形、破损；吊杆是否完好等；有无漏水（挂冰）	存在此类异常情况，尚未妨碍交通	存在严重的变形、破损、漏水，已妨碍交通
内装	表面有无脏污、缺损；装饰板有无变形、破损等	存在此类异常情况，尚未妨碍交通	存在严重的污染、变形、破损，已妨碍交通

检查结果应及时填入“定期检查记录表”，将检查数据及病害绘入“隧道展示图”，应详细、准确地记录各类结构的基本技术状况，分析病害的成因，给出判定结论。定期检查完成后，应提出土建结构定期检查报告，内容应包括对土建结构的技术状况和功能状态的评价、对土建结构的养护维修状况的评价及建议、需要实施专项检查的建议、需要采取处治措施的建议。检查报告还应附上检查记录表、隧道展示图以及其他有关检测记录资料。

3. 特别检查

特别检查是在隧道遭遇自然灾害、发生交通事故或出现其他异常事件后，对遭受影响的结构立即进行的详细检查。通过特别检查及时掌握结构受损情况，为采取对策措施提供依据。

特别检查应根据受异常事件影响的结构，决定采取的检查方法、工具和设备。特别检查的内容应按表 11-5，针对受异常事件影响的结构或结构部位作重点检查，掌握其受损情况。特别检查应按定期检查的标准判定，当难以判明破损的原因、程度等情况时，应作专项检查。检查结果的记录，与定期检查相同。检查完成后，应提交特别检查报告，包括检查记录，评估异常事件的影响，给出判定结论，确定合理的对策措施。

表 11-5 外荷载作用所致结构破损的判定基准

异常情况 / 判定	衬砌变形、移动、沉降	衬砌裂缝	衬砌起层、剥落	衬砌突发性坍塌
B	虽存在变形、位移、沉降，但已停止发展，已无可能再发生异常情况	存在裂缝，但无发展趋势	—	—

（续）

判定 \ 异常情况	衬砌变形、移动、沉降	衬砌裂缝	衬砌起层、剥落	衬砌突发性坍塌
1A	出现变形、位移、沉降，但发展缓慢	存在裂缝，有一定发展趋势	—	衬砌侧面存在空隙，估计今后由于地下水的作用，空隙会扩大
2A	出现变形、位移、沉降，估计近期内结构物功能会下降	裂缝密集，出现剪切性裂缝，发展速度较快	侧墙处裂缝密集，衬砌压裂，导致起层、剥落，侧墙混凝土有可能掉下	拱部背面存在大的空洞，上部落石可能掉落至拱背
3A	出现变形、位移、沉降，结构物应有的功能明显下降	裂缝密集，出现剪切性裂缝，并且发展速度快	由于拱顶裂缝密集，衬砌开裂，导致起层、剥落，混凝土块可能掉下	衬砌拱部背面存在大的空洞，且衬砌有效厚度很薄，空腔上部可能掉落至拱背

4. 专项检查

专项检查是根据定期检查和特别检查的结果，或者通过其他途径，为判断需要进一步查明的某些破损或病害的详细情况而进行的更深入的专门检测。通过专项检查，应完整掌握破损或病害的详细资料，为是否实施处治以及采取何种处治措施等提供技术依据。

专项检查宜委托具有相应检测资质的专业机构实施。检查的项目、内容及其要求，应根据定期检查或特别检查的结果有针对性地确定。检查人员应对有关的技术资料、档案进行调查，并对隧道周围的地质及地表环境等展开实地调查，以充分掌握相关的技术信息，寻找土建结构发展变化的原因，探索其规律，确保专项检查结果的准确性。检查的结果可按外荷载作用、材料劣化和渗漏水三种主要情况分别考虑，进行判定分类。由外荷载作用而导致的结构破损，以衬砌变形、移动、沉降、裂缝、起层、剥落以及突发性的坍塌等为主要表现形态，其判定可按表 11-5 执行。

由材料劣化而导致的结构破损，一般出现衬砌强度降低、起层剥落、钢材腐蚀等形态，其判定基准见表 11-6。

表 11-6 材料劣化所致材料破损的判定基准

判定 \ 异常情况	衬砌断面强度降低	衬砌起层、剥落	钢材腐蚀
B	存在材料劣化情况，但对断面强度几乎没有影响	难以确定起层、剥落	表面局部腐蚀
1A	由于材料劣化等原因，断面强度有所下降，结构物功能可能受到损害	—	孔蚀或钢材表面全部生锈、腐蚀

（续）

判定 \ 异常情况	衬砌断面强度降低	衬砌起层、剥落	钢材腐蚀
2A	由于材料劣化等原因，断面强度有相当程度的下降，结构物功能受到一定的损害	由于侧墙部位材料劣化，导致混凝土起层、剥落，混凝土块可能掉落或已有掉落	由于腐蚀，钢材断面明显减小，结构物功能受到损害
3A	由于材料劣化等原因，断面强度明显下降，结构物功能损害明显	由于拱顶部位的材料劣化，导致混凝土起层、剥落，混凝土块可能掉落或已有掉落	—

对于渗漏水、结冰、砂土流出等形态的破损，其判定可按表11-7执行。

表11-7 渗漏水、结冰、砂土流出所致结构破损的判定基准

判定 \ 异常情况	渗漏水	结冰、砂土流出
B	从衬砌裂缝等处渗水，几乎不影响行车安全	有渗漏水，但现在几乎没有影响
1A	从衬砌裂缝等处漏水，不久可能会影响行车安全	由于排水不良，铺砌层可能积水
2A	从衬砌裂缝等处涌水，影响行车安全	由于排水不良，铺砌层积水
3A	从衬砌裂缝等处喷射水流，严重影响行车安全	在寒冷地区，由于漏水等，形成挂冰、冰柱，侵入规定限界；砂土等伴随漏水流出，铺砌层可能发生浸没和沉降

检查完成后，应提交专项检查报告。报告的内容应包括检查的主要经过，包括检查的组织实施、时间和主要工作过程等；所检查结构的技术状况，包括检查方法、试验与检测项目及内容、检测数据与结果分析以及对破损结构的技术评价等；对病害的成因、范围、程度等情况的分析，及其维修处治对策、技术以及所需资金等建议。

11.3.3 隧道保养维修

保养维修的工作内容应包括预防性地对结构物进行维护，修复结构物轻微破损，经常保持结构物完好状态。当日常检查的判定结果为A时，应及时对土建结构进行保养和维修。

（1）洞口保养维修　及时清除洞口边仰坡上的危石、浮土，冬季应清除积雪和挂冰，保持洞口边沟和边仰坡上截（排）水沟的完好、畅通，修复洞口挡土墙、护坡、排水设施和减光设施等结构物的轻微损坏，维护洞口花草树木的完好。

（2）洞身保养维修　无衬砌隧道出现的碎裂、松动岩石和危石，应本着“少清除、多稳固”的原则，加以处理；围岩的渗漏水，应开设泄水孔接引水管，将水导入边沟排出；冬季应及时清除洞顶挂冰。有衬砌隧道出现的衬砌起层或剥离，应及时加以清除或加固；对衬砌的渗漏水，可将水流引入边沟排出；冬季应及时清除洞顶挂冰等。

（3）路面保养维修 及时清除隧道内外路面上的塌（散）落物，及时修复、更换损坏的窨井盖或其他设施的盖板；当路面出现渗漏水时，应及时处理，将水引入边沟排出，防止路面积水或结冰；冬季应及时清除洞口处积雪。

（4）人行和车行横洞保养维修 隧道横洞内严禁存放任何非救援用物品，及时清除散落杂物，修复轻微破损结构，定期保养横洞门，确保横洞清洁、畅通。

（5）斜（竖）井保养维修 及时清除井内可能损伤通风设施或影响通风效果的异物；维护井内排水设施的完好，保持水沟（管）的畅通；对井内的检查通道或设施进行保养，防止其锈蚀或损坏。

（6）风道保养维修 清理送（排）风口的网罩，清除堵塞网眼的杂物；定期保养风道板吊杆，防止其锈蚀或损坏；及时修复风口或风道的破损，更换损坏的风道板。

（7）排水设施保养维修 维护隧道内外排水设施的完好，发现破损及时修复；排水管堵塞时，可用高压水或压缩空气疏通。

（8）吊顶和内装保养维修 吊顶和内装应保持完好和整洁美观，如有破损、缺失应及时修补恢复，不能修复的应及时更换。

（9）人行道或检修道保养 维护人行道或检修道的完好和畅通，道板如有破损或缺失，应及时进行修复和补充；定期保养人行道或检修道护栏，防止其锈蚀、损坏。寒冷地区隧道的防冻保温设施应做好保养维护，如有损坏及时维修，确保其正常使用功能。

（10）其他设施保养 维修口设有防雪设施的隧道，应做好防雪设施的保养维护，并在大雪降临前完成设施的维修加固。隧道的交通标志应保持外观完整、清晰、醒目，保持位置、高度和角度适当，确保交通信息传递无误。应及时清洗标志牌面的脏污，清除遮挡标志的障碍，及时修补变形、破损的标牌，修复弯曲、倾斜的支柱，紧固松动的连接构件。对锈蚀损坏、老化失效的标志，应及时更换，缺失的应及时补充。隧道的交通标线应保持完整、清洁和醒目。及时清洗脏污的标线，对破损严重和脱落的标线应及时补画。清除突起路标的脏污和杂物，及时紧固松动的路标，发现损坏或丢失的，应及时修复或补换。

11.4 隧道病害处治

隧道病害处治的内容包括修复破损结构、消除结构病害、恢复结构物设计标准以及维持良好的技术功能状态。病害处治应根据结构检查结果，针对病害产生原因，按照安全、经济、合理的原则确定方案。处治方案可由一种或多种处治方法组成，处治方法可按表11-8选用。

表 11-8　隧道病害处治方法选择

处治方法	病害原因												病害现象特征	预期效果
	外力引起的变化							材料劣化	渗漏水	其他				
	松弛压力	偏压	地层滑坡	膨胀性土压	承载力不足	静水压	冻胀力			衬砌背面空隙	衬砌厚度不足	无仰拱		
衬砌背面注浆	★	★	★	★	★	★	★		○	★			衬砌裂纹、剥离、剥落	衬砌与岩体紧密结合，荷载作用均匀，衬砌和围岩稳定
防护网								★					① 衬砌裂纹、剥离、剥落 ② 衬砌材料劣化	防止衬砌局部劣化
喷射混凝土	○	☆		☆	☆	○	○	☆			☆		① 衬砌裂纹、剥离、剥落 ② 衬砌材料劣化	防止衬砌局部劣化
锚杆加固	☆	★	☆	★	★	○	☆	○			☆	★	① 拱部混凝土和侧壁混凝土裂纹，侧壁混凝土挤出 ② 路面裂缝，路基膨胀	① 岩体改善后岩体稳定性提高，防止松弛压力扩大 ② 通过施加预应力，提高承受膨胀性土压和偏压的强度
排水止水	○	○	☆	○	○	★	★		★				① 衬砌裂纹或施工缝漏水增加 ② 随衬砌内漏水流出大量砂土	① 防止衬砌劣化，保持美观 ② 恢复排水系统功能，降低水压
套拱	○	☆	☆	☆	☆	○	○	☆			★		① 衬砌裂纹、剥离、剥落 ② 衬砌材质劣化	由于衬砌厚度增加，衬砌抗剪强度得到提高
绝热层							★						① 拱部混凝土和侧壁混凝土裂缝，侧壁混凝土挤出 ② 随季节变化而变动	① 由于解冻，防止衬砌劣化 ② 防止冻胀压力的产生
滑坡整治		☆	★										① 衬砌裂缝、净空宽度缩小 ② 路面裂缝，路基膨胀	防止岩层滑坡
围岩压浆	○	○				○		○	☆	☆	☆		① 拱部混凝土和侧壁混凝土裂缝，侧壁混凝土挤出 ② 路面裂缝，路基膨胀	周边岩体改善，提高了岩体的抗剪强度和粘结力
灌浆锚固	☆	★	★	★	★						○	★	① 拱部混凝土和侧壁混凝土裂缝，侧壁混凝土挤出 ② 路面裂缝，路基膨胀	由于施加预应力，提高膨胀性岩层、偏压岩层的强度
增设仰拱		★	☆	★	★	○	☆					★	① 拱部混凝土和侧壁混凝土裂缝，侧壁混凝土挤出 ② 路面裂缝，路基膨胀	提高对膨胀围岩压力和偏压围岩压力的抵抗力
更换衬砌	☆	☆	☆	☆	☆	○	○	★	☆	☆	★	★	① 拱部混凝土和侧壁混凝土裂缝，侧壁混凝土挤出 ② 路面裂缝，路基膨胀	更换衬砌，提高耐久性

注：1. ★—对病害处治非常有效的方法；☆—对病害处治较有效的方法；○—对病害处治有些效果的方法。
2. 松弛压力中包括突发性崩溃的情况。

采用衬砌背面注浆方法处治病害应根据专项检查结果，确定空隙部位，合理布置注浆孔，注浆压力应小于0.5MPa，在注浆过程中应加强监测。当发生衬砌变形或排水系统堵塞等异常情况时，可降低注浆压力或采用间歇注浆，直到停止注浆。注浆效果检查可采取钻孔取芯、超声波或雷达检测等方法。

采用防护网方法处治病害时防护网必须选用耐火的材料，施工前应凿除衬砌剥离劣化部分，防护网可用锚栓固定在衬砌表面上，应固定牢固。

采用喷射混凝土方法处治病害时喷射混凝土的种类主要有素混凝土、钢筋网喷射水泥砂浆、钢筋网喷射混凝土和钢纤维喷射混凝土等，应根据病害程度和施工条件等因素进行选择。喷射混凝土必须有足够的强度和附着率，其配合比应通过试验确定，喷射机的工作风压应满足喷头处的压力在0.1MPa左右。当采用钢筋网喷射混凝土时，钢筋网必须有恰当的保护层厚度。喷射混凝土终凝2 h后应喷水养护，养护时间应不少于7d，当隧道内相对湿度大于85%时，可采用自然养护，寒冷地区的养护应按相关规范进行。当喷射混凝土作业完成后，应对喷射混凝土层进行检测，强度指标应达到设计要求，其强度指标及检测方法可按表11-9执行。

表11-9　锚喷支护实测项目

序　号	检查项目	规定值或允许偏差	检查方法和频率
1	混凝土强度/MPa	在合格标准内	按现行规范要求检查
2	锚杆拔力/kN	28d拔力平均值≥设计值；最小拔力≥0.9设计值	按锚杆数1%做拔力试验且不小于3根
3	喷层厚度/mm	平均厚度≥设计厚；最小厚度≥60	每10m检查1个断面，每断面从拱顶中线起每2m检查1点，用凿孔或激光断面仪、光带摄影法确定厚度

采用锚杆加固方法处治病害时，锚杆的长度和间距应根据病害原因和地质情况确定。当采用水泥砂浆锚杆时，注浆开始或中途停止超过30min，应用水或稀水泥浆润滑注浆罐及其管路；杆体插入后，若孔口无砂浆溢出，应及时补注。当采用自进式锚杆时，安装前应检查锚杆中孔和钻头的水孔是否畅通，若有异物堵塞，应及时清理；锚杆灌浆料宜采用纯水泥浆，地质条件差时可灌入聚氨酯、硅树脂。锚杆质量的检查可按表11-9，进行锚杆拔力试验。

采用排水、止水方法处治的病害，当隧道局部出现涌水时，宜采用外置排水管和开槽埋管的排水法处治。排水管的位置、间距应根据涌水量的大小和位置等情况确定。水管不得堵塞，管道材料应具有抗老化性和足够强度。当采用开槽埋管法时，衬砌表面可用氯丁橡胶等材料覆盖。当采用外置排水管时，可用固定装置将U形排水管固定在衬砌表面，将水引入管内排出。外置排水管的设置不得侵入建筑限界，并严禁在设置机电设施的地方开凿排水沟槽；设置外置排水管应尽量减少对隧道外观的破坏。

当地下水沿衬砌裂纹、施工缝以滴水形式漏出时，宜采用向衬砌内注浆的止水法。衬砌内注浆宜采用水泥浆液、超细水泥浆液、化学浆液；注浆时采用低压低速注浆，化学注浆压力宜为0.2~0.4MPa，水泥浆注浆压力宜为0.4~0.8MPa；注浆后待缝内浆液初凝而不外流时，方可拆下注浆嘴并进行封口抹平；衬砌裂缝的注浆施工质量检验可采用渗漏水量测，必要时采用钻孔取芯、压水（或空气）等方法检查。

当漏水量小且呈表面渗透状时，可设置防水板进行处治。防水板材料应具有耐热和耐油性，一般有聚乙烯（PE）、乙烯醋酸共聚体（EVA）、橡塑和橡胶板等；防水板不得侵入建筑限界；施工前应清除粉尘并保护好电缆等设施；防水板的搭接处理应牢固，不漏水；有裂纹需要检查的部位，可在防水板上设置检查观察窗。

当地下水特别发育并有稳定来源时，可采取在隧道内设置排水孔、水平钻孔、加深排水沟和深井降水等措施。施工时应采用过滤性良好的材料，防止排水孔堵塞；应根据地下水位，确定排水沟加深的深度；排水孔和排水沟之间应有管道联系；排水钻孔的位置，必须根据围岩的地质条件和地下水的状况决定。

采用套拱加固方法处治病害时，套拱设计不得侵入建筑限界。为确保衬砌与套拱结合牢固，施工前应凿除衬砌劣化部分，衬砌内面应涂抹界面剂。当套拱厚度较大时，可在套拱与衬砌之间设置防水层。当隧道净空无富余时，可在衬砌的裂纹处贴碳素纤维，提高衬砌承载能力。

采用设置绝热层方法处治病害时，应选用导热系数小和耐高温的绝热材料。绝热层的厚度和延长幅度应根据气象数据、岩体和绝热材料的性质确定。

采用滑坡整治方法处治病害时，洞口段边仰坡出现裂缝，可用黏土等填实，必要时可采用锚杆加固。滑动面以上地层厚度不大时，可在滑动面下端设置抗滑锚固桩。对洞顶山体进行保护性开挖，减轻下滑力。在滑动面下方修筑挡土墙，进行保护性填土，土方应夯实不积水。

采用围岩注浆方法处治病害时，围岩注浆压力应比静水压力大0.5~1.5MPa。注浆材料宜采用水泥浆液、超细水泥浆液等。围岩注浆可采取钻孔取芯法对注浆效果进行检查，必要时进行压（抽）水试验，当检查孔的吸水量大于1.0L/(min·m)时，必须进行补充注浆。注浆结束后，应将注浆孔及检查孔封填密实。

采用增设仰拱方法处治病害时，仰拱的厚度可根据围岩情况确定。应使用拱架模板浇筑仰拱混凝土。采用更换衬砌方法处治病害时，衬砌的内轮廓线必须与原衬砌内轮廓线一致。施工前应收集衬砌背面空洞和围岩垮塌资料，必要时可用超声波进行检测。拆除衬砌时，应根据围岩的地质情况及时进行支撑。施工时，在不影响通行的情况下，可采用简易施工台车。

11.5 隧道附属设施养护

11.5.1 隧道通风

隧道应保持良好的通风，保持CO、烟雾含量小于规定的允许值。保持通风设施良好，满足隧道内风速不小于2.5m/s的要求。通风设施主要包括轴流风机、离心风机、射流风机及其配套设施。通风设施的设备完好率不应低于98%，通风设施应按各种设备的相关操作规程和养护要求进行操作和养护，并使其主要性能指标，如风速、风力、功率、噪声及防护等级等符合产品说明书的要求。选用的风机在环境温度为250℃情况下，其可靠运转时间应不低于60min。

通风设施养护应配备专用电工工具和机修工具，必要时配备风压计、风速计和声级计等。进行通风设施养护维修时，应根据隧道交通流量和通风能力，对交通进行必要的管制。

通风设施的日常检查主要是通过观察设备运转有无异常，确定设备是否存在隐患，并及时排除故障。高速公路隧道日常检查不少于1次/d，其他公路可按1次/(1~3）d进行，必要时应进行应急检查。

通风设施的检修包括经常性检修、定期检修和分解性检修，应严格按照相关操作规程进行，确保隧道通风系统的正常运行。

11.5.2 隧道照明

长度大于100m的高速公路、一级公路隧道应设置照明设施，二、三、四级公路的长、特长隧道应设置照明设施，中隧道可根据需要进行设置，交通量较小的短隧道可不设照明设施。隧道内照明亮度应满足设计要求，照明灯具的防护等级应不低于IP65；未设照明设施的隧道，应在隧道洞门外设置限速标志及减速设施。

照明设施养护工具除必备的电工工具、高空作业车和清洁卫生用具外，还应配备照度仪等相关设备。

高速公路隧道照明设施的完好率应不低于95%，其他公路隧道应不低于90%。当照明光源达到其额定寿命的90%时，应进行成批更换，并选用节能光源。

照明设施日常检查主要是对设施的使用及损坏情况进行巡检登记。当中间段连续损坏2盏以上灯、洞口加强段连续损坏3盏以上灯时，应及时进行更换或维修。照明设施的经常性检修、定期检修可按相应规范的要求进行。

11.5.3 监控和消防及消音设施

应加强对隧道内监控设施的日常检查，对隧道内各种监控传感器、信息板、信号标志及监控室的各种监视设备进行外观巡检，发现异常及时处理。

监控设施养护主要指标应按相应设备的产品说明要求采用，高速公路隧道监控设施设备完好率应不低于98%，其他各级公路隧道应不低于95%。

高速公路、一级公路的长隧道和特长隧道，其他公路的特长隧道监控系统的软件维护每年应不少于两次，公路隧道监控系统的软件系统维护每年应不少于一次。维护时应注意软件的修改完善，保障联运运行功能的实现和软件可靠性各项技术措施的落实，严格按操作规程或使用说明进行。

高速公路、一级公路的长隧道和特长隧道，应根据需要设置紧急电话、报警装置、排烟设备、消防给水管网及消防器材库等消防与救援设施。高速公路、一级公路的中、长隧道和特长隧道应单独设置存放专用消防器材的洞室，并设置明显标志，对存放的消防器材应定期进行补充、更换；其他公路的长隧道和特长隧道可视具体情况，简化设置，但应在适当位置设置消防器材库。各种消防与救援设施的标志应保持完好、醒目。

对消防设备、报警设备和洞内外消防设施应加强日常巡视检查，及时处治设施的异常情况。对消防与救援设施的经常性检修、定期检修可按规范规定进行。在检修期间应有相应的防灾措施。

各类消防与救援设备必须保持完好状态。消防设施的设备完好率应达到100%，救援设施的设备完好率应不低于98%。

隧道内不准存放汽油、柴油等易燃易爆物品。严禁明火作业与取暖。隧道内的紧急停车带、行车（人）横洞、避车洞或错车道不准堆放杂物。

高速公路、一级公路的长隧道和特长隧道，其他公路的特长隧道应针对隧道内可能出现的火灾及交通事故，制订周密的救援计划，并按计划进行针对性的实地救援及防灾演习，其他各种设施应与消防救援设施紧密配合。

高速公路、一级公路的长隧道和特长隧道，其他公路的特长隧道原未设置消音设施的，交通量增长引起噪声增大，影响正常管理时，可根据实测的噪声值，增设消音设施。增设的消音设施，不得侵入隧道建筑限界。消音设施应每月清洁一次，如有损坏应及时修复或更换。

第 12 章　高速铁路的隧道工程

12.1　国内外高速铁路隧道发展概况

高速铁路诞生于 20 世纪 60 年代，它的诞生是世界铁路发展史中具有重要意义的一件大事。由于高速铁路具有旅行环境新颖、快速、经济、舒适，运输服务优质等特点，从而提高了铁路与其他运输方式竞争的能力，成为世界铁路旅客运输发展的共同趋势，也是铁路技术现代化的标志。

1964 年日本铁路新干线的运营，标志着铁路高速技术进入实用化阶段。20 世纪 80 年代初，法国巴黎东南新干线的建成，又将铁路运输高速化推向一个新阶段。1991 年，法国新一代 TGV 电动车组在新建大西洋干线上运行试验时，又连续突破轮轨系统最高速度 500km/h，最高达到 513.3km/h。目前，速度200 ~250km/h的高速铁路在欧美一些国家及日本等国已是一项比较成熟的技术。日本、法国正在研究和开发的是速度 500km/h 的超高速铁路。

高速铁路的发展，必然伴随大量隧道工程的出现，这主要是因为高速铁路的线路技术标准要远远高于普通铁路。如线路平面的最小曲线半径在多数情况下都大于 4000m，坡度变缓等。表 12-1 是几个国家高速铁路隧道对比情况。

表 12-1　几个国家高速铁路中的隧道情况对比

项　目	日　本				法　国		德　国		意大利
	东海道	山阳	东北	上越	东南	大西洋	曼海姆—斯图加特	汉诺威—维尔茨堡	罗马—佛罗伦萨
线路长度/km	516	562	470	270	426	284	99	327	236
开始建设时间	1959	1967	1972	1971	1976	1985	1976	1973	1970
开始运营时间	1964	1975	1982	1982	1983	1990	1991	1991	1988
运营方式	客运专线				客运专线		客货混运		客货混运
设计速度/(km/h)	210	260	260	260	270	300	250	250	250
线间距/m	4.20	4.30	4.30	4.30	4.20	4.20	4.70	4.70	4.00
隧道宽度/m	最大 9.60 基底 7.99	9.60 7.99	9.60 8.40	9.60 8.40	无隧道	双线 10.00 单线 8.24	基底 12.50	12.50	最大 9.44
有效面积/m^2	60.5	63.4	63.4	63.4	—	双线 71.0 单线 46.0	直墙 82.0 曲墙 94.0	82.0 94.0	53.8

（续）

项　目	日　本				法　国		德　国		意大利
	东海道	山阳	东北	上越	东南	大西洋	曼海姆—斯图加特	汉诺威—维尔茨堡	罗马—佛罗伦萨
隧线比例（%）	13.0	50.0	23.0	39.0	0	6.0	30.0	37.0	32.5
堵塞比	0.21～0.22	0.20～0.21	0.20	0.20	—	双线 0.13～0.15 单线 0.20	0.13	0.13	0.18

在日本5条新干线的建设计划中，隧道的工程量也是相当可观的。北陆新干线轻井泽—长野段，长83.6km，隧道约占44%（36.8km）；东北新干线宫内—八户段，长60.0km，隧道约占85%（51.5km）；九州新干线八代—西鹿儿岛段，长125.2km，隧道约占70%（87.7km）。在这些线路上也出现了几座长隧道，如岩手隧道长25.8km，紫尾山隧道长10.0km等。

德国于20世纪80年代初期动工修建的从汉诺威到威尔兹堡新干线，长327km，隧道总延长达118km，占线路长度的37%，包括长达10.7 km的兰得吕肯隧道。另一条从曼海姆到斯图加特线路，长100km，隧道约占30%（30km）。

瑞士联邦铁路也计划修建穿越阿尔卑斯山的新隧道。该计划包括4条高速铁路比选方案，将要修建多座特长隧道。这些隧道分别是乐琴山隧道（38.2km）、辛普朗隧道（35.4km）、圣哥达隧道（49.3 km）、斯普林肯隧道（46.7km）和Y形隧道（25.7km），如图12-1所示。

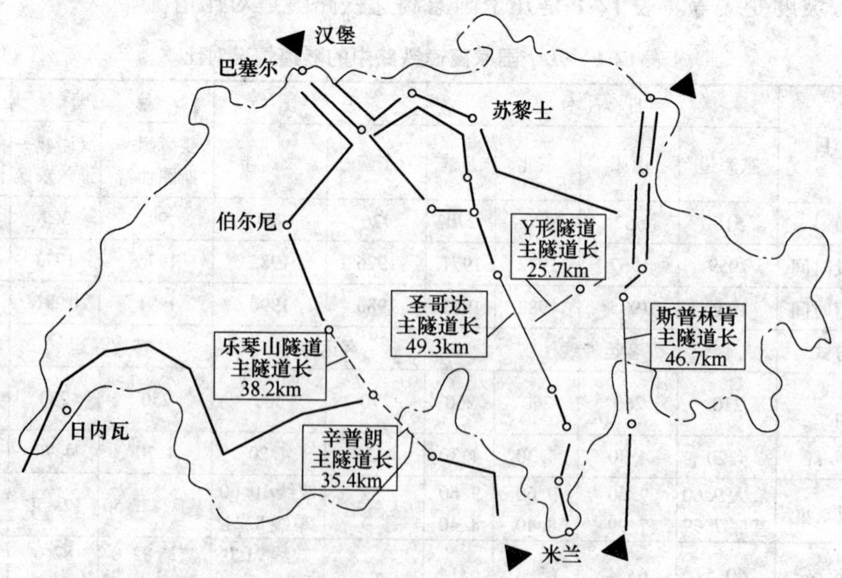

图12-1　穿越阿尔卑斯山的四个铁路隧道方案

意大利罗马到佛罗伦萨的线路，长237km，其中穿越阿尔卑斯山的线路实际长度只有78.2km，而隧道的总延长则达85km。其中主隧道长为73km，辅助隧道长达12km。

我国台湾修建的台北到高雄的高速铁路，全长333km，共有总延长39km的50座隧道，最长的隧道约6.4km，隧道占总长的11.1%。其中36座隧道采用掘进机法或钻爆法施工，其余11km用明挖法施工。

我国建成的京沪高速铁路和武广客运专线是我国铁路高速客运网主骨架线路。武广客运专线全长968.4km，速度350km/h以上，全线共设隧道237座，总长178.9km，占线路长度的18.5%，其中浏阳河隧道长10.115km为全线最长隧道。京沪高速铁路在跨越长江时，采用长16. 674km的沉管隧道方案。

高速铁路隧道的勘测、设计、施工和维修养护管理与一般铁路隧道相比有许多共同点。但高速铁路由于列车运行速度很高，许多低速运行时可以忽略的问题在高速时却会变得十分重要。列车与隧道内空气的相互作用是一个突出的例子。高速列车在隧道内行驶时所诱发的种种空气动力学效应，如隧道中的气动压力波、列车风(绕流)、列车的空气动力阻力、微压波等问题会对高速列车在隧道中的运行产生极其重要的影响。它们不仅涉及行车安全，而且还涉及隧道中作业人员和过往人员的安全。因此高速铁路隧道的横断面形状、净空面积、出入口段的结构类型等与普通铁路隧道存在较大差异。

12.2 高速铁路隧道工程的特点

高速铁路隧道的设计特点主要体现在隧道横断面的设计上，其横断面面积除了通常要考虑的隧道建筑限界和列车运营要求外，还必须考虑满足列车及隧道的空气动力学要求。根据设计基准，要满足最大瞬变压力控制标准值 $p=3.0\text{kPa/s}$ 的要求。下面简要说明隧道横断面设计要解决的主要问题。

12.2.1 堵塞比概念

从各国的实践看，隧道横断面主要是采用堵塞比 β，即采用列车横断面积与隧道横断面积的比值来决定，隧道横断面积是指轨道面以上的横断面积。在列车尺寸、形状一定的条件下，根据列车速度确定合理的堵塞比，而后再根据列车断面积决定合理的隧道横断面积。表12-2为部分国家高速铁路上的一些隧道横断面积及堵塞比参数。表12-3为法国高速铁路隧道横断面（TGV）的堵塞比研究成果。表12-4列出了一些国家高速铁路隧道采用的参数。我国高速铁路隧道堵塞比 β 暂定为0.10~0.12。

表 12-2 高速铁路的隧道横断面积及堵塞比参数

线　路	列车速度/(km/h)	隧道横断面积/m^2	堵塞比 β
东海新干线	210	64	0.21
山阳新干线	230	64	0.21
上越新干线	240	64	0.20
巴黎—大西洋干线	300	单线 46；双线 71	—
汉堡—慕尼黑干线	250	82	0.14
罗马—米兰干线	210	54	—
意大利	275	76	—
西班牙	250	75	—
北陆新干线	260	—	0.18
中央新干线	500	—	0.12

表 12-3 法国高速铁路隧道横断面堵塞比的研究成果

列车速度/(km/h)	160	230	270	300
隧道横断面积/m^2	53	55	71	100
堵塞比 β	0.23	0.22	0.17	0.12

表 12-4 一些国家高速铁路隧道的基本参数

国　家	法　国	德　国	意大利		日　本		西班牙
列车最高速度/(km/h)	270	250	250	300	220	240	300
列车横断面积/m^2	10	10.3	9.7	—	12.6	12.6	10
隧道横断面积/m^2	71	82	53.8	76	60.5	63.8	75
堵塞比 β	0.13~0.15	0.13	0.18	0.13	0.21~0.22	0.20~0.21	0.13
线间距/m	4.2	4.7	4.0	5.0	4.2	3	4.5~4.7

12.2.2 隧道横断面

高速铁路隧道的横断面不仅要满足空气动力学特性的要求，还要满足在隧道内列车高速行车安全的要求，如检查道、避难路及通风、照明、通信等设施的空间需求。

1. 横断面的内部空间

高速铁路隧道的横断面主要构成空间包括隧道建筑限界、线路数量、线间距、安全空间、避难和救援空间、线路上部建筑维修空间、考虑空气动力学影响所需的空间以及设备安装空间等。

2. 隧道建筑限界

隧道建筑限界应符合动态的标准建筑限界和扩大标准建筑限界。我国拟采用的高速铁路隧道建筑限界基本尺寸及轮廓如图 12-2 所示。由于高速铁路的曲线半径均较大，故位于曲线上的隧道，原则上不考虑曲线加宽。

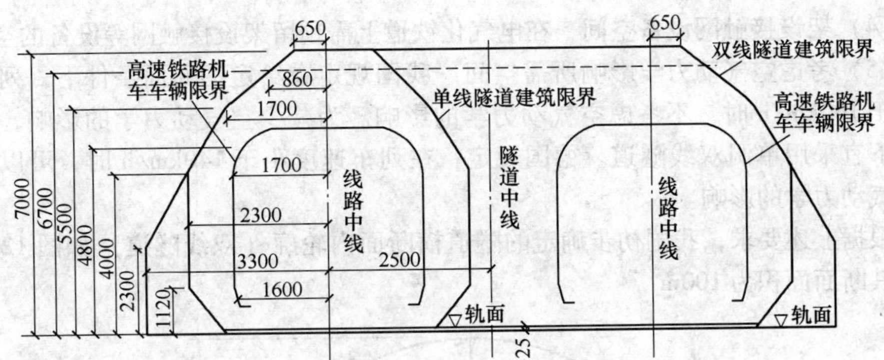

图 12-2　隧道建筑限界基本尺寸和轮廓（单位：mm）

3. 线路数量

线路数量是指隧道是采用单洞双线断面还是采用双洞单线断面。在通常情况下，高速铁路隧道考虑到空气动力学的特性，都采用单洞双线断面，较少采用双洞单线的断面，但在某些情况下，如隧道长度很长，同时考虑维修养护条件及防灾的需求等，有时也采用双洞单线方案。一般来说，在满足空气动力学要求的前提下，双线断面要比单线断面更有利些。两座单线隧道横断面积总和也要比一座双线隧道横断面积大。法国的研究结果表明：在列车速度为 300km/h 的情况下，两座单线隧道的横断面总面积是 140 m^2，一座双线隧道的横断面积是 100 m^2；在列车速度为 250km/h 情况下，相应的横断面积分别是 100 m^2 和 72 m^2。

横断面积的差异将造成土建工程成本的差异，在目前的情况下，我国的高速铁路隧道采用单洞双线断面为宜。

4. 线间距

线间距与列车速度和车辆形式等有关，一般情况下都应大于 4.0m。我国京沪高速铁路的线间距，在列车设计最高速度为 350km/h 的条件下采用 5.0m；在列车速度为 250km/h 时，德国规定的线间距为 4.7m。

5. 预留空间

隧道横断面设计时应预留的空间有：

（1）安全空间　一般单线隧道在电缆槽侧、双线隧道在危险区外侧都要留出一个安全区，安全区的尺寸至少是高为 2.20m，宽为 0.80m。在安全区的边界应设有反光的白色线条标志。如果不设安全区，必须设避车洞。

（2）避难和救援通道的空间　在隧道中必须在线路两侧设置一个贯通的避难和救援通道直通到隧道外。这一通道应位于安全空间的侧面，并距轨道中线至少 2.20m。避难和救援通道宽度至少为 0.80m，高为 2.20m。

（3）线路和上部建筑维修空间　为便于进行上部建筑维修作业，应留出一定的维修空间。

（4）架设接触网设备空间　在电气化铁道上需预留架设接触网等设备的空间。

（5）考虑空气动力学影响所需空间　我国规定在给定的断面条件下，列车速度小于160km/h时，不考虑空气动力学的影响。为减少空气动力学的影响，一般情况下宜采用单洞双线隧道。德国规定：在列车速度小于140km/h时，可以不考虑空气动力学的影响。

根据上述要求，我国初步确定的隧道横断面内轮廓（双线隧道）如图12-3所示，其断面面积为100m^2。

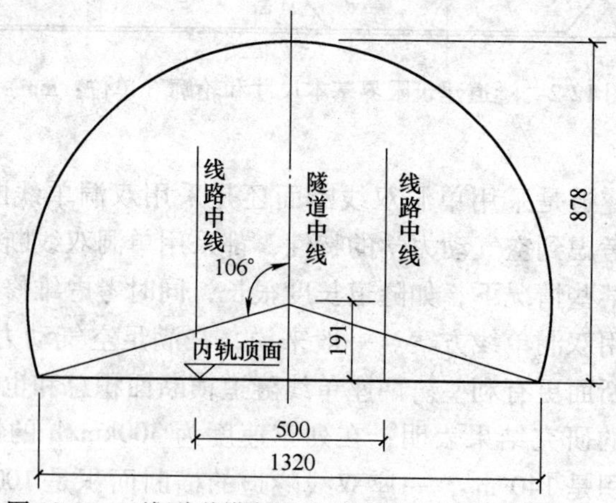

图12-3　双线隧道横断面内轮廓示意图（单位：cm）

12.2.3　国外高速铁路隧道横断面的实例

德国在对第一代高速铁路隧道横断面进行大量研究的基础上，将第二代的新线上的隧道横断面积从64m^2增至82 m^2。第二代隧道横断面如图12-4所示。

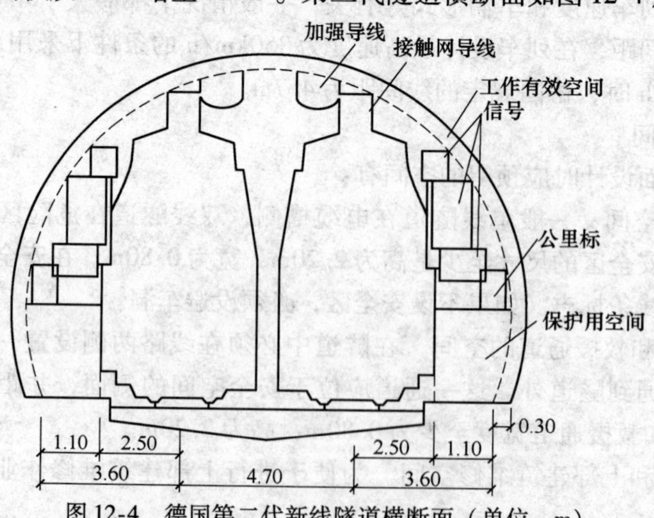

图12-4　德国第二代新线隧道横断面（单位：m）

意大利高速铁路（300km/h）隧道轨面以上的横断面面积为 76 m^2（图 12-5）。目前意大利的高速列车是不密闭的，因此在隧道中运行时会明显感到空气压力的变化。

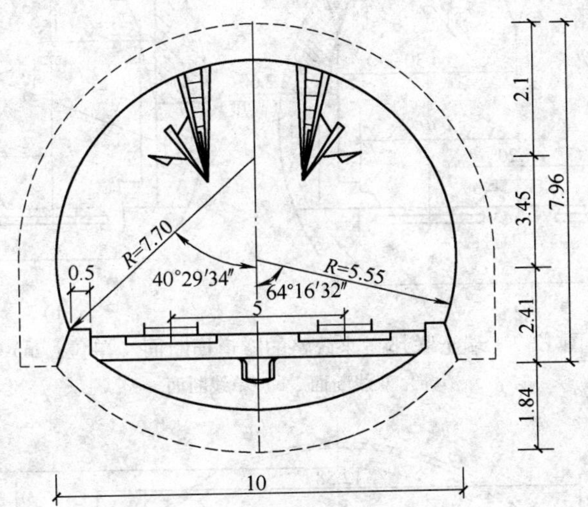

图 12-5　意大利 300km/h 速度的隧道横断面（单位：m）

奥地利新建高速铁路隧道的横断面如图 12-6 所示。面积是 66 m^2，单线是 45 m^2。

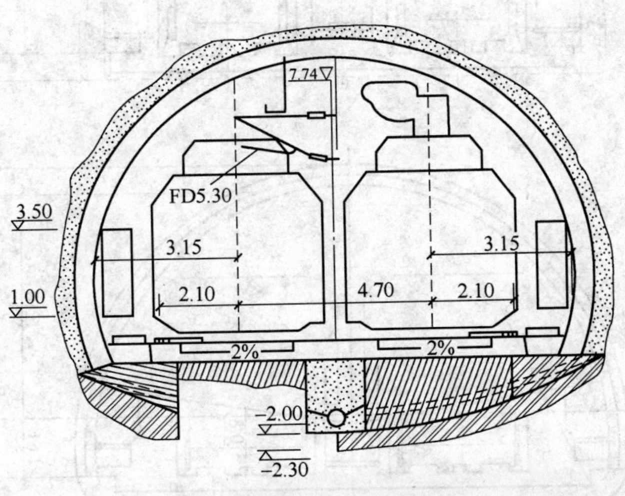

图 12-6　奥地利新建高速铁路隧道横断面（单位：m）

瑞士联邦的高速铁路隧道横断面如图 12-7 所示。

日本中央新干线列车速度达 500km/h，隧道横断面的高度从过去的 7.6m 增加到 7.7m，宽度从 9.4m 增加到 12.6m，堵塞比由 0.18 变为 0.12，如图 12-8 所示。

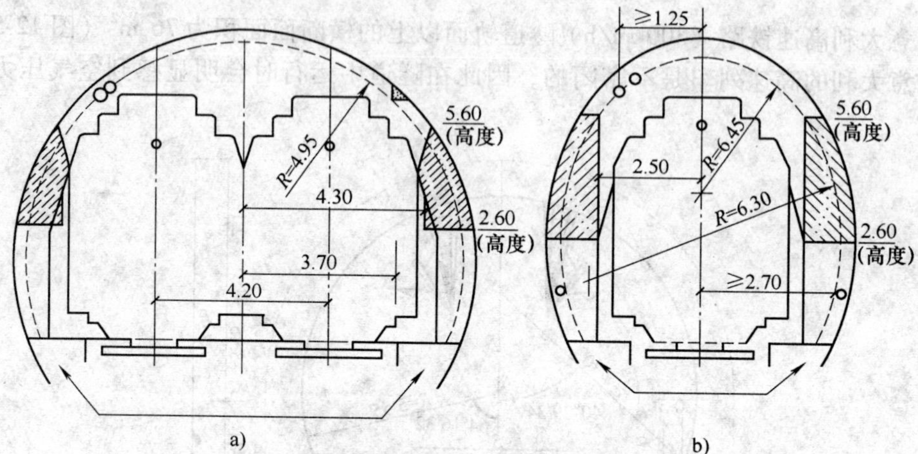

图 12-7　瑞士联邦高速铁路的隧道横断面（单位：m）

a）双线断面　b）单线断面

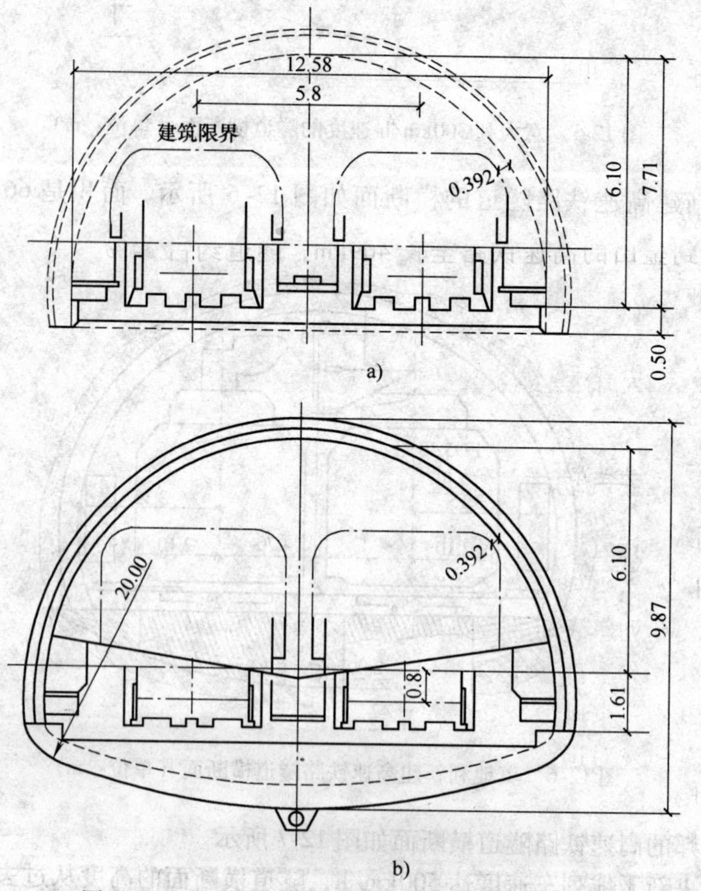

图 12-8　日本中央新干线隧道横断面（单位：m）

a）无仰拱的隧道　b）有仰拱的隧道

西班牙高速铁路在列车速度为300km/h时，隧道采用100m^{2}的横断面积（图12-9）。视列车的速度的不同，堵塞比范围为0.12～0.21。

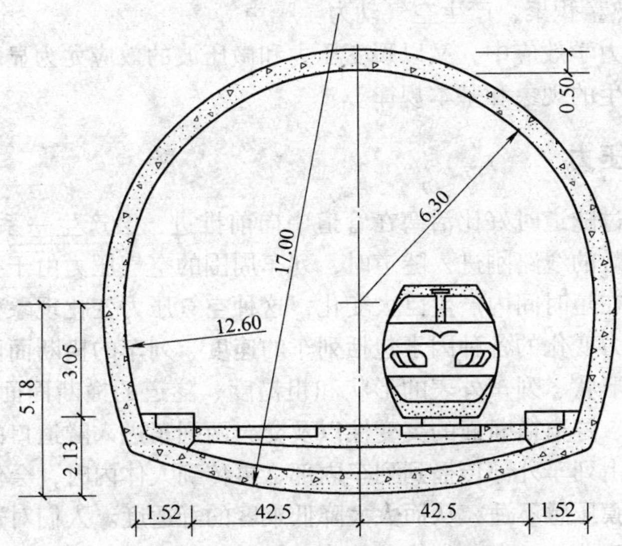

图12-9　西班牙高速铁路隧道横断面（单位：m）

此外，法国的高速铁路隧道的横断面面积双线为71m^2，单线为48m^2。韩国修建的从首尔到釜山的高速铁路全长409km，隧道约占34%，其横断面面积采用100m^2；我国台湾从台北到高雄的高速铁路上隧道横断面面积采用90m^2。

12.3　高速铁路隧道的空气动力学问题

12.3.1　主要空气动力学效应

对高速铁路隧道设计参数的特殊要求主要是由高速列车进入隧道诱发的空气动力学效应引起的。当列车进入隧道时，原来占据着空间的空气被排开，空气的粘性以及隧道壁面和列车表面的摩阻作用使得被排开的空气不像在隧道外那样及时、顺畅地沿列车两侧和上部形成绕流。于是列车前方的空气受压缩，列车后方则形成一定的负压，产生一个压力波动过程。压力波动以声速传播至隧道口，形成反射波，回传、叠加，诱发对运营产生一系列负面影响的空气动力学效应。其主要影响有下列几点：

1）由于瞬变压力，造成旅客不适，并对铁路员工和车辆产生危害。

2）行车阻力加大，引起对列车动力和能耗的特殊要求。

3）列车风加剧，影响在隧道中待避的作业人员的安全。

4）高速列车进入隧道时，会在隧道出口产生微压波，引起爆破噪声并危及洞口建筑物。

5）隧道内热量积聚，产生空气动力学噪声等。

上述空气动力学效应中，又以瞬变压力和微压波的效应尤为显著，下面主要介绍这两种效应产生的现象和基本规律。

12.3.2 瞬变压力

高速列车通过隧道时好比活塞在管道中向前推进，会产生一系列的压力波动，尤其是列车从开敞的线路刚进入隧道时，列车周围的空气压力由于突然受到隧道有限空间的约束而在短时间内产生巨大变化，这种空气压力变化现象称为瞬变压力。

影响瞬变压力变化的各种因素包括列车的速度、列车的横断面面积、列车的长度、列车头部的形状、列车外表的形状和粗糙度、隧道的横断面面积、隧道长度、隧道壁的粗糙度、隧道横断面的突变性以及交会两列车进入隧道口的时间差等。

当瞬变压力由列车外部传播到列车内部，再传到人体内时，会使旅客产生生理上的不适——耳膜压感不适，从而大大降低乘客的舒适度。人们对这种瞬变压力的舒适感是有值域区分的，在一定值范围内，人体不会有明显感觉，超过一定值时，会明显不适。因此，控制瞬变压力即压力波动是以旅客乘车舒适度为基准的。

从旅客乘车舒适度要求出发，最大瞬变压力临界值控制标准在一般情况下可取为不大于 3.0kPa/3s，即每 3s 内最大压力变化值在 3kPa 以内。表 12-5 为一些国家采用的压力波动临界值，其中 p 为压力变化绝对值，［p］为某一段时间内的压力变化。

表 12-5　一些国家采用的压力波动临界值

国　家	临界值	说　明
日本	$p<1$kPa/s	适用于密闭车辆
	$p<200$Pa/s	可以放宽到 300Pa/s
美国	［p］<700Pa/s $p<410$Pa/s	适用于地下铁道
英国	［p］<3kPa/3s ［p］<4kPa/4s	海峡联络线单线隧道
	［p］<2.5kPa/3s ［p］<3.0kPa/4s $p<450$Pa 700Pa（上限）	海峡联络线双线隧道（非密闭车辆、运行速度为 225km/h）
德国	$p<1$kPa $p<(300\sim400)$Pa/s	原定 200Pa/s，后来放宽标准

上述标准均为极端值，有学者认为这难以全面反映旅客在通过隧道时总体舒适度状况，建议根据列车通过隧道的压力波动时态曲线获得表征整体压力波动程度的统计值，用它来代替极端值，提出了“极端情况下”和“正常情况下”两种不同的临界值，并且根据运营条件将隧道分为 4 类，对各类隧道采用不同的临界值控制标准。表 12-6 给出了相应的“不舒适度”极限值。

表 12-6　建议的临界值

运营类型	极端情况/(kPa/4s)	正常情况/(kPa/4s)	不舒适度
A 常规型 隧道占全长的 10%，不密闭车辆	4.0	2.5	4.5
B 常规型 隧道占全长的 25%，不密闭车辆	3.0	2.0	3.5
C 高舒适度型 隧道占全长的 25%，密闭车辆	1.25	0.8	2.5
D 地铁及城市轨道运输 隧道占全长的 50%，不密闭车辆	1.0	0.7	2.0

12.3.3　微气压波

隧道的微气压波是列车突入隧道时形成的压缩波，在隧道内传播到达出口处时向外放射脉冲状的压力波，其发生的实态如图 12-10 所示。

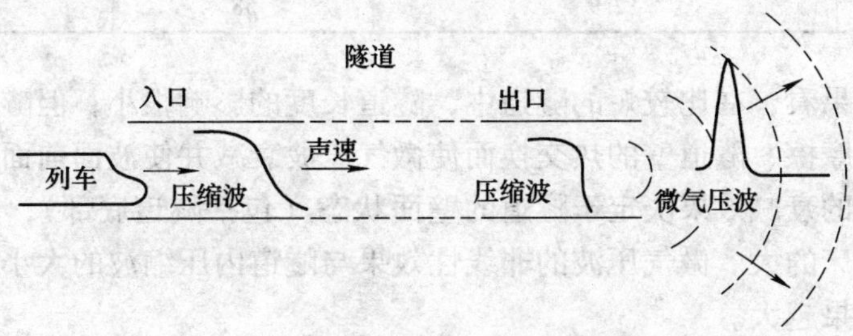

图 12-10　隧道微气压波的发生

为了全面地研究隧道的微气压波问题，日本从现场测试、模型试验及数值模拟等多方面进行了大量的研究，取得了重要的成果。从新干线运营以来，曾在数座隧道中进行了隧道微气压波的测试，分别测试了微气压波的波形、隧道内的压力波形、微气压波的最大值等。

微气压波的波形是一个中央具有峰值的、呈山形的压力脉冲。图 12-11 所示为日本大仓隧道的测试实例。图中的 v 是列车的入洞速度，测点距离是指测点至隧道出口的距离。由图可知，列车入洞速度越大，压力最大值也在增加，压力脉冲的时间间隔变小。日本在比较了山阳（碎石道床）和东海道（板式道床）新干线的微气压波测试结果后还得出：东海道的微气压波是单一的脉冲波，而山阳的微气压波有一个约 12Hz 的后波。微气压波的时间幅是：东海道的大些，山阳的小些。作为参考，表 12-7 列出了微气压波的压力最大值、时间幅和列车入洞速度的关系。

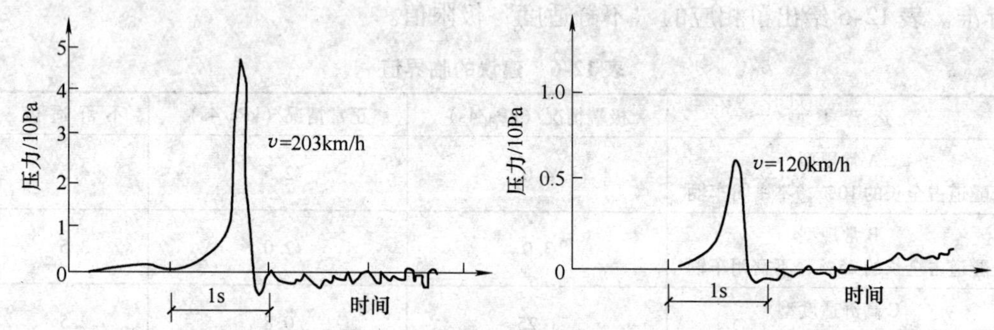

图 12-11　日本大仓隧道微气压波测试实例（测点距离 18m）

表 12-7　微气压波的压力最大值、时间幅和列车入洞速度的关系

隧道名称	压力最大值/10kPa	时间幅/ms	列车入洞速度/(km/h)
大仓山	49	85	203
	69	170	120
备后	12.6	22	197
	2.9	58	167

从测试结果看，在比较短的隧道中，隧道长度的影响很小；但隧道变长后，由于隧道的壁面摩擦、隧道壁的热交换而使微气压波衰减并使波面前面的压力坡度变陡。壁面摩擦的衰减效果决定于隧道的壁面状态（包括隧道底部），其效果是碎石道床比板式道床的大。微气压波的非线性效果与隧道内压缩波的大小有关，列车入洞速度越大效果越大。

在短隧道中，微气压波最大值与速度 v 的三次方成正比，与出口距离 r 成反比。考虑隧道洞口地形的影响，可近似用下式求出

$$p = Kv^3/r$$

式中　K——考虑地形影响的系数。

根据东海道短隧道的测试结果：$v = 210\text{km/h}$，$r = 20\text{m}$，$p = 40\text{Pa}$，可得下式

$$p = (80/r)(v/210)^3$$

式中　p——微气压波最大值（10Pa）；

r——微气压波距隧道出口中心的距离（m）；

v——列车入洞速度（km/h）。

在比较长的隧道中，微气压波最大值与壁面状态有很大关系。如板式道床的大野（11.4km）、备后（8.9km）两隧道的微气压波最大值，在列车速度为200km/h，测点距离为20m时，是100～150Pa。而同样条件的南乡山隧道（11.2km），因是碎石道床，微气压波最大值仅是10Pa。

依上所述，微气压波的发生和大小与许多因素有关，其中主要的有列车速度、列车横断面面积、列车长度、列车头部形状、隧道横断面面积、隧道长度、隧道内道床的类型等。因此，在研究微气压波影响因素时必须综合众多因素考虑。

12.4　减少隧道空气动力效应的工程对策

12.4.1　扩大隧道横断面和减小阻塞比

通过分析国外有关高速铁路隧道的试验研究报告，得到的启示为：增大隧道横断面、减小堵塞比是降低瞬变压力的有效途径，但工程造价会相应提高。

隧道横断面的大小与高速铁路设计的运行速度目标值有关。对长度超过1km的隧道所需要的断面，可通过深入分析现有的国际铁路联盟试验研究所的报告确定，该报告给出了可供应用的计算公式

$$\frac{A_2}{A_1} \approx \frac{a_1}{a_2} \cdot \left(\frac{v_2}{v_1}\right)^{1.5}$$

式中　A_1、A_2——隧道横断面积（m^2）；

a_1、a_2——机车横断面积（m^2）；

v_1、v_2——列车行驶速度（km/h）。

12.4.2　改变隧道入口形式

为了降低瞬变压力和微气压波引起的洞口附近的噪声干扰，国内外高速铁路隧道设计采取的一个主要措施是在隧道洞口设置不同类型和长度不等的缓冲结构。

在传统的隧道入口处，外接一段明洞（图12-12），并在其墙壁上开设通气孔。英美有些专家认为，这种入口边墙的最佳开孔率为75%（以隧道横断面为参照），通气孔沿边墙等距离排列。有的隧道把这种明洞做成喇叭形入口，喇叭口端部的面积为隧道横断面的2.5倍。试验研究表明：这些式样的明洞入口可使列车进入时产生的空气压力峰值约减少25%。

日本的尾泽（OZAWA）等还提出，在隧道入口处加接一个大于隧道直径的短遮檐棚，图12-13所示为采用遮檐后取得的显著效果。

德国有的隧道利用地形，建成斜洞口式的，降低瞬变压力和微气压波的效果也十分显著。

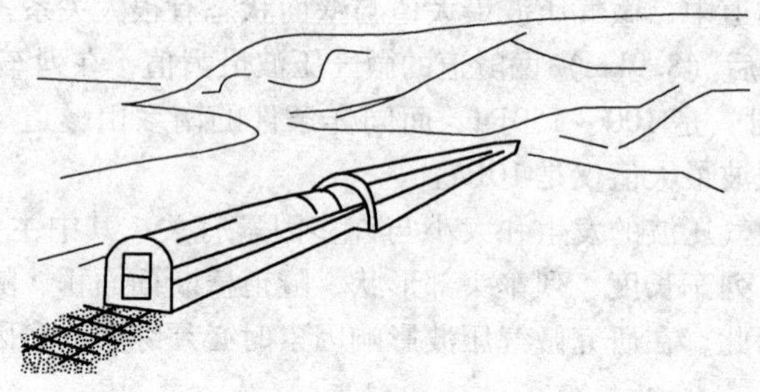

图 12-12　洞口外接明洞

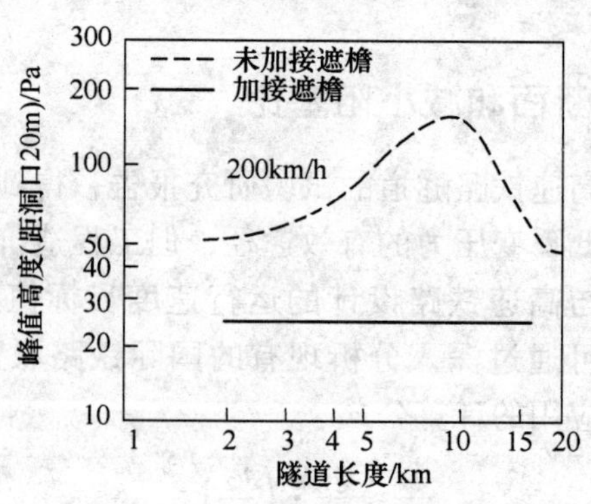

图 12-13　增加遮檐的效果

12.4.3 设置通风竖井

在隧道内合理地设置通风竖井，可将因高速行车产生的瞬变压力幅值降低50%左右。当考虑修建竖井（或斜井）时，应尽可能利用施工中留下的竖井，因此在确定施工竖井的位置时，最好能兼顾到高速列车中降低瞬变压力的要求。

通过将隧道任何位置上由通风竖井引起的波的叠加分析，发现竖井最有利的位置在下列区域里

$$\frac{4M^2}{(1-M)^2}<\frac{X_s}{L}<\frac{2M}{1+M}$$

式中　X_s——竖井至隧道入口端的距离；

L——隧道长度；

M——列车马赫数。

研究还表明，隧道都具有各自最恰当数量的竖井。对于单向运行的隧道，只要位置合理，1~2 个可达到要求；但对双线隧道，则需要更多的竖井。因为列车可能从任何一个方向通过，而竖井的位置对一个方向来说是理想的，而对另一方向可

能是不理想的。两个竖井的最小间距，大致应等于两个竖井的长度之和。竖井的最大直径，以不超过隧道直径的 35% 为最佳。

在长隧道中设置多座竖井，不但能缓和列车通过时所发生的瞬变压力，而且也能降低行车的空气阻力。这是由于竖井的存在使列车前方压力较大的空气不仅可由隧道出口排出隧道，而且也可由列车前方的竖井排出隧道，列车后方的负压不仅吸引空气由隧道进口处流入隧道，而且也吸引空气由列车后方的竖井流入隧道。于是列车前方与后方的空气压力差较无竖井的情况要小，因而在有竖井的隧道中列车的空气阻力也较无竖井的小。

12.4.4　修建平行辅助隧道

对于特长的隧道，往往因埋深很大，不宜设置竖井，则可在行车的主隧道旁修建一座小断面的平行辅助隧道，且每隔一定距离用横通道与主隧道连通，如图 12-14 所示。每当高速列车经过一个横通道口会产生一次压力脉冲。虽其瞬变压力变化频繁，但强度较弱，使旅客较易承受。列车在主隧道中运行时，列车前方的空气经由横通道循环流至列车后方，于是列车前方与后方的空气压力差较无横通道的情况小，因而列车的空气动力阻力也相应地减小。

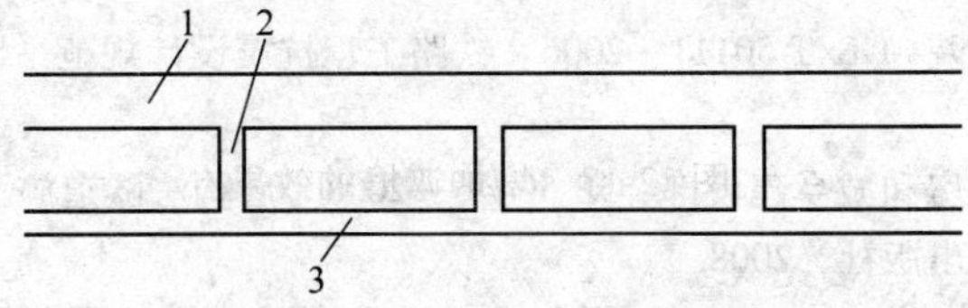

图 12-14　平行辅助隧道

1—主隧道　2—横通道　3—平行辅助隧道

平行辅助隧道及其横通道除用以降低瞬变压力和空气阻力外，还可服务于通风、排水，且当隧道发生火灾时，又为旅客及隧道内养护作业人员提供安全出口。修建平行辅助隧道应与施工阶段的需要结合考虑。

12.4.5　其他措施

洞内设施尽量隐蔽设置，使隧道表面平整光滑，减少列车运行时的阻力对设施的破坏。改善轨道结构，提高洞内列车运行的稳定性和舒适度，在高速运行的条件下，轨道基础的良好状态是至关重要的。在多数情况下隧道衬砌都要设置仰拱，施工中要加强对轨道基础的质量控制。

为减小隧道横断面面积和列车运行时的阻力，必须改进现行车辆的车体横断面和车辆头部的形状，使机车具有空气动力学特性良好的形状。在进行隧道—列车空气动力学特性研究的同时，还要加强对车辆形状的研究。

参 考 文 献

[1] 中交第二公路勘察设计研究院有限公司 . JTG/T D70—2010　公路隧道设计细则 [S]. 北京：人民交通出版社，2010.

[2] 重庆交通科研设计院 . JTG D70—2004　公路隧道设计规范 [S]. 北京：人民交通出版社，2004.

[3] 重庆交通科研设计院 . JTG/T D71—2004　公路隧道交通工程设计规范 [S]. 北京：人民交通出版社，2004.

[4] 中交第一公路工程局有限公司 . JTG F60—2009　公路隧道施工技术规范 [S]. 北京：人民交通出版社，2009.

[5] 中交第一公路工程局有限公司 . JTG/T F60—2009　公路隧道施工技术细则 [S]. 北京：人民交通出版社，2009.

[6] 全国交通工程设施（公路）标准化技术委员会 . JT/T 609—2004　公路隧道照明灯具 [S]. 北京：人民交通出版社，2005.

[7] 铁道第二勘察设计院 . TB 10003—2005　铁路隧道设计规范 [S]. 北京：中国铁道出版社，2005.

[8] 铁道第一勘察设计院 . GB/T 50111—2006　铁路工程抗震设计规范 [S]. 北京：中国计划出版社，2009.

[9] 中华人民共和国住房和城乡建设部 . GB 50446—2008　盾构法隧道施工与验收规范 [S]. 北京：中国建筑工业出版社，2008.

[10] 王梦恕 . 地下工程浅埋暗挖技术通论 [M]. 合肥：安徽教育出版社，2004.

[11] 王毅才 . 隧道工程 [M]. 北京：人民交通出版社，2004.

[12] 关宝树 . 隧道工程施工要点集 [M]. 北京：人民交通出版社，2003.

[13] 关宝树 . 隧道工程设计要点集 [M]. 北京：人民交通出版社，2003.

[14] 李宁军，曹文贵，刘生 . 隧道设计与施工百问 [M]. 北京：人民交通出版社，2004.

[15] 陈子荫 . 围岩力学分析中的解析方法 [M]. 北京：煤炭工业出版社，1994.

[16] 关宝树，杨其新 . 地下工程概论 [M]. 成都：西南交通大学出版社，2003.

[17] 关宝树 . 隧道力学概论 [M]. 成都：西南交通大学出版社，1993.

[18] 李晓红 . 隧道新奥法及其量测技术 [M]. 北京：科学出版社，2001.

[19] 易萍丽 . 现代隧道设计与施工 [M]. 北京：中国铁道出版社，1997.

[20] 夏永旭，王永东 . 隧道结构力学计算 [M]. 北京：人民交通出版社，2004.

[21] 赖涤泉 . 隧道施工通风与防尘 [M]. 北京：中国铁道出版社，1994.

[22] 彭立敏，刘小兵 . 隧道工程 [M]. 长沙：中南大学出版社，2009.